행복 프레임

시산 탁명철 교무 설교집

행복 프레임

탁명철 지음

원불교출판사
WON BOOK

책을 엮으며

　아버지는 유난히 나무를 좋아했고 나무를 많이 닮았었다. 가을만 되면 산과 들을 다니느라 바쁘셨고, 집에 계실 때면 베란다를 차지하고 있는 화분들을 하나하나 관찰하시며 일일이 손수건으로 이파리를 닦아주고는 하셨다.

　어릴 적 내가 알고 있었던 아버지는 거목이었다. 아버지가 드리웠던 그늘이 있었기에 세상의 풍파 속에서도 나는 무사히 자라날 수 있었다. 아버지의 그늘은 가족에만 한정되지 않았다. 힘든 속세 안에서 고통에 신음하는 사람들을 위해 아버지는 자신의 그늘을 계속해서 넓히었다. 그렇게 아버지는 가정을 이끄는 가장으로서, 그리고 사람을 인도하는 종교인으로서 높이 솟아 세상을 감싸 안았다.

　이 책에 수록된 설교는 아버지, 시산 탁명철 정사께서 부산 만덕교당에 계실 때 교화를 위해 연마해왔던 것들이다. 시산 탁명철 정사는 2018년 열반 직전까지 현장에서 교화에 전무하였으며, 이전에도 교역자로서 진북교당, 동이리교당, 여수교당, 전주요양원, 광주 금호종합사

회복지관과 하남종합사회복지관 등 기관과 교당을 아울러 활동하였다.

한 나무가 쓰러지고 나면 그 쓰러진 자리에서 다른 수많은 새싹이 올라온다. 쓰러진 나무가 바스러져 토양이 될 때, 새싹들은 고개를 내밀고 가지를 뻗어 나간다. 이 책에 담긴 설교 안에는 그동안 살아오시며 정립한 아버지의 철학과 가치관, 지식과 지혜가 담겨있다. 그 내용 하나하나가 읽는 이에게 다시금 씨앗이 될 것이고, 그 씨앗에 정성스레 물을 주며 가꾸어나간다면 분명 세상을 품을 큰 거목으로 가꾸어낼 수 있으리라 생각한다.

지금도 가끔 떠올리고는 한다. 나도 모르는 사이에 아버지께서 해주신 말씀이 나무 수액처럼 내 혈관을 돌아다니고 있다는 사실을 말이다. 이 책에 담긴 많은 씨앗들도 그렇게 그렇게 퍼져나가 세상을 아름답게 꾸미는 꽃봉오리로 화현되었으면 하는 바람이다.

시산 탁명철 정사님의 설교집을 발행하도록 원력을 대주신 부산 만덕교당 이지용(동은) 교도님께 감사드린다. 시산님 생전에 출판을 약속하시고, 열반 후에도 관심과 지원을 이어주셨기에 나의 부족한 능력에도 결실을 이룰 수 있었다. 또한 부산 만덕교당 교무님과 교도님들, 여러모로 도움을 주신 인연들께 이 책을 통해 깊은 감사의 인사를 올리는 바이다.

2022년 유월에
아들 탁대환 올림

차례

책을 엮으며 _ 4

제1부 원기101년

1. 대각일성大覺─聲(『대종경』 서품 1장) _ 12
2. 창생 구원을 위한 기도(『대종경』 서품 13장) _ 14
3. 부처의 지혜와 능력(『대종경』 서품 17장) _ 17
4. 일원상 신앙(『정산종사법어』 원리편 3장) _ 20
5. 일원상의 진리인 공·원·정의 수행(『대종경』 교의품 7장) _ 26
6. 심고와 기도의 감응되는 이치(『대종경』 교의품 17장) _ 30
7. 삼학의 상관성(『대종경』 교의품 21장) _ 33
8. 일체유심조의 원리(『대종경』 교의품 27장) _ 36
9. 선병자의先病者醫(『대종경』 교의품 34장) _ 40
10. 자기 변화와 세상 개선을 위한 역할(『대종경』 교의품 39장) _ 46
11. 동정 간에 얻은 삼대력을 활용하는 기점(『대종경』 수행품 2장) _ 50
12. 공부인의 돈 버는 방식(『대종경』 수행품 8장) _ 53

13. 선禪과 수승화강(『대종경』 수행품 15장) _ 58
14. 재가공부(『대종경』 수행품 19장) _ 61
15. 현실의 산 경전(『대종경』 수행품 23장) _ 64
16. 지혜를 어둡게 하는 두 가지 조건(『대종경』 수행품 28장) _ 66
17. 지혜와 권리가 크게 위태로울 때(『대종경』 수행품 38장) _ 71

제2부 원기102년

18. 불지를 향한 정진 적공(『대종경』 수행품 43장) _ 76
19. 마음 단련(『대종경』 수행품 50장) _ 80
20. 심전계발의 공들임(『대종경』 수행품 59장) _ 84
21. 법강항마(『대종경』 수행품 63장) _ 90
22. 덕인의 온기(『대종경』 인도품 2장) _ 95
23. 자기변화자산(『대종경』 인도품 7장) _ 102
24. 자타의 간격이 없는 감화(『대종경』 인도품 12장) _ 107
25. 증애에 끌리지 않는 방법(『대종경』 인도품 18장) _ 112
26. 말의 오묘한 조화(『대종경』 인도품 21장) _ 116
27. 만족의 공식(『대종경』 인도품 29장) _ 120
28. 공경심과 경외심(『대종경』 인도품 33장) _ 124
29. 허물을 밝히는 사람과 허물을 살피는 사람(『대종경』 인도품 36장) _ 128
30. 자녀를 가르치는 네 가지 방법(『대종경』 인도품 42장) _ 133
31. 옳은 길(『대종경』 인도품 47장) _ 137
32. 더 명예롭게 사는 취사(『대종경』 인도품 54장) _ 142
33. 좋지 못한 인연의 씨(『대종경』 인도품 56장) _ 148
34. 행복 프레임(『대종경』 인과품 2장) _ 153

35. 업장을 소멸해가는 방법(『대종경』 인과품 9장) _ 160

36. 신정, 구정, 의정(『대종경』 인과품 13장) _ 163

37. 복을 영원하게 하는 길(『대종경』 인과품 19장) _ 167

38. 진급하려는 마음(『대종경』 인과품 24장) _ 171

39. 세상의 무서운 죄업 세 가지를 멀리하며 전진하는 방법

    (『대종경』 인과품 27장) _ 174

40. 과보(『대종경』 인과품 31장) _ 181

41. 천지의 식과 위력(『대종경』 변의품 1장) _ 187

42. 조물주(『대종경』 변의품 9장) _ 190

43. 주문(『대종경』 변의품 13장) _ 197

44. 삼명육통(『대종경』 변의품 18장) _ 200

45. 사은의 행렬과 명호(『대종경』 변의품 23장) _ 203

46. 상시응용·교당내왕시 주의사항과 삼학과의 관계

    (『대종경』 변의품 26장) _ 207

47. 견성과 항마위의 승급(『대종경』 변의품 34장) _ 210

48. 생사해탈(『대종경』 변의품 37장) _ 215

49. 만법귀일(『대종경』 성리품 10장) _ 223

50. 달마 화상을 걸리는 상황 속에서의 배움(『대종경』 성리품 14장) _ 228

51. 언어도단(『대종경』 성리품 25장) _ 234

52. 게송(『대종경』 성리품 31장) _ 236

53. 대자대비의 심법으로 가꾸는 행복(『대종경』 불지품 2장) _ 240

54. 솔성지도(『대종경』 불지품 6장) _ 244

55. 천상락과 인간락(『대종경』 불지품 15장) _ 251

56. 참으로 부유한 사람(『대종경』 불지품 18장) _ 255

57. 원만하고 활발한 새 생활(『대종경』 불지품 21장) _ 260

제3부 원기103년

58. 지각이 열린 사람(『대종경』 천도품 1장) _ 266
59. 깨친 사람, 깨치지 못한 사람(『대종경』 천도품 8장) _ 271
60. 변불변의 진리(『대종경』 천도품 14장) _ 277
61. 착심에서 벗어날 때(『대종경』 천도품 19장) _ 281
62. 자신의 천도와 주변의 천도(『대종경』 천도품 22장) _ 286
63. 천도할 능력과 성불할 종자(『대종경』 천도품 27장) _ 290
64. 금생의 복과 죄, 그리고 회향(『대종경』 천도품 35장) _ 296
65. 인연 맺는 법(『대종경』 천도품 37장) _ 303
66. 상근기에 다다르는 방법(『대종경』 신성품 2장) _ 308
67. 법을 구하는 신성(『대종경』 신성품 10장) _ 314
68. 하늘에 사무친 신성의 감응(『대종경』 신성품 15장) _ 318
69. 닮고 싶은 소태산 대종사님!(『대종경』 신성품 19장) _ 323
70. 작은 선과 작은 지혜에 얽매이지 않는 공부(『대종경』 요훈품 5장) _ 333
71. 지혜 얻는 법(『대종경』 요훈품 6장) _ 338
72. 자기를 능히 이기는 사람(『대종경』 요훈품 15장) _ 342
73. 화복의 근원(『대종경』 요훈품 19장) _ 346
74. 악한 기운과 독한 기운(『대종경』 요훈품 30장) _ 350
75. 은생어해와 해생어은(『대종경』 요훈품 33장) _ 354
76. 평범을 지키면서 꾸준한 공을 쌓는 사람(『대종경』 요훈품 40장) _ 357
77. 참 자유와 큰 이익(『대종경』 요훈품 42장) _ 359
78. 잡초 뽑기를 통해 익힌 마음공부(『대종경』 실시품 15장) _ 362
79. 빈천보를 받지 않으려면(『대종경』 실시품 18장) _ 366
80. 좋은 인연과 낮은 인연(『대종경』 교단품 3장) _ 368
81. 위신의 가식(『대종경』 교단품 11장) _ 371

82. 재색은 그물과 총알(『대종경』 교단품 19장) _ 373

83. 상불경의 정신(『대종경』 교단품 25장) _ 376

84. 미륵불과 용화회상(『대종경』 전망품 16장) _ 379

85. 정법을 가져다 쓰기(『대종경』 부촉품 4장) _ 382

86. 마음의 유감 세 가지(『대종경』 부촉품 11장) _ 385

87. 삼위일체의 의의와 우리의 사명(『대종경』 부촉품 19장) _ 387

제4부 원기104년

88. 최초 교당의 상량문(『대종경』 서품 12장) _ 390

89. 일원상 수행(『대종경』 교의품 5장) _ 393

90. 일원상의 활용(『대종경』 교의품 8장) _ 398

| 일러두기 |

1. 이 책은 원기101년 7월 17일부터 원기104년 2월 17일까지 90여 차례에 걸쳐 진행한 설교를 시산 탁명철 교무님이 생전에 직접 정리한 것입니다.
2. 설교는 시간의 순서에 따라 총 4부로 수록하였습니다.

제1부

원기101년

1
대각일성 大覺一聲

『대종경』서품 1장

원기101.7.17.

소태산 대종사는 대각한 진리의 내용을 세 가지 방향에서 밝히었다. 첫 번째는 만유가 한 체성이며 만법이 한 근원이라는 것이다. 두 번째는 이 가운데 생멸 없는 도와 인과 보응되는 이치가 서로 바탕하여 있다는 것이다. 세 번째는 한 두렷한 기틀을 지었다는 것이다.

만유萬有란 우주의 유정, 무정, 삼라만상 모두를 가리키는 말이다. 또 진리를 체體와 용用으로 구분해, 체를 체성體性이라 하며, 용을 작용作用이라 한다. 진리 본체적 성질을 말한다. 그리고 우주 전반에 작용하는 법칙이 만법萬法이다. 종교적으로 보면 유·불·도 및 종교 전반의 교법을 지칭한다. 두렷한 기틀은 일원상―圓相을 말한다. '한― 두렷한圓 기틀相'이 바로 일원상을 지칭한 것이다. 우주와 인생의 궁극적 진리를 상징한다. 이를 '일원상의 진리' 또는 '법신불 일원상'이라 하며, 이를 최고의 종지宗旨로 삼아 신앙의 대상과 수행의 표본으로 모신다.

교리도 상에서는 이 일원상 아래 '일원은 법신불이니, 우주 만유의 본원이요, 제불제성의 심인心印이요, 일체중생의 본성이다'라고 정의하고 있다. 일원상은 대각이라는 심오한 종교체험의 입장에서 비친 만상의 본래 면목을 상징적으로 표현한 것이다. 이때 일一은 근원·전체·유일·절대를 뜻하며, 원圓은 원만·구족·완만·충만을 의미한다. 상相은 이러한 일원의 궁극처를 상징으로 형상화했다.

100년 전이다. 1916년 4월 28일 새벽, 동이 터오는 하늘을 바라보며 소태산 대종사는 깨달음을 얻었다. 일곱 살 때부터 인간과 우주를 향해 강한 물음을 품으며, 20년 가까이 수도 적공한 결과다. 이렇게 우주의 이치를 깨달은 26세의 소태산 대종사는 "만유가 한 체성이며, 만법이 한 근원이로다. 이 가운데 생멸 없는 도와 인과보응되는 이치가 서로 바탕하여 한 두렷한 기틀을 지었도다."라는 깨달음의 말씀을 세상을 향해 대각일성大覺一聲으로 내놓았다. 이후 '무시선 무처선無時禪 無處禪, 처처불상 사사불공處處佛像 事事佛供' 등을 주창하며 교법을 제정했다.

우리는 일원상 신앙을 선택했다. 전무후무한 교법으로서의 본모습을 갖춰가는 과정도 소상히 알아야 한다. 숭산 박길진 종사는 『대종경』서품 1장에 대하여, "일원의 진리에 대하여 밝히고 있으므로, 성리품에 넣어도 좋으나, 대종사님이 대각하신 후 처음으로 행한 법설이며, 또한 본교 교리의 근원을 밝힌 내용이니 맨 처음에 넣었다."라고 대종경 강의를 통해 후학들에게 가르쳤다.

대각일성을 늘 상기하며 미래의 은혜로운 세상을 향해 나가는 일원상 신앙의 방향키를 잡아야 한다. 그래서 우리들의 공부가 이제는 해원解願의 세계가 되는 밑거름이 되기를, 보은의 세계를 이루는 밑거름이 되기를, 또 불국세계를 이루는 밑거름이 되기를 바랄 뿐이다. 날마다 교당 앞마당을 쓸면서도 세상의 해원을 위해 지구 한 모퉁이를 깨끗이 했다고 생각하게 된다.

2
창생 구원을 위한 기도

『대종경』 서품 13장

원기101.8.7.

　소태산 대종사와 9인 제자는 원기3년(1918) 4월부터 1년간 방언 공사를 진행하였다. 이 와중에도 10월에 구간도실을 건축하여 12월에 완공을 했다. 그리고 구간도실에서 공부 모임을 가졌으며, 그 공부 과정에서 소태산 대종사는 교단 초창기 9인 선진의 마음이 하늘마음이라고 했다. 또 창생 구원을 위한 기도를 해야 한다고 독려했다. 이렇게 하여 소태산 대종사와 9인 선진은 창생과 세계를 구원하기로 하늘에 맹세한 큰 기원을 올렸다.

　창생蒼生은 억조창생이라고도 말하며, 뭇 중생들이다. 그리고 도탄塗炭이란 진흙과 숯불을 말하며, 몹시 곤란한 경우이다. 또 범연泛然은 범상히라는 말과 비슷하며, 특별한 관심이나 주의심 없이 그저 그대로라는 뜻이다. 이렇게 도탄에 빠진 창생을 위해 범연히 기도祈禱하며 빈다는 것은 인간보다 능력이 뛰어나다고 생각하는 어떠한 절대적 존재에 비는 의식이지만, 결국은 법신불의 진리가 자기 자신을 통하게 하는 것이다. 이럴 때 응답받는 기도가 되도록 정성을 다해야만 한다. 응답받는 기도는 온전한 믿음으로 할 때, 용서하는 마음으로 할 때, 조화를 이루는 마음으로 할 때, 끈기 있게 할 때, 간절한 마음으로 할 때 가능해진다.

기도를 드리며 얻는 유익성은 정신적이고 육체적인 고통에서 벗어나는 것이다. 영성을 성장할 수 있게 함은 물론 자기 삶을 스스로 축복하는 원천이 된다. 기도를 멈추지 말아야 하는 이유이다. 기도에 게으른 것은 법신불의 은혜가 자기 생활에서 멀어지는 것과 같다. 기도하는 습관을 가지며 정성을 다해야 한다. 매일 규칙적인 기도 생활에 힘쓸수록 영성이 회복되고 차츰 그에 상응하는 지혜가 발현된다.

나무의 나이테는 단순히 연륜의 표시만은 아니다. 유능한 식물학자는 나무의 나이테를 보고 나무의 나이는 물론 나무의 성장 과정에 있었던 많은 사건을 읽어낼 수 있다고 한다. 우리의 마음과 몸도 마찬가지다. 우리의 내면세계에는 과거의 온갖 사건들이 기록되어 있는 나이테나 마찬가지다. 나이테에 기록되어 있는 아픈 상처와 불행했던 과거를 초월할 힘을 지녀야만 자기를 극복하는 사람이 된다.

정성스러운 기도로서 뒤틀린 감정을 털어내야만 한다. 뒤틀린 감정을 털어내면 자신의 가치와 중요성을 다시 인정할 수 있고, 열등의식도 덜어낼 수 있다. 그만큼 혜와 복이 증진된다. 마음의 상처를 치유하려면 먼저 어떤 상처가 있다는 사실을 법신불 앞에서 인정해야 한다. 이러한 통찰력이 없는 한, 마음의 상처는 치유되지 않는다. 자신이 환자임을 인정하지 않으면 의사에게 치료받으러 갈 이유를 찾을 수 없을 뿐 아니라, 그 증세가 악화하는 상황을 맞이할 수밖에 없다.

이제 응답받는 기도가 마음의 상처를 치료한다는 이 놀라운 사실을 체화하며 또 지각하고, 또 증득해야만 한다. 그런 삶이 복된 삶이다. 그래서 소태산 대종사도 9인 제자들의 자기 구원과 세상 구원의 의지를 먼저 시험한 것이다. 자신과 세상을 바르게 변화시키는 기도를 지속하며 살아야 한다. 믿는 사람에게 이루지 못할 일이 없다고 하였으니, 쉬지 않는 기도 정성으로 이어지게 해야 한다. 기도하며 경전을 읽는 것은 삶에 필요한 에너지를 공급받는 통로를 지키며 더욱 새로운 마음으로 하루하루를 더 기쁘게 사는 것과 같다.

지금까지 자신과 세상을 위한 기도를 소홀히 했다면 이제라도 늘 기쁨이 충만해지는 기도를 올리면 된다. 그래야만 은혜가 충만한 혜와 복이 증진되는 기회를 더할 수 있으며, 모든 아픔을 털고 훨훨 나는 법락을 누릴 수 있다. 이렇게 할 때 가고 오는 생사에도 묶이지 않고, 울고 웃는 고락에도 얽매이지 않으며, 바른 길을 체득하는 기쁨 속에서 마음의 눈, 진리의 눈, 은혜의 눈을 뜨는 사람으로 거듭난다.

3
부처의 지혜와 능력

『대종경』서품 17장

> 원기101.8.14.

사람은 마땅히 걸어가야 할 길이 있다. 소태산 대종사는 모든 사람이 매일 아침 일어난 순간부터 저녁 잠자리에 들 때까지 자기 생각과 의지에 따라 부처의 지혜와 능력을 궁구하고 발현하길 바라셨다. 서로 다른 환경과 조건 속에서 자라나 사는 사실만을 앞세우지 말고, 배우고 익힌 습관으로 무엇을 해야 할지 생각하고 성찰할 뿐 아니라, 자신에게 주어진 삶의 길을 더 높게 지향할 필요가 있다. 혁신을 추구하는 방식도 시비 이해에 따라 바뀐다. 내가 가진 사고방식과 전혀 다른 접근법을 배우고, 편견에 대해 다시 한번 생각하고 참회 반성해야 한다.

몸이 가는 곳에는 마음이 따라간다. 마음이 향하는 곳에는 몸이 따라 향해 간다. 개개인의 특성에 따른 활동도 마찬가지다. 세상에 태어난 순간부터 생각과 습관에 따라 익혔던 것들과 지나쳤던 일들 속에 각자 맞춤되어진 부처가 투영되고 있음을 잊지 말고 성찰해 가며 바르고 기쁘게 생활해야 마음이 밝아진다. 9인 선진은 그렇게 하셨다.

사람에겐 마음의 고향이 있다. 성품이다. 그 누구든지 삶을 새롭게 시작해

볼 수 있는 근거이다. 세상을 바라볼 수 있는 눈, 소리를 들을 수 있는 귀, 숨을 쉬고 냄새를 맡을 수 있는 코, 말을 하고 음식을 먹을 수 있는 입, 외부의 자극을 감촉하는 몸도 결국은 성품을 통해야 바르게 활용할 수 있다. 이것이 때로 집착하고, 때로 분노하고, 때로 아무것도 볼 수 없는 어둠 속에서 헤매는 사실적 이유이기도 하다.

참된 자아를 닦아야 한다. 눈으로 보이는 세상, 귀를 통해 들려오는 세상, 코를 통해 들어오는 세상, 입으로 맛을 느끼며 아는 세상, 몸으로 감지된 세상이 우주 전부는 아니다. 진정 스스로 거룩해질 수 있는 길을 찾아야 한다.

소태산 대종사는 부처의 지혜와 능력을 11가지로 밝히셨다. 1) 생사 없는 이치와 한없는 생이 있는 줄 안다. 2) 일신의 본래 이치와 우주 만유의 본래 이치를 안다. 3) 자신 제도는 물론 일체중생을 제도할 능력이 있다. 4) 중생이 짓거나 우연히 받는 고의 원인을 안다. 5) 복락이 다하면 다시 오게 하는 능력이 있다. 6) 지혜가 다하면 밝게 하여 어둡지 않게 하는 능력이 있다. 7) 탐진치에 끌리는 바가 없다. 8) 없는 데서 있는 데까지, 있는 데서 없는 데까지 안다. 9) 육도사생의 변화하는 이치까지 안다. 10) 이타로서 스스로 복락을 삼는다. 11) 시방세계 육도사생을 부처의 소유 권능으로 삼는다.

아무것도 믿지 않는 마음, 욕심에 가려진 마음, 게으름과 어리석은 마음이 휘몰아치면 본래 맑고 온전한 마음인가, 본래 밝고 지혜로운 마음인가, 본래 바르고 착한 마음인가, 삶을 긍정적으로 진행하는 분발·의문·정성의 마음인가, 감사하는 마음인가, 자력 생활을 하려는 마음인가, 잘 가르치려는 마음인가, 공익을 위한 마음인가 챙겨야 한다. 거룩함은 모든 순간마다 배우고 깨달으며 삶을 고양하는 과정에서 발현되고 지속한다.

늘 새로워지려면 아침마다 일어나 세수하듯이, 일과를 마치고 샤워하듯이, 더럽혀진 옷을 세탁하듯이 육근작용을 해야 한다. 마음 작용과정에서 누구를 미워하고, 질투하며, 더럽힌 마음이 출렁일수록 선한 업을 실행하는 마음을 내야 한다. 새롭게 거듭난 삶이 된다. 몸과 마음이 모두 온전한 사람이 된다. 스승님들은 무량중생일망정 대적공하고 대적공하면 만능 만지 만덕을 나투는 부처가 된다고 하셨다.

얼굴에 웃음이 퍼진 사람이 이렇게 될 수 있다. 부처의 지혜와 능력을 원력 삼아 살면 된다. 웃는 얼굴에는 가난이 없다. 더 잘 웃는 것이 더 잘사는 길이고, 더 큰 복을 누리는 비결이다. 행복한 웃음이 얼굴에 가득한 자비성안이 내 것이 되게 해야 한다.

4
일원상 신앙

『정산종사법어』 원리편 3장

원기101.8.28.

신앙의 일반적 의미는 믿고, 믿는 대로 실행하는 것이다. 궁극적 존재에 관한 관심과 그 경외심을 통해 함께 닮아가려는 노력이라 말할 수 있다. 원불교 교도로서의 일원상 신앙도 마찬가지이다.

그런데 일원상 신앙에 대해 법문으로 설한 분이 있다. 숭산 박길진 종사[1915~1986]다. 소태산 대종사와 양하운 대사모 사이의 장자다. 본명은 길진吉眞이고, 법호가 숭산崇山으로 과묵소탈하였으며 일원교학의 산실 역할을 하셨다. 배제고를 1등으로 졸업하고, 일본 동경대학 철학과에 수학하여 학사가 되었고, 철학박사와 문학박사로 원광대 설립과 발전에 공헌하였다.

이런 분이 소태산 대종사의 만년에 대기설법對機說法을 받들게 된다. 대기설법은 소태산 대종사께서 상대인 숭산 종사의 기틀을 보고 법문이 설해졌다는 뜻으로, 『대종경』 교의품 3장에서 6장까지의 법문이다. 일원상 진리를 체화하고 증득하는 과정에서 스스로 겪은 그 적실한 물음이 역사에 남는 법문이 된 것이다.

"일원상의 신앙은 어떻게 하나이까?" 대종사 말씀하시기를 "일원상을 신앙의 대상으로 하고 그 진리를 믿어 복락을 구하나니, 일원상의 내역을 말하자면 곧 사은이요, 사은의 내역을 말하자면 곧 우주 만유로서 천지 만물 허공 법계가 다 부처 아님이 없나니, 우리는 어느 때 어느 곳이든지 항상 경외심을 놓지 말고 존엄하신 부처님을 대하는 청정한 마음과 경건한 태도로 천만 사물에 응할 것이며, 천만 사물의 당처에 직접 불공하기를 힘써서 현실적으로 복락을 장만할지니, 이를 몰아 말하자면 편협한 신앙을 돌려, 원만한 신앙을 만들며, 미신적 신앙을 돌려, 사실적 신앙을 하게 한 것이니라."

이후 소태산 대종사로부터 종통을 이은 정산 종사는 『정산종사법어』 원리편 3장에서, 원불교 신앙인 일원상 신앙을 전체신앙, 인과신앙, 사실신앙이라고 하였다. 이렇게 세세히 밝혔음에 감사할 따름이다.

전체신앙의 입장에서는 천지 만물 허공 법계가 다 부처임을 알고, 또 그렇게 모시는 것이다. 천지 만물이 죄와 복의 권능자임을 확실히 알고 믿으면 된다. 모든 일에 경외심과 청정한 마음으로 임해야 한다. 인과신앙의 입장에서는 잘 받고 잘 짓는 것이다. 감수불보甘受不報하며 주어진 그대로를 잘 받아들이고, 또 기회가 닿는 대로 선업을 지어가면 된다. 보이지 않는 부분까지 보려고 노력하며 정성을 다해야 한다. 사실신앙의 입장에서는 죄와 복의 근원처가 사은 당처임을 분명히 알고 믿는 것이다. 진리 불공과 실지 불공을 병행하면 된다. 일상에서 사은의 보은 조목과 사요 실행 조목을 실천하여야 한다.

이렇게 하면 시비, 이해, 애증, 고락, 생사대사라는 인생 5과를 득할 수 있다. 전미개오轉迷開悟가 되는 것이다. 미혹의 길을 벗어나 깨달음의 길로 나아가는지 늘 뒤돌아봐야 한다. 일원상 서원문의 '이 법신불 일원상을 체 받아서'라는 구절처럼, 소태산 대종사의 가르침인 일원대도를 체화하고 증득해 정定과 혜慧와 계戒의 경지를 더 새롭게 인식해야 한다. 그런데 세상 사람들은 인생을 고苦로만 보는 것 같다. 실은 고반낙반苦半樂半이다. 부처나 소태산 대종사가 사유 끝에 깨달은 진리는 고도 없고, 낙도 없는 정혜계의 경지였다는 것을 거듭 인지하는 기쁨에 충만할 수 있다.

참으로 일원상 진리를 이해하고 인식하는 시간을 보내면 그 특별한 재미가 자꾸 더해진다. 일상적이고 당연한 것으로부터 한 발자국 벗어나 새로운 생각을 하며, 처처불상과 사사불공의 실행으로 즐거움과 깨달음을 듬뿍 얻을 수 있기 때문이다. 일원상 신앙을 하며 '내일 나의 삶은 어떻게 될까' 생각하고 상상하면 삶의 깊이와 넓이가 자꾸 확장되는 것을 인식할 수 있게 되는데, 이는 교도로서 느끼는 참으로 큰 행복이다. 마음속을 들여다보는 성찰이 가능해지고, 원하는 것을 현실화하는 재미가 더해질수록 법신불 사은의 은혜가 충만하다.

그런데 어떻게 해서 인생이 고苦가 되는가? 집착 때문이다. 우리의 머리에 무엇인가가 꽉 차 있어서다. 증애 집착 욕심 등 이루 헤아릴 수 없다. 어떤 갈등이나 예전의 일을 기억하며 새롭게 나아갈 용기를 잃고 집착을 놓지 못하므로 일어나는 현상이다.

부처는 탄생하는 것이 아니라 만들어지는 것이라고 했다. 그래서 탄불誕佛이 아니고 성불成佛이라 한다. 성불과 성공을 바랐던 두 사람의 삶을 생각해 본다. 한 사람은 조선 전기의 시운 선사時雲禪師이고, 다른 한 사람은 KFC를 창업해 큰 성공을 한 커넬 할랜드 샌더스이다.

옛날 묘향산 염성봉 절벽 위의 상원암에 시운 선사와 혜성이라는 어린 동자가 살았다. 시운 선사와 절친한 친구의 아들인 혜성慧成의 본명은 최치록崔致錄으로 갓난아기 때 부모를 모두 잃었다. 시운 선사는 아들을 훌륭하게 키워달라는 친구의 유언대로 혜성에게 정성껏 글과 무술을 가르쳤다. 그리고 혜성의 나이 스물에 이르자 혜성의 장원급제를 위한 기도를 시작했고, 기도가 끝나는 날 혜성을 불렀다. 그 후 과거를 보도록 속세에 내려보냈다.

그리고 다음 해 화창한 봄날에 탁발하러 안주安州에 내려갔다. 그런데 젊은 거지 한 명이 애처롭게 구걸하는 것을 보고 다가가 보니 혜성이었다. 장원급제하라고 내려보낸 혜성이가 걸식하는 것을 보고 화가 난 시운 스님은 백여 리나 되는 상원암을 한걸음에 달려와 기구한 운명과 처참한 현실에 대한 저주와 분노로, 칼을 들고 법당에 들어가 부처님의 복부를 찔렀고, 실성한 듯 절을 뛰쳐 나왔다. 그리고 전국 방방곡곡을 방랑했다.

그렇게 3년의 세월이 흐른 후 시운 스님은 다시 상원암을 갔고 부처님의 배에 깊이 박힌 칼을 빼려 하였으나 빠지지 않았다. 할 수 있는 방법을 다 했지만 빠지지 않았다. 결국은 포기하고 법당에 들어가 있는데 풍악 소리가 들려왔다. 밖에 나가 보니 요란한 풍악 소리와 함께 한 무리의 사람들이 다가오고 있었다. 얼마 지나지 않아 절 마당에 도착한 무리 중의 한 명이 "안주 목사 행차시오"라고 외쳤다.

스님은 목사의 행차를 맞이했다. 그런데 가마에서 내린 안주 목사가 스님에게 큰절을 올렸다. "스님! 안주 목사 최치록입니다. 그동안 얼마나 고생이 많으셨습니까?" "오! 혜성아! 내가 틀림없는 혜성이렷다" 그리고 둘은 부둥켜안고 울었다. 과거를 보기 위해 암자를 떠났으나 중도에서 몹쓸 병에 걸려 고생하던 중 시장에서 스님을 만났다는 것과, 그 뒤 병이 나아 한양에 올라가 과거에 급제하고 안주 목사에 제수되어 가장 먼저 스님을 찾아오게 되었다는 이야기를 들려주었다. 그리고 어젯밤 꿈에 백발노인이 나타나 부처님 복부에 꽂힌 칼을 빼도록 일러 주었다는 이야기를 들려주며 법당에 들어가 부처님 복부에 꽂힌 칼을 빼 시운 스님에게 건네 주었다.

그 칼에는 네 가지 글자가 뚜렷하게 새겨 있었다. 시운속죄時雲贖罪. 시운 스님은 자신의 죄를 깊이 뉘우치고 100일 동안 단식하면서 행하는 참회 좌선을 시작하였다. 부처님 앞에 청수 한 그릇과 부처님을 찔렀던 칼을 나란히 놓고 깊이깊이 참회하던 시운 스님은 단식참회 30일이 되었을 때 부처님 앞에 쓰러져 입적하였다. 그때가 1456년 8월의 일이라고 전한다.

커넬 할랜드 샌더스라는 미국 사람의 이야기다. 6살 되던 해에 아버지를 잃었다. 12살 되던 해에 어머니가 재혼했다. 이때부터 안 해 본 일이 없었다. 농장 인부, 보험설계사, 농부, 철도노동자 등으로 일하며 25년이 흘렀다. 그러나 여전히 가난했고 힘든 삶을 살았다. 그러다가 여행객들이 쉬어가는 주유소에서 요리를 하기 시작했다. 날로 늘어난 솜씨 덕에 가게는 번창했다. 그러나 그것도 잠시였다. 가게 앞으로 고속도로가 생기면서 손님들의 발길이 끊겼다. 그의 수중에는 정부 보조금 105달러가 남아 있었다.

이때부터 헌 트럭을 한 대 사 전국을 떠돌며 음식을 팔았다. 그러다가 큰 음식점을 찾아다니며 납품을 하게 해 달라고 요청하고 실패하기를 1,008번 반복했다. 미친놈이란 소리를 듣는 게 다반사였다. 그렇게 또 3년이란 고된 시간을 살았다. 그러다가 찾은 1,009번째 레스토랑에서 계약을 따냈다. 치킨 한 조각에 4센트의 로열티를 받기로 계약한 것이다. 납품한 치킨은 빅히트였다. 이후로 100여 개국에 1,300여 개의 체인점 매장을 냈다. 양복 차림의 온화한 미소를 가진 할아버지가 등록상표인 켄터키프라이드치킨KFC이 이렇게 탄생했다.

커넬은 이런 말을 남겼다. "훌륭한 생각과 멋진 생각을 하는 사람은 무수히 많다. 그러나 행동으로 옮기는 사람은 드물다. 나는 남들이 포기할만한 일을 포기하지 않았다. 포기하는 대신 무언가 해내려고 애썼다"

우리는 살아가면서 실패와 좌절을 경험한다. 그러나 살아가야 할 긴 시간을 통해 보면 어떤 일이건 하나의 공부일 수 있다. 인생의 실패나 성공처럼 신앙의 길도 고난과 축복이 따른다. 언제든지 우리가 모두 진급하고 성불하기 위해 자기 삶에서 흘러 지나간 시간을 거울처럼 잊어버리는 마음과 또 용기 있게 새로운 마음을 내야 한다.

마음공부란 우리의 성품인 본래 마음을 찾아서 깨치고, 기르고, 체화하여, 증득하며, 다시 또 사용하는 공부의 연속이었다. 모든 공부 중에서 가장 중요한 공부였다. 어떻게든지 무심無心의 자리에 오르기 위해 초심을 잃지 않게 하고, 생활하는 가운데 열심의 마음을 내고, 뒷심이 딸리지 않게 계속 몸부림치며, 극복하고 또 그렇게 실재하려고 노력해야 한다. 일원상 신앙으로 긍정적인 하나의 새로운 인식에 이르러야 한다.

일원상 신앙을 기쁨으로 지속하면, 석립청수성石立聽水聲의 진리를 알게 된다. 일원상 신앙에 이런 기쁨이 있구나, 감탄하게 된다. 은혜와 기쁨이 더욱더 충만해진다.

원불교 교도라면 어느 때, 어느 곳에서나 상생과 평등과 풍요의 마음을 느껴야 한다. 그런 기쁨이 함께할 때, 모진 비바람이 휘몰아치는 것 같은 어떤 역경이 닥쳐와도 항상 인과와 정업을 인식한다. 또 극기복례의 경지를 자기 스스로 이루며 낙도를 수용할 수 있는 사람이 된다.

5
일원상의 진리인 공·원·정의 수행

『대종경』 교의품 7장

원기101.9.4.

인간은 이성과 감정의 동물이다. 일상생활을 통해 기쁨과 노여움, 그리고 슬픔과 즐거움 등의 감정인 희로애락을 느낀다. 그러나 희로애락의 표현에도 절도가 있어야 삶의 어느 지점에서든지 더 좋은 결실을 거둘 수 있다. 그리되기 위해서는 인생을 더 기쁘고 가치 있게 하는 종교적 신앙심과 정법 수행을 통해서 살아가는 게 좋다. 『대종경』 교의품 7장에 바로 이런 부분을 해결할 수 있는 가르침이 듬뿍 담겨 있다.

대종사 말씀하시기를 "일원의 진리를 요약하여 말하자면 곧 공空과 원圓과 정正이니, 양성養性에 있어서는 유무 초월한 자리를 관하는 것이 공이요, 마음의 거래 없는 것이 원이요, 마음이 기울어지지 않는 것이 정이며, 견성見性에 있어서는 일원의 진리가 철저하여 언어의 도가 끊어지고 심행처가 없는 자리를 아는 것이 공이요, 지량知量이 광대하여 막힘이 없는 것이 원이요, 아는 것이 적실하여 모든 사물을 바르게 보고 바르게 판단하는 것이 정이며, 솔성率性에 있어서는 모든 일에 무념행을 하는 것이 공이요, 모든 일에 무착행을 하는 것이 원이요, 모든 일에 중도행을 하는 것이 정이니라."

바로 일원상의 공원정과 삼학에 관한 관련성을 밝히고 있다. 이렇게 일원상의 진리인 공과 원과 정의 내용을 삼학수행의 입장에서 체화하고 증득한 양성 견성 솔성으로 바르게 인지하고 활용할 필요가 있다.

양성은 정력定力을 갖추는 길이요, 삼학 중 정신수양력을 갖는 것이다. 삼학, 정신수양의 요지에서 수양이라 함은 안으로 분별성과 주착심을 없이하여 밖으로 산란하게 하는 경계에 끌리지 아니하여 두렷하고 고요한 정신을 양성하는 것이라 했다. 그렇기에 유무 초월한 자리를 관하여 공의 경지를 체화하고 증득하며, 마음의 거래 없는 자리를 관하여 원의 경지를 체화하고 증득하며, 마음이 기울어지지 않는 자리를 관하여 정의 경지를 체화하고 증득하며 수양력을 갖춰야 한다.

견성은 혜력慧力을 갖추는 길이요, 삼학 중 사리연구력을 갖는 것이다. 사事라 함은 인간의 시비 이해를 이름이요, 리理라 함은 천조의 대소 유무를 이름한다 했고, 연구라 함은 사리를 연마하고 궁구함이라 했다. 그렇기에 일원의 진리가 철저하여 언어의 도가 끊어지고 심행처가 없는 자리를 연구하여 공의 경지를 체화하고 증득하며, 지량이 광대하여 막힘이 없는 자리를 연구하여 원의 경지를 체화하고 증득하며, 아는 것이 적실하여 모든 사물을 바르게 보고 바르게 판단하는 자리를 연구하여 정의 경지를 체화하고 증득하는 연구력을 갖춰야 한다.

솔성은 계력戒力을 갖추는 길이요, 삼학 중 작업취사력을 갖는 것이다. 작업이라 함은 무슨 일에서 안이비설신의 육근을 작용함을 이름이요, 취사라 함은 정의는 취하고 불의는 버리는 것이라 했다. 그렇기에 모든 일에 무념행을 하는 상태인지를 파악하고 취사하여 공의 경지를 체화하고 증득하며, 모든 일에 무착행을 하는 상태인지를 파악하고 취사하여 원의 경지를 체화하고 증득하며, 모든 일에 중도행을 하는 상태인지 파악하고 취사하여 정의 경지를 체화하고 증득해 취사력을 갖춰야 한다.

여기에서 말하는 지량이란 지식의 헤아림이요, 심행처心行處란 마음이 가는 곳이요, 무념행無念行은 일체의 번뇌와 상념을 없애는 공부로써 분별이나 사량이 없는 행동을 말함이요, 무착행無着行은 애착 탐착이 없는 행동으로 해탈의 경지를 추구하는 행위요, 중도행中道行은 무과불급無過不及, 즉 불급不及이 없는 중도행으로 어느 한 편에 기울어짐이 없는 행동이다.

일원상 진리의 활용을 위해 법신불 일원상을 실생활에 들어맞게 하려면 어떻게 하여야 하는가? 1) 일원상을 견성성불의 화두로 삼아야 한다. 2) 원만히 수행하는 표본으로 삼아야 한다. 3) 우주 만유 전체가 죄와 복의 권능을 주는 사실적 권능이 있음을 알아서 진리적으로 믿어 나가는 대상으로 삼아야 한다.

지난 시간을 뒤돌아보면 초심을 잃지 않고 인생을 사는 게 성공과 행복의 길로 나아가는 삶이 됐다. 초심불망初心不忘하여 시종여일始終如一해야 한다. 이렇게 자성으로 돌아가는 수행의 원력으로 불공을 하면 원융의 삶이 된다. 자신이 더 훌륭하게 행동하고 있다고 느끼며, 자신의 행동을 바꾸는 재미를 쫓게 된다. 더 많은 사람에게 도움을 주는 공원정의 마음을 내게 되는 것이다.

가정에서 아내와 자식과 하늘과 싸워 이기면 손해라는 것을 알게 되고 이를 지양해 가는 삶을 살아야 한다. 아내하고 싸워서 이기면 가정이 지옥이 되기 때문이요, 자식과 싸워서 이기면 자식이 곁길을 가든가 기가 죽는다는 것을 알기 때문이요, 순천자順天者는 흥하고 역천자逆天者는 망한다는 것을 알고, 한층 더 경외심을 갖기 때문이다. 이런 마음들이 모여 자기 자신의 생동력을 한층 강력하게 발현하게 된다. 날마다 만나는 인연이 법신불이라 했다. 일원상 진리를 품는 마음으로, 소란하고 헛된 욕심이 스스로 가라앉도록 해야 한다. 일원상의 진리인 공원정의 수행을 일상생활에서 계속해서 실행해나가도록 유의하며 정성을 다해야 한다.

　행복이란 뭔가가 터질 듯 팽팽해 졸도할 만큼 부풀어지는 탐진치의 마음에서 나오는 것이 아니라, 정혜계의 힘을 갖춘 공원정의 수행에서 나온다. 현실적인 고민에 빠지지 않기 위해서라도 삶의 독특한 기쁨도, 특별한 기쁨도, 별난 기쁨도, 공원정의 수행 속에 있음을 잊지 말고 탐구해야 한다.

6
심고와 기도의 감응되는 이치

『대종경』 교의품 17장

원기101.9.18.

모든 사람은 고통보다 기쁨을 좋아한다. 어제보다 더 기쁘고 행복하게 살아가려면 심신 작용의 요체인 변화의 지혜를 발현해야 한다. 어떤 상황이나 좋고 싫음에만 마음을 빼앗기지 말고, 항상 심고와 기도를 올리며 스스로 감응의 원리를 찾고, 잇고, 증득해, 체화해야 한다.

심고와 기도는 법신불 사은의 위력을 얻는 길이다. 지성스러운 마음으로 꾸준히 그 서원을 계속하며 한 번 고백한 서원에 결코 위반되는 일이 없어야만 큰 감응과 위력이 나타난다. 진리 불공을 통하여 위력을 얻는 길이고, 실지 불공을 통하여 위력을 얻는 길이다.

그러기에 심고나 기도를 올릴 때마다 하감지위, 응감지위를 칭하게 했다. 하감과 응감으로 법신불 사은과 응감應感한다는 뜻이다. 하감은 위에서 나를 굽어살펴주시는 천지, 부모지위이고, 응감지위는 비교적 수평적 관계로서 응하는 지위인 동포, 법률지위이다. 즉 하감지위는 '굽어살피시옵소서', 응감지위는 '응하여 살피시옵소서'라는 뜻으로 이해하면 된다. 여기서 굽어살피라는 것은 종적인 의미이고, 응한다는 것은 횡적인 의미이므로 종횡으로 살핌을 염원하는 것이 소태산 대종사의 심고와 기도법이라고 할 수 있다.

그렇다면 심고와 기도의 차이는 무엇일까? 심고는 격식이나 장소, 시간에 구애받지 않고 하는 것이라면, 기도는 시간과 격식도 정하고 순서와 기간도 정해서 하는 것이다. 하지만 위력을 얻는 면에서는 같다고 하셨다.

대산 종사는 "일심에서 나는 소리, 깨친 데서 나는 소리, 실천에서 나는 소리를 듣고, 현재보다 더 정성스럽고 지극하게 심고와 기도를 올리게 되므로, 늘 기쁜 생활로 이어지게 됨은 물론 자연스럽게 심고와 기도를 생활화해 가며, 심고와 기도의 감응되는 이치와 원리를 스스로 밝혀 증거 하는 사람이 된다."라고 말씀하셨다.

따라서 언제든지 우리는 주어진 시간에 충실한 가운데 심고와 기도가 이어지게 해야 한다. 일상생활을 하는 데 있어서 법신불의 기운과 하감하고 응감할 수 있도록 심신 작용을 하고, 육근 동작을 하는 데 있어서도 정성스러움이 묻어나게 일함으로써, 종횡으로 살핌을 받는 결과를 체화하며 진급의 길로만 나아갈 수 있게 된다.

자기를 스스로 바라볼 줄 아는 눈으로 혹 자기 마음이 아상으로 가득 차 있지는 않은지 생각하며, 그 실행력으로 더 반듯하게 취사하는 노력을 해야 한다. 좋은 말과 행동, 듣기 좋은 말과 행동을 했을 때 상생이 되고, 나쁜 말과 행동, 악한 말과 행동을 했을 때 상극이 되는 것마저 당연히 법신불 사은에 감응되는 이치요, 원리임을 알아 오가는 말과 행동을 더 공손하게 하고 인상을 정숙하게 가져야 한다. 이렇게 심고와 기도를 올리는 정성스러운 실행을 지속해서 하면 지혜가 자꾸 수승해져서, 참으로 힘들어하던 집착도 내려놓는 취사가 가능해진다. 집착보다는 보시를 선택해 선업을 쌓으며 자꾸 좋은 일을 실행해야 함을 알게 된다.

심고와 기도는 이처럼 감응되는 법신불 사은의 광명과 위력이 자신에게 함께 해 인생의 좋은 결과를 갖게 한다. 언제 어느 때든지 법신불 사은전에 자기의 마음을 고백하며 매우 정성스럽게 지속해야 할 신앙 행위임을 잊지 말고 실행해야 한다.

원불교의 조석 심고는 원기17년(1932) 4월부터 법회 등의 의식에 도입되었으며, 교도 모두에게 부여된 의무가 됐다. 심고와 기도는 사람으로 살며 목적지가 따로 정해져 있지 않은 소요逍遙나 보행步行을 하는 것이 아니다. 응감과 하감의 생각과 느낌을 통해 더 건강하게, 더 아름답게, 더 가치 있게, 더 기쁘게, 더 행복하게 되는 상생의 은혜로움으로 법신불 사은에 힘입는 고백이요, 대화의 걸음걸이다.

신심과 정성의 지속력만큼 법신불 사은과 응감한다. 대산 종사는 일원상 법문 시 일원의 체성에 합하려면 망념妄念만 끊어지면 되고, 위력을 얻으려면 사사私邪만 끊어지면 된다고 하셨다. 여기에서 사사란 이기적인 것, 또는 옳지 않은 것으로 부당한 욕심을 말한다. 삼독심의 수렁에 빠진 상태를 말한다. 심고와 기도를 올리면서 하루하루를 성찰하는 삶이 되게 해 망념과 사사가 끊어지게 해야 하고, 법신불 사은의 윤기인 보은으로 통하고 체화하며 증득해야 하는 이유이다. 법신불 사은님이 내 편이라는 마음이 자기 마음에 튼실하게 자리를 잡아야 한다. 소태산 대종사는 심고와 기도장에서 자신할만한 타력을 말씀했다. 이 자신할만한 타력에 힘입는 심고를 올리고 기도를 해야 한다.

지나간 시간을 뒤돌아본다. 심고와 기도를 지성으로 올리면 원하는 바를 이룰 수도 있고, 또 과거의 악업이 청산됐다. 체화하고 증득한 일심, 알음알이, 실행의 힘인 삼대력이 양성되어야 희로애락에 기울고 흔들리지 않는다. 어느 때든지 심고와 기도를 올리면서 더 기쁘게 성찰하는 삶이 되자.

7
삼학의 상관성

『대종경』 교의품 21장

원기101.9.25.

정신수양精神修養·사리연구事理研究·작업취사作業取捨를 삼학이라 한다. 누구나 부처의 인격에 이르도록 하는 세 가지 길로 원불교의 대표적 수행교리 가운데 하나이다.

정신수양은 본래의 자기 마음을 회복하는 것으로, 이런 힘을 수양력이라 한다. 사리연구는 본래의 자기 마음을 깨닫는 것으로, 이런 힘을 연구력이라 한다. 작업취사는 본래의 자기 마음처럼 마음을 사용하는 것으로, 이런 힘을 취사력이라 한다. 이 세 가지 힘을 합하여 삼대력이라고 한다. 삼대력 얻는 삼학 공부를 본래의 자기 마음을 밝히고, 깨치고, 실행하는 일이라 말하기도 한다. 스승님은 이러한 삼학 공부를 조화롭게 병행해나가면 큰 지견을 얻게 된다고 하셨다.

다음은 『대종경』 교의품 21장 법문이다.

"우리가 경전으로 배울 때에는 삼학이 비록 과목은 각각 다르나, 실지로 공부를 해나가는 데에는 서로 떠날 수 없는 연관이 있어서 마치 쇠스랑의 세 발과도 같나니, 수양을 하는 데에도 연구·취사의 합력이 있어야 할 것이요,

연구를 하는 데에도 수양·취사의 합력이 있어야 할 것이요, 취사를 하는 데에도 수양·연구의 합력이 있어야 하느니라. 그러므로, 삼학을 병진하는 것은 서로 그 힘을 어울려 공부를 지체 없이 전진하게 하자는 것이며, 또는 선원에서 대중이 모이어 공부에 대한 의견을 교환하는 것은, 그에 따라 혜두가 고루 발달하여 과한 힘을 들이지 아니하여도 능히 큰 지견을 얻을 수 있게 하자는 것이니라."

삼학을 병진해서 삼대력을 얻고 보면 자신의 마음을 부처와 같이 사용할 줄 아는 자유인이 된다. 즉 원만한 인격의 소유자가 되어 항상 낙도를 수용하는 사람이 되는 것이다.

톨스토이의 소설 『안나 카레니나』의 서두에 "행복한 가정은 모두 비슷하게 행복하다. 불행한 가정은 다 각각의 방식으로 불행하다"라는 문장이 나온다. 이것은 각양각색의 색깔로 표현되는 삶의 양태를 간단하게 압축해서 말했지만, 삼학을 병진하면 어떤 경계에도 흔들리지 않고 행복을 더하는 삶을 살 수 있게 된다. 왜 그런가? 삼학의 상관성으로 인해 어느 때나 삼대력이 발휘되므로 상관성의 내용을 확실히 이해하고 정신수양과 사리연구와 작업취사를 잘하는 사람이 되면, 항상 더 기쁘고 행복한 실행이 가능하다.

정신수양으로 수양력을 얻는 것을 정定, 사리연구로 연구력을 얻는 것을 혜慧, 작업취사로 취사력을 얻는 것을 계戒라고 말한다면 이 정혜계는 병행하여 심신心身을 조정하는 상관성을 띤다. 삼학 공부란 것이 결국에는, 그 이상에 어긋나는 불선악덕不善惡德, 방비지악防非止惡에 중점을 둬 각각의 그릇됨을 막는 데 있어 그 실행의 힘이 연관되어 발현되는 것이다.

처한 상황과 경계에 따라 정혜계나, 계정혜로 순서를 잡게 되면 몸과 마음이 조정되는 데, 이때 몸과 마음을 통일하는 상관성으로 연결되어 그 힘이 발휘된다. 조신調身·조식調息·조심調心이 상관성 속에서 갖춰지기도 하고 따로 갖춰지기도 하는 것이다. 즉 신체와 호흡과 정신을 조정하는 것이 요구되는데 따로따로일 때나 동시적일 때가 있다.

어떻든지 선정禪定을 수습하는 이유도 마음을 통일한 명경지수明鏡止水 같은 정의 마음으로, 혜란 바른 지혜를 획득하며, 그 지혜의 마음을 통해 비우고 비워 적절한 판단과 신속 정확한 계력戒力으로 바른 취사를 취할 수 있게끔 하기 위해서이다. 이렇게 정혜계가 동시적으로 활용되거나, 정에 의해 혜가 얻어지고 혜에 의해 계에 이른다. 그렇기에 정혜계는 서로 떠날 수 없고 쇠스랑의 세 발과도 같이 병진한다. 수양하는 데는 연구와 취사의 병진이 있어야 하고, 연구하는 데는 수양과 취사의 병진이 있어야 하고, 취사하는 데에도 수양과 연구의 병진이 있어야 한다. 이러한 삼학은 이상을 추구하는 마음과 그 실행의 구조를 삼등분 한 것과 같다. 감각적感覺的인 면은 정定으로, 지식적智識的인 면은 혜慧로, 의사적意思的인 면은 계戒로 표출된다.

이에 정산 종사는 "수양의 방법은 염불과 좌선과 무시선 무처선이 주가 되나 연구와 취사가 같이 수양의 요건이 되며, 연구의 방법은 견문과 학법學法과 사고가 주가 되나 수양과 취사가 같이 연구의 요건이 되며, 취사의 방법은 경험과 주의와 결단이 주가 되나 수양과 연구가 같이 취사의 요건이 된다."라고 하였다.

남의 옷이 좋다 하여 그대로 입으면 내게는 맞지 않을 수 있다. 정성껏 자기의 품과 키에 맞춰서 고쳐 입어야 내 옷이 된다. 행복을 추구하기 위해 배우고 익히는 수양의 방법도 마찬가지다. 가을에는 고개를 숙인 익은 벼나 땅에 떨어진 여문 밤을 수확한다. 삼학도 익히면 익힌 만큼 수확이 된다. 자신에게 활용될 수 있도록 세세하게 공부하고, 익혀, 활용해야 한다. 그러나 마음의 귀거래사歸去來辭는 하루아침에 이뤄지지 않는다. 적공을 끊이지 않아야 하는 이유이다.

8
일체유심조의 원리

『대종경』 교의품 27장

원기101.10.2.

우리는 운칠기삼運七技三이라는 말을 흔히 쓴다. 어떤 일을 이뤄가는 데 있어 운이 7할이요 노력이 3할이라는 말이다. 재주가 좋아도 자기 자신의 역할은 3할밖에 되지 않고, 스스로 통제할 수 없는 운의 비중이 7할이라는 것이다. 이를 놓고 더 세게 운칠복삼運七福三이라고도 한다. 인생을 살아가는 과정에서 성취와 성공이 운運과 복福에 크게 좌우됨을 강조한 말이다.

그러나 현실의 운과 복을 무시할 수 없다 하더라도, 삶의 결과는 마음 씀에 의한 결과라고 말할 수 있다. 일상의 육근 동작 시마다 신분의성의 마음이 더 중요한 성공의 역할로 연결되어 역동적인 작용성을 발휘하기 때문이다. 그래서 내일의 성취나 더 큰 성공을 이끄는 핵심은 각자의 하고자 하는 마음이라 말할 수 있다. 따라서 자기 자신이 원하는 목표 수준과 방향을 향해 삼학 공부로 장양한 삼대력의 마음으로 실행을 지속할 필요가 있다. 운과 복보다도 더 중요한 성취나 성공의 작용 원리가 하고자 하는 마음이기 때문이다.

본래 마음을 깨치고, 밝히고, 익히고, 활용하면서 확연히 달라지는 것이 생활이요, 삶이다. 세상을 살아가면서 성취하고 성공한다는 것이, 지금까지의 생각을 뒤집는 용기와 열정의 지속에 더 큰 영향이 미치게 됨을 누구든 부인할 수 없다. 운과 복 있음만을 맹목적으로 확신하고 자만하든가 실의에 빠져서는 안 된다.

2016년 브라질 리우올림픽 남자펜싱 에페 개인 결승전 상황을 떠올려 본다. 점수는 9대 12, 마지막 3분 3라운드를 앞둔 상황이었다. 승리를 낙관할 수 없는 순간이었다. 박상영 선수의 조용한 기도가 중계화면에 잡혔다. '할 수 있다! 할 수 있다! 할 수 있다!' 스쳐 지나가는 잠깐의 시간이었지만, 승리하겠다는 간절한 믿음과 기도는 기적을 낳았다. 금메달이었다. 이렇게 운도 믿는 마음에서 시작됨을 보았다. 인생에서 무언가를 이룬 사람들을 만나보면 대부분 긍정적인 생각으로 세상과 당당하게 맞서는 마음의 힘이 있었다.

그러나 누구는 태어날 때부터 흙수저이고 다른 누구는 금수저라고 단정하는 사람들도 많다. 하지만 금수저를 입에 물고 세상에 나왔다고 해서 그 인생이 빛나는 것은 아니다. 자신을 흙수저로 이해한다고 하더라도 부모 대에 겪어 온 지난날의 환경과 제약을 뛰어넘는 용기를 내면 금수저를 입에 물고 나온 사람도 당해낼 수 없는 일을 한다. 성취나 성공을 시험하는 경계나 조건을 현실에서 겪는 하나의 어려움으로 인정하고, 극복하며 어떻게든지 뛰어넘어야 한다. 자기 소망을 바로 이런 한계를 극복하는 분발심으로 연결해서 당당하게 자기 발전을 모색하는 마음의 변화를 추구해야 한다.

사람들의 생각은 한정되어 있다. 흔히 마음으로 못 갈 곳이 없다고 하지만 실은 그렇지 않다. 마음은 갈 수 있는 곳만 간다. 우리의 생각이라는 게 그렇다. 마음은 생각할 수 있는 것만 생각한다. 마음이란 이렇듯 때에 따라서는 한정되고 갇혀 있다. 그렇기에 자기 마음의 울을 트는 사람이 되어야 한다.

마음공부도 무엇을 시작할 때와 마찬가지로 처음엔 어색하고 어설프지만 차근차근해보면 조금씩 마음이 모이는 느낌이 들고 시간이 지나면서는 꽤 익숙해진다. 더 정성을 들이면 마음이 훨씬 편안해지거나 집중되고 결과의 뿌듯함에 미소 지을 수 있다. 운칠복삼運七福三의 생각보다는 일체유심조 되는 실행이 되게 해야 한다. 마음이 자기의 성취나 성공을 이루는 주인임을 알게 되기 때문이다. 그래서 소태산 대종사는 일체유심조의 원리를 밝히며 법문 말씀으로 제자들을 가르치셨다.

이인의화李仁義華 선진이 살아간 삶을 생각해 본다. 이인의화 선진의 본명은 인자仁子이며, 법호는 대타원大陀圓이다. 16세에 결혼을 하였으나 일찍 남편을 잃고 온갖 역경을 견디며 6남매를 바르게 기르기에 힘썼다. 그렇게 34세에는 재가하여 음식점을 경영하며 열심히 살았으나, 채무로 인하여 가사가 탕진되었다. 하지만 실의에 빠지지 않았고 익산역 옆에 있는 전주여관이란 숙박업을 운영하여 가사를 다시 일으켰다. 이렇게 대타원은 운과 복의 논리에 맞서는 삶을 살았다. 대타원의 일생을 통해 자기 마음을 바라보는 관점과 실행력을 배워야 한다. 자기 마음을 생각하는 관점과 실행의 방법을 배우면 새롭게 변화되는 자신과 개선된 상황을 볼 수 있다.

대타원도 그러한 것 같다. 어린 나이인 8세 때에 칼로 옷고름을 뜯다가 왼쪽 눈을 찔러 실명하는 등 불운한 시절을 보냈으나 올곧게 살았다. 원기21년(1936)인 57세 때에는 최수인화 정사를 만나, 소태산 대종사의 법설을 듣고 제자가 됐다. 제자가 된 후부터는 번뇌 망상을 극복하는 낙도생활을 추구하며 일체유심조의 이치를 생활의 철칙으로 삼았다. 이리교당과 동이리교당을 세우는 창립의 주역도 됐다. 우리도 일체유심조一切唯心造 되는 이치를 체화하고 증득하며, 불생불멸과 인과보응 되는 이치를 더 철저하게 믿고 깨치며, 무상보시를 실천하며 낙도수용의 삶을 추구해야 한다.

바로 이런 길로만 나아가야 한다. 그렇지 않으면 자신의 본래 마음을 놓치고 그저 어리석게 몸이 편안해질 방법을 찾고, 그런 곳으로만 몸과 마음이 향해간다. 강급이 된다. 이런 관념 속에 갇혀 있는 한 자기 마음에 걸림 없는 자유는 없다. 집착과 허무가 반복되는 삶이 될 뿐이다. 일탈은 늘 위험하다. 정신 바짝 차리지 않으면 집착과 허무의 늪에 빠진다. 그 문을 여닫는 순간마다 참담할 수 있다. 어떤 형태로든 물질이 줄 수 있는 가치의 한계를 되새기며, 더 자유롭게 사는 정신세계를 진정 갈망하며 일체유심조 되는 이치를 궁구해야 한다.

삶을 더 자유롭게 하는 방식으로서의 지식 사용하는 법, 권리 이용하는 법, 물질 사용하는 법, 감사 생활하는 법, 복 짓는 법, 자력 생활하는 법, 잘 배우는 법, 잘 가르치는 법, 공익심을 실천하는 법을 익히고 실행하기에 힘쓰며, 일체유심조 되는 이치가 기쁘고 행복하게 성취하고 성공하는 원리라고 확언할 수 있는 사람이 되어야만 한다.

자기 마음을 닦고 또 닦으며 굳어지는 관념을 알아차리고, 새롭게 신분의성의 마음으로 일체유심조 되는 이치를 확연히 체화하고 증득해야만 영생의 복락을 준비할 수 있다. 일체유심조 되는 이치를 통해 일원의 진리를 체화하고 증득하는 데 정성을 다해야 한다. 그런 수행력이 언제나 자신을 편안하고 평화롭게 하는 힘이 된다.

9
선병자의先病者醫

『대종경』 교의품 34장

> 원기101.10.9.

 인생에 정답은 없다. 하지만 평생 끊임없이 무엇인가 선택해야 한다. 그러다가 생존은 기나긴 적응의 과정임을 깨닫게 된다. 그래서 무한불성無汗不成이란 각오로 삶의 역전을 꿈꾸기도 한다. 하지만 어떤 일에 대해 진지하게 생각하지 않고 자신의 직감대로 결정한다면 결국 후회하게 된다. 생존은 기나긴 적응과정이다. 인내심과 노력 없이 무턱대고 경솔한 결정을 내리면 자기 자신만 다친다. 이런 입장에서 각자의 병든 마음을 치료하게 하는 동시에, 병든 세상을 치료하는 데에 함께 노력하며 꼭 자기 마음에 새기며 살아야 할 말이 선병자의先病者醫다.
 선병자의는 먼저 앓아 본 사람이 의원醫員이라는 뜻으로, 병도 앓아 본 경험 있는 사람이 자신은 물론 남도 잘 치유할 수 있게 인도할 수 있다는 말이다. 삶의 숱한 갈림길에서 여의치 않으면 차선을 선택하는 것이 아니라, 병의 치료에 있어 모두가 그르침이 없는 선택과 결과를 이룰 수 있는 역할을 하라는 뜻이다.
 태종 임금이 셋째아들 충녕대군을 후계자로 택한 이유 중의 하나는 술을 마실 줄 안다는 것이었다. 중국 사신을 맞을 때 주인으로서 한 잔도 마시지 못하면 어떻게 손님에게 권해 즐거운 자리를 만들 수 있겠는가. 양녕대군은 지나치게 마시고, 효령대군은 한 모금도 마시지 않았다고 하니, 적중이지適中而止 하는 역할에 대해 마음 깊이 생각하게 된다.

그런데 이런 삶을 사는 의사가 있었다. 암, 당뇨, 고혈압 등 만성질환을 치료하며, 책『비우고 낮추면 반드시 낫는다』를 쓴 전홍준 박사다. 그는 잘 낫지 않는 만성질환으로 인해 생사의 갈림길에 서 있는 사람들을 치료하며 유명해진 의사다. 평생 약을 써도 잘 낫지 않는 병, 수술로도 완치의 길이 열리지 않는 병, 그래서 사람들을 벌벌 떨게 하는 병을 뿌리 뽑겠다고 해서 전국적인 명성을 얻었다. 결코 상식적인 의사는 아니었다. 약을 쓰지 않기 때문이다. 외과 의사지만 수술도 하지 않는다. 그 대신 권하는 것이 있다. 생식을 하라고 말한다. 병이 다 나았다고 상상하라고 주문한다. 그것이 암을 이기게 하고, 당뇨를 낫게 하고, 고혈압을 고치는 비장의 무기가 될 수 있다는 것이다. 그런데 더 이상한 것은 그런 그를 찾아 전국에서 사람들이 몰려든다는 것이다. 먼 나라에서 오기도 한다. 왜일까? 약도 쓰지 않고, 수술도 하지 않는 그를 찾아 암, 당뇨, 고혈압 환자들이 몰려드는 이유는 도대체 뭘까?

그의 특이한 이력과 자연치유의 신념 때문이다. 격동의 1970년대, 민주화운동에 발 벗고 나서면서 그의 삶은 시대적 격랑 속으로 내몰렸다. 퇴학을 당하고 젊은 꿈은 꺾였다. 운동권 학생들이 걸어야 했던 질곡의 삶을 그 또한 온몸으로 살아 내야 했다. 그런 그에게 가슴 밑바닥 불덩이로 남아 있던 것은 어머니의 눈물이었다. 퇴학을 당하고 교도소에 가서는 어머니 가슴에 대못을 박은 아들로서의 모습을 생각했다. 어머니의 눈물을 닦아줄 방법은 없을까 생각했다. 그래서 시작한 것이 의학 공부였다. 출옥 후 다시 공부해서 의과대학에 입학했다. 선제 수석이라는 수식어는 어머니에게 큰 위로가 되었다. 비로소 마음의 짐을 내려놓을 수 있었다고 말했다.

그렇게 시작한 의료인의 길은 그를 외과 전문의로 만들었다. 어떤 병도 다 고칠 수 있을 것만 같았다. 그런데 그의 인생에 불쑥 뛰어든 무력감 하나가 있었다. 수술로도, 약물로도 낫지 않는 병이 너무나 많았다. 암, 당뇨, 고혈압이 그랬고 만성간염, 류머티즘도 평생 약을 써도 낫지 않는 경우가 비일비재했다. 그런 그에게 결정타를 먹인 것은 암이었다. 암 환자를 수술하면서부터였다. 수술은 교과서대로 더할 나위 없이 잘 되었다. 그런데 문제는 몇 년 뒤에 재발한다는 것이었다. 그때는 방법이 없었다. 온몸으로 퍼진 암은 수술로도 어찌할 도리가 없었다. 결국 환자들의 임종을 지켜봐야 했고, 그것은 그에게 너무도 견디기 힘든 고통이었다. 외과 의사로서의 자존심이 이렇게 무참히 깨졌다.

왜 치료가 안 될까? 심각하게 갈등하고, 심각하게 회의하고, 치열하게 번민하던 그에게 1984년은 결코 잊을 수 없는 해였다. 그의 의료 인생에서 중요한 변곡점이 된 자연치료요법에 눈을 뜬 것이다.

그는 1984년 독일 하이델베르크 대학의 지역사회의학센터를 방문했다. 연수차 가게 된 그곳에서 이상한 것을 보게 됐다. 만성질환자들을 대상으로 채소 과일 중심 식단이나, 수치료, 마사지, 흡각요법, 침술, 명상 등 동양의 전통의학과 유사한 치료를 하고 있었다. 그런 치료로 만성병이 낫는 모습을 보는 것은 충격이었다. 서양의학의 최고 중심지에서 그런 치료를 한다는 게 믿기지 않았다. 또 그런 치료로도 잘 낫는다는 것이 놀라웠다. 서양의학을 배운 그로서는 상상도 못 해 본 일이었다. 그래서 시작했다. 그런 그에게 60대 간암 환자 1명, 40대 심장병 환자 1명은 그의 변신에 결정타가 되었다. 치료 불가능하다는 진단을 받고 절망에 빠져있던 환자들이 찾아온 것이다.

이때 그가 치료의 주요지침으로 삼은 것은 두 가지였다. 하나는 서양의학이 병만 보고 인간 전체를 보지 못하는 편견에 사로잡혀 있어서 병이 잘 낫지 않는다는 생각을 버리고 그 대안을 찾는 것이고, 다른 하나는 삶의 방식을 자연의 질서에 맞추면 병은 저절로 낫는다는 것을 확인하는 거였다. 이렇게 이상한 의사가 탄생하였다.

그가 말했다. 야생동물에게는 암, 당뇨, 고혈압이 없다고. 여기에서 만성병의 해법도 찾을 수 있었다고 말한다. 야생동물은 낮에는 햇볕을 쬐며 뛰어논다. 날이 저물면 잠을 잔다. 음식은 자연식이고 늘 소식을 한다. 병증이 느껴질 때는 본능적으로 절식을 한다. 또 피부호흡을 통해서 체내의 독소를 배출하고 충분한 산소를 마신다. 가장 중요한 것은 근심과 걱정이 없으며 마음이 온전히 쉬고 있다는 점이었다. 이 같은 야생동물들의 삶의 방식을 사람들이 취하면 있었던 병도 저절로 좋아진다는 것이 자연치료의학의 핵심내용이었다.

그런데 우리는 어떤가? 결코 야생동물들과 같은 삶을 살지 못한다. 낮에는 바빠서 운동할 겨를이 없고 밤에도 온전히 쉬지 못한다. 밤늦게까지 음식을 먹거나, 활동하거나, 온갖 생각과 번민 때문에 마음이 괴롭다. 특히 사람은 치아 구조상 곡식과 채소 과일을 주로 먹게 되어 있는데, 이 같은 사실을 무시하고 동물성 음식, 화학물질로 오염된 음식을 배가 부르도록 과식한다. 이런 생활을 하면 교감신경이 흥분되고, 스트레스 호르몬이 과다 분비되면서 피를 오염시킨다. 피가 오염되는 게 만병의 근원임을 모른다,

모든 병은 하나의 독毒에서 출발한다. 그 하나의 독이 바로 피의 오염이나. 만 가시 병이 피의 오염으로 나타난다는 것이다. 몸의 주인이 잘못 살아서 혈액을 오염시키면, 탁한 피는 머리끝에서 발끝까지 돌아다니며 불가피하게 심장과 혈관의 압력을 높인다. 이것이 바로 고혈압이다. 또 혼탁한 피의 영양분이나 중간대사 산물이 분해되고 대사되지 못한 채 축적되면 인슐

린을 분비하는 췌장 같은 기관이 과로로 지치고 대사능력이 떨어지게 된다. 이것이 바로 당뇨병이다. 암도 마찬가지다. 피가 탁해져 있으면 어떤 세포들은 정상적인 분열과정을 거칠 수 없다. 불가피하게 미숙한 채로 분열하게 되는데 이것이 바로 암세포로 변한다. 그래서 만성질환의 원인을 피의 오염에서 찾는다. 피를 맑게 해독하면 어떤 병이라도 곧 좋아질 수 있다. 따라서 건강에서 제일 중요한 사항은 깨끗한 피가 전신에 흐르도록 하는 것이다.

마지막 부탁도 있다. 나는 누구인가? 스스로 물어보라고 권한다. 끝까지 물어보면 이 육체가 나라는 생각은 가짜이고, 참 나는 나의 내면에 온전히 갖추어져 있는 영적인 존재라는 것을 발견한다. 우리가 잘할 수 있는 조항이 많다. 자연의 질서에 따르는 생활이 얼마나 중요한지 다시 또 생각하며 살아가야 한다. 자연의 질서에 따르는 생활을 하면 어떤 만성병도 쉽게 낫는다고 말한다. 건강한 삶의 출발점으로 삼으면 좋을 것 같다. 소태산 대종사의 가르침을 마음에 새기며, 바로 이렇게 사는 삶이 선병자의의 자세를 실천하는 삶이다.

중요한 것은 자기 자신을 잘 아는 것이다. 자기가 할 수 있는 일과 해야 할 일을 찾아 열심히 해야 한다. 자기만의 현실에 안주하는 사람은 제자리에서만 맴도는 삶을 산다. 자칫 잘못하면 자기가 쌓아 올린 공덕탑이나, 그동안 손에 쥐고 있던 보화도 놓쳐 버리고 만다. 그런가 하면 자신을 몰락의 길로 이끈다. 인생의 요도인 사은 사요와 공부의 요도인 삼학 팔조 공부를 통해 자기 스스로 변화시키고 발전시켜야 하나 그렇지 못하기 때문이다. 겸손하게 감사하고 긍정하며 발현하는 상생의 은혜나 적극적인 사고가 결핍되어 시간이 흐를수록 현실성이 떨어지는 삶을 살게 되는 것이다.

사람에게 가장 중요한 것은 자기 자신을 아는 명석함이라고 한다. 자신을 관조하고 세상을 조망하는 현명한 지혜를 가져야 한다. 물질적으로 성공할

수록 자아도취에 빠지지 않게 조심하고 자만하지 말아야 한다. 다른 사람의 충고를 받아들이고 겸허한 마음으로 긍정하며 다른 사람에게 자문할 줄도 알아야 한다. 오만하며 비관적인 성향을 보이지는 않는지 살펴야 한다. 만약 그런 요인이 조금이라도 있다면 겸손과 긍정을 배워야 한다.

겸손과 감사는 자아도취를 막아주는 좋은 품성이다. 발전과 성공을 위한 필수조건이다. 매사에 자아도취의 함정을 피하고, 겸손하게 긍정하는 자세를 잃지 말아야 한다.

하늘은 스스로 높다 하지 않고, 땅은 스스로 두텁다 하지 않는다는 말이 있다. 지즉위진간知則爲眞看이라는 말도 있다. 즉 아는 만큼 보인다는 뜻이다. 아는 것이 많은 사람일수록 머리를 숙이고, 겸손해하며, 자신을 지나치게 과대평가하지 않는다. 그런데 오만한 사람은 쉽게 다른 사람들의 반감을 사게 되고 결국 자신을 곤경에 빠뜨린다.

남을 아는 사람은 똑똑한 사람이고, 자신을 아는 사람은 지혜로운 사람이라고 했다. 자신을 아는 것과 자아도취는 겸손과 종이 한 장 차이임을 알아야 한다. 마음의 변화가 몸의 변화를 가져온다. 겸손한 마음으로 긍정하면서, 자기가 해야 할 섭생의 일과 자기가 할 수 있는 일을 하며 선병자의의 자세로 평생 이룬 삶을 더 빛나게 해야 한다.

10
자기 변화와 세상 개선을 위한 역할

『대종경』교의품 39장

원기101.10.16.

소태산 대종사는 제자들에게 세상을 교화하기 위한 3가지 실행을 밝히었다. 하나가 자기 마음을 개선하는 것이요, 둘은 교리와 제도를 실천하는 것이요, 셋은 세계의 대운大運을 따라 무위이화無爲而化 하는 것이다.

자기 변화와 세상의 개선을 위한 역할을 하려면 세상을 무조건 '좋거나 나쁘다'로 보는 단순한 호불호好不好의 사고에서 벗어나야 한다. 세상에 대한 편견이나 불만 없이 긍정적으로 살아가는 사람으로서 자존감을 가지기에 힘써야 한다. 자기를 개선한다는 것은 마음의 기쁨이 커지도록 생활하는 것이다. 교법과 제도를 받아들인다는 것은 틀에 박힌 생각을 교법이나 제도와 대조하며 더 기쁘게 살며, 실천하는 여유를 갖는 것이다. 무위이화는 아무것도 하지 않음으로써 감화한다는 뜻이다. 하지만 아무것도 하지 않는 것이 아니라 실행의 잔꾀를 부리지 않는 것을 말한다. 곧 꾸밈없이 진실 된 행동을 하며 사는 것이다.

무위이화는 도道는 스스로 순박한 자연을 따른다는 무위자연無爲自然을 주장한 노자의 말로, 백성을 교화하면서 잔꾀를 부리면 안 된다는 뜻이다. 노자老子 제57장 순풍淳風을 보면 다음과 같은 내용이 있다.

"내가 아무것도 하지 않으니 백성들이 스스로 감화되고, 내가 고요하니 백성들이 스스로 바르게 되며, 내가 일을 만들지 않으니 백성들이 스스로 부유해지고, 내가 욕심부리지 않으니 백성들이 스스로 소박해진다"

노자는 문화를 인류의 욕심이 낳은 산물로 봤다. 문화가 인류의 생활을 편하게는 하였지만, 또한 인간의 본심을 잃게 했다고 생각하여 학문과 지식을 버리라고까지 하였다. 그것을 무위無爲 또는 무위이민자화無爲而民自化라고도 하는데, 무위이화는 이 글을 그대로 인용한 것이다. 즉 소박하지만, 순리대로 욕심 없이 평화를 누리라는 뜻이다. 인위나 조작이 없고 그대로 두어도 이뤄질 것은 저절로 이뤄지니, 지知와 욕欲에 의해서 무엇인가를 하려고 하지 말아야 한다는 것이다. 오히려 대자연의 저절로 이루어지는 진리에 따라야 한다고 말한다.

이렇기에 소태산 대종사도 "우주와 만물은 유도 아니요 무도 아닌 그것이나, 그중에서 그 있는 것이 무위이화 자동적으로 생겨나, 우주는 성·주·괴·공成·住·壞·空으로 변화하고, 일월은 왕래하여 주야를 변화시킨다"라고 『대종경』 천도품 5장에서 밝혔다. 이런 가르침을 마음에 새기고 꾸밈도 없고, 걸림도 없는 마음으로 살아야 좋다.

무위이화를 깨우쳐 주는 이야기가 있다. 산간 벽촌에 딱 두 집의 사람들이 살고 있었다. 필요한 물건이 있으면 읍내로 나가서 사와야 했다. 읍내로 나가는 길은 둘 뿐이었다. 하나는 큰 산줄기를 타고 작은 계곡을 건너 돌아서 읍내까지 가는 길이다. 꼬박 하룻낮이 걸렸다. 다른 하나는 큰 강 하나만 건넌 뒤 산길을 조금 따라서 읍내까지 가는 길이나, 좀 더 빨리 읍내에 도착할 수 있었다. 하지만 강에 놓인 다리가 너무 낡고 허름해서 언제 무너질지 모르는 상태였다. 그래도 첫 번째 길은 너무 힘들고 시간이 오래 걸렸으므로, 두 집 사람들은 되도록 시간이 덜 걸리는 두 번째 길을 택하곤 했다.

어느 날이었다. 두 집 주인이 다리를 건너려는 순간 한 사람이 다리에서 균열의 흔적을 발견했다. 아랫집 주인은 성급히 다리 위로 올라서려는 윗집 주인을 붙잡고 말했다. "건너지 않는 게 좋겠네! 다리가 이상해! 이것 좀 보게! 다리가 이상하지 않은가? 오늘은 다른 길로 돌아가는 게 좋겠어!" 그러나 윗집 주인은 그 말을 듣고도 대수롭지 않게 여기며 다리를 건너려 했다. "이왕 여기까지 왔는데, 시간이 너무 아깝지 않은가? 이 다리만 건너면 바로 읍내인데! 그냥 빨리 가세! 별문제 없을 거야!"

윗집 주인이 기어이 다리를 건너겠다며 의견을 굽히지 않자, 아랫집 주인은 무거운 돌 하나를 집어 다리의 균열 부분에 던졌다. 썩을 대로 썩어있던 다리는 파열음을 내며 갈라지더니, 나무 조각들이 와르르 강물 위로 떨어져 내렸다. 다리를 그냥 건너자고 주장했던 윗집 주인은 돌 하나도 감당하지 못하고 무너지는 다리를 보고는 종일 아무 말도 하지 않았다. 큰 화는 면했지만 자신의 경솔함을 부끄럽게 여겼.

돌아오는 길에 그는 아랫집 주인에게 말했다. "아까 일은 정말 고맙네! 그런데 그 상황에서 어떻게 그렇게 할 수 있었나? 나는 돌아가는 게 귀찮고 싫다는 생각만 했지, 다리가 무너지면 어떻게 하나 하는 생각은 전혀 하지 못했네!" 그러자 아랫집 주인이 말했다. "살다 보면 요행심 때문에 종종 닥치는 위험을 간과하곤 하지! 하지만 매사에 신중해야 해! 절대로 아무렇게나 행동해서는 안 돼! 그래야 언제 찾아올지 모르는 위험을 피할 수 있지!"

우리도 마찬가지다. 종종 요행심 때문에 득이 되는 것만 생각했지, 눈앞에 도사리고 있는 위험은 잘 생각하지 않는다. 문제가 있을 것 같다는 생각이 들어도 처음부터 검토하려고 하지 않고 막연히 행운이 찾아올 거로 생각한다. 이런 생각 때문에 경솔한 결정을 내리고, 그 결정이 다시 돌이킬 수 없는 나쁜 결과를 초래하게 된다. 그래서 언제든지 본래의 자신을 잃어버리기 쉬운 환경을 생각하면서 거듭나는 교법과 스승님들의 가르침을 체화하는 데 힘써야 한다. 때로는 그 과정이 힘들지만, 더 큰 지혜와 자유를 얻는 기회가 된다. 힘써 행하면 큰 기쁨을 가질 수 있다.

이제 교화하기 위해서는 진리의 기준에 맞추는 삶, 교법과 제도를 실행하는 삶, 무위이화의 삶을 궁구하며 실행해가야 한다. 실행하고 또 실행하면 그 무엇보다도 큰 감사와 활력을 얻는 은혜가 된다. 긴 시간 주저하고 망설일 일이 아니다. 망설일수록 희망이 실망이 되고 실망이 절망이 된다. 언제든지 어떤 것이 옳을지 판단하고, 믿고, 선택하고, 실행해야 한다. 이렇게 하기 위해서는 자기만의 시간과 공간을 마련해 명상하며 참선을 하며 마음의 힘을 기르는 것이 매우 중요하다.

이런 실행이 가장 용기 있는 행동으로 자신을 더 강하고 지혜롭게 만드는 비법이 된다. 습관은 모든 일을 쉽게 만든다. 이런 사실을 확연히 믿어야 한다. 확고한 믿음을 가질 때 복혜가 증진되는 실천이 된다. 점증적으로 인생의 요도와 공부의 요도를 배우고 익히면 실생활에서 쉽게 심신 간의 균형을 이룰 수 있고, 원하는 것도 편안하게 이뤄 갈 수 있다. 어떤 일 처리든지 편향적이고 왜곡될 소지를 줄이며, 자신을 더 좋은 양지쪽으로 이끌어갈 수 있기 때문이다. 이렇게 체화하고 증득하며 진급의 길로 나아가면서 자기 변화와 세상의 개선을 위한 역할을 생각하고 취사한다면 그 어떤 일이든 잘 되는 경지에 이른다. 무위이화란 말과 같이 저절로 변變하여 낙도를 수용하는 길로 나아갈 수 있다.

자기 자신의 선택과 실행이 진리와 교법과 무위이화의 이지에서 벗어나 무지하고 오만한 상황을 만들고 있지는 않은지 살펴야 한다. 이렇게 할 때 자기 변화와 세상의 개선을 위한 조그마한 역할이라도 가능해진다. 이 또한 아는 만큼 보인다. 이 세상 모든 게 지즉위진간知則爲眞看의 이치 속에 있다.

11
동정 간에 얻은 삼대력을 활용하는 기점

『대종경』수행품 2장

원기101.10.23.

　정산 종사는 삼대력 공부에는 저축 삼대력 공부와 활용 삼대력 공부가 있다고 하였다. 저축 삼대력 공부는 정할 때 안으로 쌓는 공부요, 활용 삼대력 공부는 동할 때 실지 경계에 사용하는 공부다. 아무리 저축 삼대력 공부를 하였다 할지라도 활용하지 못하면 마치 그늘에서 자란 나무 같아서 힘이 없을 것이요, 활용 삼대력 공부 역시 저축 삼대력 공부가 없으면 마치 뿌리 튼튼하지 못한 나무 같아서 힘이 없으므로, 항상 저축 삼대력 공부와 활용 삼대력 공부를 병진하여 체용이 겸전하고 동정이 서로 근원하는 원만한 삼대력을 얻으라 하였다.
　어떤 문제든지 안으로 쌓은 저축 삼대력을 바탕으로 동할 때나 정할 때나 잘 활용해야만, 처리해야 할 문제를 잘 이해할 수 있고 해결 방법을 찾을 수 있다. 그래서 삼대력에 대해 아예 모르는 사람이나, 삼대력을 잘 활용할 줄 모르는 사람은 가벼운 행동과 경솔한 결정을 더 많이 내리는 결과를 초래하기도 한다. 빈번하게 맞는 예상치 못한 나쁜 결과 때문에 불평불만을 자꾸 높게 쌓는 사람이 되고, 자기가 한 행동으로 피해를 보았다고 생각하고 조금만 상처를 입어도 견디기 힘들어하는 연약한 감정 처리를 할 수 있다. 어떤 일로 다른 사람의 행동에 의심이 가는 이유는 먼저 자기 자신과 주변을 돌아보고 이상한 행동을 하는 사람이 되어 있는지를 살펴야 하나, 그렇게 자신을 뒤돌아 살필 수 있는 활용 삼대력을 지니고 있지 않기 때문이다.

낮에 원만하게 육근 문을 여닫으려면 마음의 힘을 갖춰야 한다. 힘이 없으면 닫으려고 해도 마음대로 닫히지 않고, 또 열려고 해도 마음대로 열리지 않는다. 그래서 육근문을 여닫는 데 자유자재하는 힘을 기르기 위해 노력하는 삼대력 공부를 해야 한다. 그뿐 아니라 동정 간 삼대력 얻는 빠른 방법과 그 활용에 대해서도 늘 궁구해야 한다.

그렇다면 동정 간에 얻은 삼대력을 활용하는 기점을 어디에 두어야 할까? 지공무사와 무아봉공에 둬야 한다. 지공무사至公無私는 지극히 공평하고 사사로움이 없음을 뜻한다. 무아봉공의 뜻은 나를 없애고 공익을 위해 성심성의를 다한다는 말이다. 이타적 대승행으로써 일체중생을 제도하는 데 성심성의를 다하자는 것이다. 곧 일원상 진리대로 살며 옳은 일과 좋은 일을 하며 사는 것이다. 일원상의 진리를 각覺하면 원만구족圓滿具足하고 지공무사한 것을 알게 되고, 안이비설신의眼耳鼻舌身意의 육근六根을 사용할 때 옳은 일과 좋은 일을 하게 된다.

정산 종사는 "원만구족하고 지공무사한 대세계주의자가 되라"고 하였다. 또 "물도 낱이 없고 허공도 낱이 없어서 항상 잘 단합하나니, 우리가 단합하려면 먼저 마음에 낱을 없애고, 오직 지공무사한 자리에 돌아가야 한다"고 하였다.

개인 간이나 국가 간이나 모든 마찰과 불화는 개인주의나 이기주의나 자유 방종하는 데서 비롯된다. 이러한 모든 불화와 이기심利己心의 근원을 따져 들어가 보면 가장 깊은 뿌리는 '나'라는 관념이다. 아상은 현재의 육신과 마음이 영원한 나라고 생각하고 거기에 집착하는 것이며, 그 집착으로 인하여 오직 나만을 위하려는 생각이며, 더 나아가 내 가족 또는 내 자녀만을 위하려는 생각이다. 인간의 정신 기운을 탁하게 하고 어둡게 하여 천만 가지 죄고를 불러오게 하는 탐진치 삼독심三毒心의 뿌리도 아상我相이다. 아상을 놓지 않고는 공익심이 나오지 않고 세상을 극락으로 만들 수가 없다. 옛말에도 살신성인殺身成仁이라 했듯이 나를 놓지 않고는 인仁을 이룰 수 없는 것이다.

  아상을 벗어나지 못하는 데는 두 가지 원인이 있다. 첫째는 지금의 내 몸과 마음이 영원한 것으로 착각하는 것이다. 곧 '나'라는 존재가 인연 따라 나타났다가 인연이 다하면 사라지는 무상無常의 존재라는 것을 모르고 현재의 '나'에 집착하는 것과 같다. 둘째는 사은四恩의 은혜 되는 내역을 모르기 때문이다. 그러기에 자신의 심신은 사은으로부터 나서 사은 속에서 살다가 사은으로 되돌아가는 것이며, 또한 이 세계는 일체 생령이 함께 어울려 사는 큰 집임을 알아야 한다.

12
공부인의 돈 버는 방식

『대종경』 수행품 8장

> 원기|101.11.06.

뭔가를 이루기 위한 수많은 생각의 불을 자기 마음에 켜 놓고 재물을 모으는 데 더 많은 시간을 집중하면, 자신의 삶을 올바르게 알아차리는 데 있어 한계가 발생한다. 그러기에 소태산 대종사는 예회에 참석해 올바르게 살아가는 법을 배우고, 일상에서는 그 배우고 익힌 법을 실행하는 사람이 되어, 기쁘고 행복하게 사는 사람이 되라고 하였다.

인류가 성장하며 번영의 길을 걸어올 수 있었던 것은 크게 두 가지 동력을 활용했기 때문이다. 하나는 적절한 경쟁방식을 활용하는 것이고, 또 한 가지는 협동과 단결을 이용한 지혜라고 했다. 누구든지 적절하게 경쟁하는 방식과 협동과 단결을 통해 풍요로운 자기 성취가 가능해지도록 지혜를 발현해야 한다. 이런 삶의 동력이 필요하다. 인생의 어느 상황에서든지 정신과 물질의 채움이 균형 집혀야 한다.

하루의 시간을 생각해 보면 활동의 내용은 참으로 다양하다. 언제든지 법신불의 힘을 느끼면 순간순간이 모두 매혹적이고 사랑스럽고 아름답게 존재힌다. 그런데 물질을 얻는 데민 바쁘다면 억지로 실며 관성적인 일만 하는 사람이 되기 쉽다. 좋은 취사 실행의 방법과 순리 자연한 이치를 따르며 참으로 기쁘고 건강하게 사는 것이 어려울 수 있다. 물질적인 자기 성취만을 위해 너무나 많은 일을 목표 삼거나, 너무나 많은 생각을 하는 상황은 아닌지 인과관계성을 통해 자기 스스로 알아차리며 돌아봐야 한다.

아름다운 삶은 많은 돈이나 풍요한 물질로 이루는 것이 아니다. 인생이란 긴 시간 속에서 눈앞의 유혹에 약해지면 삶의 진정한 즐거움을 찾지 못한다. 시야가 눈앞에만 고정되어 삶에 대한 여유를 생각할 겨를조차 없기 때문이다. 그렇게 시간이 흐른다면 삶의 소소한 즐거움마저 놓칠 수 있다.

예회 참석으로 삼대력을 증장시켜 자기 마음을 다스리는 사람이 되어야 한다. 그렇게 진급의 길로 나아가야 한다. 하루하루의 일과나 여러 관계 속에서도 더 지혜롭게 일 처리를 하며, 가정과 일터에서 삶의 참 기쁨을 누리는 사람으로 보물 같은 시간을 느낄 수 있어야 한다. 그러기에 현재 삶보다 더 멀리 있는 지점의 기쁨을 챙길 줄 아는 지혜를 가꿔야 한다. 그것이 참 공부인의 방식임을 깨우쳐야 한다.

삶의 지혜를 생각해 보게 하는 이야기가 있다. 어느 아랍 상인이 유럽에서 장사했다. 마차 한가득 물건을 싣고 가면 며칠 내로 물건이 다 팔릴 정도로 장사가 잘됐다. 그는 가족들에게 줄 선물을 산 다음 마차를 몰고 집으로 향했다. 가족들을 보고 싶었던 마음이 굴뚝같았던 그는 밤낮으로 쉬지 않고 마차를 몰았고, 밤이 깊어지면 근처 여관에 들어가 하룻밤을 묵은 뒤 다음 날 아침 일찍 일어나 길을 재촉했다.

어느 날 아침, 여관 주인이 그를 도와 마구간에서 말을 데리고 나오다가 말의 왼쪽 뒷발굽 판자에 못이 하나 빠져있는 것을 발견했다. 여관 주인은 아랍 상인에게 편자를 고친 뒤 떠나라고 권유했다. 하지만 아랍 상인은 열흘이면 집에 도착하는데 그깟 편자 하나 고치자고 출발을 늦출 수는 없다고 말했다. 그 말이 끝나기가 무섭게 아랍 상인은 마차를 몰고 여관을 나섰다.

이틀 뒤, 아랍 상인은 어느 작은 마을을 지나갔다. 말의 편자를 박는 사람이 그를 보더니 친절하게 말했다. "편자가 곧 떨어질 것 같군요. 이곳을 지나면 인적이 드문 길을 계속 가야 합니다. 편자 박는 사람도 없고요. 여기에서 편자를 고쳐 출발하세요" 그러자 아랍 상인은 대답했다. "8일만 지나면 집에 도착합니다. 그깟 편자 하나 때문에 지체할 수는 없어요" 그리고는 마차를 몰고 쏜살같이 떠났다. 얼마 후 인적이 없는 황량한 곳을 지나고 있는데 편자가 떨어져 나갔다. 아랍 상인은 혼잣말로 중얼거렸다. '어차피 언젠가는 떨어질 편자였어' 그렇다고 아까 그 마을로 뒤돌아 갈 수도 없고, 집에 곧 도착할 테니 그나마 다행이라고만 생각했다.

아랍 상인은 마차를 몰고 계속 나아갔다. 얼마나 갔을까, 말이 다리를 절며 고통스러워했다. 하지만 상인은 조금만 견디면 된다고 생각했다. 때마침 양치기가 그의 곁을 지나며 말을 걸었다. "말이 좀 쉬어야 할 것 같은데요. 말굽도 손봐야 하고, 그러지 않으면 얼마 못 걸을 거예요" "이제 6일만 가면 집에 도착해요" 아랍 상인은 대답했다. "말굽 때문에 시간을 낭비할 수는 없어요" 그는 절룩거리는 말을 몰고 계속 나아갔다. 지나가던 상인이 안타까운 표정으로 말했다. "말굽을 손보고 잠시 쉬었다가 가는 편이 빠를지도 몰라요" 하지만 아랍 상인은 자신의 고집을 꺾지 않고 말했다. "말이 다 나을 때까지 기다리면 시간이 너무 많이 걸려요. 사흘만 견디면 집에 도착하는데, 빨리 집으로 돌아가 가족들을 만나야 합니다" 또 이렇게 말했다.

그러나 이틀이 지난 후 말은 결국 견디지 못하고 쓰러졌다. 아무리 일으켜 세워도 소용이 없었다. 하는 수 없이 마차와 말을 버리고 혼자서 물건을 이고 길을 떠났다. 마차를 타고 가면 이틀이면 가는 길을 5일 동안이나 걸어야 했다. 집에 도착한 시간도 예상보다 3일이나 늦어져 있었다.

이렇게 아랍상인처럼 눈앞의 시간과 이익에만 연연하는 사람들은 무슨 일을 하든 진정한 성취의 기쁨에 이르지 못한다. 현실을 감안하지 않은 채 빨리 빨리 취하려고 하면 인생에서 얻는 것보다 잃는 것이 더 많다.

또 다른 이야기이다. 중앙 일간지에 등재된 사막의 벤구리온이라는 인물에 대해서다. 벤구리온은 현대 이스라엘의 국부로 추앙받는 초대 총리 다비드 벤구리온이며 폴란드 출신의 유대인이다. 바르샤바대학에 다니던 1906년 스무 살 나이에 팔레스타인에 이주했다.

그가 마주한 시온은 황량한 광야의 한 농장이었다. 동료들과 함께 물길을 잇고 광야를 개간하며 젊은 시절을 보냈다. 이후 정치에 투신한 벤구리온은 건국과정을 주도해, 두 차례나 총리를 역임하는 등 이스라엘 정치를 상징하는 인물이 됐다. 그런 그의 삶은 은퇴 후에 더욱 빛났다.

77세에 총리직에서 물러난 벤구리온은 예루살렘의 안락한 저택을 마다하고 네게브 사막으로 들어갔다. 아침의 땅이라는 뜻을 가진 옛 유목민 마을 스데 보케르에 정착했다. 주변 사람들은 만류했다. 이스라엘의 국부가 변변한 의료시설도 없는 사막마을에서 사는 모양새는 생소하기도 하고 민망하기도 했던 것이다. 그러나 그는 젊은 시절 광야를 회상하며 사막의 노후생활을 즐거워했다.

"사막은 우리에게 언제든 다시 시작할 수 있는 기회를 주지. 여기가 이스라엘의 르네상스 터전이라네. 우리가 이 척박한 땅에 심은 저 나무들을 보게. 내 눈에는 스위스나 스칸디나비아의 울창한 숲보다 아름답네" 우리 유대인에게 사막은 창조의 공간이라며, 그는 그렇게 사막에서 살았다. 팔순 노인이 낮엔 농사일하고 밤에는 글을 썼다.

총리는 한 번에 한 사람만 할 수 있지만 사막에 꽃을 피우는 일은 수천, 수만 명이 할 수 있지 않냐며 사막에서 사는 기쁨을 칭송했다. 그랬던 그가 87

세를 일기로 세상을 떴을 때, 방 두 칸 허름한 가옥에 남긴 것은 단출했다. 네 평짜리 침실에 덩그러니 놓인 간이침대 둘, 작은 서재, 가죽 옷 한 벌, 그리고 신발 한 켤레와 평생 애용하던 놋 주전자, 부부 찻잔 한 벌이었다고 한다. 그는 국립묘지 안장을 마다하고 모세의 광야가 내려다보이는 네게브 사막 한 편, 아인 아브닷 협곡에 묻혔다.

벤구리온의 이야기는 미담으로만 끝나지 않았다. 이스라엘 국민 사이에 잔잔한 파문을 일으켰다. 청년들이 사막으로 모여들기 시작했다. 약속의 땅은 거저 주어지는 것이 아니라, 거친 땅에 땀을 뿌려가며 일구는 것이라는 비전에 하나 둘 도달하기 시작했다. 네게브 사막에 그의 이름을 딴 벤구리온 대학이 세워졌고 연구개발 중심이 되었다. 벤구리온대학 사막 연구소에는 지금도 태양광 발전, 환경 및 생태연구, 수자원 개발연구 등이 활발하게 진행되고 있다고 한다. 열사의 땅 깊은 곳에 잠긴 물길을 끌어내어 조성한 양어장에서 팔뚝만한 물고기가 뛰어다닌다는 이야기는 묵직한 울림을 준다.

'적은 돈은 사람을 똑똑하게 만들고, 많은 돈은 사람을 어리석게 만든다'는 영국 속담도 있다. 똑똑한 삶의 길을 가는지, 어리석은 삶의 길을 가는지 자신의 앞길을 살펴야 한다.

어떤 문제를 대할 때는 반드시 극단적인 생각에서 벗어나야 하고 서툰 일 처리가 되지 않도록 취사하며 올바르게 실행해야 한다. 눈앞의 작은 이해와 실리 추구에만 몰두하면 정작 중요한 인생의 중대사인 생사대사나 영생의 문제를 해결해 가는 일이 요원해진다.

13
선禪과 수승화강

『대종경』 수행품 15장

원기101.11.13.

선은 마음을 가다듬고 정신을 통일하여 적적성성寂寂惺惺의 진경에 다다르는 수행법이다. 적적은 고요하고 고요하여 일체의 사량분별·번뇌 망상이 텅 비어버린 경지요, 성성은 소소영령昭昭靈靈한 것이다. 소소영령하다는 것은 마음이 깨어 있어 밝고 신령스러운 것을 묘사하는 용어이다. 또 적적은 진리의 체體, 성성은 진리의 용用, 적적은 진공, 성성은 묘유, 적적은 공적, 성성은 영지로도 이해할 수 있다. 심신일여身心一如의 입장에서 일상생활 속에서 정신을 집중하여 해탈의 생활을 실현시키고자 하는 방법으로 활용되어 왔다. 이런 선 수행의 중심축은 지止와 관觀이다.

이런 이유로 달마 이후 조사들은 벽관壁觀을 했다. 이른바 행行·주住·좌坐·와臥의 활선수행活禪修行을 추구했던 것이다. 외부로부터의 객진客塵과 작위적作爲的 망념이 침입하지 못하도록 해야 지와 관을 수월히 하며 본래의 청정한 마음을 얻을 수 있었기 때문이다.

「휴휴암좌선문休休庵坐禪文」에 잘 나타나 있다. 휴휴암좌선문은 중국 원元나라 말기의 선승인 몽산덕이蒙山德異가 지은 글이다. 그는 아름다운 물과 정원의 도시로 동양의 베니스라 불리는 장쑤성江蘇省 쑤저우蘇州 평강平江에 휴휴암을 짓고 활선의 참면목을 드러내며 선풍을 크게 떨쳤다고 한다. 그 후에 고려의 나옹 혜근懶翁慧勤이 연경에 오래 머물다가 거기에 가서 한 여름 선을 나고 이 글을 얻어 귀국했다고 한다. 원불교의 보조경전인 『불조요경』에 수록되어 있다. 좌선에 대한 경지 설명이 원불교의 무시선법과 그 맥락을 같이 하고 있어 원불교에서는 새벽 좌선이 끝날 때 일원상 서원문, 반야심경과 함께 이를 같이 독송한다.

그런데 선수행은 수승화강水昇火降의 이치를 기본적으로 활용한다. 수승화강은 물 기운을 오르게 하고 불기운을 내리게 한다는 뜻이다. 하단전下丹田인 신장은 뇌수腦髓를 기르고 생식生殖에 관련되며, 물 기운이 머물고 중단전인 심장은 혈맥과 심근의 중추로 불기운이 머무는데, 호흡과 정신집중에 의해 뜨겁고 탁한 불기운을 내리고 차고 맑은 물 기운을 올린다. 이로 인해 번뇌를 가라앉히고 심신을 고요하고 안정되게 한다.

『정전正典』 좌선법에서는 "좌선이란 마음에 있어서 망념을 쉬고 진성을 나타내며, 몸에 있어서는 화기를 내리고 수기를 오르게 하는 공부로서, 망념이 쉬면 수기가 오르고 수기가 오르면 망념이 쉬어서 몸과 마음이 한결같으며 정신과 기운이 상쾌하리라"라고 밝히었다.

그러기에 소태산 대종사는 수승화강의 이치를 묻는 제자의 질문에 "물의 성질은 아래로 내리는 동시에 그 기운이 서늘하고 맑으며, 불의 성질은 위로 오르는 동시에 그 기운이 덥고 탁하나니, 사람이 만일 번거한 생각을 일어내어 기운이 오르면 머리가 덥고 정신이 탁하여 진액津液이 마르는 것은 불기운이 오르고 물 기운이 내리는 연고이요, 만일 생각이 잠자고 기운이 평순平順하면 머리가 서늘하고 정신이 명랑하여 맑은 침이 입 속에 도나니, 이는 물 기운이 오르고 불기운이 내리는 연고니라"라고 답했다.

좌선을 하면서 수승화강에 유의하는 것도 다 이런 원리로 심신의 건강이 좋아지기 때문이다. 가능한 한 물 기운은 오르게 하고 불기운은 내려가게 해야 보다 더 건강해지는 체화의 기쁨을 배가시킬 수 있다. 신수腎水가 위로 올라가게 하고 심화心火가 아래로 내려가게 하는 힘을 얻어야 한다. 그럴수록 망념과 번뇌가 해소돼 정신과 기운이 상쾌해진다.

『동의보감』에서 두한족열頭寒足熱이 무병장수의 비법이라고 하는 것도 수승화강의 원리라고 한다. 부모가 아기를 키울 때 한여름이라도 머리는 차가운 곳에 두게 하고 아랫배에 수건 한 장이라도 덮어 주었던 게 수승화강의 지혜다. 머리는 차갑게 가슴은 뜨겁게 해야 된다는 가르침은 다 이런 연유에 기인됐다.

그렇다면 수승화강의 능력은 어떻게 증장하는가? 먼저 단전호흡을 해야 된다. 들숨은 좀 길게 날숨은 좀 짧게 하는 단전호흡이 잘 되는지 의식을 집중한다. 그 숨이 체화의 정도를 따라 한계적인 간격으로 지속되도록 끊임없이 알아차린다. 이 세 가지 능력이 갖추어지면 수승화강의 능력이 발휘된다. "소태산 대종사의 살성은 특별히 부드럽고 윤활하시나 피부에 탈이 나면 잘 낫지 아니 하시었으며, 단전에는 작은 주발 뚜껑 하나 엎어 놓은 것같이 불룩한 언덕이 져 있었다"고 대산 종사가 법문하셨다.

늘 한결같은 건강을 유지하기 위해서는 몸 안의 수승화강이 항상 순조롭게 해야 한다. 몸 안에서 물기운을 담당하는 신장과 불기운을 담당하는 심장이 제 기능을 하게 된다. 이 때문에 신장의 물기운이 위로 올라가고, 심장의 불기운이 아래로 내려와 항상 머리가 시원하고 아랫배와 발이 따뜻한 건강 상태가 된다. 그래서 시간이 허용될 때마다 복식호흡을 하는 게 좋다. 물론 등줄기 경락인 독맥을 따라 물기운을 올리고, 몸 앞 정중선 경락인 임맥을 따라 불기운을 내리는 선의 체화가 뒤따르게 해야 한다.

14
재가공부

『대종경』 수행품 19장

원기101.11.20.

　재가공부在家工夫란 마음안정을 위주하는 공부로 외정정外定靜과 내정정內定靜의 두 길이다. 외정정은 동하는 경계를 당할 때 반드시 대의大義를 세우고 취사를 먼저 하여 망령되고 번거한 일을 짓지 아니하는 것으로, 정신을 요란하게 하는 마魔의 근원을 없이하는 것이요, 내정정은 일이 없을 때 염불과 좌선도 하며 기타 무슨 방법으로든지 일어나는 번뇌를 잠재우는 것으로, 온전한 근본정신을 양성하는 것이다.

　소태산 대종사는 재가공부인 외정정과 내정정을 아울러 진행하여야만 참다운 마음의 안정을 얻게 된다고 밝히셨다. 재가공부인 외정정과 내정정으로 더 안정적으로 기쁘게 존재하려는 지향성을 가져야 한다. 이런 꿈을 먼저 깨치고 평생 스스로 알아 실행해야 한다. 제갈공명도 대몽大夢을 수선각誰先覺하고 평생아자지平生我自知란 시구를 남겼다. '큰 꿈을 누가 먼저 깨칠 것인가? 내 평생 스스로 알리라!' 라는 뜻이다.

　자기 존재에 드리운 매혹의 가치를 재가공부인 외정정과 내정정으로 결정하는 것은 세상을 살면서 기쁨에 충민해 사는 길이다. 결국 삶의 모든 문제를 해결할 수 있는 유일한 답이 낙도樂道를 걷는 것임을 세상을 살며 다시 깨우치게 된다. 쌓이고 쌓인 숙원을 해결할 수 있는 실마리인 기쁨을 가장 먼저 오감으로 느끼며 사는 이런 길로부터 활력을 얻어 나아가야 한다. 오감五感은 육신의 눈·귀·코·입과 몸 등으로 시각·청각·후각·미각·촉각 등의 5가지 감각을 신체에 있는 감각수용의 종류로 분류된다.

오감이 만족되는 생활이어야 더 열정적이며 기쁘게 사는 사람이 된다. 이 고득락離苦得樂하며 이 오감낙을 느끼며 즐기는 사람이 돼야 한다. 오감낙은 기본적인 본능이며 고락苦樂을 넘나들고, 느끼고, 즐기며, 초월하는 정점이다. 그래서 오감을 통해 들어오는 오감낙을 잘 조절할 줄 알아야 한다. 복福은 쌍으로 오지 않지만 화禍는 떼를 지어서 몰려온다는 말이 있다. 그리고 화가 빚는 어떤 한恨과 분노忿怒의 동작 앞에서는 오감낙도 철저히 수동체가 될 수밖에 없다. 세파에 내성耐性이 큰 사람은 오감낙 마저도 잘 즐기지 못한다. 은혜롭게 사는 배움을 내려놓지 말아야 하는 이유이다.

우리가 진심으로 경이를 느껴야 할 대상은 개념적 형상이 아니라 현실에 존재하는 본질적 은혜이다. 우리는 교법에 대한 이해를 보다 더 밝게 해 은혜에 충만하는 오감낙을 즐길 줄 알아야 한다. 그러기 위해 보고 듣고 취사하는 모든 것을 교법에 대조하는 용기를 내고, 또 그렇게 소화해 내야 한다. 그래야 외정정과 내정정으로 진정한 오감낙과 삶의 참 즐거움을 누릴 수 있다.

영생을 통하는 진정한 즐거움은 무엇인가? 배우는 즐거움, 가르치는 즐거움, 주는 즐거움이다. 이런 자기 가치를 실현하기 위한 삶이라야 일상의 생활 속에 증장되는 자기의 존재감이 오감낙으로 더해진다. 자기 가치를 더 높게 추구하는 서원을 세우고 외정정과 내정정을 수행하는 즐거움으로 살아야 한다. 그렇게 되려면 오감낙이 옳지 않은 쪽으로 길들여지지 않게 해야 된다. 장차 고苦의 원인이 될 오감낙이라면 육근을 통해 들어오는 오감낙을 잘 조절해 통제할 줄도 알아야 한다.

끓인 물을 급하게 식히려고 하면 찬물도 부어야 하듯, 오감이 그른 낙과 연결되는 것 같으면 그 근원을 생각하며 연결고리를 과감히 끊을 줄 알아야 한다. 풍랑이 쉬려면 바람이 멈춰야 하듯이 온갖 번뇌 망상의 근원인 자기 마음을 찾고 멈춰야 한다. 그런데 밖으로 육근을 통하여 생기는 욕심과 내부에서 일어나는 잡념을 뿌리째 없애는 것이 그리 쉽고 간단하지만은 않다.

그렇기에 소태산 대종사는 재가공부인 외정정과 내정정을 가르친 것이다. 이런 공부와 체화가 거듭되는 증득으로 연결될 때 자기 성장을 위한 힘으로 발현된다. 자신의 가치를 더하며 살겠다는 자기 약속으로부터 재가공부를 시작해야 한다. 그리고 자신을 더 아름답게 하는 힘을 지속적으로 함축해 가야 한다.

모든 이름은 제 몫의 시간과 삶의 장소를 갖는다. 많은 욕망을 갖든, 그렇지 않든 그 욕망 때문에 끝없이 무언가를 향해 달려간다. 하지만 욕망을 조절하며 행복을 찾는 진정한 방법이 재가공부임을 알지 못하면 허송세월을 한다. 길을 가다가 통 뭔가를 알 수 없을 때 사방이 컴컴해지는 사람이 되는 것과 같다. 재가공부로 사유思惟를 확장해 가야 한다. 더 새로워지는 삶의 질서가 되게 해야 한다. 자기 존재의 건강성을 되찾는 일이 무엇보다도 중요한 일이다.

15
현실의 산 경전

『대종경』 수행품 23장

원기101.11.27.

세상에는 두 가지 산 경전이 존재한다. 바로 일과 이치다. 세상의 일을 새롭게 보는 눈을 뜨고, 세상의 이치를 새롭게 인식하는 마음을 밝혀 세상의 일과 이치로부터 바른 이해와 바른 인식과 바른 실행이 되도록 힘써야 한다. 매사 산 경전을 잘 이용하는 사람이 되어야 한다.

나날이 산 경전을 더 충실하게 마음에 새겨야 한다. 세상의 일과 이치를 산 경전을 대하는 마음으로 수용하고 실행하고 활용할 때, 이 세상의 모든 일이 마음의 거울이 되고 바른 실행의 원천이 될 것이다. 세상의 일체현상과 인과적인 일, 그리고 천언만어千言萬語에 눈이 떠지고 귀가 열리며 그 실행으로 복혜가 증진된 삶이 됨을 체화하는지 날마다 성찰할 필요가 있다.

사람은 누구나 주위 인연과의 관련성 속에서 살며, 또 그 속에서 자기를 만들며 시간의 흐름 속에서 완성해 간다. 이런 과정에서 현실의 산 경전을 경외하는 마음으로 어떤 일의 원인과 결과를 잘 수용하고 실행하고 응용하는 기쁨에 충만한지를 성찰해야 한다.

영국의 수상을 지냈던 처칠은 고집스러운 사람은 실수를 자주한다고 말했다. 고집 때문에 많은 것을 잃을 수 있다고 본 것이다. 실패나 성공을 눈앞에 두었을 때는 자신의 생각만 고집하지 말고 다른 사람의 의견에 귀를 기울일 줄도 알아야 한다.

어떤 지인을 만났을 때의 일이다. 그 지인은 사업에 실패한 자신이 빈털터리가 된 것을 남들이 알아챌까봐 일부러 큰 파티를 연다고 했다. 친구들 앞에서도 사업실패와 힘든 처지를 애써 숨겼다. 그에게는 체면이 목숨보다 중요했기 때문이다. 참다 못한 그의 아내가 그에게 말했다.

"여보! 이제 우리 형편이 예전 같지 않아요. 계속 이런 식으로 살면 안 돼요. 갚아야 할 빚도 많은데 우리가 무슨 돈이 있다고 예전처럼 친구들을 계속 초대해요?" 그러자 그는 아내의 입을 막으며 말했다. "나에게 친구가 얼마나 소중한지 모르오? 비록 지금 빈털터리가 되었지만, 친구들을 집으로 초대하는 일은 아주 중요하오. 이미 몸에 밴 습관을 어떻게 바꿀 수 있겠소?"

아내는 그의 고집에 아무 말도 못하고 눈물만 흘렸다. 체면을 중시하는 그의 고집 때문에 그의 아내는 무척 힘들어했다. 그러다가 눈덩이처럼 불어나는 빚을 감당 못할 상황이 오자, 그의 아내는 더는 견디지 못하고 그를 떠나갔다.

현실의 문제를 근본적으로 해결하고 싶다면 자기만이 옳다고 믿는 고집스러운 태도를 버려야 한다. 근본적인 문제가 해결되어야 새 희망을 만드는 사람이 된다. 그렇게 하려면 지금 무엇을 접하고, 어떻게 생각하며, 어떻게 행동하는가를 점검해야 한다. 현실의 산 경전을 어떻게 이해하고, 인식하고, 실행하는가를 성찰하며, 더 좋은 사람으로 존재하게 되는 길을 걷고 있는지 깨달으며 바른 길을 향해가야 한다.

16
지혜를 어둡게 하는 두 가지 조건

『대종경』수행품 28장

원기101.12.11.

범상한 사람이라도 얼마든지 자기 소질에만 국한되어 어두워질 수 있다. 지혜가 어두워지는 일이 지금도 자기 자신에게 일어나고 있는지 살필 필요가 있다. 그동안 마음공부를 등한히 한 결과로 인해 불가피하게 지혜가 어두운 길을 걸었다면 이제는 좋은 마음과 밝은 지혜를 잃지 않는 취사선택의 돌파구를 찾아야 한다.

자기 의지로 결정하는 의사결정은 기본적으로 선택이다. 어떤 작업취사든지 삶을 살다 보면 아무것도 아닌 사소한 일로 티격태격하며 다투다가 마음 상하는 일이 비일비재하다. 바로 이런 상황과 형태가 와각지쟁蝸角之爭과 다름없다. 와각지쟁이라는 사자성어는 『장자莊子』에 나오는 말로 달팽이 뿔 위에서 싸운다는 뜻이다. 많은 사람이 달팽이 뿔 위처럼 좁은 공간에서 하찮은 일로 옥신각신하며 살고 있다.

인간은 시간과 관련해 때론 욕심과 집착의 불완전한 인지적 과정을 밟으며 산다. 시간이 상대적이어서 어떤 경우에는 몇 시간이 순식간에 지나가기도 하지만, 다른 경우에는 단지 몇 분의 시간이 지루하게도 느껴진다. 인간적인 희로애락의 한계를 가진 채 내재적으로 자신의 명운을 가를 수도 있는 의사결정을 한다. 이때 어떤 욕심이 과한 나머지 좁은 마음의 공간에서 자신의 소질만을 믿고 감정적으로 뭔가를 이루려 하고 있다면, 자기 자신의 일상생활을 와각지쟁에 빗대서 삶의 태도를 성찰할 필요가 있다. 신분의성의 마음으로 자기 자신에 대한 책임을 어떻게 이루었는지, 좋은 변화를 이끌어내는 방법은 무엇인지 자신에게 질문을 던져야 한다. 이것이 깨어있는 삶의 방식을 유지하며 살아가는 길이다.

그리하여 와각지쟁과 같이 좁아진 길로만 걸었다면 이제라도 밝은 지혜로 발현한 넓은 길로 나아가며 신분의성의 태도를 완숙하게 지켜야 한다. 이런 과정에서 자기에게 기쁨과 새로움을 주고 꼭 실행해야 할 아주 중요한 말 세 가지도 명심해야 한다. 바로 '사랑하다, 꿈꾸다, 성장하다'라는 말이다. 늘 배우며 실행해야 할 지침 같은 말이다. 완벽한 취사를 위한 의사결정보다 이런 최선의 결정에 집중해야 한다.

작업취사란 의사결정의 배움이 머릿속에서만 머무는 것이 아니라 생활 속에서 구현되도록 실천하는 것이다. 실천은 자기 실현을 가능하게 한다. 그만큼 확장된 지평 속에서 그 영향력을 발휘할 수 있는 사람이 된다. 이럴 때 더 가치 있는 삶을 살며 더 기쁘게 존재할 수 있다.

적자생존適者生存을 넘어 급변하는 환경에 빨리 적응하는 사람만이 살아남는다는 4차 산업혁명 시대다. 여전히 극복해야 할 생활의 기술적 한계와 해법이 존재한다. 그 해법이 될 수 있는 사랑과 꿈이 성장욕구와 연결돼 분줄돼야, 욕심과 소실의 함성에 빠시지 않고 원만한 성취의 길로 나아가 결국 자기가 원하는 꿈을 이루며 기쁘게 살 수 있다. 이런 상황이라야 비로소 삶을 온전히 즐기는 느낌도 가질 수 있다. 자기 삶에서 원하는 목표나 목적을 얻는 가상 강력하고 좋은 방법을 찾아 실전할 수 있는 또 다른 힘을 낼 수도 있다. 불가능하고 어려운 일을 해내는 가장 값진 동기부여가 되기도 한다.

중도를 잡는 마음, 소질에 집착하지 않는 마음으로, 새로운 목표나 목적을 향해 앞으로 나아가야 한다. 만약 이런 생각을 갖지 않았다면 자기 성취의 문제를 풀기 위한 실행과 인과관계의 소통이 어려울 수도 있다. 어떤 상황에서 어떤 일 때문에 자신의 평정심을 유지할 수 있도록 하는 데 한계를 느끼고, 때때로 원하는 것을 보다 수월하게 이룰 수 있다는 자신감을 잃을 수도 있다. 어떻게든지 좋은 기운으로 마음을 관리하고 조절해야 한다.

진심은 통한다고 했던가? 우리는 늘 어떠한 방식으로든 마음을 전달할 수 있고, 마음을 잘 전달하는 사람들이 그 분야의 으뜸이 돼 있음을 본다. 성취를 가능하게 하는 나름의 연결고리를 완성할 수 있기 때문이다. 이 넓은 세상에 있는 같은 생각을 가진 사람들 사이에 다리를 놓아주는 일이 정말 중요하다는 것을 깨달으며 일해야 한다.

지나친 것은 미치지 못한 것과 같다는, 과유불급過猶不及의 상황이 범접하지 못하도록 작업취사를 실행해야 한다. 이렇게 지나치지도 않고 부족하지도 않은 적절한 상태를 가리켜 중용中庸이라고 하는데, 공자는 중용을 매우 소중한 가치로 여겼다.

공자에게 제자 자공이 물었다. "스승님, 자장과 자하 가운데 누가 낫습니까?" 자장과 자하 모두 공자의 제자였다. "자장은 지나치고 자하는 미치지 못하지" 이에 자공이 반문한다. "그럼 자장이 낫습니까?" 그러자 공자가 대답한다. "지나침은 미치지 못함과 같으니라" 이렇게 공자는 지나친 것은 미치지 못한 것과 같다고 했다.

혹 욕심이 앞서고 소질에 취해 있지는 않은지 늘 새로운 마음으로 살펴야 한다. 어떻게 하는 것이 자기 성취의 강점이 되고 약점이 되는지 인식해야 한다. 그래야만 우리가 항상 성취하는 삶을 사는 가운데에서도 사물의 이치를 빨리 깨닫고, 경계를 정확하게 대처하고 처리하는 정신적 능력을 더할 수 있다. 지혜智慧가 확장된 삶을 살 수 있는 것이다. 그렇게 지혜가 확장되고 갖춰진 사유와 행동에서 더 알찬 결실을 향해 나아갈 수 있다.

항상 지혜의 힘을 확대 적용하는 실행을 극대화해 살아가는 사람이 되어야 한다. 그래야만 욕심과 소질만 믿고 돌진해 손실을 경험하는 우를 범하지 않는다. 이런 사실을 깨닫지 못한 채 실행하면 그 성취를 위한 실행의 태도가 자기 자신의 전도에 가장 큰 약점으로 다가올 수 있다. 이런 사실을 알고 목표나 목적을 원만하게 이루려는 실행을 해야 한다. 그것이 바로 욕심과 소질에만 의존함으로써 짙어지는 마음의 어두움과 어리석음을 극복하는 길이다.

그렇다면 어떻게 자신이 세운 목표나 목적에 원만하게 도달하는 길을 갈까? 이런저런 생각을 하다가 두 가지 방법을 찾게 됐다. 첫 번째 방법은 자기 마음에 낀 못된 욕심을 기쁘게 걷어내 중도를 지향하며 사는 것이다. 두 번째 방법은 소질에만 집착하여 맞게 되는 일상의 경계를 잘 대처해 가며 단련된 실력으로 이루며 사는 것이다. 오직 내 안에서의 위안과 희망, 그리고 평화를 찾는 데 많은 도움이 된다. 이렇게 앞으로 어떤 일을 하고 어떤 성과를 거둘 것인가 성찰하며 생활하는 태도의 변화가 필요하다.

건강한 사람으로, 행복한 사람으로 살아가려면 지혜를 발현하며 살아야 한다. 일하기 바쁘다고, 너무나 많은 것을 생각하기 싫다고 어울리는 것보다 혼자 있기만을 좋아한다면, 과연 그 삶이 보편적인 목표나 목적을 향해 가는 최선의 삶인지 성찰하며, 욕심과 소질에만 집착하는 상황을 만들고 있지는 않는지 알아차려야 한다.

인생은 직선처럼 곧게 난 길만을 걷는 것이 아니다. 때로는 지그재그 방향으로 전진하고, 때로는 후퇴하는 것처럼 보이는 길을 걷기도 한다. 그렇게 자기 자신을 올바르게 믿고 전진해야 한다는 것을 깨우친다. 믿음이야말로 자기 스스로 제대로 실행해 가는 열쇠이다. 이런 믿음의 열쇠를 가지고 긴 시간을 아름답게 사는 실행의 태도를 익혀야 한다.

   인생 길 위에서 좋은 삶은 나름대로 삶에 대한 흐름을 잇고 지키며 이루는 것이다. 자기가 하는 일을 올바른 믿음으로 더욱 또렷이 해야 한다. 그렇게 자기 삶을 더 가치 있게 하는 방법을 마음 깊이 생각하고 실행하면 더 좋을 것이다.

17
지혜와 권리가 크게 위태로울 때

『대종경』 수행품 38장

원기101.12.25.

공부와 사업상 두 가지 위태한 때가 있다. 첫 번째는 정진하여 지혜가 조금씩 열리는 것을 느끼고 작은 지혜에 만족하여 큰 공부에 성의가 없어질 때다. 두 번째는 사업을 통해 재물과 지위가 막 확장되어 사욕이 동하고 교만이 나서 더 전진을 보지 못하는 때로, 오히려 강급될 수 있다는 가르침이다.

왜 그럴까? 생활의 개선이 어느 정도 진전된 상태라는 생각으로 공부에 힘써 이루는 굳건한 자력 양성과 자리이타의 삶을 망각하기 때문이다. 세상의 많은 사람은 생김생김만큼이나 서로 다른 생각으로 하고 싶은 일을 하며 산다. 매일매일 뭔가 이뤘다고 하루를 정리하며 자고 다음 날 또 일어나 일을 한다. 그러나 자기 소원 위에 또다시 하고픈 일이 얹어질 때마다 귀 기울여 더 정성스럽게 더 큰 자력을 양성하고 자리이타自利利他의 도道를 실천하는 데 유의해야 한다.

흘러간 시간을 뒤돌아 생각해 보면 세상의 사람은 모두 별나지도 못나지도 않은 보통의 사람이다. 그러나 공부와 사업상 굳게 믿으며 특별하다고 생각했던 그 순간들 때문에 웃고 울기도 한다. 큰 기쁨이 따르기도 하고, 큰 아픔을 겪기도 한다.

　그러나 하고 싶은 공부와 사업을 하며 소태산 대종사가 지적하신 것과 같은 마음이 일어날 때마다 마음 깊은 곳에서부터 밀어내고 치유하면서 아름다운 삶을 살아가는 일에 정성을 다하여야 한다. 그리하여 지혜가 닦이는 것을 보면 볼수록, 재물이 쌓인다는 것을 알면 알수록, 어떤 오류나 실행 착오를 범하지 않는 삶을 기약하면 좋겠다. 자신이 추구하는 삶의 목적과 가치를 지향하며 어설프고 헷갈리게 하는 상황이 도래할 때마다 곧바로 더 아름다운 뜻과 바람을 담아내는 실행의 마음을 내야 한다. 그 마음으로 굳건한 자력양성과 자리이타의 도를 실행하며 살았는지 반성을 지속하며 올바르게 변화하고, 적응하고, 성취하는 길을 가야 한다. 매미가 일시에 허물에서 빠져나가 새 몸을 만들 듯이 금선탈각金蟬脫殼의 태도를 견지하고 유지하며, 더 이상 마음이 두렵지 않고 어두워지지 않는 삶의 길을 가야 한다.

　목표한 삶을 이루는 시간이 좀 더 오래 걸리더라도 자기 가치의 정당성을 지키는 길을 가야 한다. 어떤 위기라도 올바르게 대처하는 힘이 바로 자기 역량임을 참마음으로 알고, 평생의 비전을 향해 더 즐겁게 뛰어야 한다.

　스승님들은 마음 넓히는 공부는 처음에는 시내 같고, 다음에는 강 같고, 마침내는 대해장강 같아서 불가사의한 역량이 나온다 하셨고, 재물을 모으는 사업의 성패도 남을 이롭게 하는 그 당사자의 마음에 달렸다고 하셨다. 내면에 깃드는 어둠을 자꾸 헤집어 드러내고, 그 일 그 일에 대한 지혜의 불씨를 찾아내 키우고, 그만큼 과감한 금선탈각의 의지意志를 굳건히 해야 한다. 그러기 위해 늘 염불과 좌선의 정심 공부靜心工夫를 하며 시끄러운 마음을 고요하게 하고, 사리연구로 명심 공부明心工夫를 하며 어리석어지려는 마음을 밝히고, 교법과 계문을 잘 지키는 정심 공부正心工夫로 그릇된 마음을 바르게 해 자강自强의 면모를 되살리며 진급되고 발전하는 길로만 나아갈 필요가 있다.

등산을 하다보면 지게에 먹을 것을 잔뜩 지고 땀 흘리며 산 위 휴게소에 물건을 가져다주는 사람을 볼 수 있다. 이런 분들처럼 그저 묵묵히 자기가 생각하는 삶의 정상을 향해 나아가면 된다. 실천 의지를 갖추면 눈에 보이는 것이 더 확연해져 성취하고픈 일이 잘 이뤄질 뿐 아니라 일상이 편안해지고 평화로워진다. 이렇게 생활해 나아갈 때 더 큰 마음공부에 눈을 떠 함축 보림하는 공부가 가능해지고, 정정적공靜正積功의 길로 나아가는 일도 수월해진다. 역경에서도 사업을 일으키고 성공해 자기를 이긴 사람이 된다. 적확한 취사에 대한 좋은 느낌이 일상의 기쁨과 경제적 실익을 가져다준다. 누구에게나 매우 중요하고 필요한 일이다.

바깥 세상은 자기가 원하는 대로만 움직여 주지 않는다. 잠시 혼란스러운 자기 자신을 기다려주지도 않는다. 그렇다고 특별히 배려해 주지도 않는다. 그러니 삶의 흐름을 정확하게 읽고 명민하게 대응해 나가야 한다. 지금까지 살아온 길을 뒤돌아보자. 힘이 들 때는 금선탈각의 의지로 발걸음을 한 발짝씩 내디뎌보자. 매우 즐거운 걸음걸음이 된다.

제 2 부

원기102년

18
불지를 향한 정진 적공

『대종경』 수행품 43장

원기102.1.1.

　불지佛地에 오르려는 사람은 자기 근기를 먼저 알고, 퇴굴심退屈心 없이 진행 4조인 신분의성信忿疑誠의 마음으로 독공篤工의 공功을 들여야 한다. 더 나은 삶을 위해 퇴굴심 없이 불지를 향해 나아가는 시간을 전일한 마음으로 뒤돌아봐야 한다. 말 타면 종 부리고 싶다는 말이 있듯이 욕심을 앞세운 생활과 순경과 난경을 불구하고 오랜 시간 정성을 다하는 적공을 쌓았는지 깨달을 수 있다. 정진 적공의 시간을 놓치고 싶지 않은 마음을 내고 살아야 한다. 이렇게 독공의 순서에 맞게 공부해야 한다. 처음 발심한 사람이 자기의 근기도 모르고 쉽게 불지에 다가서려는 욕심을 내면 정진 적공도 살되지 않고 과부하가 걸린 자동차처럼 요란한 소리만 날 수 있다. 이제는 옆도 뒤도 돌아보며, 앞서거니 뒤서거니 사람들과 함께 불지를 향해 나아가는 마음을 내야 한다.

　'눈길을 걸어갈 때 어지러이 걷지 마라, 오늘 내가 남긴 내 발자국이 뒷사람의 길이 되는 것이니'라는 옛말이 있다. 이런 자세로 아름다운 삶의 좋은 길잡이가 되어야 한다. 이런 마음으로 살아야 타인과의 갈등과 인과적 조건에 휘둘리지 않고 주체적인 행복을 찾는다.

　새는 양 날개로 날아야 한다. 그래야 균형감 있게 높이, 그리고 멀리 날 수 있다. 땅에서 먹이 활동을 하다가 날아오르는 날갯짓을 하는 새를 보면 어떤 이유이든지 급하게 한쪽 날개로 나는 것을 시도하는 새는 뒤뚱거리며 날지 못한다. 사다리를 오르는 데도 순서가 있다. 높은 곳까지 올라가려면 한 계단이나 두 계단씩 차근차근 올라가야 한다. 학교공부도 마찬가지다. 초등학교에서 중고교를 거쳐 대학에 가게 되지 단번에 대학에 다니는 것은 아니다.

　이처럼 모든 일에는 순서가 있다. 정진 적공의 일에도 독공의 순서가 있다. 그것이 바로 자기의 근기를 알아 적절히 신분의성의 마음을 들이대며 정진과 적공의 길을 가는 것이다. 부득이, 마지못하여 어쩔 수 없이 하는 것이 아니다. 게으름에 휘둘리는 독공을 하고 있지는 않은지, 급하게 서두르기만 하는 독공을 하고는 있지 않은지 살피며 늘 이런 우愚를 경계해야 한다.

　마케팅업계에서는 집토끼 산토끼란 용어를 자주 쓴다고 한다. 집토끼는 기존소비자, 산토끼는 제품을 쓰지 않는 층을 말한다. 산토끼를 잡기 위한 마케팅에 열을 올린다. 산토끼를 잡아야 판매할 수 있는 소비시장이 급속히 커지고 많은 매출을 올릴 수 있기 때문이다. 산토끼 같은 외부적인 변수에도 불구하고 자기의 마음을 다잡아야 한다. 새로운 도약을 위해서는 끊임없이 변화하고, 또 쇄신을 통한 자기 변화의 힘을 가져야 한다. 자신감을 찾는 정진 적공의 길을 가야 한다. 마음 밖의 경계를 초연히 다스릴 수 있는 마음의 힘이 있어야 마음의 국이 터지고, 커지고, 다져진다. 시급히 이루려는 생각보다는 욕심과 아집과 아만과 편착과 주착과 집착을 놓을 수 있는 마음의 힘이 있는지 살피며, 그런 정성과 마음의 힘으로 나아가야 한다.

　인간의 욕망이란 허깨비 꿈에 지나지 않는다. 그것은 흔적 없는 물거품이다. 그늘에서 사라지는 그림자와 같다. 풀잎 끝의 아침이슬같이 금세 사라진다. 사람들은 꿈을 좇아 허깨비를 따라가나, 부귀영화는 물거품 같다. 이런 걸 꿰뚫어 봐야 한다. 소태산 대종사는 20년을 한결같이 정진 적공의 길을 가셨다. 초발심시변정각初發心是便正覺이란 말이 있다. 초발심을 그대로 계속하면 문득 정각正覺을 이루게 된다는 뜻이다. 화엄일승법계도, 일명 법성게의 한 구절이다. 처음 가진 심정으로 신분의성을 들이대는 정진 적공의 생활을 굳건히 이어가야 한다. 어떤 상황에 이르면 자기 주체와 객체가 하나 되는 힘을 갖게 된다.

이렇게 처음 마음처럼 진행 4조인 신분의성의 마음을 들이대면 진급의 길을 간다. 세월이 흐르고 시간이 지나도 변하지 않는 힘이 된다. 자기의 위치를 지키며 행복한 삶을 살게 된다. 행복이 자기의 위치를 확고히 지켜 낼 때 오는 것임을 알게 된다. 자기 허상을 지워내고 본질적인 자아를 찾은 기쁨으로 자신을 사랑하며 일상의 모든 문제를 풀어가는 마음을 낸다. 자신의 가치를 반영해야 새로운 꿈도 꿀 수 있다.

꿈은 얼어붙은 마음을 깨는 도끼이다. 큰 꿈을 꾸어야 한다. 자꾸만 마음을 잘 쓰는 길로 나아가야 한다. 경산 종법사는 원기102년 새 아침에 '성자가 되는 길'을 법문하셨다. 마음에 공을 들이고, 그 일 그 일에 공을 들이고, 만나는 사람마다 공을 들이면 된다고 하셨다.

큰 꿈, 큰 원願을 가져야 한다. 스승님들은 "큰 원이 있는 뒤에 큰 신信이 나온다. 큰 신이 난 뒤에 큰 분[忿]이 나온다. 큰 분이 난 뒤에 큰 의심[疑]이 나온다. 큰 의심이 있는 뒤에 큰 정성[誠]이 나온다"고 하셨다. 이런 길을 가야 한다.

응작여시관應作如是觀을 늘 실행해야 한다. 이렇게 도약하기 위해 끊임없이 진행 4조인 신분의성으로 자기를 쇄신해야 한다. 더도 말고 덜도 말고 꼭 이같이 자기를 보는 기쁨에 충만해야 한다. 퇴굴하지 않는 독공의 기운으로 늘 불지에 오르는 적공의 마음으로 진행 4조인 신분의성을 일상에서 자기 마음에 들이대야 한다.

　모든 일의 관건은 인내심이다. 달걀은 부화를 시켜야지 그걸 깨부수면 병아리를 얻지 못한다. 달걀이 내부 힘으로 깨지면 생명이 생겨나지만, 외부의 힘으로 깨지면 생명을 잃게 된다. 외부의 힘에도 자기를 깨지지 않도록 하는 것이 정진 적공의 힘이다. 모든 행동엔 심리적 이유가 있다. 굳은 결심과 다르게 행동하게 되는 것도, 본인이 미처 알아채지 못한 사이 작용하는 외부의 심리적 자극 때문이다. 깨어있는 순간 응축하는 마음의 힘만이 자신을 바꿀 수 있는 사람이 되게 한다. 생각지도 못한 누군가의 칭찬 한마디에 꿈을 갖는 것처럼 말이다. 주변 환경은 인생에서 가장 강력한 트리거(계기)가 될 수 있지만, 항상 우리 편에 그냥 서주지는 않는다.

　운명은 단지 우리가 마음으로 다루는 한 장의 카드일 뿐이다. 불지를 향해 나아가는 정진과 적공을 진행 4조인 신분의성으로 이어가야 한다. 지금보다 더 빛나는 순간을 내 안에 담아내게 된다. 날마다 새날이 된다.

19
마음 단련

『대종경』 수행품 50장

> 원기102.1.8.

참다운 도를 닦고자 하는 사람은 오직 천만 경계 가운데 마음을 길들여 천만 경계에 마음이 흔들리지 않는 큰 힘을 얻어야 하며, 그 힘은 마음 단련을 통해 얻을 수 있다. 천만 경계에 마음이 흔들리지 않는 큰 힘을 얻으려면 부처가 되는 길을 묵묵히 가야 하고, 성인聖人의 삶을 목표 삼아 지향해야 한다. 그래서 스승님들은 "내가 부처라고 믿고 선언해야 부처의 삶을 산다"라고 하셨다.

자동차의 안개등이 있어 안개 자욱한 날 운전하는 어려움을 조금이나마 수월하게 극복해 가며 앞으로 나아갈 수 있는 것처럼, 부처가 되는 길을 가야 성인의 삶이 지향되며 마음 경계가 소멸하고 더욱 법락法樂이 증진되는 삶을 살게 된다. 마음은 미묘하다. 소태산 대종사는 "잡으면 있어지고, 놓으면 없어진다"라고 하셨다. 마음 단련을 통해, 마음을 다스리는 정성을 들여야만 한다.

마음 단련을 잘하려면, 첫째 마음을 닦아내는 정성을 끊임없이 들여야 한다. 법공法空의 기쁨을 가져다준다. 둘째 정신이 흩어지지 않게 유의해야 한다. 선수행禪修行이나 염불이 효과가 있다. 셋째 온갖 허망한 생각을 놓는 마음을 내야 한다. 경전 공부나 대참회 등으로 지혜로움을 회복하는 노력을 하면 좋다. 넷째 늘 경계에 대한 대치 공부對治工夫를 지속해야 한다. 무슨 일이든 처음부터 끝까지 정성껏 열중하며 마음을 흐트러트리지 않는 자세를 일상생활 속에서 가다듬어야 본래 마음을 발현할 수 있다.

대치 공부로 삶의 지향가치를 높이며 기쁘게 살아야 한다. 그 어떤 상황에서도 청정무애淸淨無碍한 자성自性을 관하듯, 사사물물을 바라보는 직관의 자세를 놓지 않아야 비로소 원만한 마음 단련의 길이 트인다. 텅 빈 자리, 두렷한 자리, 공정한 자리, 거래 없는 본래의 마음자리를 생각하며 대치 공부를 해야 한다. 일상생활 속에서 그 어떤 경계를 맞더라도 그 경계를 수용하고, 이해하고, 풀어내기 위해 조금씩 더 아름다운 마음을 내며, 마음 경계에 대한 올바른 대치對治를 생각하고 그 상황에 맞게 실행하게 된다.

감정적으로 예민해 마음의 상처가 깊은 사람에게도 좋다. 조선 세종 때 좌의정을 지낸 황희 정승이 청백리로서의 지계持戒와, 아들을 사랑하는 인욕忍辱의 대치를 하며 삶을 더 빛나게 한 이야기이다.

관원이던 아들과 사위가 술을 좋아했다. 그런데 아들이 그 당시 장안에 유명했던 부녀자 집에서 자주 술을 마신 게 사회문제가 될 만큼 시끄러웠다. 여러 차례 타일러도 말을 듣지 않자 경고의 의미로 아들에게 손님을 맞이하는 것처럼 큰절하며 부자의 연을 끊는다는 말을 했다. 사위는 술 마시고 귀가하던 중 지나가는 사람과 시비가 붙어 밀치기를 하는 실랑이를 벌이다 결국 툭 쳐 넘어지게 하였고, 넘어진 사람은 다시 일어나지 못하고 죽었다. 소소한 시비에 화가 나 밀친 것에 목숨이 끊어지고 말았다. 이런 사실을 보고하는 상소문을 받고 친국장에 나간 세종대왕 앞에서 황희는 석고대죄하며 사직했다. 그러나 청백리의 사직을 안타깝게 여기던 세종은 한 달 후에 황희를 다시 복직시켰다. 나중에는 영의정까지 올랐고, 아들도 이후로는 마음을 다잡고 후일에는 형조판서가 됐다. 화禍를 사실적으로 풀어내는 대치로 마음 단련을 하여 복福을 받은 것이다.

대치 공부를 하면 인생 최고의 선물인 성장의 기쁨을 선물로 받을 수 있다. 마음 경계가 밀려올 때는 자기 시각의 틀을 바꿔 자신을 제대로 지켜보고 최상의 대안을 찾아, 상대를 존중하고 먼저 베푸는 태도를 견지해야 한다. 맞서기보다도 서로 손잡는 일이 가능해진다. 타인과의 진정한 소통을 이뤄 늘 법신불 사은님의 은혜에 충만해진다. 거리낌 없이 사랑하는 마음을 갖게 된다. 공유하며 살아가면 그 어떤 상황이 뿜어내는 나쁜 기운에도 초연하는 힘과 혜안을 갖게 된다. 마음을 닦은 만큼 바른 마음으로 중도행中道行을 하는 취사 선택도 할 수 있다.

일체의 인연이나 현상은 원래 좋고 나쁜 것이 아니다. 중도적中道的 상황에서 어떤 출발을 하고 움직여 갈 뿐이다. 이 중도적 상황을 직관해서 경계에 대처하는 대치 공부의 자세가 필요한 이유이다. 지속해 실천하면 공들인 만큼 법락을 누리는 보상을 받는다. 그 어떤 상황에서도 더 새롭게 할 방법을 찾아내고, 자기에게 잘 맞게 대치 공부를 실행하는 사람이 되어야 한다. 그렇지 않으면 경계에 감정이 뒤틀리고 삶이 무너진다. 마음 단련을 소홀히 하면 마음 위기로 인해 발생하는 삶을 위기로 느끼고 깨닫지 못한다. 강급이 길로도 떨어질 수 있다. 다시 처음부터 자기 마음에 정성을 다하며, 그 경계에 휩쓸려 넘어가 강급의 길로 떨어지지 않고 그 경계를 능히 잘 부려 씀으로써 진급의 길로 나아가는 생활을 해야 한다.

결국에는 자기의 뇌가 자기의 마음 단련을 하나의 습관으로 인식하도록 해야 한다. 어떤 상황에서도 점증적인 대치 공부가 가능해진다. 인생을 기쁘게 사는 또 하나의 좋은 습관이 된다. 경계를 맞을 때마다 자기의 마음자리를 바꾸는 기쁨을 떠올리면서 마음 단련을 지속 실행하는 대치 공부의 자세를 확립할 수 있다. 그래서 좌산 상사는 '일속에서 득력하자' 하셨고, 고산 종사는 '하늘땅 마셨다가 뱉으니 넉넉할 뿐이라'고 하셨다. 언제든지 자기 마음자리에서 좋은 기운이 샘솟도록까지 마음 단련을 실행해가야 한다. 그 실행의 수준에 따라 경계 속에서 대치하는 힘을 갖는다. 법력法力이 되고 미력微力이 된다. 그 진정성에 따라 진리적 생활을 하는 법사도 되고, 경계에 찌든 사람도 된다. 이런 마음의 힘에 따라 후일에는 더욱더 자기 근기가 확연해진다.

사는 게 지옥 같다는 말은 누구나 가끔 들었던 이야기이다. 이렇게 사멸死滅과 신생新生의 기운을 따라 매듭짓고 구분 짓는 말만 해서도 안 된다. 이제 새로운 마음 위에 그동안 한 번쯤 가져봤던, '안 된다'가 아니라, '무조건 된다'는 마음 단련의 의지를 자기 마음에 심어놓고 자연스럽게 실행해야 한다. 그래서 삶의 관계가 간단하든 복잡하든, 그런 일과는 관계없이 마음을 거듭거듭 빛나게 하는 중도행의 대치 공부를 실행하고 법락을 즐기는 삶을 살아가면 누구에게나 좋은 일이 될 것이다.

일상의 생활 태도는 자기 마음의 거울이다. 이 마음 거울을 잘 살피되 지난 일에는 연연하지 말고, 실패할수록 실패할 이유가 사라진다는 사실을 기억하며 자신감 넘치는 대치 공부를 진행해야 한다. 애초 계획한 바를 밀밀密密하게 이행하면 바다로 향하는 냇물처럼 마음이 깊어지고 넓어진다. 진정한 행복도 찾을 수 있다.

요즘 자주 듣는 말이 있다. 각자도생各自圖生이다. 각자 살아남는다는 뜻이다. 각자도생하려면 무엇보다도 대치 공부에 의한 마음 단련을 먼저 실행해야 한다.

20
심전계발의 공들임

『대종경』 수행품 59장

> 원기102.1.22.

심전心田이란 무엇을 말하는가? 심전이란 밭에서 온갖 식물이 나듯이 인간의 마음에서 능히 선악의 싹이 난다 하여 이를 마음 밭 즉 심전으로 비유한 표현이다. 본래 분별과 주착이 없는 성품性稟에서 선악 간 마음 발하는 것이 마치 밭에서 여러 가지 농작물과 잡초가 나오는 것 같다 하여 마음 바탕을 심전이라 부른 것이다. 마음 바탕에서 모든 사유·감정·고락 등 여러 가지 마음이 나오는 것이 마치 땅에서 풀이나 나무 등을 내는 것 같으므로 비유해서 심지心地라는 표현도 사용한다.

이러한 심전을 계발한다는 것은 마음 밭을 잘 가꾸어 좋은 결실을 거둔다는 것을 의미한다. 곧 마음 밭을 가꾸어 지혜를 확장하고 복을 증대시킨 것을 뜻한다. 마음 농작물의 소출을 늘리기 위해서 묵은 밭을 잘 개척하여 작물을 가꾸고 잡초는 제거하여 마침내 좋은 수확을 내는 일이다. 다시 말하면 가장 바람직한 인간관계를 가능하게 하는 마음을 길들여 실행해 나갈 때 혜와 복이 증장되는 것과 같다.

심전계발의 공들임을 어떻게 할까? 하나는 무관사無關事에 동하지 않는 힘을 갖는 것이다. 자기와 관계없는 일에 끼어들면 자칫 구설을 들을 수 있고 화禍를 자초할 우려가 있었다. 둘은 일상의 대처에 있어 양극단에 치우치지 않는 힘을 갖추는 것이다. 결국 중도, 중화, 중용의 길을 가며 아름답게 살아가는 길이 됐다. 셋은 만나는 사람을 미워하지 않는 것이다. 미운 사람에게 떡 하나 더 준다는 말처럼, 미워하지 않는 것은 상생상화의 기운을 돋우는 일이었다. 넷은 남에게 말로 상처를 입히지 않는 것이다. 구시화문口是禍門이란 말과 같이, 말로 인한 상처는 평생 잊지 못한다고 했다. 삶이란 무대에서 접할 수 있는 가장 중요한 실행의 마음이다. 다섯은 남을 원망하지 않으며 항상 밝은 생각을 하는 것이다. 타인을 원망하면 할수록 자기 마음만 어두워지고 거칠어진다. 항상 밝은 생각을 하며 감사함을 챙기는 사람이 더 지혜롭게 삶을 사는 사람이다.

　윤동주 시인의 서시序詩에는 '그리고 나한테 주어진 길을 걸어 나가야겠다'는 구절이 나온다. 심전계발을 게을리하지 않으면서도 주어진 삶을 묵묵히 헤쳐 나갈 필요가 있다. 때로는 정신수양·사리연구·작업취사의 삼학 공부와 관련지어 보다 심화된 심전계발을 진행하는 삶을 살아나가야 한다. 농부가 묵은 밭을 개척하여 더 많이 수확하는 것처럼 나중에는 자기만의 심전계발 방법과 조항을 갖는 일을 실행하는 게 좋다. 그리하여 매사에 선악 간 마음을 잘 관리하는 사람이 되고, 매사에 악심을 제거하고 양심을 양성하는 사람이 되고, 매사에 악한 마음을 다스려 자행자지를 극복한 사람이 되어야 한다.

　이 세상 동물들의 모양이 생태환경에 맞게 진화한 결과이듯이, 사람들도 거듭된 마음 씀의 진화를 통해 자기만의 모습과 힘을 갖춰 나가게 됨을 잊지 말아야 한다. 이런 실천과 실행의 힘이 유지돼야 삼독오욕에 물들지 않는 삶을 살며 존경을 받는다. 자기 마음이 삼독오욕의 마음으로 다북차 있으면 지혜 광명이 가리게 되고 어두워지게 된다. 어떤 식물의 씨앗이든지 조건과 환경이 좋은 빈 땅에 떨어져야 그 씨앗이 활발히 잘 자란다. 조건과 환경이 좋지 않은 땅에 떨어지면 잘 자라기를 원해도 결국은 잘 자라지 못한다. 교당 정원에 기쁨의 나무로 명명하고 심어놓은 매화나무를 보면 확연해진다. 같은 날 심었어도 뿌리를 내린 토양[業識]과 관리 환경 따라 자라는 모습이 다르다. 사사물물 모두 같은 원리로 생각할 수 있다.

　이렇게 달라진 업식業識은 어디를 가든지 일평생 쌓인 대로, 기운이 통하는 대로, 실행하는 대로 따라 다니며 꽃을 피운다. 부엌으로 가면 부엌으로, 직장으로 가면 직장으로, 서울로 가면 서울로 따라 다닌다. 마음씨 쓰는 대로 또 차원을 달리하는 업식이 된다. 한 사람 한 사람의 완숙함이 그냥 저절로 이뤄지는 게 아니다. 선현들의 지도와 가르침의 노력이 들어간다. 업식을 통해 손이익난損易益難의 경로를 거칠 때마다 몸과 마음을 조화롭게 다듬어야 한다. 하지만 어떤 것은 덜어내기 쉽고, 어떤 것은 더하는 게 어렵다. 덜어냄은 알기 쉽고 빠르게 처리할 수 있으나, 보탬은 알기 어렵고 해결하는 일이 더디기도 하다. 바로 본래 마음과 삼독심에 결부된 일이기 때문이다.

　그러나 무엇을 떨어내고 덜어냄은 등잔의 기름이 줄어듦과 같아 보이지 않는 사이에 없어진다는 사실을 기억해야 한다. 어떤 마음이든지 그 마음을 보태면 한여름에 벼의 싹이 자라는 것과 같이 한 계절이 바뀌는 시간을 바라보는 사이에 그 마음, 그 기운으로 홀연 무성해진다. 그래서 몸을 닦고 좋은 성품을 기르는데 부지런히 힘써야 한다. 작은 이익이라 별 보탬이 안 된다고 닦지 않아서는 안 되고, 작은 손해라 상관없다며 버티는 일을 지속해서도 안 된다.

　마음 닦는 일의 효과는 좀체 늘지는 않아도 자칫 잘못하면 푹푹 줄어든다. 자기 마음을 동요시키는 일을 성찰하며, 어느 정도라도 마음의 힘을 기쁘게 느낄 수 있을 때만 진정한 자기 힘이 된다. 어떻게든지 내 안의 좋은 기운이 마음 밖으로 그냥 빠져나가는 것을 막아야 한다. 그렇지 않으면 오랜 시간 차근차근 쌓아 온 공功이 둑 무너지듯 경계에 단번에 무너져 내린다. 일 없다가 바쁘고, 잘 나가다가 시비에 휘말려 역경을 만나는 것이 인생이다. 그때마다 주저앉아 세상 탓을 하면 정진 적공의 답은 없다. 대숲이 빽빽해도 새는 물을 막지 못한다. 구름은 높은 산이라도 순간적으로 감싼다. 삼독심은 몰려오는 구름과 같다. 이런 이치를 깨달아 하루하루 허투루 살지 않아야 삶의 기쁨이 내 안에 차곡차곡 쌓인다. 무한한 법락을 느끼는 삶이 되는 것이다.

우주의 대소 유무와 세상 시비 이해의 이치를 섭생攝生의 항목으로 획정하고 죽죽 읽어내기에 힘써야 한다. 이렇게 길러지고 다듬어진 사람은 백년지대계라는 말처럼, 가정이나 일터를 짊어질 재목으로 자기의 미래를 책임지는 일을 한다. 법신불의 은혜에 충만 된다. 세상의 크고 작은 일과 시비 이해에 무관하게 눈앞에 존재하는 주관과 객관의 사이를 오가며 더 기쁘고 자유롭게 산다.

마음자리를 반조해 보면 그 자리는 언제나 하나였다. 시계의 분침 초침은 100년 전이나 지금이나 똑같이 움직인다. 모든 게 똑같다. 그러나 자기에게 함장된 업식을 조종하는 마음은 시간이 흐를수록 또 하나의 업적業積으로 변한다. 사람마다 시간 속에서 굴러가는 속도는 전혀 다르게 진행되어 나아간다. 권리와 명예에 관한 모든 것을, 선악 죄복을, 가정과 직장도, 나라도, 삼천대천세계도 육도로 화현해 기어 다니고, 뛰어다니고, 날아다닌 자기 업식이 자리 잡는다.

이처럼 업식은 특정 시공간에서 어떤 대상의 업적이 된다. 또 좋든 나쁘든 하나의 업적이 되는 것이다. 심전계발로 발현되는 공적영지한 깨어있음의 참 지혜가 자기 능력이 되도록 해야 하는 이유이다. 본래 깨어있던 마음도 아주 쉽게 경계에 매몰될 수 있다. 그날그날 만들어지는 업식이 또 하나의 습관이 되어 따라가고, 자동차를 운전하듯 실행되어 업적으로 굴러간다.

많은 사람이 법신불의 은혜와 충만한 기쁨으로 사는 삶보다는 즉흥적인 흥미와 물질적 보상이 훨씬 많은 직업을 선호하기 때문에 가볍게 휩쓸리고 있다. 그 결과가 건강과 행복에 반하는 상태로 힘들어한다. 행복의 조건이 저마다 차이가 있을 수밖에 없지만 물질 만능주의 풍조를 쉽고 빠르게 습득해 버린 결과다. 이러한 양상은 또다시 나약해진 업식이 되어 악도의 육도윤회를 거듭하는 요인이 됨을 잊어서는 안 된다.

업적은 업력業力의 인력引力단계에 들어가면 끌려다닌다. 태양 기운이 강하고 얼음 기운이 약할 것 같으면 얼음이 녹고, 태양 기운이 약하고 얼음 기운이 강하면 얼음이 녹지 않는 것과 같이, 형제간이나 친구나 지인 관계에도 사심이 없을 때나 있을 때의 차이를 공들임의 마음으로 느낄 수 있다.

이렇게 모든 일의 결과는 몸의 실행력과 마음 씀의 그림자임을 하루빨리 깨달아야 한다. 자기를 더 새롭게 조성하는 일이 심전계발에 달렸음을 알고 정진 적공해야 한다. 본질을 꿰뚫어야만 심전계발에 성공하여 행복한 사람이 된다. 심전계발 능력을 갖추려면 어떤 실행의 전제 조건이 필요할까 생각해야만 한다.

어떤 일로든지 일상의 감정에 너무 지배되어서는 안 된다. 또 뜨거워지는 냄비 속 개구리처럼 삶의 대응이 굼뜨면 안 된다. 영생을 향하는 과정에서 잃는 게 많아진다. 그냥 물끄러미, 우두커니 앉아 시간을 허비해서도 안 된다. 옛날 일로 묶이는 삶이 된다. 하지하책下之下策이다.

인생이 공수래공수거空手來空手去라 하나 모든 것이 헛된 것은 아니다. 자신에게 어떤 특별한 마음의 맑고 밝은 힘이 운명처럼 부여되어 있다고 생각하면 자신의 힘을 더 열정적으로 발현해 낼 수 있다. 그래서 보다 나은 삶이 되게 하는 마음 씀이 필요한 것이다. 더 나은 실천적 실행으로 마음의 힘을 발현하면 할수록, 허약했던 자신을 극복할 수 있는 맑고 밝은 마음의 힘이 축적되어 함장 되고 여실히 좋은 상태로 발휘된다. '나는 할 수 있다'라는 생각과 말을 되뇌며, 자기 실행의 실력을 더 끌어올리는 자신과의 대화를 이어가며 더 좋은 실행 의지를 다져야 한다. 자기 마음에서 배우는 시간을 현실적인 자기 암시로 이어가면 늘 긍정적인 효과를 볼 수 있다.

경전과 책을 읽어야 기도도 잘 되고 사람답게 살아가는 도道도 더 잘 닦인다. 일상에서 하고자 하는 일도, 이루고자 하는 일도, 그 길이 훤히 보인다. 시간이 허락되는 대로 경전을 보고, 생각하고 생각하며, 깨닫고 깨달아 새롭게 실행해야만 한다. 책을 읽는 행위야말로 사람을 변화시킬 수 있는 가장 보편적이고 빠른 방법임을 느끼고 더 질서 있는 삶의 논리와 그 전개를 통해 체화하다보면 어떤 사안을 보는 시야가 확대되었음을 알 수 있다.

또다시 삼 일만에 어그러지지 않도록 지속적인 정성을 들이대야 한다. 이런 힘이 참다운 실력이다. 늘 기쁨을 느끼며 진정한 삶과 법신불 사은의 은혜를 알게 된다. 이제 일상에서의 자기 생활 태도를 더 새롭게 느껴야만 한다. 결국 이렇게 이행됨을 깨달아야만 진급이 된 삶을 산다.

21
법강항마

『대종경』 수행품 63장

원기102.2.5.

인생을 생계生界, 가계家界, 재계財界, 노계老界, 사계死界인 5계로 설명한다면, 심신 중심의 실행과 그 결과로 법강항마法强降魔의 심계를 설명한다. 원願은 큰 데에 두고 공功은 작은 데서부터 쌓는 것이다. 자기를 바르게 안다는 것은 무엇이고, 모른다는 것은 무엇인지 인식하게 된다. 공부인으로서 냉철하게 가정생활과 직장생활과 자기 수행 문제를 진단하고 그에 맞는 자기만의 세부적 계획을 실천하고 실행하는 것이 아주 중요한 일임을 알 수 있다.

이런 가르침의 체화가 공부인의 공력功으로 발현된다. 자기 자신과 하나 될 뿐 아니라, 그 누구와도 가까워져 친구가 될 수 있는 사람이 된다. 자기 자신과 하나가 됐다는 것은 격擊이 없는 아름다운 사람이 되어 존재하는 것이고, 내가 아닌 타인에 의해 증명된다. 이렇게 보살이 되어 존재하는 마음의 힘을 갖게 되는 것이 항마이다. 심신 귀의하고, 심신 상전하고, 심신 조복하고 난 후의 일이다. 그 누구와도 좋은 관계를 맺는다. 좋은 사람이 되어 좋은 친구를 갖는 것이다. 마를 항복 받았다는 항마란 바로 이런 것이다. 이래서 사사물물 그 어떤 것에도 자기 스스로 아름다워지는 관계성을 유지하는 인식의 시각과 취사의 힘을 가질 수 있다.

　삶의 순역 경계 과정마다 노정되는 한계와 그 갈등마저도 감사하는 마음으로 수용하고, 보다 더 탁마하는 열정을 가져야 한다. 이렇게 실천하고 실행하는 마음으로 세상을 바라보면 그야말로 삼라만상의 불공 자리가 보인다. 삶의 가치가 아름답게 인식되고 실행된 만큼 심력心力을 갖게 된다. 완전하게 심신귀의心身歸依를 이룬 사람으로 살게 된다. 진리와 스승과 법과 회상에 둘 아닌 특별한 믿음인 사대불이신심四大不二信心의 정법정신正法正信을 낸 사람으로서 삼학 공부를 대체로 해득한 사람이 되는 것이다.

　이제 천만 경계 중에서 사심邪心을 제거하는 데 재미를 붙여야 한다. 무관사無關事와 대기사大忌事를 성찰하는 취사가 이어지게 하면 된다. 농부가 논을 갈아서 뒤적여 놓으면 물이 전부 흙탕물이 된다. 그것이 일주일이나 보름쯤 지나면 다 가라앉는다. 그때 얼굴을 갖다 비추면 환하게 비친다. 무관사와 대기사를 바로 알고 취사하면 자기 마음을 환하게 비춘 사람이 된다. 심신상전心身相戰을 하더라도 그 후엔 스스로 더욱더 밝아지고 맑아진 자기 얼굴을 가진 사람이 되는 것이다. 일마다 성찰하는 계戒를 가져야 한다.

　목견지사시目見之事時 법강항마 심계를 실행하는 재미란 바로 이런 것이다. 이제 자신의 수도와 안일만 취하여 소승에 흐를까 조심하는 것과, 부귀향락에 빠져서 본원이 매각될까 조심하는 것과, 신통이 나타나 함부로 중생의 눈에 띄어 정법에 방해될까 조심하는 것을 잊지 말고 정진 적공을 이어감은 물론 이 밖에도 수양·연구·취사의 삼학을 공부하여, 위로 항마의 불지에 오르는 공력을 쌓고, 심신 조복心身調伏을 이룬 진정한 항마인이 되어야 한다. 바로 자기 마음속에 항마의 법을 세운 공부인의 등급이 법강항마위이다.

　법강항마위에 오르면 법과 마가 상전을 하되 법이 백전백승하며, 우리 경전의 뜻을 일일이 해석하고 대소 유무의 이치에 걸림이 없으며, 생로병사에 해탈을 얻는다. 곧 우주 만유의 본래 이치를 깨달아, 마음속의 법과 마가 싸우되 법이 백전백승하는 초성위初聖位의 바른 스승으로서, 삼십 계문 외에 각각의 처지와 장단을 고려한 심계心戒를 따로 두고 세밀하게 삼학 공부를 하여 체화한 사람이 된다.

이 세상에는 네 가지 큰 은혜가 있다. 시간이 켜켜이 쌓여 이뤄진 천지의 은혜, 부모의 은혜, 동포의 은혜, 그리고 법률의 은혜이다. 이 네 가지 은혜가 없으면 인간은 한시도 살아갈 수 없다. 거두고 내려놓고 살아가는 동안 이보다 더 간절하게 다가서야 할 은혜는 없다. 은혜를 입고도 그 은혜를 갚지 않으면 원망생활을 하게 된다. 은혜를 갚아 나가면 감사 생활을 하게 된다.

원뿔[△]을 보고 말하는 두 사람의 이야기이다. 한 사람은 위에서 보면서 '둥글다'라고 말하고, 다른 한 사람은 옆에서 보면서 '세모'라고 말한다. 이것은 서로 틀린 것이 아니고 보는 시각이 다를뿐이다. 같은 물체도 보는 각도에 따라 다르게 인식되고 설명된다. 이처럼 다르게 보이는 것을 바르게 인식하고 활용하는 심신 자유를 느끼려면 진리적 사실을 따라 내 몸과 마음을 움직이고, 또 판단하고 결정하는 마음을 내어 취사하는 실행을 해야 한다.

인생에서 어떤 길목을 통과하려면 늘 갈등과 불신이란 두 개의 그림자가 따라다닌다. 상대의 관점이나 처지를 이해하려는 노력을 게을리하기 때문이다. 그러나 상대의 관점이나 처지를 이해하려고 힘쓰면 점차 갈등과 불신이 해소된 자유를 갖는다. 언제나 다양성을 존중하고 다르다는 사실을 올바르게 인식하고 인정하고 활용하는 취사와 실행을 하기 위해 노력해 한다.

목견지사시마다 심신을 기점으로 해서 귀의하고, 상전하고, 조복하고, 자유하며 공부 길을 잡아야 한다. 법신불 사은님을 일과 중 부르고 싶은 만큼 부르길 실천하며 육근을 움직이면 된다. 이렇게 걸림돌을 없앤 심신을 기점으로 법의 사다리에 올라간 단계가 법강항마위임을 호리도 틀림이 없이 믿고 실행해야 한다. 언제나 사실적인 변화가 이루어져야 비로소 법위가 승급된 공부인이 된다. 더 큰 기쁨과 자유를 원하며, 진정으로 목견지사시마다 법강항마의 심계를 실행해야 심력을 얻는다.

이렇게 실행을 가능하게 하려면 본원本願의 마음을 내야 한다. 본원은 공부인이 목적한 바, 성불 제중의 본래 서원誓願이다. 이런 마음으로 심계를 극복하고 초월하며, 외부로부터 부여된 계문이 아니라 자신의 마음속으로부터 표준 잡고 지켜야 할 계문으로 자리 잡게 해야 한다. 삼십 계문을 다 지키고 나면 대체로 법이 마를 이기게 되어 법강항마위로 승급하는데, 이때에는 계문이 따로 주어지지 않으므로 스스로 심계를 표준 잡아 정진 적공을 이어가야 한다. 초성위에 올랐다고 해도 지속해서 삼대력을 쌓는 적공이 필요한 것이다.

심계는 철주와 같다고 했다. 외경을 삼가는 것보다 심법·심계·심경·심혼이 들어서 있는지 늘 살펴야 한다. 자신을 이기고 자기 마음을 자기 마음대로 부려 쓸 수 있어야 한다. 항마위 도인이면 보통급, 특신급, 법마상전급 등 삼십 계문을 다 지키고, 육근을 동작하되 법도에 어긋남이 없으며, 생로병사에 해탈을 얻어 첫 성위聖位에 오른 정사正師가 됐음을 스스로 인정할 수 있는 실행이 뒤따르게 해야 한다.

무엇보다도 먼저 마음의 그림자를 없애는 힘을 가지고 있어야 한다. 하루의 모든 처사를 한 뒤 반성을 통해 내 잘못을 알게 되고 후회가 있게 되면 안 된다. '내가 왜 그랬을까?' 하는 한 생각의 그림자가 드리워지지 않게 해야 한다.

마음을 닦을수록 과거의 모습과 앞으로 살아갈 모습이 알게 되어 깨달아진다. 이런 과정을 확실히 체화하는 것이 법강항마이다. 어떻게든지 심신 귀의하고, 상전하고, 조복하고, 출가하고, 자유하는 경지에 다다르는 정진 적공의 공부가 이어지게 해야만 된다.

  천 리 길도 한 걸음부터 시작한다. 먼 길도 가다 보면 결국은 천 리 길을 간다. 이제는 이런 마음으로 항마 공부를 성취하겠다는 원력을 세우고 키워야 한다. 가다가 넘어져도 오뚜기 같이 다시 일어서는 용맹정진으로 자신이 정한 목표에 도달하는 공들임을 지속해야 한다.

22
덕인의 온기

『대종경』 인도품 2장

원기102.2.12.

　사람들은 삶의 중심과 주변을 혼동하지 않고 살아내려 힘쓴다. 일상의 삶에서 은혜가 발현되게 하는 것이 아주 값진 일임을 안다. 어떤 일과 어떤 상황에서든지 은혜가 나타나 바로 덕이 되는 인연이 되기를 바라며 산다. 이렇기에 어려움 속에서도 선업을 짓고 오욕에 때 묻은 마음을 씻는다. 마음으로라도 풍요롭게 베풀고 만나는 사람들에게 공들인다. 모두가 행복하기를 기도한다. 기도는 사욕私慾이 없어야 하고 속이지 말아야 함을 깨우치며 위력을 얻는 것임을 절감한다. 원망하고 미워하고 해害하고자 하는 원진怨嗔의 기운이 없어져야, 하는 일이 순조롭게 풀림을 안다. 착심이 무서운 줄 알고 정말 무섭게 공부한다. 정진 적공의 마음공부를 한만큼 겉으로 드러나지 않는 모든 고통까지도 감싸 안고 넘어선다.

　그 기억이 시간 속으로 흘러 지나가도 맑고 밝고 참되게 오래오래 삶의 의미를 더해준다. 어려운 일이 있더라도 늘 좋은 마음을 내며, 인간적인 품성으로 용서하고, 이해하고, 수용하며 은혜를 나누는 실행력으로 나아가게 된다. 우리는 득의得意하여 남에게 의로운 일을 베푸는 사람을 덕인德人이라 부른다.

　나이가 들면 무릎이 시큰거리고 오르막에서는 숨이 찬다. 아무리 힘들어도 한 걸음 더 내딛겠다는 마음이 흐려지지 않도록 해야 기분 좋은 하루가 된다. 그 의지가 꺾이지 않도록 힘쓰고 정성을 다하며 거듭거듭 깨친다.

　덕을 쌓는 사람이 되려면 탐진치의 산물을 털어내며 살아야 한다. 자주 털어내도 또다시 쌓이는 게 문제다. 탐진치의 산물을 털어내는 것이 그리 쉽지 않다. 옷에 묻은 먼지 털듯 털어내야 하는데, 나이 들수록 뒤에 달라붙는 것이 많아져서 여간해서는 잘 털어지지 않는다. 그러다 보니 그냥 손만 부여잡고 살기도 한다.

　하지만 이 세상에서 아무리 재산을 모아 놓고 큰 업적을 나투고 큰 위를 얻었다 할지라도 재재화화財災貨禍를 생각해야 한다. 돈 전錢 자의 편방을 살펴보면 위에도 창戈, 아래도 창戈이다. 창이 두 개나 붙어 있다. 재물을 쌓아 두면 그 창이 사람을 해치게 된다는 뜻이다. 이제는 재물만 쌓아 갖추는 것이 얼마나 천한 일이 될지 미리 생각하고 삶의 보감이 되게 해야 한다. 이런데도 마음공부를 등한히 하면, 내 손 안에 모든 것이 있다는 생각으로 손안에 든 돈을 자꾸 틀어쥔다. 어리석음을 더하는 일만 될 수도 있다. 그런데 이런 손을 딱 한 번 펼 수밖에 없다. 바로 이 세상을 떠날 때다. 죽을 때는 순리에 따라 이미 다 비워져 버리고, 아무리 쥐려 애써도 아무것도 쥐어지지 않는다. 공정하게 빈주먹으로 떠나간다. 재산도 벼슬도 모두 놓고 간다. 인생사 공수래공수거다. 빈손으로 왔다 빈손으로 간다. 지혜롭게 실천하지 못한다면 죽음 후에 남는 것은 업뿐이다. 지혜를 닦지 않으면 재화는 물론, 지식마저도 허망한 업으로 남는다.

　세상 살면서 꼭 생각하고 살아갈 일이 두 가지 있다. 하나는 내 품 안에 잘 쌓는다는 것에 대한 한 생각이요, 둘은 내 품 안에서 잘 털어낸다는 것에 대한 한 생각이다. 잘 쌓는 사람과 잘 털어내는 사람, 어느 쪽을 택해야 더 건강하고 행복하게 살고 갈까 마음 깊이 생각해야 한다. 그래서 신념이 어떻게 세워져 있는가에 따라 쌓고 터는 일도 많은 영향을 받는다. 하지만 의로운 일을 하지 않는다면, 일생의 빈 껍질만 쥐고 살아가는 것과 같다. 복을 지어야 한다. 덕인이 되어야 하는 이유가 여기에 있다.

덕불고필유린德不孤必有隣이라 했다. 덕이 있는 자는 외롭지 않고 반드시 이웃이 있다는 뜻이다. 이런 사람이 웃는다. 건강하고 행복한 사람이 된다. 한 마디로 언제 어디서나 매력 만점인 사람이 된다. 그 누구를 만나든지 안시眼施, 심시心施, 언사시言辭施, 상좌시上座施를 베풀며 따뜻한 마음을 전하는 덕인이 되는 것이다.

그렇다면 안시는 어떻게 하는가? 좋은 인상을 유지하는 것이다. 첫인상이 좋은 얼굴을 만들어야 한다. 첫인상이 좋으면 나쁜 이미지로 낙인찍히지 않는다. 심시는 무조건 베푸는 마음을 갖는 것이다. 이 세상 최고의 공덕이 되는 보시다. 재물이 없다면 몸으로, 육신도 여의치 않으면 정신으로라도 아낌없이 베푸는 것이다.

'아인슈타인과 소녀 악사樂士'의 일화다. 찬 바람이 몰아치는 베를린 거리에서 거지 소녀가 쪼그리고 앉아 바이올린을 켜고 있었다. 가냘픈 바이올린 선율은 끊어졌다 이어지기를 반복했다. 악기를 연주하기엔 너무 추운 날씨였다. 사람들은 아무도 소녀를 쳐다보지 않았다. 소녀 앞에 놓인 바구니는 겨우 동전 몇 개뿐이었다. 얼마 뒤 그 소녀는 너무나 춥고 굶주린 탓에 바닥에 쓰러지고 말았다. 그때 한 젊은 신사가 소녀 앞으로 다가갔다. 쓰러진 소녀를 안아 일으키며 다정한 목소리로 말했다. "애야, 바이올린 좀 빌려주겠니?" 소녀가 바이올린을 건네주자 신사는 조심스럽게 연주를 하기 시작했다. 이내 아름다운 멜로디가 거리로 퍼져나갔다. 사람들이 하나눌씩 모여들었다. 마침내 신사의 연주가 끝나자 사람들은 아낌없는 박수를 보냈다. 이어 소녀의 바구니에는 많은 동전이 쏟아졌다. 지폐도 쌓였다. 신사는 사람들에게 목례로 감사를 표했다. 그는 바이올린을 넘겨주며 소녀를 포근히 안아주고 등을 토닥거렸다. 그러고는 말없이 그 자리를 떠났다. 세계적인 물리학자 아인슈타인의 젊은 시절에 심시를 한 이야기이다.

언사시는 이해하고 용서하며 교만하지 않은 말을 하는 것이다. 좋은 말하기에 힘쓰면 차츰 가능해진다. 그러면서 매우 새롭게 느낀다. 사람들은 옳은 말을 하는 사람보다 자신을 이해해주는 사람을 더 좋아한다는 것을 말이다. 상대의 처지에서 생각하고 이해하며 잘못을 용서하는 마음을 지녀야 한다. 이런 사람이 덕인이고 대인大人이다. 갈등을 줄이고 원만한 관계를 유지하는 비결이다. 겸양 이상의 미덕은 없고, 몸을 숙이면 부딪칠 일이 없어진다.

상좌시는 조금 손해 보듯 살며 감사 생활을 하는 것이다. 내가 조금 밑지고 조금 손해 보며 내가 조금 못난 듯해야 사람들이 모인다. 모난 돌이 정 맞는다는 말도 있다. 언제나 감사 생활을 하면서 사람들 안의 사람이 되어야 한다. 배우면서 익혀야 한다. 매사 감사하는 마음은 매사 고마워하기를 선택한 사람만 느낄 수 있는 감정이다. 원망까지도 감사로 돌리는 용기를 내면 가능해진다.

어사 박문수의 부모는 늦게까지 슬하에 자식이 없어 걱정이었다. 절에 가서 불공을 하며 어떻게 하면 자식을 낳을 수 있는지 물었다. 스님은 공덕을 많이 쌓으라고 하였다. 구체적으로 어떤 공덕을 쌓아야 하냐고 물으니, 스님들께 음식 공양을 많이 하라고 일러 주었다. 그때부터 부부는 3년 동안 스님께 공양하기로 마음먹고 실천했다. 꾸준히 하여 3년을 채우는 날, 장날이 되어 장터에 나갔다. 그날따라 스님이 보이지 않았다. 장이 파할 무렵 겨우 스님 한 분을 만났는데 하필이면 피고름이 줄줄 흐르는 문둥병 스님이었다. 순간 부부는 망설였지만 3년 동안 쌓은 공덕이 아까워 그 스님을 집으로 모셔 갔다. 스님이 식사하는 동안에도 옷에서는 악취가 진동했다. 그래도 부부는 내색하지 않고 공양을 도왔다.

드디어 스님이 식사를 마치고 자리에서 일어났다. 부부는 말했다. "스님 많이 드셨는지요?" 부부의 물음에 스님은 인자한 모습으로 미소를 지었다. 스님이 대문을 나설 때 다른 문둥이들이 몰려올까 봐 부부는 걱정이 됐다. 그리하여 부부는 스님에게 부탁했다. "스님! 이곳에서 잘 대접받았다는 말씀을 다른 데 가셔서 얘기하시면 안 됩니다" 그러자 스님도 다른 데 가셔서 이 집에 문수보살이 다녀갔다는 말을 하지 말라고 부탁했다. 문둥병 환자가 문수보살의 현신現身이었던 것이다. 그 후 아들을 낳아 그 아들의 이름을 문수文秀라고 지었다고 한다.

박문수는 어려서 부친을 여의고 편모슬하에서 가난하게 자랐다. 그러나 누구보다 의협심과 동정심이 많은 소년이었다. 어엿한 선비가 된 문수는 경종 3년 증광문과에 합격하여 벼슬길에 오른다. 그는 경종이 승하한 뒤 왕위에 오른 영조로부터 큰 신임을 얻는다. 영조는 민생을 꼼꼼히 살피기를 원하는 마음에 그를 암행어사에 봉하고 전국을 시찰할 것을 명한다. 이후 박 어사는 전국 방방곡곡을 순회하며 다양한 경험을 한다.

많은 이들은 이렇게 말한다. "사람 사는 세상은 덕이 첫째이고 재주가 그 다음이다" 그렇다. 덕이 주主가 되고 재주는 종從이다. 덕과 재주를 겸비할 때 비로소 훌륭한 인물이 될 수 있다. 덕과 재주를 조화하는 가운데 창조적 비판과 수용에 바탕한 지혜를 확장해 활약을 하기 때문이다. 이런 사람의 도리를 지키는 것이 중요하다. 좋은 사람이 되려면 이렇게 인격, 인품, 인성을 모두 갖춰야 한다. 이런 지혜로 역할하며 사는 게 중요한 시대이다. 이런 사람으로 살아가야 한다.

재주보다 덕을 앞세워 자녀교육에 성공해서 유명해진 재미동포 전혜성 박사가 있다. 그는『섬기는 부모가 자녀를 큰사람으로 키운다』라는 책에서 자녀교육 노하우는 바로 덕이라고 했다. 남을 돕고 베푸는 과정에서 아이 스스로 지혜를 깨닫게 되어 굳이 애쓰지 않아도 바르고 훌륭하게 자랄 것이라고 했다. 바로 '덕승재德勝才'를 강조한 교육으로 자녀들을 모두 다 반듯하게 길러낸 것이다. 덕이 재주를 앞선다는 것을 실행으로 보여줬다.

　덕은 만인이 우러러보지만, 재주는 시기 질투의 대상이 된다. 화禍를 면하는 삶을 살려면 재주보다 덕으로 봉사하는 사람이 되어야 한다. 재주가 덕을 앞서서는 안 된다.

　어떤 스승이 제자와 함께 길을 가는데 제자가 질문했다. "스승님, 진리란 길가에 조약돌처럼 널려 있다 하시면서 아까는 어디에나 진리가 있다고 말씀하시지 않았습니까? 그런데 사람들은 왜 그러한 진리를 터득하지 못할까요?" 스승이 답했다. "진리는 조약돌처럼 많지만 사람들이 허리를 굽히지 않기 때문에 그 돌을 주울 수가 없지"

　그렇다. 하심下心을 기쁘게 실행하며 허리를 굽혀 자기를 낮추어야 진리를 깨달을 수 있다. 벤저민 프랭클린은 1706년 극빈한 가정에서 태어났다. 그러나 그는 후에 위대한 정치가요, 과학자요, 사상가가 됐다. 피뢰침을 발명했으며, 미국의 독립선언서 기초문안을 작성했다. 그는 '성공은 물질이 아니라 겸손과 창조적인 마음'이라고 했다.

　젊은 시절 그는 급하게 방문을 열고 밖으로 나가려다 머리를 부딪친 적이 있었다. 그때 누군가가 충고했다. "젊은이, 당신 앞에 놓여있는 세상을 살아갈 때 겸허하게 허리를 굽히시오. 그러면 충돌을 모면할 거요. 겸손처럼 좋은 덕목이 없소!" 그렇다. 겸손이란 허리를 굽힐 때 받을 수 있는 선물이다.

　덕을 갖춘 인물이 되기 위해 매양 나만 못한 사람에게도 더욱 공경스러운 태도를 지니기에 노력하지 않으면 안 된다. 덕인의 온기를 지닌 사람이 실력을 갖춘 큰 인물이 될 수 있다. 어디에서든지 아름다운 덕화德花를 피워낼 수 있는 사람이 덕화德化를 이룬 사람이다.

23
자기변화자산

『대종경』 인도품 7장

원기102.2.19.

『대종경』 인도품 7장 내용은 중국 한무제 때의 학자인 동중서董仲舒가 쓴 글을 인용하여, "그 의義만 바루고 그 이利를 도모하지 아니하면 큰 이利가 돌아오고, 그 도道만 밝히고 그 공功을 계교하지 아니하면 큰 공功이 돌아온다"라고 밝혔다.

자기를 바르게 변화시킬 수 있는 능력이요, 자기변형자산이다. 이 자기변형자산을 가지는 것이야말로 인생을 잘살기 위한 실행이다. 그 사람의 관점과 시선의 문제로부터 출발함을 알 수 있다. 좋은 마음으로 의와 이를 바라보고, 추구하며, 더 좋은 자기 의미를 더해 갈 수 있는 자기변형자산이 되도록 실행해가야 한다. 어떤 일이든지 자신감이 넘치고 성취 욕구가 강할수록, 각자가 추구하는 일이 결국 자승자박自繩自縛이 되는 극단적極端的 이기추구利己追求는 아닌지 잘 성찰하며, 그 소유가 복福이 되게 하면 된다.

소태산 대종사는 행동 하나하나를 의와 도에 들어맞게 실행하면 이도 얻고 공도 얻는다고 가르치셨다. 그 의만 바루고 그 이를 도모하지 아니하면 큰 이가 돌아오고, 그 도만 밝히고 그 공을 계교하지 아니하면 큰 공이 돌아온다고 가르치셨다. 자기 미래를 더욱 좋게 하는 자기변형자산으로서의 의와 도를 말씀하신 것이다. 이렇게 자기만의 이익을 도모하지 않고, 자기만의 공을 계교하지 않고 사는 게 참 좋은 취사取捨요, 참 좋은 처세處世이다.

현재 자기 소유는 업의 산물이고 자기 복이다. 그 자체가 모든 노력의 결정체이다. 자기 마음이 일상의 모든 일에 연결돼 이뤄진 결과다. 이렇게 일상의 모든 일에서 자기변형자산이 싹트고 자란다. 청정한 마음으로 말하거나 행동하면 날마다 행복이 되는 자기변형자산이 자기 곁을 떠나지 않고 커지며, 나쁜 마음으로 말하거나 행동하면 자기변형자산이 쪼그라져 어김없이 기쁘지 않은 일이 따라오기 마련이다. 마치 그림자가 자기 몸을 떠나지 않는 것처럼 자기변형자산이 자기 미래에도 뒤따른다.

중국의 병서兵書인 『육도삼략六韜三略』이 있다. 주周의 강태공姜太公이 지었다는 육도와 황석공黃石公이 지었다는 상중하 3권의 병서, 도략韜略을 말한다. 육도의 도는 화살을 넣는 주머니를 말한다. 그 주머니가 화살을 싸는 것처럼 깊이 감추고 나타내지 않는다는 뜻을 함의하고 있다. 문도文韜·무도武韜·용도龍韜·호도虎韜·표도豹韜·견도犬韜 등 6권 60편으로 이루어졌다.

이 육도삼략에 대지부지大智不智 대모불모大謀不謀 대용불용大勇不勇 대리불리大利不利라는 글이 있다. "큰 지혜는 혼자만의 지혜가 아니며, 큰 꾀는 혼자만의 꾀가 아니며, 큰 용기는 혼자만의 용기가 아니며, 큰 이익은 혼자만의 이익이 아니다"는 뜻이다. 곧 큰 지혜를 발현하는 것이나, 큰 꾀를 내는 것이나, 큰 용기를 내는 것이나, 큰 이익을 내는 것이 자기 혼자만을 위한 일이 아니라는 것이다. 함께 사는 모두를 위해 자기가 가진 지혜, 꾀, 용기, 이익에 대해 많은 생각을 하고 발현하고 발산하며 취득取得하라는 말이다.

자기의 성취가 곧 자기 혼자만을 위한게 아니라는 생각을 해야 한다. 그렇지 아니할 때는 의와 도에서 멀어지는 자기변형자산이 형성될 수 있음을 알아야 한다. 멀리 가려면 같이 가고, 빨리 가려면 혼자 간다는 속담이 일러주는 뜻을 늘 잊지 않고, 혼자서만 앞서 잘 살겠다는 조급한 마음을 항상 다독이는 게 좋다.

이렇게 자기 마음과 성취의 실행력을 아름답게 변화시키면서, 불필요한 것을 취하지 않는 초연한 마음의 힘을 길러야 더 좋은 자기변형자산이 커간다. 자아 감각은 우리의 의식적인 선택에 따라 변하기 때문이다. 그래서 현세적 가치나 세간 삶의 질서에만 안주하면 할수록 해탈은 자기로부터 멀어지는 허망한 꿈이 된다.

세상에 별난 일로 소개된 TV 프로그램을 봤다. 서울 망원동 시장에는 크로켓을 파는 김씨네 가게와 황씨네 가게가 마주 보고 있다. 날마다 눈길이 마주치고, 조용하게 인사하는 소리도 들리는 거리이지만 서로 경쟁하느라 감정이 굳어진 사이라 주인끼리는 물론 직원들도 인사를 안하고 서로 견원지간犬猿之間처럼 살고 있었다. 그런데 손님을 끄는 그 묘한 맛과 가격 때문에 그 가게 앞을 지나던 사람들은 줄을 서는 수고로움을 아끼지 않았고, 김씨네 가게 5백 원짜리, 황씨네 가게 1천 원짜리 크로켓은 불티나게 팔렸다. 한 쪽은 박리다매를, 한 쪽은 질로 승부했는데, 김씨네 가게 크로켓은 겉이 바싹바싹하고 황씨네 가게 크로켓은 속이 맛있다고 소문이 나 있었다. 동네 가게의 생존 비방이다. 인생을 사는데 배울 게 많은 이야기였다.

이 두 가게 주인의 사례처럼 미래에도 자기 자신을 능력 있는 사람으로 변화시킬 힘이 자기변형자산이다. 이런 자기변형자산이 있어야 100세 시대에 성공한다고 학자들은 말한다. 자신의 생각과 행동을 더 좋게 변화시킬 수 있는 안목과 실력 갖추기에 힘써야 한다. 이렇게 의도적으로 반복하는 행위가 거듭되면 좋은 습관이 될 뿐만 아니라 삶의 질도 자연스럽게 따라 올라간다. 습관적으로 생각하고, 느끼고, 행동하고, 반응하는 방식에 의해 내 자신의 자아 감각, 곧 나의 사람됨이 더 보기 좋게 다듬어져 다른 사람한테 발산되고, 피드백 되어 축적되기 때문이다. 이렇게 자신을 좋게 변화시킬 수 있는 능력에 의해 자신의 미래가 좌우된다. 그래서 어떤 집착을 버리는 일, 어떤 걱정과 근심을 놓는 일이 참으로 중요하다.

일 년의 계획은 곡식을 심는 것보다 중요한 게 없고, 십 년의 계획은 나무를 심는 것보다 중요한 게 없으며, 일생의 계획은 사람을 키우는 것보다 중요한 게 없다 했다. 이런 생각을 바탕삼아 서로에게 좋은 상생의 이利와 상생의 공功을 더해가는 마음을 내야 한다. 성공하여 존경받는 사람들을 보면 치부致富보다는 균부均富를 추구했다. 균부를 추구하면 주변의 많은 사람이 보다 더 아름답게 생각하고, 더 행복해진 사람이 된다. 이런 사소한 차이를 분별하고 자신에게 적용하지 않으면 시간이 흐를수록 삶은 거칠어진다.

이제 그동안 살아오면서 스스로 취했던 자기의 이와 공이 자신의 미래를 더 밝게 하는 자기변형자산이 되고 있는지 뒤돌아봐야 한다. 치부가 아닌 균부를 이루기 위한 목표나 방법을 생각하고 추구하며 함께하는 인연들과 더 잘사는 세상에 살기를 바라야 미래에 더 크게 활용할 수 있는 자기변형자산이 된다는 사실을 깨우쳐야 한다. 이런 일은 남이 대신할 수 있는 것이 아니다. 아름답게 살려고 노력하는 그 사람만이 할 수 있는 일이다. 원망하는 마음을 비우고 법신불의 은혜를 느끼며, 온전한 마음으로 취사하고, 함께 나누는 마음으로 성취하면 가능해 지는 일이다.

『금강경』에 응무소주이생기심應無所住而生其心이란 구절이 있다. '응당 주住할 곳 없이하여 그 마음을 일으키라'라는 뜻이다. 즉 어느 곳에도 마음을 멈추지 않게 하여 자기 마음을 일으키라는 것이다. 이런 마음을 무주심無住心 혹은 비심非心이라고도 한다. 우리가 자주 사용하는 '온전한 생각으로 취사하라'는 말과 그 함의가 같다. 이렇게 어디에서도 자기만을 위한 마음의 머묾 없이, 미래를 위한 자기변형자산이 되는 이와 공을 생각하며 의와 도의 마음을 늘 일으키고 이어지게 해야 한다.

    이 세상의 모든 것은 더불어 공존한다. 종이 한 장 안에 구름이 떠다니는 것과 같다는 생각을 해야 한다. 구름이 없다면 비가 없을 것이고 비가 없다면 나무는 자라지 못한다. 나무가 없다면 종이를 만들지 못하고 동물들도 살 수 없다. 엄밀히 생각해 보면 떠다니는 구름이 종이를 만드는 데 없어서는 안 될 필수 불가결한 은혜요 중요한 가치이다. 시간, 공간, 흙, 햇빛, 구름, 강, 각 분야 사람들의 에너지가 다 이렇게 종이 성질 안에 중요한 가치로 녹아 있다. 이렇게 우리는 어떤 일로부터 연결되어 있다. 세상의 모든 일이 이런 이치로 연결되어 있다. 누구든지 이 세상의 모든 것으로부터 개개인으로 분리되어 자기 혼자 잘살면 된다는 환상에서 깨어나야 한다. 함께 사는 사람, 그 모두를 위한 의와 도의 마음을 일으키며 살아야 한다.

24
자타의 간격이 없는 감화

『대종경』 인도품 12장

> 원기102.2.26.

중국집 배달원이 쓴 글을 본 일이 있다. 어떤 집에 짜장면을 배달한 후의 일이다. 그릇을 되가져오기 위해 그 집에 갔을 때 그릇은 깨끗이 씻어진 채로 문 앞에 나와 있었고, '잘 먹었습니다!'란 문구가 적힌 메모지와 함께 1,000원짜리 지폐 한 장이 놓여 있었다. 이런 감동과 감화가 반면교사가 된다.

역지사지易地思之라는 말이 있다. 입장 바꿔 생각해 보라는 말이다. 내가 먼저 좋아하면 남도 좋아하고 내가 싫어하면 남도 싫어하는 것이 인지상정人之常情이다. 누구나 관대한 실행을 마음 깊이 생각하며, 감동되고 감화되는 삶을 궁구하고 실천하며 살아야 삶의 참 기쁨을 즐길 수 있다. 남을 기쁘게 하려는 생각이 자신을 더 기쁘게 만들고, 남에게서 기쁨을 받으려는 생각은 자신의 마음에 병病이 된다.

누구든지 좋은 것은 좋은 상태로, 나쁜 것은 나쁜 상태로 그 배움을 찾을 수 있다. 선악이 모두 스승이 된다. 선악개오사善惡皆吾師라 했다. 타인에게 비난의 화살을 되돌리기보다는 수용하고 이해하고 감싸는 마음으로, 미움이 일어나려는 마음과 이로 인한 근원적인 불안을 해결한 사람이 되어야 한다.

사소한 것들의 시비是非로부터 자기 자신을 자유롭게 한다.

어느 때 상대방의 결점이 보일지라도 나에게도 그런 면이 있을 수 있다는 겸허함과 관대함을 가지기에 힘쓰면 된다. 겸허함과 관대한 태도로 상대를 바라보면 상대방의 좋은 생각과 좋은 실행의 기운을 찾을 수 있다. 이렇게 바라보고, 느끼고, 생각하고, 행동하는 방식으로 자기 실행력을 더 향상시켜야 한다. 상대가 바라는 말을 할 수 있는 힘을 지닐 수 있고 시간이 흐를수록 긍정적인 대답을 받을 확률이 높아진다. 상대가 싫어하는 점보다 좋아하는 것을 찾고, 또 그렇게 일치되는 말을 하면 긍정적인 대답을 들을 수 있다.

세상을 살아가는 데는 세 종류의 행동이 마음으로부터 나타난다. 하나는 선善, 둘은 악惡, 셋은 무기無記이다. 선이란 도덕 실천상의 가장 높은 개념으로 바른 것과 옳은 것과 의로운 것이다. 악은 선의 상대개념으로 좋지 않은 것과 바르지 못한 것과 비도덕적인 것이다. 무기는 선도 아니고 악도 아닌 것으로 멍하니 있는 상태라고 할 수 있다.

자기의 행동이 마음의 본원 자리를 떠난 상태로 실천될 때는 인과관계가 헝클어지고 뒤틀리는 일을 겪는다. 분쟁을 넘어 원한이 된다. 그 원한은 무섭다. 나아가는 앞길에 장애도 된다. 언제든지 소통에 막힘없이 우주의 복록을 흡수해 복과 혜를 키워가는 사람이 되려면 감동과 감화를 위한 선의 실행력을 증장시켜야만 된다. 자기 마음에, 그 일 그 일에, 상대의 사람에게 공들이는 일에 정성을 다해야 한다. 그만큼 하는 일이 수월해지고 마음이 편안해지고 또 하는 일도 잘 된다.

늘 마음의 본원 자리를 생각하고 활용하는 사람이 되도록 힘써야 한다. 서로 아름답게 인지하는 태도를 생각하고 호감을 주는 소통과 행동을 하며, 지속적인 실행을 이어가야 한다. 쉽지 않은 일이다. 그러나 꼭 필요한 일이다. 정성스럽게 실행하다 보면 자타의 간격이 좁혀진다. 친밀감이 자꾸만 증대

된다. 좋은 느낌을 받아 생각이나 감정이 바람직하게 변화된다. 내 마음이 섭섭해도 상대방은 만족할 수 있는 심법을 사용하는 일이 가능해진다. 바로 심화心和요 기화氣和다. 나를 미루어 남의 세정을 아는 것은 바로 이런 것이다. 상대적인 마음과 절대적인 마음을 깨닫게 된다. 상대적 진리와 절대적 진리 자리에서 쳐다보는 그 미묘한 힘의 차이를 경험하고 깨닫게 되는 것이다.

인생은 흘러가는 시간 속에서 존재한다. 봄, 여름, 가을, 겨울이 되풀이되고 나이를 먹는다. 사계의 주기를 따라 생명력을 이어간다. 세상의 아름다움이 되기도 하고 눈살 찌푸리게 하는 사람도 된다. 봄의 기운이 기지개를 켤 때는 매화꽃이 핀다. 비록 찬바람이 불고 땅이 꽁꽁 얼어붙어 있더라도 꽃망울을 터트리고 향기를 흩날린다. 추위를 이기고 활짝 핀 꽃은 감동이 된다. 사람들은 꽃향기에 실려 오는 봄소식에 매료된다. 믿을 수 없을 만큼 차분한 마음으로 즐긴다. 그 매화꽃을 바라보며, 그 향기를 맡으며 감동하고 감화된 것처럼, 타인과의 관계 형성에서도 그리해야 한다.

함께 하는 사람끼리 감동하고 감화받는 삶은 어떻게 하면 가능할까? 가끔이라도 생각하며 자신을 진급시켜가야 된다. 서로가 추구하는 감동과 감화는 절실함의 산물이다. 그 감동과 감화는 함께하는 사람과 사람, 함께하는 사람과 사물, 함께하는 사람과 공간 사이의 차이를 감지하고 인식하는 지각능력을 발휘할 때 가능해지는 일임을 일깨워야 한다. 하지만 사람이 공포에 휩싸이면 그런 지각능력이 감소한다. 언제든지 눈을 뜨면 시야에 들어오는 상想이 우리 눈의 망막에 감각되지만 그중 일부만 의식된다. 이 의식된 감각을 지각이라고 말하는데, 이 지각은 자기 마음의 상태인 시비 이해에 따라, 시비 이해의 지각력에 따라, 취사력에 따라 달라진다.

사람들에게 지하 18m 깊이로 잠수했을 때의 압력과 같아질 때까지 서서히 압력을 높이겠다고 설명한 뒤, 한 사람씩 통에 집어넣는 실험을 했다. 하나는 시야 중앙에서 깜박이는 불빛에 반응하는 것이고, 또 하나는 시야 주변에서 깜박이는 불빛에 반응하는 것이었다. 예상했던 대로 통 안에 들어간 사람들은 모두 맥박, 혈압이 올라가는 등 공포 반응을 보였다. 이렇게 지각력은 자기 과제를 수행하는 데 큰 영향을 미쳤다. 이런 반응과 지각은 차를 운전하다가 터널 안에 들어갈 때도 마찬가지다. 쭈욱 연결되던 주변의 풍광을 보지 못한다. 온통 터널 시야만 확보된다. 청각도 먹먹해진다. 터널에서만 느낄 수 있는 청력이 된다. 어떤 소리는 전혀 들리지 않고 위험을 알리는 소리만 크게 들린다.

이같이 마음 졸이는 상태에서는 감동과 감화를 받을 수 없다. 함께 하는 사람들과 따뜻한 마음으로 연결될 때만이 서로서로 감동과 감화를 주고받는 사이가 된다. 새로운 기운이 샘솟는 것을 느낀다. 살다 보면 계획은 엇나가고 불통될 때가 있다. 식사 후 따뜻하고 고소한 커피 한 잔을 하면서도 다툰다. 감정의 뇌관을 밟아 폴짝폴짝 뛰기도 하고, 꼼짝 못하는 일도 있다. 스스로 감동과 감화로부터 멀어졌기 때문이다.

감동과 감화를 주고받는 사이가 되려면 서로가 조급하지 않고 차분하게 감정의 간극을 좁히는 따뜻한 마음을 내야 한다. 만나 함께하는 인연들과 더욱더 편안해지는 실행을 해야 한다. 끊임없이 이런 실행 욕구를 가져야 서로의 감동과 감화 속에 살아갈 수 있다.

인간은 본질적으로 길 위의 사람이라고 했다. 길의 어원이 '길들이다'이다. 삶의 길에 선다는 것은 바로 이런 길의 뜻을 기억하고, 스스로 순숙되는 자신의 인생길을 걸어가는 것이다. 마음공부를 하다보면 행복과 나란히 걷는 삶이 최고임을 알게 된다. 행복은 목적지가 아니라 삶의 여정에서 발견되는 것이다. 이렇기 때문에 삶의 여정에서 느끼는 상대와 감화되는 감응은 자기의 인생에서 매우 소중한 일로 기억된다.

마음 안에는 하나의 원圓이 있다고 스승님들은 가르치셨다. 인생을 살아가면서 그 원을 넓혀 가는 사람이 있는가 하면 그 원이 더 좁아지는 사람이 있다. 그 원이 무한히 넓어질 때 그 안에 누구든지 들어갈 수 있다. 언제든지 자타의 간격이 없는 감화의 욕구를 일어내고, 함께 하는 사람 모두 감동되고 감화되는 일을 실천하며 살아가야 한다. 정성을 들인 만큼 감응된 소통의 기쁨을 느끼게 된다. 우리가 늘 준비하고 실행해야 할 아주 소중한 일이다.

25
증애에 끌리지 않는 방법

『대종경』 인도품 18장

원기102.3.5.

증애憎愛는 사랑과 미움을 아울러 이르는 말이다. '증'은 미워하고 배척하는 마음이고 '애'는 사랑하며 끌리는 마음이다. 소태산 대종사는 증애에 끌리지 않는 방법은 매양 한 생각을 잘 돌리는 데에 있다고 가르치셨다. 증애의 마음을 끊고 일체 만물을 평등심으로 바라보며 도道를 이루는 생활을 지향해야 한다. 증애의 마음으로부터 자유로워야 가장 편안한 삶이 된다.

그런데도 우리는 행복한 삶을 살다가도 시비분별是非分別을 잘못하는 마음을 잘 버리지 못한다. 그래서 미워하고 사랑하는 마음 사이를 오락가락한다. 좋은 상태로 있다가 중립 상태로 있다가 끔찍한 상태로 가며, 자기 마음속을 휘저으며 별 대책이 없는 사람이 되기도 한다. 이렇게 감정에 따른 생각은 수시로 변한다. 후회할만한 일이 발생하지 않게 해야 한다. 증애에 끌리지 않는 방법은 매양 한 생각을 잘 돌리는 데에 있다. 증애에서 자유롭기를 바란다면 관점을 바꿔야 한다. 돈망삼관頓忘三觀을 실천하면 효과를 볼 수 있다.

하나는 지금 이 순간, 그냥 그대로 있는 자기 존재를 마음으로 알아채는 것이다. 개념이 주입되기 이전 상태를 생각하기에 힘쓰면 된다. 그렇게 잠시라도 머무르면 담담한 느낌 속에 깨어 있는 자기를 볼 수 있다. 둘은 지금 이 순간 자기 몸과 마음에서 일어나는 모든 느낌을 있는 그대로 수용하는 것이다. 그대로 수용해주니 자기 마음이 저항하지 않고 온전히 깨어서 바라볼 수 있다. 인과를 볼 수 있고, 이만해서 다행이다, 이런 생각을 하며 미소 짓게 된다. 셋은 아공법공我空法空임을 알아 걸림 없이 그냥 깨어 있는 것이다. 이렇게 생각하면 좋은 효과가 나타나기 시작한다. 세상의 모든 게 공空이라 생각하고 다 그렇게 마음속에 녹아 있는 것들을 쓸어내 버리고 지금 이 순간에 평안하려는 마음을 내야 한다. 이렇게 자기 마음을 바라보고 알아채며 깨어 실행하는 것이 돈망삼관이다.

　언제든지 서로를 북돋우는 역할과 서로에게 다가가는 대화가 크고 작은 갈등과 증애를 해결해 나가는 신뢰와 조율의 본질이 된다. 그러나 불화不和나 증애로 마음이 혼란스러울 때는 청정한 마음을 모으는 명상을 즐기며 자기 변혁自己變革을 추구할 필요가 있다. 뚜렷한 문제의식을 가지면 된다. 자기가 좋아하는 음악도 틀어 놓고 편안히 앉아서 눈은 반쯤 뜨고 자기 앞을 바라보며 위의 세 가지 방법 중 어느 하나의 방법을 택해 아주 편안하게 명상해보기를 바란다.

　이 방법이 장소나 시간상 어렵다면 하늘 한번 쳐다보고 숨 한번 깊게 내쉬고 들이마시기를 반복하며 입가에 미소를 지으며 생각하는 것도 꽤 괜찮은 방법이 될 수 있다. 이렇게 지금 행복하게 살아있음을 느껴보려는 관행觀行의 마음을 내야 한다. 그러면 자기 몸과 마음의 느낌을 소소하게 알아차릴 수 있게 된다. 지극한 도에 이르기를 소망하며, 나는 누구에게든지 미움을 주지 않으리라고 결심해야 한다. 증애가 사라지는 시간을 가질 수 있다. 노력 여하에 따라 늘 이런 길을 초연히 걸어갈 수 있다.

승찬 스님이 쓴 『신심명』의 핵심 내용으로 '지도무난至道無難이요, 유혐간택唯嫌揀擇이니, 단막증애但莫憎愛하면, 통연명백洞然明白이니라'는 구절이 있다. 지극한 도는 어려움이 없으며 오직 간택함을 싫어할 뿐이니, 다만 증애하지 아니한다면 툭 터져서 명백해진다는 뜻이다.

툭 터진 마음으로, 소태산 대종사가 가르쳐주신 증애에 끌리지 않는 방법을 생각하며 살아야 한다. 미움을 받거든 같이 미워하지 말고 그 원인을 알아본 후에 잘못이 있으면 고치기에 노력할 것이다. 잘못이 없으면 전생의 밀린 업으로 알고 안심하고 받을 것이다. 상대방의 고통을 직시하여 나는 누구에게든지 미움을 주지 않으리라 결심할 것이다. 정당한 사랑은 집착執着하지 말고 부정당한 사랑은 끊는 것이다. 이렇게 스스로 편안해지는 자기만의 용심법을 활용해야 한다. 마음을 차분히 바라보고 치유하며 평화롭게 사는 삶의 길을 가야 한다.

인생을 달관하는 마음으로 자기를 알고 보면 증애랄 것도 없다. 공연히 생각을 잘못해서 미워하기도 하고 사랑하기도 한 것이다. 부정당한 것은 아니라 해도 앞뒤를 돌아보지 않고 한 사람만 친하고 보면 그 누구든지 다른 사람으로부터 미움을 받을 수도 있고 미워할 수도 있다. 이런 것이 사랑과 미움의 관계이다.

사랑하는 사람을 만나 겪는 이별의 고통을 말하는 애별리고愛別離苦, 원망스러운 사람을 만나 겪는 원망의 고통을 말하는 원증회고怨憎會苦를 상시 인생을 달관하는 마음으로 환기하면서 자기를 알아차리고 바라보는 게 좋다.

어떻게든지 항상 문제의 근원부터 해결해야 한다. 사자성어로는 부저추신釜底抽薪의 일을 하는 것이다. 불을 끌 때는 솥 밑의 장작을 꺼낸다는 뜻이다. 펄펄 끓는 솥을 식히고자 할 때 끓는 일이 멈추지 않으면, 그 근본을 알아 오직 솥을 끓게 만드는 불 자체를 제거하는 길밖에 없다.

인생을 살아가며 닦은 마음의 힘으로 어떤 증애라도 자유로울 수 있는지 되물으며 살아가야 한다. 이런 노력이 평안하고 행복해지는 길임을 잊어서는 안 된다. 증애는 구조적인 문제가 아니라 마음을 사용하는 개인의 문제이므로 욕심과 두려움을 버리고 자기 몸과 마음을 다스려야 한다.

26
말의 오묘한 조화

『대종경』 인도품 21장

원기102.3.12.

구시화복지문口是禍福之門이라는 말이 있다. 말은 마음의 표현이다. 우리는 말로써 정情과 따뜻한 체온을 느낀다. 말에는 마음이 나타나고 여운이 잠재되어 있어 이런 말을 잘하기 위해서는 대인관계도 좋아야 한다.

대인관계對人關係 3대 법칙이 있다. 첫째는 거울 법칙이다. 내가 먼저 웃어야 상대방도 웃는다. 거울 앞에서 웃는게 생각난다고 해서 거울의 법칙이다. 두 번째는 메아리 법칙이다. 입에서 나온 말은 메아리가 된다. 산에 가서 야호를 외치면 명확한 사실이 되는 것을 알 수 있다. 이렇게 말은 생명력이 있다. 고운 말을 써야 좋다. 세 번째는 자연의 법칙이다. 자연에서는 무거운 것이 밑으로 내려간다. 낮아지는 것이다. 사람도 마음에 공들이는 사람이 스스로 낮아지는 겸손을 좋아한다.

세상은 말로 창조되었다고 해도 과언이 아니다. 인생과 세상의 역사를 바꾼다. 진실을 말하고 귀한 음성으로 좋은 말을 해야 한다. 선한 말과 좋은 말을 하며, 인생을 더 기쁘고 행복하게 살아야 한다. 자기가 사용하는 말을 바꾸면 인생이 바뀐다는 사실을 자기 스스로 증명할 필요가 있다.

인생을 더 복되게 하는 빛은 이렇게 내 가슴에서부터 발산되어 나온다. 우리가 실행하지 못할 일은 없다. 귀한 음성과 귀한 말로 자신을 더 밝게 변화시키는 도전을 하고 그 기회를 만드는 꿈을 키워야 한다. 이런 사람에게 더 복된 미래가 있다. 말은 어둠을 비추는 촛불과 같은 힘이 있음을 잊지 말고 살아야 한다.

그런데도 말을 잘못하여 시끄러운 일이 일어난다. 잘못 전하면 전혀 다른 의미로 전해지기 쉽다. 그래서 말은 입으로 짓는 복이라고 한다. 남에게 희망을 주는 말, 남의 선행을 드러내는 말, 여진이 있는 말, 서로 화하게 하는 말, 공부심이 나게 하는 말, 신심이 있게 하는 말, 바른말, 모가 없는 말, 남에게 선을 하게 하는 말, 남을 공경하는 말, 남의 잘못을 숨겨주는 말, 참된 말, 정중한 말, 감사를 느끼는 말, 겸손한 말, 자비스러운 말, 공심이 있는 말을 해야 한다. 아주 적극적으로 입으로 짓는 죄와 복을 상기해야 한다.

인연 따라 만나 서로를 사랑하는 것이 인생이다. 사람과 사람 사이의 결합이 있는 곳에 기쁨이 있다고 괴테가 말했다. 영원히 사랑하려고 해도 뜻대로 되지 않을 때가 있다. 그래도 사랑하는 것이 인생이다. 그러나 오해가 따를 때도 있다.

한 스님이 젊은 과부 집을 자주 드나들었다. 이를 본 마을 사람들은 좋지 않은 소문을 퍼뜨리며 스님을 비난하였다. 그런데 얼마 후, 그 과부가 세상을 떠나고 말았다. 그제야 마을 사람들은 스님이 암에 걸린 젊은 과부를 위해 기도하고 돌보았다는 사실을 알게 되었다. 그동안 가장 혹독하게 비난했던 두 여인이 어느 날 스님을 찾아와 사과하며 용서를 빌었다.

그러자 스님은 그들에게 보릿겨를 한 줌씩 나누어줬다. 그리고 들판에 가서 그것을 바람에 날리고 오라고 했다. 그리고 얼마 후 보릿겨를 날리고 온 여인들에게 스님은 다시 그 보릿겨를 주워오라고 하였다. 여인들은 바람에

날려 가버린 보릿겨를 무슨 수로 줍겠냐며 울상을 지었다. 스님은 여인들의 얼굴을 바라보고 말했다. "용서해주는 것은 문제가 없으나 한번 내뱉은 말은 다시 담지는 못한다."

그렇다. 말은 이렇게 삶을 바꾸는 원동력이 된다. 말의 오묘한 조화에 관심을 배가시키고, 험담을 하며 자신의 복을 덜어내고 있지는 않은지 늘 챙겨야 한다. 말 한마디에 천 냥 빚을 갚는다는 속담이 있다. 그만큼 말의 중요성을 강조하는 속담으로 천 냥의 빚도 상대방의 마음을 움직일 정도로 따뜻하고 진심 어린 말로 갚을 수 있다는 뜻이다.

어떤 사람이 나를 배신했다 하더라도 미움보다는 사랑으로 감싸 안는 마음을 내서 말하는 게 좋다. 사랑했던 사람으로 인해 마음 아팠다 하더라도 그 사람을 미워하지 않는 말을 하는 게 좋다. 사랑하는 이를 잃어버려서 마음이 어두워지더라도 내 마음에는 언제나 밝은 빛이 감돌게 하는 말을 하는 게 좋다. 그 모든 것이 바로 보지 못한 내 눈 때문이라는 것을 인정하는 말을 하는 게 좋다. 이렇게 슬퍼하지 않는 마음으로, 집착하지 않는 마음으로 놓아주고, 보내주고, 언제나 소중하게 간직하며, 어제까지 어둠만 지키려던 마음에 밝은 햇살이 들게 하고, 너그러운 마음으로 세상과 자신을 바라보는 말을 하는 게 좋다. 슬픔과 고통이 가득한 이 세상에서 이렇게 기쁨을 찾을 수도 있다.

일상에서 우리를 힘들게 하는 말은 화와 분노, 슬픔과 고통 등 실로 다양하게 다가온다. 아침 출근길 교통 체증부터 상사의 부당한 지시, 사랑하는 사람과의 다툼, 가족들과의 불화 등 여러 가지 일로 찾아온다. 이런 일들 속에서 어떻게 하면 지속적인 기쁨을 찾을 수 있을까? 관점을 바꾸는 것이다. 감정을 바꾸는 일은 어렵지만 관점을 바꾸는 일은 쉽다. 자신의 고통스러운 상황을 긍정적으로 재규정하는 것이다. 슬프거나 우울해할 필요가 없다.

우주의 광대무변廣大無邊을 생각하면 인간은 말할 수 없이 초라하다. 한 인생에 쏟아 무엇을 이룬다 한들 그것은 우주보다 작은 인간계人間界의 성취일 뿐이다. 험한 말조차도 시간을 무기 삼아 은혜의 시각으로 바라보고 생각하면 규정 된 마음을 조절할 수 있다.

돌이켜보면 행복은 어떤 상황에서도 절망하지 않는 말을 하며, 다시 일어나 노력하고 아름답게 살아가는 사람의 마음속에 있었다. 떨쳐내고, 극복하고, 성취하고, 사랑하는 셀 수 없이 많은 일이 현재 마음과 면밀하게 관련되어 작용하고 있었다. 자기가 목표한 목적지에 닿아야 행복해지는 것이 아니라 살아가는 과정에서 행복을 느끼게 되는 것이었다. 욕심을 줄이더라도 누군가에게 행복을 주는 말을 할 수 있어야 된다.

이런 사실을 잊지 않고 늘 소중한 인연을 아끼고 사랑하는 삶을 살아야 한다. 진정으로 남의 고통을 생각할 때 내 괴로움이 사라진다. 평화롭고 행복한 삶이 된다. 누구든 이렇게 자신을 사랑스럽고 훌륭한 존재로 만드는 언어를 활용하기 위해 노력할 필요가 있다. 위안이 되고, 기쁨이 되고, 사랑이 되는 말을 한만큼, 남을 복되게 해 준 실행을 한 만큼 자신의 행복도 커짐을 잊어서는 안 된다. 말의 오묘한 조화를 생각하며 말하는 게 자기 삶을 잘사는 최고의 해법이다. 이제부터는 길고 넓게 바라보며 더 깊게 생각하며 말하는 습관을 들이기에 노력해 보기를 권한다.

27
만족의 공식

『대종경』 인도품 29장

원기102.3.19.

　화복상의禍福相倚란 말이 있다. 인간의 화복은 맞물려 있고, 복만 받고 화를 멀리하는 이치란 없다는 뜻이다. 화복상의를 상기하는 마음을 챙겨야 한다. 마음 챙김은 지금 여기에 자기 마음을 단단히 붙들어두고 주변 환경을 바르게 알아차리는 것이다.

　이런 마음 챙김 상태에 들면 평소 놓치고 있던 부분까지 훨씬 많은 것을 경험하게 되고 지혜로운 활동력을 더욱더 높일 수 있다. 자연스럽게 제 분수를 지키며 만족함을 얻는 길을 기쁜 마음으로 나아가게 된다. 일상생활에서의 성취나 수용, 그리고 배려의 마음에 모자람이 없이 충분하고 넉넉한 여유를 갖게 한다. 아이처럼 편안하게 잠들 수도 있다. 자신이 달성한 어떤 결과에 만족할 수 있는 성숙한 조건이 규정되기에 안분지족하며 늘 만족하는 마음을 갖는 게 좋다.

　그러나 어떤 사람들은 본인들이 가진 것이나 자기가 이룬 것에 쉽게 만족하지 못한다. 지금까지 자기와 함께 있는 주변 환경을 알아차리지 못하는 것이다. 집에 옷과 물건이 넘쳐나도 행복하지 않다면 언제까지 그렇게 살 수 있을까 마음 깊이 생각해야 한다. 아예 만족이라는 것을 모르는 사람처럼 살고 있다면 사는 방식과 가치관을 온전히 바꾸고 사는 실행의 용기를 내야 한다. 삶의 행복감은 각자가 가진 것에서만 오지 않고, 갖지 못한 것에 영향을 가장 많이 받는다는 사실을 깨달을 수 있다. 깨닫지 못하는 사람들의 마음이 안타깝다.

어린 시절 운동회를 회상해본다. 100m 달리기에서 1등을 달리다가 결승점 앞에서 넘어졌다. 이렇게 마음대로 되지 않거나, 보기에 딱하여 속이 타고 답답했던 일이 많다. 언제나 자기가 원하는 일이 뜻대로 되지 않을 때가 있다. 이럴 때 안타깝다는 마음이 '속이 탄다'거나, '답답하다'는 두 가지 방식으로 수용된다.

어떤 상황에 구속된 마음과 노예나 다름없는 마음에서 벗어나야 한다. 그렇지 않으면 가장 아름다운 집에 살더라도 만족하지 못한다. 이웃이 더 멋지고 큰 집에 살고 있다는 생각이 경쟁심만을 자극하는 실행을 하게 한다. 매달 좋은 옷과 좋은 화장품을 사고 맛집을 탐방하더라도 그 방식에 쉽게 만족하지 못한다. 언제나 자기보다 많이 소유한 사람과 즐기는 사람이 있으리라 생각하기 때문이다. 이렇게 분별하고 주착하는 마음을 자기 마음 밖으로 밀어내야 한다. 그렇게 시공과 마음의 경계를 넘나들면 마음의 평화가 온다.

무엇보다 중요한 것은 탐욕적인 자신을 성찰하고 극복하는 마음의 힘을 갖는 것이다. 바로 지족知足의 자세이다. 삶의 가치를 고양하는 긍정적인 태도를 발전시켜야 가능해진다. 늘 자신의 상황을 이렇게 바꿀 수 있는 마음을 내는 게 좋다.

안분지족安分知足은 편한 마음으로 자기 분수를 지키며 만족할 줄 안다거나, 또는 자기 분수에 맞게끔 무리하지 않고 좋은 일로 만족하면서 편안히 살아가는 것을 말한다. 『중용中庸』에도 이렇게 분수를 지키고 욕됨도 없이,

마음 편안하게 살아가는 처세를 강조하고 있다. 덕德을 베풀면 운運이 더 좋아진다는 옛말을 되짚어 볼 필요가 있다. 가덕嘉德을 베풀면 가운家運이 열리고, 사덕社德을 베풀면 사운社運이 열린다 했다. 너무나 이기적인 관심사는 잊고 떨쳐 내며 만족의 공식을 자기 마음에 각인해 가며 돈과 물질을 적당히 취해 갈 필요가 있다. 자신의 삶에 뒤따르는 덧셈의 만족과 뺄셈의 만족을 분명하게 하는 기준을 찾으면 된다. 이렇게 자신의 상황에 맞는 소망을 설정할 때 더 큰 만족감을 느낄 수 있다.

사람들은 끊임없이 욕구를 발산하며 그 욕구를 충족하려 한다. 하지만 어떻게 만족하며 살 지 늘 바르게 생각해야 한다. 스스로 만족하지 못한다면 질 높은 삶도 기대하기 어렵다. 모든 것에 만족하며 살고 있는지 항상 되물으며 미래를 향해가는 게 좋다. 만족을 아는 마음은 참으로 귀중한 자기의 보물이다. 투덜거리는 사람은 불만의 고통에 휩싸이나, 만족을 알고 또 구하는 사람은 그 누구든지 편안할 수 있다. 자기의 삶에서 맞이하는, 모든 상황에 좌우되는 만족을 배워야 한다.

자기가 처한 상황에서 최선을 다할 때 만족이 온다. 고난이 은혜로 변할 때 만족이 온다. 고난 가운데 있는 다른 사람들을 배려하고 그 유익함을 구할 때 만족이 온다. 무한한 포용과 인내의 마음으로 자족의 마음을 키워야 한다. 큰 만족은 가질 수 없는 것에 대한 모든 욕망을 버리고 가진 것을 즐기는 지혜로움에서 발현되기 때문이다. 조급증을 가질 필요 없다. 넉넉한 마음으로 차분하게 판단하고 실천해가면 된다. 생각과 현실은 일치되지 않을 때가 많다. 그렇다고 이런 현실을 도외시할 필요도 없다. 더 좋은 미래를 위해 어떤 선택을 할 지 스스로 묻고 자기만의 기본과 원칙으로 묵묵히 걸어갈 수 있어야 한다.

삶의 성공과 실패를 궁구해 보면 승勝과 패敗의 엇갈림이 지止라는 글자에 달려있다. 무엇을 멈추고, 어디서 그칠까가 늘 문제이다. 언제나 멈춰야 할 때는 멈추고, 내달릴 때라는 판단이 서면 앞으로 나아가야 한다. 그런데 멈춰야 할 때 내닫고, 그쳐야 할 때 뻗대면 삶은 그 순간 나락으로 떨어진다.

그래서 나아갈 때와 멈춰야 할 때를 제대로 아는 것이 자기의 분수에 안분하고 만족하는 안분지족의 비결이라고 한다. 세상의 물욕을 절제하고 의식주 생활을 담박하게 하여, 항상 스스로 만족하는 생활을 지향하고 또 이어가야 한다. 부족해도 넉넉하다고 생각하면 항상 여유가 있고, 넉넉해도 부족하다고 생각하면 항상 부족해진다. 분별보다는 안분하는 마음을 내야 한다.

지족자 빈천역락知足者 貧賤亦樂이요, 부지족자 부귀역우不知足者 富貴亦憂라 했다. 즉 '만족함을 아는 사람은 가난하고 천하여도 또한 즐거울 것이요, 만족함을 모르는 사람은 부하고 귀하여도 역시 근심만 한다.'는 것이다. 또 지족상족 종신불욕知足常足 終身不辱이요, 지지상지 종신무치知止常止 終身無恥라 했다. 즉 '만족함을 알아 늘 만족해한다면 평생토록 욕되지 아니하고, 그칠 줄 알아 늘 적당한 선에서 그치면 평생 부끄러움이 없다'는 것이다.

돈만을 사랑하는 사람은 큰돈으로도 만족하지 못하고, 물질을 좋아하는 사람은 풍요로움으로도 만족하지 못한다. 욕심은 끝이 없어서 지족의 마음만이 이런 마음을 멈출 수 있다. 탐진치 삼독심이 지혜의 눈을 가리고 있지는 않은지 살피며, 뜬구름을 잡으려는 것과 같은 헛된 욕심을 자기 마음에서 건져 내야 한다. 영원토록 안분지족하는 마음으로 사는 삶을 바란다.

28
공경심과 경외심

『대종경』 인도품 33장

원기102.3.26.

공경恭敬은 공손히 섬긴다는 뜻이다. 공손하다는 공恭은 다른 사람 앞에서 자기 몸을 낮추는 것이고, 공경한다는 경敬은 다른 사람의 지혜와 덕을 추앙하고 존경하는 것이다. 다른 사람을 높이 받들고 존경하면서 스스로는 낮추고 겸손해하는 마음과 자세를 말한다. 공경을 중시한 사자성어도 있다. 바로 구이경지久而敬之이다. 오래도록 공경함을 이르는 말이다. 이렇게 공부가 깊어지면 깊어질수록 공경심이 더욱 커진다.

공경심恭敬心과 경외심敬畏心을 잃지 않는 길은 마음을 단속하고 내면을 살피는 것이다. 이렇게 외부와 절연하며 내면에 집중하면 공경심과 경외심을 가질 수밖에 없다. 이런 마음으로 공경의 마음과 경외의 마음을 실행하고 있는지 늘 성찰해야 마음이 편안하고 평화롭다.

한자로 밝은 것을 명明이라고 배웠다. 그런데 자기를 스스로 살피는 것이 바로 명明으로 가는 길이다. 이런 사람을 가리켜 자명자명自明者明한 사람이라고 말한다. 이같이 하면 끝까지 나를 불편하게 하는 존재로서의 사람이 없다는 것이다. 내 의지대로 되지 않음을 생각하고 단념함으로써 불편해지는 것을 알아야 한다. 만물과 모든 상대자가 오히려 자기 자신을 각성시키고 나아갈 방향을 제시하는 존재로 각인하면 자명자명의 길도 보인다.

대립의 긴장 속에서 오히려 어려운 존재를 최고의 존재로 긍정할수록 그동안 조성된 대립의 긴장이 풀리는 기쁨을 가져다준다. 어떤 대립의 공간이 벌어졌다는 것은 그만큼 필요한 공경심과 경외심의 공간이 비어있다는 것이 된다. 따라서 그만큼의 부드러움과 서로의 친절을 요구하는, 삶의 공간을 이어주는 시간의 활용이 잘못되어 있음을 알아차려야 한다. 이런 이치를 깨닫는 것이 진정한 구이경지의 삶이기도 하다.

바람 부는 날 바닷가에 나가 보면 파도가 밀려와 방파제를 세차게 때리고 다시 바다로 돌아간다. 구경나온 사람들의 마음을 졸이게 하고 기쁨을 솟구치게 한다. 엄습하는 두려움에 피가 솟구치는가 싶으면 순간 내려 꽂히기도 한다. 일순 긴장이 풀리고 참 기쁨이 샘솟는다. 자주 이런 경험을 하면 그 어떤 두려움이 밀려와도 동요하지 않는 마음을 챙길 수 있다. 평상심平常心을 유지하는 힘을 갖게 되는 것이다. 이런 마음으로 사물을 바라보는 것이 경외심이다. 이런 자신을 알아차리며 두려워하는 마음이 경외심이다.

세상을 살아가다 보면 일체 만물을 경외하는 마음이 본래 마음임을 깨닫게 된다. 언제든지 경외하는 마음을 잃지 말아야 한다. 자신과 상대를 나누지 않음으로써 관념의 벽을 허문 지혜의 눈으로 세상을 바라볼 수 있고 나로부터 나를 깨치는 기쁨을 더욱 쉽게 가지게 된다.

이런 마음으로 관觀하는 것이 경외의 마음공부이다. 삼라만상이 있는 삼천대천세계가 전부 한마음으로 돌아가는 것임을 알게 된다. 가장 낮은 곳에서 희망을 보여주는 마음이다. 생명을 살리는 마음이 근본 마음임을 알게 된다. 뭇 생명은 이런 인간의 근본 마음과 직결되어 있다.

우리는 각자 가질 수밖에 없는 업業의 환경에서 자라나 살아가고 있다. 가장 맑은 정신으로 가장 옳은 이성을 가지려는 선택을 하기 위해 노력해야 한다. 그래서 자기에게 주어진 현실에 대하여 고민할 시간도 가져야 한다. 지금 이 순간에 법신불 사은의 은혜에 깊이 감사드리며 살고 있는지 뒤돌아보면 그 해법을 찾는 길이 보인다. 법신불 사은에 대한 깊은 경외심을 일상의 생활 속에서 느낄 때 자기 삶에 깊은 감사의 마음이 샘솟는다.

진리는 부정할 수 없다. 그래서 우리는 진리를 믿는다. 옳은 게 좋은 것이며 그 옳은 것이 바로 진리라는 사실에 대해 자기 인생의 가르침을 삼기도 한다. 법신불 사은에 대한 무한한 감사와 경외심을 갖게 된다. 도道를 자각하고 도의 흐름에 자기 자신을 순응시키며 도의 가르침에 자기 자신이 순화된다는 사실을 깨우쳐야 한다.

공경하고 경외하는 마음에서 일상의 모든 일이 바르게 시작된다. 법신불의 충만한 은혜를 확신하게 된다. 자기 마음의 어둠이 옅어지는 것을 깨달을 수 있다. 진리의 촛불이 자기 마음속에서 타오른다. 우리가 더 기쁘고 행복하게 사는 길이다. 삶을 아름답게 사는 유일한 대안이다.

아직 젊었을 적 중동의 어느 날 밤, 사막에 누워 하늘을 바라보았다. 수많은 생각이 스쳐 지나갔다. 그리고 미래를 생각했다. 앞으로 나는 무슨 생각을 하며 살아가야 하는가? 사소한 욕심과 번뇌에 사로잡혀서 힘들어하던 나의 지난 과거일까? 아닐 것이다. 이런 말로 긍정과 부정의 마음을 오락가락하며 실로 말로 표현할 수 없는 경외감에 휩싸여서 우주를 움직이는 진리의 법칙에 탄복했던 기억이 남아 있다.

우주의 삼라만상 가운데 한 사람인 자기 자신을 어떻게 존재시킬 것인지 생각하고 기억해야만 한다. 칠흑 같은 밤에 하늘의 별을 바라보며 자기의 눈으로 쏟아져 들어오는 별들을 마음의 에너지라고 상상해 볼 필요도 있다. 일상과는 다른 어떤 특별한 기쁨이다.

공경심과 경외심을 가질 때만이 불가항력적이고 압도적인 상황에 휩싸이지 않는다. 가슴이 벅찰 정도로 기쁨의 마음이 샘솟는다. 경이로운 감정이 두려운 감정을 극복하게 하기 때문이다.

요즘은 봄날의 햇살이 더없이 상쾌하다. 피부로 느껴지는 조금은 차가운 바람이 그다지 싫지 않은 나날이다. 밖에 나가면 언 땅을 뚫고 올라온 초록빛 새싹들이 찾아온 사람들의 움츠렸던 몸을 펴준다. 두 손을 모으고 합장하며 바라볼 필요가 있다.

29
허물을 밝히는 사람과 허물을 살피는 사람

『대종경』 인도품 36장

원기102.4.2.

　남의 허물을 밝히는 사람이기보다는 자기 허물을 살피고 고치기에 힘쓰는 사람이 되어야 한다. 세상을 살아가면서 명심해야 할 아주 소중한 도리이다. 그러기 위해서는 사상四相의 사유 방식과, 삶의 길에서 나타난 마음 경계에 대처해 온 자기만의 호불호好不好를 마음 깊이 생각해 볼 필요가 있다.

　사상은 아상我相·인상人相·중생상衆生相·수자상壽者相이다. 아상은 자기 중심으로 생각하는 확고한 믿음이다. 인상은 인간본위로 생각하며 나와 다른 남들을 구별하는 것이다. 중생상은 깨닫는 부처가 될 수 없다고 포기하여 향상의 노력을 하지 않는 것이다. 수자상은 나이나 신분이나 지위로 자기를 표현하는 것이다.

　이렇기에 사상四相을 통해 현전신現全身의 좋은 상황과 나쁜 상황에 어떻게 대치해왔는지 알아야 한다. 어떻게든지 더 바르게 성찰하며 좋은 실행의 길을 찾아 나설 필요가 있다. 인내하며 살피고, 결국엔 잘못된 점을 인내하며 극복하고 존재 가치를 올리는 길로 나아가는 사람이 유용한 사람이 된다.

　일인장락一忍長樂이란 말이 있다. 한번 참으면 오래도록 즐겁다는 말이다.

자기를 성찰하고 잘못을 극복해내는 사람이 느낄 수 있는 사자성어이다. 시비 이해에 빠져 사는 것이 아니라, 진급하는 삶이 되도록 시비 이해라는 척도를 활용해야 한다. 자기 일에 진력하되 잘못을 고쳐 더 밝은 마음으로 유쾌하게 살아야 한다.

이런 글이 있다. '외식제연外息諸緣하고 내심무천內心無喘하며 가이입도可以入道라!' 밖으로 인연과 물질에 끌리는 우를 범하지 않고, 안으로 스스로의 번뇌에 갈등하지 않으며, 오직 눈앞에 뚜렷하게 펼쳐진 길로 나아가는 마음을 내라는 뜻이다. 늘 흐트러진 마음을 추스르고 삶을 반조返照하는 시간을 가지면 자기를 성찰하고 자기를 바로 세우는 일이 가능해진다.

입차문래 막존지해入此門來 莫存知解라 했다. 이 문 안에 들어온 후에는 자꾸 분별하지 말라는 의미이다. 이처럼 묵묵히 앞으로만 나아가면 된다. 자기 성찰의 효과는 묵묵히 지속할 때 나타난다. 그 효과가 단번에 나타나지 않는다고 실망할 필요도 없다. 지속하면 언젠가는 변화된 자기를 느낄 수 있다.

인생의 3대 도량道場을 학교, 감옥, 군대라고 한다. 삶과 죽음의 현장에서 인생을 어떻게 잘살 것인지를 깊이 자각할 수 있는 장소이다. 스스로 감옥까지 갈 필요는 없지만 배우고 깨닫고 성찰하고 실행하는 올바른 삶의 길을 찾아가야만 하는 사람들이 거친다. 어찌 되었든지 세상 사람들은 이 코스를 거치며 각기 다른 제 모습을 만든다. 그런데 자신을 올바르게 변화시키는 일은 그저 묵묵히 스스로 도리를 깨닫는 일을 하고, 세월의 풍상을 꿋꿋이 견디며 제 모습을 드러내는 것이다. 그래서 공들이고, 인내하며 세월을 꿋꿋이 견디는 일과 제 모습을 제대로 드러내는 일이 매우 중요하다.

자신의 삶에서 할 수 있는 일은 무엇이고, 할 일은 무엇인가 늘 바르게 챙기는 게 좋다. 그 누구도 대신해 줄 수 없다. 삶을 포기하지 않는다면 스스로 묻고 스스로 답을 찾아야 한다. 그리고 스스로 질문을 던졌다면 그 답을 찾기 위해 열심히 실행해 봐야 한다. 마음의 다짐만큼 공을 들여야 한다. 열심히 산다는 것은 삶의 진정한 주인이 된다는 것이고, 참 나를 찾는 공부 길을 가는 것이다. 스스로 삶의 주인이 되어 삶의 맛을 제대로 느낄 수 있을 때 비로소 나를 알게 된다. 내 삶의 맛은 사실 나의 맛과 다르지 않다.

물론 '나의 맛'이 제맛을 내기 위해서는 내 삶이 자기를 다하는 삶이어야 한다. 자기를 속이니 남도 속이는 사람이 된다. 자기 기인自欺欺人의 상황이어서는 안 된다. 옳다는 확신이 없거나, 또는 잘못된 것이란 걸 뻔히 알면 성찰의 마음을 내야 한다. 도덕 불감증에 걸려 웬만한 잘못은 으레 그러려니 하는 세태世態나 망언妄言을 스스로 경계警戒해야 한다.

최상의 성찰을 가능하게 하는 방법은 없을까? 다음 세 가지를 생각해보았다. 하나는 날마다 성찰하기를 고집하는 것이다. 둘은 날마다 성찰하기에 도전하는 것이다. 셋은 날마다 일편단심으로 끊임없이 성찰하는 것이다. 마음과 행실을 깨끗이 함에는 그 어떤 한계가 없기 때문이다. 이렇게 자기 주변부터 내면세계에서 일어나는 감정까지 통찰하는 일에 등한히해서는 안 된다. 그리되면 내면세계를 있는 그대로 알아차리는 일이 어려워진다. 자기 내면의 통찰이나 자기 일상의 성찰이 고통이라고 생각하기보다는 희망을 표현하는 배움이라고 생각하고, 자기 스스로 알아차리는 노력을 지속해야 더 좋은 하루하루가 된다.

더 좋은 시간 속에 존재하는 사람이 되기 위해 자기 성찰과 올바른 실행의 마음을 확고히 해야 한다. 그 첫 번째 기초가 되는 마음은 신심信心이다. 자신을 올곧게 하는 올바른 믿음이다. 독실한 신信이 있어야 객客으로만 일하는 상황을 극복할 수 있다. 스스로 체험하는 깊은 신이 있어야 한다. 신심이라고 하는 것은 이론이나 지식이 아니다. 가슴으로 느끼고 정의가 통해야 한다. 진리와 나와 정의가 통해야 한다. 스승과 나와 정의가 건네야 한다. 이것이 신심이다.

신은 자기를 성찰하고 발전시키는 동력이 된다. 진정한 자기 성찰의 기초가 되는 것이다. 그러므로 소태산 대종사는 신信은 곧 법을 담는 그릇이요, 모든 의심을 해결하는 원동력이라고 밝히셨다. 자기 자신을 감동시키는 독실한 신심을 불러 일으킬 수 있는지 매일매일 성찰해야 한다.

스승님들께서는 내가 부처님을 사모하면 부처님을 닮아가고, 스승님을 사모하면 스승님을 닮아간다고 하셨다. 지극히 청정해졌을 때 자성自性이 나타나기 때문이다. 이런 마음으로 기도하고 있는지 성찰해야 한다.

그 두 번째 기초가 되는 마음은 서원誓願이다. 믿음을 더 돈독히 하는 마음이다. 크게 맹세한 자신을 성찰해서 바라보는 마음이다. 이렇게 큰 서원이 서 있어야 한다. 서원 없이 성불하는 사람은 이 세상에 한 사람도 없다고 했다. 대산 종사는 성불하는데 정진이 200이라면 서원이 100이라고 하셨다. 소태산 대종사는 일원상 서원문을 주셨다. 일원상 서원문은 원기23년(1938) 11월경에 소태산 대종사가 직접 지은 경문이다. 소태산 대종사가 깨달은 일원상의 진리를 모든 사람이 함께 깨치고 일상생활에 활용하여, 마침내 일원상의 진리와 합일되도록 간절히 서원을 올린다는 내용으로 306자이다.

일원상 서원문은 불과佛果를 얻으려는 간절하고도 지극한 원願으로써 법계에 서약을 올리는 글이다. 이 서원은 자신과 법신불 간에 불과를 서약한 것이니, 그 지극한 원력이 시방에 충만하면 대불과를 얻게 되어 결국 천지 같은 무궁한 도덕을 갚아서 한량없는 광명과 수명과 덕행을 갖추게 된다. 그러므로 삼세제불이 다 최초 서원 일념으로 부처를 이룰 것이며, 이 서약문이 바로 불조가 되려는 서약서인 것이다.

이 서원문은 소태산의 즉흥적인 감상에서 나와진 것이 아니요, 구원겁래에 큰 서원을 세우고 깨달은 진리와 밟아온 경륜을 통해 밝혀 준 경문으로,

후래 대중이 이 길을 밟아 다 같이 견성 성불하여 불보살이 되도록 대자비를 베풀어 준 부촉의 경문이며, 소태산의 서원이요 삼세제불과 일체 수행인의 서원이기도 하다.

　우리도 일원상 서원문을 통해 자기 스스로 법신불 사은님께 올리는 큰 서약이 돼야 한다. '나도 성불하겠습니다! 나도 성불하렵니다!' 이렇게 서약을 올리면 되는 것이다. 그만큼 서원이 중요하다. 서원이 충천해야 구도의 열정이 솟구친다. 서원이 해이해지면 정진 적공이 무디어지고 쉬어진다. 정진 적공을 무디지 않게 하고 쉬지 않게 하려면 아주 큰 서원을 이루려는 자기 성찰이 지속되어야 한다.

30
자녀를 가르치는 네 가지 방법

『대종경』 인도품 42장

원기102.4.16.

인류는 21세기를 맞아 전례 없는 수준의 번영과 평화를 누리고 있다. 이러한 인류의 다음 과제는 불멸, 행복, 신성의 추구가 될 것이라고 이스라엘 히브리대, 유발 하라리 교수는 그의 저서 『신이 된 인간』을 통해 말한다.

이런 길을 향해 가려면 각자의 입장에서나 가족 구성원들의 입장에서 자연스럽게 가르치고 배우는 일을 성찰하며 불편불의한 일은 바로잡는 게 좋다. 2세 교육에 대한 양육방식도 점검하며, 자기 자신이 어떤 환경에서 성장해왔는지 되돌아봐야 한다. 모든 사람은 어느 날 갑자기 만들어진 것이 아니라 배움과 실행, 그리고 성찰의 경험에 의해 다듬어졌다. 마음의 경계를 극복하는 수양의 힘과 연구의 힘과 취사의 힘을 점검하며 삼대력을 응축하는 노력을 게을리해서는 안 된다.

주변에서 흔히 보고 들을 수 있는 이야기이다. 아홉 살 다현이는 늘 엄마에게 말대꾸한다. "내가 뭘 잘못했는데? 잔소리 좀 그만하라고!" 하며 눈을 똑바로 뜨고 대든다. 엄마는 어릴 때 엄한 부모 밑에서 한 마디도 못하고 자랐기 때문에, 다현이의 말대꾸가 자신을 우습게 여겨서 그러는 것 같아 불같이 화가 나고 자신도 모르게 매를 드는 일이 일어난다. 화가 가라앉고 나면 항상 후회한다.

부모가 가진 생각과 환경은 아이를 대하는 방식에 절대적인 영향을 미친다. 만약 자신이 가장 싫어했던 행동을 자녀들이 따라 하고 있다면 당장 바로잡아야 한다. 지금부터라도 하고 나서 후회하는 행동, 필요 이상으로 감정에 사로잡혀서 하는 행동이 있다면 조용한 시간에 '나의 부모는 내게 어떤 부모였을까? 어떤 식으로 인간관계를 가르쳐주었을까?'를 생각하면서라도 양육태도를 바꿔야 한다.

시간이 흐를수록 아이의 문제행동은 가족 문제로 확대된다. 문제행동을 고치기 위해서는 아이만 변화시키려고 해서는 안 된다. 그보다는 부모가 양육 태도를 점검하고 바꾸는 것이 무엇보다 중요한 일이다.

가족구조는 서로 맞물려 있다. 이것을 관계의 끈으로 표현하면 엄마와 아이, 엄마와 아빠, 아빠와 아이가 모두 관계의 한 축을 이루고 있다. 잘잘못을 따지는 것과 상관없이 한쪽에 문제가 생기면 관계 전체가 흔들리고 불안해진다. 반대로 한쪽에서 좋은 행동을 하면 가족 전체가 좋은 방향으로 영향을 받는다. 그러므로 부모의 변화가 아이의 문제행동을 없애는 길이요, 가문이 흥하는 길이 된다.

자신은 나쁜 행동을 하면서 아이에게는 그러지 말라고 말하는 것은 아무 소용없다. 나쁜 행동이 대물림되는 또 다른 이유는 그런 행동에 적절한 대안을 배운 적이 없기 때문이다. 그것이 문제행동이라는 것을 아는 것과 고치는 것은 별개 문제다. 그러니 누구보다도 부모는 아이에게 모범을 보여야 한다. 아이가 하지 않길 바라는 행동은 부모도 하지 않아야 한다. 하루 종일 텔레비전만 보는 아이가 보기 싫다면 부모도 휴일에 소파에 비스듬히 누워 텔레비전 보는 버릇을 고쳐야 한다.

아이가 문제행동을 스스로 고치기를 바란다면 부모가 문제 상황을 어떻게 해결하는지 보여주는 것이 가장 좋다. 부모가 문제를 해결하는 모습을 자주 보고 접한 아이는 각각의 상황에서 자기가 어떻게 해야 하는지 확실히 배울 수 있다. 어려서부터 이런 훈련을 잘해온 아이는 좀 더 큰 문제 상황도 현명하게 헤쳐 나가는 지혜와 능력을 얻는다.

2017년 세계 억만장자 랭킹에서 미국 마이크로소프트 공동창업자인 빌 게이츠가 세계 1위에 올랐다. 약 860억 달러(약 96조 원)를 가진 것으로 평가되어 4년 연속 세계 최고 부자로 꼽혔다. 이런 빌 게이츠는 어린 시절 엄청난 독서광이었다고 한다. 10살이 되기 전까지 세계 백과사전시리즈를 전부 읽었고, 집 근처 동네 도서관에서 열린 독서 경진대회에서 아동 부문은 물론 전체 참가자 중에서도 1등에 오를 정도로 많은 책을 읽었다고 한다. 훗날 빌 게이츠는 "오늘의 나를 만든 건 동네 도서관이었다"고 말하며, 지금도 평일에는 매일 밤 1시간, 주말에는 3~4시간 동안 책을 읽는다고 한다.

저명한 변호사였던 빌 게이츠의 아버지는 그가 법조인이 되기를 바랐다. 그러나 빌 게이츠의 관심은 컴퓨터로 향했다. 간단한 컴퓨터 게임을 시작으로 여러 가지 컴퓨터 프로그램을 만들었다. 이런 재미에 빠진 빌 게이츠는 하버드대학에서 응용수학을 전공하던 중 단짝 폴 앨런과 자본금 1,500달러로 컴퓨터프로그램 회사를 창업했다. 이 회사가 바로 마이크로소프트이다.

좋은 인간관계를 구축하고 유지하려면 상대방을 대등하게 봐야 한다. 이런 사람은 직장에서도 존경받고 집에서도 사랑받는다. 그래서 무작정 따르라는 게 아니라, 일단 마음을 열고 상대방의 말을 듣는 태도를 가르쳐야 한다. 상대방을 자기 마음대로 바꿀 수는 없지만 자기 마음을 바꿔 성장할 때 유능한 사람이 될 수 있는 길이 열린다.

참으로 인간적인 면모를 갖춘 사람이 되도록 거안사위居安思危의 교훈을 확실한 논리와 실행의 태도로 가르쳐야 한다. 편안할 때 위태로움을 생각해야 한다는 거안사위의 교훈을 심어주는 교육은 매우 중요한 일이다. 정상에서 나락으로 떨어지는 일은 작은 틈을 통해 부지불식간에 찾아오기 때문이다. 소 잃고 외양간 고치는 우를 범하지 않게 자녀들을 교육할 필요가 있다.

31
옳은 길

『대종경』 인도품 47장

원기102.4.23.

큰 그림을 구상하고 체력을 갖췄다고 하더라도 실행하지 않으면 아무것도 되지 않는다. 『성경』에는 다윗과 골리앗에 대한 이야기가 나온다. 작고 어린 다윗이 거인 골리앗을 이긴 것은 오직 믿음과 실행이 있었기 때문이다. 페이스북 사옥에는 '실행이 완벽보다 낫다'라는 말이 붙어 있다. 완벽한 계획도 실행하지 않으면 아무 의미가 없다는 것을 생각하게 한다.

세상에 나아가 일하며 사람들을 만나고 겨루며 답을 찾다보면, 우리가 나아가는 길에는 여러 갈래 길이 나온다. 쉬운 길과 어려운 길도 나오고 나쁜 길과 옳은 길도 나온다. 어떤 이들은 일신의 쉽고 편안한 길만을 택한다. 또 어떤 이들은 많은 사람을 위해 애쓰며 옳은 길을 선택해 한평생을 바친다. 이런 선택과 실행에 따라 그들의 인생 역정이 판이하게 달라져 있음을 본다.

스승님들께서는 말씀하셨다. 고요하면 맑아지고 맑아지면 밝아지고 밝아지면 보인다. 이런 가르침을 떠올리며 진리와 마음이 통하는 일을 하면 좋은 일이 되고 옳은 일이 된다. 옳은 길을 가면 축복으로 돌아온다. 하지만 개인적인 욕심이 넘쳐도 성찰하고 반성하지 않는다면 혼선을 거듭할 우려가 많다.

날마다 일할 수 있음에 감사하며 옳은 길로만 나아가기를 원하는 마음으로 기도하면 삶이 외롭지 않다. 진심으로 옳은 길로만 나아가는 건강한 마음을 가진 사람인지 자기 스스로 물으면 바른 길이 보인다. 언제나 건강한 몸과 마음으로 자신의 꿈을 향해 나아가는 희열이 샘솟는 것을 느낀다. 언제나 열정을 가지고 최선을 다해 살지만, 자신을 위한 여유를 잊지 않는 건강한 삶을 사는 사람이 됨에 감사한다. 작고 소박한 일이라도 함께하면 더 가치 있게 변화되고 어떤 힘든 순간이 찾아온대도 함께여서 행복할 수 있는 사람이 음덕을 베풀어준다. 멀리 떨어져 있어도 존중할 수 있는 마음을 주고받는 기쁨을 키우게 된다. 세상의 유혹에 흔들리지 않고 옳은 길을 걸으며 더 현명한 사람이 되는 것이다.

소태산 대종사는 확증적 예시를 통해 가르쳤다. "한 사람이 출가出家하매, 구족九族이 생천生天한다는 말은 한 사람이 출가하여 모든 친척이 그 인연을 따라 차차 제도를 받게 됨을 말하는 것이다. 나도 처음 법을 펼 때 가족으로부터 동리, 동리로부터 각 지방, 그리하여 수많은 회원이 되었으며, 일지一持네 집안이라든지 도산道山네 집안이 또한 다 그렇지 아니한가. 숯장수 아이들은 숯장수하기가 쉽고, 뱃사공 아이들은 뱃사공하기가 쉽듯이 가까운 데로부터 보고 들은 것이 습관이 되고 직업이 되나니, 부모 노릇하기가 가장 어렵고, 호주 노릇하기가 가장 어려운 것이다. 그대들은 기위 출가하였으니 출가한 본위와 목적을 잃지 말고 친족이 고루 제도를 받아 함께 천상락을 즐길 수 있도록 하여야 할 것이다" 『대종경선외록』 선원수훈장 9장의 내용이다.

일하는 주변 환경이나 조건이 옳은 일을 행하는데 얼마나 지대한 영향을 미치는가를 잘 교시해준다. 순간순간 자신이 행하는 일을 잘 인지하고, 판단하고, 제어할 수 있는 능력을 확장해 나가며 잘못된 것을 경계해야 한다. 눈을 뜨는 것과 눈을 감는 것의 차이를 생각하며, 옳은 길을 생각하고 바라볼 필요가 있다.

　일평생 옳은 길을 가기 위해 노력했던 한 사람의 글을 봤다. 미수 허목 [1595~1682]이 쓴 '불여묵전사노인십육계不如默田社老人十六戒'란 글이다. 일상의 생활에서 입으로 짓기 쉬운 16가지의 잘못을 경계한 내용이다. 16가지의 목록은 다음과 같다. 첫째는 행언희학行言戲謔이다. 실없이 시시덕거리는 우스갯말이다. 둘째는 성색聲色이다. 입만 열면 가무나 여색에 대해 말하는 것을 이른다. 셋째는 화리貨利이다. 재물의 이익에 대한 얘기로 돈을 더 벌겠다고 욕심내는 마음을 갖는 것이다. 넷째는 분체忿懥이다. 걸핏하면 버럭 화를 내는 언사다. 다섯째는 교격矯激이다. 남의 말은 안 듣고 과격한 말을 쏟아낸다. 여섯째는 첨녕諂佞이다. 매우 아첨하는 것이다. 일곱째는 구사苟私이다. 사사로운 속셈을 두어 구차스레 군다. 여덟째는 긍벌矜伐이다. 내가 왕년에 운운하며 남을 꺾으려 드는 태도이다. 아홉째는 기극忌克이다. 자기보다 나은 이를 꺼려하는 마음이다. 열째는 치과恥過이다. 남이 자기 잘못을 지적하는 것을 수치로 알아 듣고 못 견딘다. 열한째는 택비澤非이다. 잘못을 인정치 않고 아닌 척 꾸민다. 열두째는 논인자후論人訾詬이다. 남에 대해 이러쿵저러쿵 헐뜯는 일이다. 열셋째는 행직경우倖直傾訏이다. 자기 혼자 곧은 체하며 남의 허물을 들춘다. 열넷째는 멸인지선蔑人之善이다. 남의 좋은 점을 칭찬하지 않고 애써 탈 잡는다. 열다섯째는 양인지건揚人之愆이다. 남의 사소한 잘못을 드러내 떠벌린다. 열여섯째는 시휘세변時諱世變이다. 당시에 말하기 꺼리는 얘기나 세상의 변고에 관한 말을 한다. 이런 사람일수록 입에 말세란 말을 달고 산다.

　인생을 살면서 안다고 해봐야 이렇게도 모르는 것이 많다는 것을 절감한다. 입으로 짓는 화禍가 삶의 불안과 분노, 그리고 불행의 도화선이 될 수 있음을 철저히 대비해야 한다. 옳은 길을 가는 지혜를 원하면서도 고집을 부리고 있지는 않은지, 소통과 대화를 원하면서 호통을 치고 있지는 않은지 살필 일이다.

옳은 길로만 나아가려는 노력을 지속하다 보면 늘 편안하고, 깔끔하고, 소박한 생각으로 사는 게 얼마나 다행스러운 일인지 깨닫게 된다. 이치에 닿지 않는 것은 행하지 않는 게 더 좋다는 것을 터득하는 것이다.

우리에겐 일원상과 같이 원만구족하고 지공무사한 각자의 마음이 있다. 심신을 원만하게 수호하고, 사리를 원만하게 아는 심신을 원만하게 사용하는 사람이 되어야 남과 다르게 보고 상상하면서도 바르게 성찰해가는 과정에서 발전해 간다. 불편불의하고 과불급이 없는 원만행을 하기 위해 힘써야 한다. 원만행의 결과는 사사불공으로 이어진다. 새로운 동기부여가 가능해지고 감사심이 샘솟는다. 삼가지 않는 사람은 작게는 욕을 먹고 크게는 재앙이 그 몸에 미친다. 우리에게 자기 실행의 옳고 그름에 대한 기준을 제시해 준다. 늘 옳은 일을 생각하며 마땅히 실행해 볼 일이다.

일우일아一雨一芽라 했다. 한 비에 한 싹이 큰다는 의미이다. 버려야 할 습관과 태도도 마찬가지다. 행복하기 위해 버려야 한다. 일우일소一雨一消에 단축적인 묘수는 없다. 자신이 하는 일에 대해 확신이 없거나 잘못된 것이란 걸 안다면 자신의 선택과 실행에 대해 성찰하고 바로 잡아야 한다. 해야 할 일을 하지 않고, 하지 않아야 할 일을 하면 혀 밑에도 가시가 돋는다.

사람마다 필요한 기운이 다르고, 기운을 받는 것 역시 상황별로 다를 수 있음을 생각해 말하고 행동해야 한다. 복이 쌓이는 태도를 익혀야 한다. 옳은 일이 무엇이고, 어떻게 옳은 일을 해야 하는지 바르게 인식하고 실행하려는 노력을 지속해 나가야 한다. 자기에게 좋은 기운을 주는 행동이 남에게도 역시 좋은 기운을 더해 주는 말과 행동이 됨을 알아야 한다. 빈껍데기 속으로만 들어가는 것은 어리석은 일이다.

지혜로운 말과 실행을 이어나가도록 힘써야 한다. 마음의 균형감을 유지하며 편안하게 한다. 이런 마음의 균형이 결국 자기의 평정심을 되찾는 상승 기운으로 연결된다. 나이가 들어도 경직되지 않고 유연하게 변화에 적응할 수 있는 원천적 힘이 된다.

적절한 자극이 있을 때 실행의 효과가 커진다. 귀가 얇아 이리저리 휘둘리는 일을 경계하며 옳은 길을 가야 한다. 새롭게 거듭나는 길을 가야 한다. 아름다운 인생과 영생의 복락을 밝히는 등불이 된다. 삶의 낭떠러지로 떨어져 가는 것을 막아준다.

32
더 명예롭게 사는 취사

『대종경』 인도품 54장

원기102.5.7.

경주 최 부잣집 이야기이다. 시조인 최진립은 임진왜란 때 의병으로 왜적과 싸우고 나중에 무과에 급제한 뒤 정유재란 때 다시 참전했다. 마량첨사, 가덕첨사를 거쳐 경흥부사, 통정대부가 됐다. 병자호란 때 적군과 싸우다 순국했다. 그의 셋째아들 최동량이 집안을 경제적으로 일으킨다. 그 방식은 형산강 상류의 개울이 합쳐지는 개울가에 둑을 쌓아 대대적으로 조성한 농토에 소작인과 소출을 반반씩 나누는 병작제를 적용하는 것이었다. 소작인들이 선호하는 선진적인 이 병작제의 적용으로 마을 사람들이나 노비들은 적극적으로 최씨네 땅 개간에 협력했다. 나아가 집안사람들이 농사일에 앞장서는가 하면, 사람의 똥이나 오줌을 이용한 비료법도 적극적으로 활용해 소출을 높였다. 이와 함께 이앙법을 도입해 적은 인원으로 넓은 논을 경작하는 것도 가능하게 했다. 그 결과 3대인 최국선에 이르러서는 경상도에서 손꼽히는 대지주 가문으로 성장한다.

집안은 대대로 근검절약을 근본으로 삼되 가난한 이와 손님들을 후대했으며, 지나치게 재산을 늘리지 않았다. 일제에 나라를 빼앗긴 뒤 최진립의

11대손인 최준은 독립운동 단체에 참가하는 한편 상해임시정부에 독립군 자금을 지속적으로 보냈다. 이런 과정에서 일본 헌병에게 끌려가 모진 고문을 당하기도 한다. 해방 뒤 최준은 대학을 설립해 국가를 이끌고 갈 인재를 양성한다는 인생의 목표를 위해 전재산을 털어 대구대학과 계림대학을 세운다. 후일 두 대학이 합해져 영남대학이 된다. 경주 최 부잣집 300년의 부는 이렇게 해서 사실상 모두 대구지역의 교육사업으로 승화됐다.

이런 내력의 최 부잣집은 흉년 때는 곡식 창고를 개방하였다. 흉년은 없는 자에게는 죽음과 절망이었지만, 가진 자에게는 부를 엄청나게 증식할 수 있는 절호의 기회이기도 했다. 그러나 최 부잣집은 다른 부자들과는 정반대의 길을 갔다.

어느 날 최국선은 아들에게 서궤 서랍에 있는 담보서약 문서를 모두 가지고 오게 한다. 돈을 갚을 사람이면 이러한 담보가 없더라도 갚을 것이요, 못 갚을 사람이면 이러한 담보가 있어도 여전히 못 갚을 것이다. 이런 담보로 얼마나 많은 사람이 고통을 당하겠냐면서 땅이나 집문서를 모두 주인에게 돌려주고 나머지는 모두 불태우라고 했다. 그는 이렇게 모두를 살리는 부를 지향했다. 부의 생성과 축적, 그리고 활용에서 누구를 해치지 않고 각 주체가 모두 잘 사는 부를 구현했다. 이를 바탕으로 부와 명예를 지켰고 경주 최 부잣집은 부를 300년이나 대물림했다. 부를 일구고 명예를 지켜내는 데 6가지 철칙이 지켜졌다. 가훈에 따른 선행으로 인해 최씨 가문은 다른 민란 때도 화를 당하지 않았다.

첫째, 과거를 보되 진사 이상 벼슬은 하시 마라. 이 가훈은 파시조인 정무공 최진립의 유훈에서 비롯됐다. 임진왜란, 정유재란, 병자호란의 외침 때마다 조국을 구하기 위해 참전한 최진립은 병자호란 때 억울하게 귀양을 간 적이 있다. 이때의 뼈저린 경험을 바탕으로 이렇게 당부한다. "사람이 왕후장상의 아들로 태어나지 않은 이상 권세와 부귀를 모두 가질 수는 없다. 권세의 자리에 있음은 칼날 위에 서 있는 것과 같아 언제 자신의 칼에 베일지 모르니, 과거를 보되 진사 이상의 벼슬은 하지 마라." 벼슬로는 부나 가문의 발흥이 어렵다고 보고 진사까지만 하도록 한 것이다.

둘째, 재산은 1만 석 이상을 지니지 마라. 이 1만 석이란 상한선을 지키기 위해 후손에게 지나친 부에 대한 욕망을 절제하도록 했다. 그만큼 인격함양에 더 신경을 쓰게 한 것이다.

셋째, 과객을 후하게 대접하라. 인심을 얻고 선행을 널리 베풀라는 원칙의 구체적 표현으로 볼 수 있다.

넷째, 흉년기에는 땅을 사지 마라. 중요한 것은 부의 획득에서 남의 불행을 악용하지 않는다는 태도이다. 이웃과 함께 가지 않는 삶은 오래가지 않고 무너진다.

다섯째, 며느리들은 시집온 뒤 3년 동안 무명옷을 입어라. 근검절약이 만사의 기본이라는 철학을 이보다 구체적인 표현으로 가르치기는 어렵다. 이렇게 교육받은 살림의 주체들은 자연히 낭비나 사치가 적다. 나아가 그런 환경에서 제대로 된 후손의 경제교육, 인간교육도 나올 수 있다. 이 한 가지 구체적 가르침이 실로 300년 부의 기초가 됐다고 해도 지나치지 않다.

여섯째, 사방 100리 안에 굶어죽는 사람이 없게 하라. 인심을 잃으면 부자 가문은 죽는다. 사람이 없으면 부는 생성될 수조차 없다. 사성파 2대조 최동량도 마을 사람과 이웃 동네 사람들, 노비들이라는 노동력이 없었다면 그 넓은 농토를 새로 만들지 못했을 것이다. 나아가 인심을 잃었다면 그 숱한 변란의 세월에 가문은 여러 번 무너지고 말았을 것이다. 실제로 11대조 최현식 때에 가문은 활빈당의 무장 공격을 받았지만 누대에 걸친 선행 덕에 무사할 수 있었다.

전북 고창읍 주곡리에도 6천 석 부자로 만권루萬卷樓를 짓고 산 현곡 유영선[1893~1961]의 이야기가 전해진다. 그는 현곡정사玄谷精舍를 짓고 60명 이내의 사람들이 비용을 들이지 않고도 몇 달씩 묵으며 맘껏 책을 볼 수 있게 했다. 그런가 하면 현곡의 아버지인 유기춘[1860~1930]은 자신의 환갑잔치를 하지 않고 그 비용으로 주변의 배고픈 사람들 300~400명에게 쌀을 나눠줬다. 또 흉년에는 자기 집 곳간을 열어 놓고 사람들이 쌀을 가져가도록 했다. 나중에 유기춘이 세상을 떠났을 때 주민들은 자발적으로 송덕비를 세웠고, 동학혁명과 6.25를 거치면서도 이 집안은 아무런 피해를 입지 않았다.

존경받는 사람으로 누리는 부는 이렇듯이 어떤 풍파도 견뎌내는 힘이 된다. 누구든지 결국은 명예롭게 부를 이루고 지키는 덕화의 길을 가야 하는 이유이다. 더 밝은 미래를 향해 놓는 튼튼한 가교가 된다. 문제가 복잡할수록, 이해와 갈등이 심각할수록 정신을 최상으로 활용하는 마음을 내면 풀이가 가능해졌음을 봤다.

이렇게 인생을 더 명예롭게 하는 그림을 그리며 살 필요가 있다. 시간이 흐를수록 후회할 일과 낙심할 일과 흔들릴 수 있는 일은 멀리하면서 살아야 한다. 함몰되지 않고 미래를 바라보며 지혜의 힘을 길러가는 길로만 나아가는 것이 좋다.

상생상화相生相和 속에서 복혜福慧가 증장되는 길로만 나아가기 위해 자신과 가문을 더 명예롭게 하는 취사를 생각해 봤다. 바로 지피지기知彼知己의 취사取捨, 역지사지易地思之의 취사, 적선지가積善之家의 취사, 사필귀정事必歸正의 취사이다. 이 네 가지의 도리를 늘 잊지 않고 실행하는 생활 속에서 모든 게 은혜라는 고마움을 발견하면 할수록 명예롭게 살 것만 같다.

지피지기란 무엇인가? 자기와 상대방의 정황에 대해 잘 헤아리는 것이다. 상대방 주장을 보고 들으며 사실에 입각해 냉철한 취사를 하는 것이다. 『손자병법』에서 지피지기백전불태知彼知己百戰不殆란 전법을 말하지만, 언제든지 자신을 바르게 알면 마음의 경계나 위험이 다가와도 위태롭지 않게 된다. 자기를 알면 백 번 싸워도 이긴다는 뜻은 바로 이런 경우와 같다. 자신을 아는 만큼 스스로 바로 서는 힘이 강해지기 때문이다.

역지사지란 무엇인가? 무슨 일이든지 상대편과 입장을 바꿔 생각해 보는 것이다. 모든 일은 마음이 근본이다. 마음에서 나와 마음으로 이루어진다고 해도 과언이 아니다. 맑고 순수한 마음을 가지고 말하거나 행동하면 즐거움이 따른다. 그림자가 그 주인의 행동을 따르듯이 따른다. 상대편의 주장에 상당 부분의 논거가 있다면 긍정적인 자세로 인정하는 태도를 지녀야 한다. 호미로 막을 것을 가래로 막는 것과 같은 잘못된 판단과 결정을 피할 수 있다.

적선지가란 무엇인가? 적선지가는 『주역周易』의 문언전文言傳에 있는 적선지가필유여경積善之家必有餘慶이라는 말을 줄인 말로, 선善한 일을 많이 한 집안에는 반드시 남는 경사가 있다는 뜻이다. 여경餘慶은 선한 일을 많이 행한 보답으로서 그의 자손들이 받는 경사를 의미하는 것으로, 음덕蔭德인 조상의 덕과 비슷한 의미이다. 우리나라 속담에 '남향집에 살려면 3대가 적선積善하여야 한다'라는 말도 이런 뜻을 함의하고 있다.

사필귀정이란 무엇인가? 세상 모든 일이 반드시 바른 이치대로 돌아간다는 뜻이다. 비록 일시적으로는 하는 일이 원하는 대로 안 풀리는 날이 있기 마련이고 실수할 때도 있지만, 기꺼이 인정하고 초심으로 계속해서 전진하는 것이다. 시비곡직是非曲直이 잘 가려지지 않는다 할지라도 필경에는 바른 이치로 돌아간다. 일시적으로는 중상모략을 받아 허물을 뒤집어쓴다 할지라도 반드시 사실대로 바르게 밝혀지게 됨을 잊지 말아야 한다. 사필귀정은 좋은 일을 하면 반드시 복을 받고 나쁜 일을 하면 반드시 벌을 받는 식의 올바른 법칙을 적용 받게 된다는 말이다. 비슷한 고사성어로 인과응보因果應報와

종두득두種豆得豆 등이 있다.

그 누구라도 자기 욕심을 앞세우면 판단이 흐려진다. 위기를 돌파할 지혜의 힘을 기르고 항상 재도전이 가능한 길을 가야 한다. 언제든지 자기 자신을 믿을 수 있는 취사의 도리를 확립하는 게 좋다. 별다른 도리를 구하지 못했다면 위의 네 가지 도리를 정직하게 수용해 활용할 필요가 있다.

뒤돌아 생각해 본다. 세상만사 어느 일이나 유념 공부가 아니고는 잘 되는 일이 없다. 한순간도 방심하지 말아야 한다. 이렇게 자신이 원하는 것을 달성하기로 결심한 사람은 행주좌와어묵동정 어느 순간에도 이런 마음 챙김을 놓지 않고 자신이 원하는 바와 대조하고 취사하기를 쉬지 않아야 한다. 부디 매일매일 명예롭게 행복의 울타리를 다지는 나날이 되기를 바란다.

33
좋지 못한 인연의 씨

『대종경』 인도품 56장

원기102.5.14.

　더 나은 사람이 되기 위해서는 어떻게 해야 하는가? 결국 좋지 못한 인연의 씨가 자기 마음에 침노하지 못하게 해야 한다는 질문을 스스로 던져야 한다. 과장된 표현이 얼마나 중요한 점검 사항이 되는지 깨닫는다.

　옛 사람의 역사를 말할 때나 지금 사람의 시비를 말할 때 실제보다 과장하여 표현하는 것은 좋지 못한 인연의 씨가 된다. 이것에 대해 소태산 대종사가 설명하신 법문이 있다. 바로 『대종경』 인도품 56장이다.

　이 법문은 춘원 이광수春園 李光洙와 관련이 있다. 불법연구회 회원 중 춘원과 교류하던 교도가 있었다. 원기21년(1936) 10월에 불법연구회에 입회한 황온순 교도이다. 장안의 갑부라면 여섯 손가락 안에 드는 부자 강익하의 부인이었으며, 법명은 황정신행이다. 본시 기독교 신자였으나 금강산에서 개성상인이던 교도 이천륜을 만나 불법연구회에 입회했고, 소태산 대종사의 법문을 들으면 들을수록 법열이 올라 세상 사람과 더불어 그 기쁨을 같이 하고 싶어 했다. 그러나 자기의 재주로는 어떻게 해 볼 도리가 없어 생각해 낸 것이 유명한 소설가 춘원 이광수를 통하여 세상에 불법연구회를 홍보해야겠다고 마음먹은 것이다.

 그러나 소태산 대종사는 춘원의 입교를 쉽게 허락하지 않았다. 그 사연은 이렇다. 황정신행이 종로 번화가에 순천상회라는 포목점을 운영하고 있을 때였다. 사업이 번성하여 기자들과 문인들의 교류가 많았다. 문인들이 찾아오면 반겨주고 점심도 사주고 돈 쓸 일이 있으면 보태주기도 하였다. 그래서 몇몇 신문 기자들을 불법연구회에 입회시키기도 하였다. 특히 춘원과의 돈독한 친분으로 그들 내외를 데리고 여러 차례 돈암동 교당에 가서 응산 이완철應山 李完喆 교무의 설교를 듣기도 하였다.

 그즈음 소태산 대종사가 상경했다. 황정신행은 소태산 대종사가 춘원 내외를 한번 만나 줄 것을 간청하였다. "종사님, 이광수 내외를 우리 불법연구회 법을 듣게 하는 것이 어떻겠습니까?" "듣가디?" "아닙니다. 들을 것 같습니다. 퍽 좋게 생각하는 것 같던데요" 소태산 대종사는 더 이상 대꾸하지 않았다.

 다음에 또 상경하였을 때 다시 청을 하였다.

 "안 들을 것이요!" "왜 안 듣겠어요. 좋아하던데요?" "에- 정신행이가 말을 하니까 좋아하는 체 하지 귀에 안 들어갑니다." "그러면 제가 연원이 되어 입회시킬랍니다. 이광수씨의 법명을 주십시오" "안 받을 것이요" 하며 소태산 대종사는 춘원의 부인 허영숙에게만 제만濟晚이라는 법명을 주었다. 날이 저물 때 건넌다는 뜻이다. 그래서 소태산 대종사는 황정신행에게 "만나러 가지 마시오" 이렇게 말씀하셨다. 그래도 황정신행은 "제가 말하면 회관에 잘 오고 저도 제만 씨 심부름 잘하고, 제만 씨도 제 심부름 하고 그러는데요" 이렇게 말하며 여러 차례 춘원을 만나 줄 것을 소태산 대종사께 간청하자 소태산 대종사는 버럭 언성을 높였다. "다시는 거기 가지 마시오! 오더라도 내가 안 받을 것이여. 정신행이 디 좋아 보인게로 징신행의 말은 듣고 와

도 그 사람 아만이 잔뜩 차서 무슨 말을 해도 들어가지도 않을 것이오" 이후로 정신행은 다시 춘원의 이야기를 하지 못하였다.

그런 춘원이 유일학림 교가 가사를 지어 다시 인연이 있게 된 것은 소태산 대종사의 열반 뒤 6.25 동란 직전이었다. 1950년 6월 중순, 유일학림 숭산 박장식 학장과 대산 김대거 서울출장소장이 효자동 춘원의 집을 찾았다. 해방 이후 춘원은 반민특위의 처벌 대상으로 지목되어 은거 중에 있었다.

숭산 박장식 학장이 그에게 교가 가사를 의뢰한 것은 불교에 조예가 깊은 문호일 뿐 아니라 소태산 대종사 재세 시 소설 『이차돈의 사死』 서문을 보고 "그 사람이 초견성은 한 사람"이란 말을 들은 바가 있었기 때문이다. 이런저런 이야기를 듣고 춘원은 교가 가사를 지어줄 것을 흔연히 허락하였다. 그때 마침 부산에는 3개 교당의 재가출가 여자 교도들이 합력하여 춘원의 소설을 극화하여 '이차돈의 죽음'이란 제목으로 연극 공연을 준비하고 있었다. 이 소식을 전하며 한 번 가보실 의향이 없냐는 물음에 춘원은 호감을 갖고 동행할 것을 약속하였다. 공연 하루 전날인 6월 23일 숭산 박장식 학장은 교가 가사를 찾으러 다시 효자동을 찾았다. 춘원은 전서에 실려 있는 성가 18장, '불자의 노래' 가사를 건네주며 사정이 있어서 부산행이 여의치 못하다는 말을 하였다.

숭산 박장식 학장도 부산행을 포기하고, 이틀 뒤인 6월 25일 아침 기차로 익산총부로 내려왔다. 이날 새벽 휴전선 전역에 공산군이 남침을 개시하였고 얼마 뒤 춘원은 납북되었다. 만일 그가 당초 약속하였던 대로 부산에 가 24일 오후부터 3일간 공연 예정인 자신의 작품인 '이차돈의 죽음'을 관람하였더라면 그의 인생은 다른 방향으로 열렸을 것이다.

대한민국에서 최후의 작품일 것으로 추정되는 이 '유일학림 교가'는 전시 중에 원광초급대학이 설립됨에 따라 후일 성가로 수용되어 '불자의 노래'로 즐겨 불리게 된다. 불자의 노래는 춘원이 처음 지었을 때의 가사와 조금 다르다. 2절 '진흙을 쳐내야 샘물이 솟는다. 삼독을 가시면 십력+力이 넘친다'인 것을 성가 제정시에 열가지 힘이 넘친다는 십력+力을 '자성이 빛난다'로 고쳤다.

소태산 대종사 재세 시 춘원의 『이차돈의 사』나 『원효대사』 등 불교소설이 신문에 연재될 때에는 1주일 분씩 모아놓았다가 야회 석상에서 한 번씩 독회를 가졌다. 작품 가운데 스님들이 법문하는 장면을 듣고 소태산 대종사는 "춘원이 초견성은 충분히 한 사람이다. 앞으로 불교를 위해 큰일을 많이 할 것 같다"고 칭찬을 아끼지 않았다.

그런데 한 번은 소태산 대종사가 역사소설을 듣다가 말씀하였다. "문인들이 소설을 쓸 때에 일반의 흥미를 돋구기 위하여, 소인이나 악당의 심리와 행동을 지나치게 그려내어 더할 수 없는 악인을 만들어 놓는 수가 허다하니, 이도 또한 좋지 못한 인연의 씨가 된다. 그대들은 옛 사람의 역사를 말할 때에나 지금 사람의 시비를 말할 때에 실지보다 과장하여 말하지 말도록 주의하라" 이렇게 법문하셨다. 이후 이 법문은 『대종경』 인도품 56장에 수록이 됐다.

소태산 대종사는 또 이런 말씀을 하였다. "이광수가 소설을 잘 썼지만 표현을 지나치게 해서 나쁜 인과를 너무 많이 짓는다. 천 년 전의 일을 너무 지나치게 그렸으니 뒷날 다른 사람들로부터 그렇게 당할 것이다. 선마로, 공복, 알공 등의 신하들이 아무리 이차돈을 모함했기로서니 그처럼 악하게야 했겠느냐"

사람은 누구나 자기가 처한 상황과 현실을 무시하고 살기가 어렵다. 그러나 유구한 인류사를 살펴볼 때, 상황의 논리에 추종하는 자는 어리석은 범부 중생에 지나지 않는다.

지도자는 역사에 따라 상황의 논리에 저항할 신념과 용기와 자기 희생의 각오가 서 있는 사람이다. 한국 현대사에서 상황의 논리를 철저히 추구한 결과로 개인적인 불행과 민족적 수치를 남긴 전형적인 예가 바로 춘원 이광수의 경우이다.

불법을 아는 것만이 능사가 아니다. 진정한 지도자는 지행일치가 되어야 하며 불법시생활이 되어야 한다. 소태산은 올바른 역사 인식보다 상황논리에 충실한 춘원의 사람됨을 알아보았고, 그가 불법연구회에 입회함으로써 회중에 미칠 악영향을 헤아린 것이었다. 이상의 자료는 황정신행의 구술자료로「원불교신문」661호에 실려 있다.

예화로 인거한 위 내용처럼 사람들 사이에 맺어지는 관계가 어떤 사물과 관계되는 일의 내력으로 귀결된다. 나쁜 일을 하도록 유혹하는 주위의 환경이나 표현은 없는지 경계할 수 있는 마음으로 살아가야 한다. 그런 마음 세 가지를 생각해 봤다. 바로 진眞, 진盡, 진進이다.

이렇게 참 마음을 갖고, 온갖 노력을 다하며, 다른 사람들과 더불어서 미래로 나아가는 힘을 갖춰가는 지혜를 자기의 일상생활에 담아내야 한다는 말을 하고 싶다. 이럴 때 좋지 못한 인연의 씨가 멀리 달아난다. 실지보다 과장하지 말라는『대종경』인도품 56장의 법문을 잊지 말고 살아갈 필요가 있다. 그렇게 세 가지 진으로 무장한다면 바로 성심誠心을 다하는 생활이 되어, 좋지 못한 인연의 씨가 자기 마음에 침투하지 못할 것이다.『숭용』에서도 성 그 자체는 하늘의 도요, 성스럽게 하는 것은 인간의 도"라고 했다. 즉 성자천지도誠者天之道요, 성지자인지도誠之者人之道라고 한다. 매사 성으로써 도가 살아나게 해야 한다. 이는 개인·가정·사회·국가·세계가 유익을 얻는 바른 길이 된다.

34
행복 프레임

『대종경』 인과품 2장

원기102.5.28.

싯다르타 태자가 왕궁을 버리고 출가하여 수행의 길에 들어선 가장 큰 목적은 무엇일까? 죽음의 문제를 풀기 위한 것이었다. 출가를 만류하는 부왕에게 죽음이 없는 길을 알려 주면 출가하지 않겠다고 말씀하신 일화가 이를 예증한다. 싯다르타는 출가수행의 길을 떠난 뒤 6년 후인 35세에 깨닫는다. 2561년 전인 12월 8일, 샛별을 보면서 불생불멸의 영생을 발견하였다. 모든 것이 상의성相依性으로 연결되어 있음을 깨달았다. 소태산 대종사도 7세부터 26세까지 온 정성을 다한 결과, 1916년 4월 28일 동쪽에서 떠오르는 태양을 보면서 깨달음을 얻었다. 그 후 석가모니 부처를 연원불로 모셨다.

석가모니 부처나 소태산 대종사가 깨달은 이치는 같다. 우주 만물은 시시각각으로 변화하여 한 모양으로 머물러 있지 아니하다는 제행무상諸行無常과 만유 제법은 인연으로 인해시 생겨난 것이므로 자아自我라고 할만한 실체가 없는 것인데도 사람들은 아我에 집착하는 그릇된 견해를 일으키게 되고 이로 인해 생로병사의 고를 겪는다는 제법무아諸法無我를 깨달은 것이다. 이것이 연기설緣起說이다.

그리고 『대종경』 서품 1장에 밝혀진 것처럼, 소태산 대종사는 대각을 이루신 후 "만유가 한 체성이요 만법이 한 근원이로다. 이 가운데 생멸 없는 도와 인과보응 되는 이치가 서로 바탕 하여 한 두렷한 기틀을 지었도다"라고 깨달음의 제일성第一聲을 토하셨다.

이것이 있으므로 저것이 있고, 이것이 생하므로 저것이 생한다는 우주의 상의성을 깨달은 후 그 깨달은 내용의 형상을 한 두렷한 기틀을 일원상이라 하셨다. 『대종경』 인과품 1장과 2장에서는 일원상의 진리가 불생불멸과 음양상승과 인과보응으로 광명과 위력의 통전성通傳性을 갖는다는 사실을 밝혔다.

살아갈수록 이런 우주의 이치를 바르게 인식하는 것이 얼마나 중요한 일인지 깨닫는다. 이론을 공부했으면 실전에 적응해 보아야 공부가 느는 것처럼, 신앙과 수행도 마찬가지다. 간절히 갈구할수록 행복 프레임이 일원의 진리 속에 있음을 알게 된다. 원하면 원할수록 맨땅에 헤딩하듯 일상의 생활에서 증득이 되고 체화가 된다. 깊고 넓게 인식할수록 거듭거듭 진급하는 길로 나아가며 더 큰 행복과 삶의 은혜에 충만할 수 있었다.

공부심이 장한 어떤 교도님들은 법신불의 커다란 힘이 자기 자신을 좋은 쪽으로 변화시킴을 안다. 그래서 하루에 일원상 서원문을 100독 한다든가, 아무리 바빠도 염불을 1시간 한다든가, 경계를 맞을 때마다 자기가 부처라고 외친다든가, 가지각색의 비방을 쓴다.

법신불 일원상으로부터 눈에 보이지 않는 커다란 힘을 입는 것이 신앙의 기쁨이다. 광명과 위력인 없어서는 아니 되는 타력을 힘입는 것이다. 이런 타력에 힘입어야 지속적으로 복혜가 증장되는 삶이 된다. 올바른 자기의 변화를 가능하게 하기 때문이다. 자기 배움을 통해 창조적으로 변화하는 용기를 내고, 일과 속에서 득력하고 구체적으로 체화하는 진미를 느끼도록 힘써야 한다.

불생불멸과 음양상승과 인과보응에 대해 알아본다. 불생불멸이란 태어남과 죽음, 만들어짐과 사라짐 등의 이분법적인 분별과 양극단을 부정하는 말이다. 이 세상 모든 존재는 연기의 법칙에 의해 인과 연이 화합하면 만들어지는 것이며, 이 인연이 다하면 스스로 사라지는 것이라고 말한다.

현실 세계에서의 사사물물은 생함이 있고 멸함이 있으나, 그 근본 자리에서는 생함도 없고 멸함도 없다는 것이다. 이렇게 불생불멸을 설명한다. 그런데 소태산 대종사는 불생불멸의 이치를 '없음'의 논리보다 '돌고 도는' 논리로 밝히고 있다. 즉, 어떤 존재가 본래부터 이미 있던 것이 아니라 인연 따라 생기했다가 소멸하듯이, 이 세상 모든 존재도 본래부터 이미 있는 것이 아니라 인연에 따라 생生 했다가 그 인연이 다하면 멸滅하는 것일 뿐이라고 보았다.

이렇게 이 세상 모든 것은 본래 생멸이 없다고 말한다. '돌고 도는' 논리는 현실과 근본을 나누지 않고 하나로 보는 것이다. 모든 것은 생과 멸로 돌고 도는 것이니, 이렇게 돌고 도는 것이 일원상의 진리이다. 그렇기 때문에 소태산 대종사는 『정전』에서 일원상의 진리를 '생멸거래에 변함이 없는 자리'라고 했다. 이는 생과 멸이 변함 없이 돌고 돈다는 것으로, 한번 돌고 마는 것이 아니라 영원하게 돌고 돈다는 것이다. 생멸거래에 변함이 없다는 것은 불생불멸의 진리를 말한 것이다. 또 "진공묘유의 조화로 우주 만유를 통하여 무시광겁無始曠劫에 은현자재隱顯自在하는 것이 곧 일원상의 진리니라"라고 했다. 진공묘유, 곧 일원상 진리가 조화를 부려 시작도 없고 끝도 없이 숨었다 나타났다 하면서 영원하게 돌고 돈다고 하신 것이다.

그렇다면 어떻게 불생불멸하는가? 일원상 서원문에 밝혀져 있는 것처럼 '상주불멸로 여여자연如如自然하여 무량세계를 전개하며 영원하다, 항상 없어지지 않고 한량없는 세계를 전개했다'는 것이요, 한량이 없다는 것은 시간적으로 영원하고 공간적으로 다양한 것이다.

그래서 우리는 일원상 법어에 설명된 것처럼 생로병사의 이치가 춘하추동과 같이 되는 줄을 안다. 인간의 생멸이 우주의 사시순환과 같이 돌고 돈다는 것이니, 일반적으로 사람은 태어나서 살다가 늙으면 죽어 버리는 것으로 알지만, 인간의 삶과 죽음은 우주의 사시순환과 같이 영원하게 돌고 돈다는 것이요, 이것이 불생불멸인 것이다.

이를 게송에서는 '유有는 무無로 무는 유로 돌고 돌아 지극하면 유와 무가 구공俱空이나 구공 역시 구족具足이라'고 했다. 게송은 소태산 대종사가 일원상의 진리를 가장 간단한 어구로 집약해서 밝힌 것이다. '돌고 돌아 지극하면'이라 했으니 모든 것은 생멸의 과정을 돌고 있다는 것이요, 있는 것은 없는 것으로 돌고, 없는 것은 있는 것으로 돈다는 것이다. 지극하게 돌아 돈다는 것을 볼 수 없을 만큼 돌며, 돈다는 것을 생각할 수 없을 만큼 돈다는 것이다. 이처럼 지극하다는 것은 무엇이라고 말할 수 없을 정도를 가리키는 것으로 엄청나게 돌고 있다는 표현인 것이다.

또한 '유와 무가 구공이나'라고 했으니, 이는 너무나 엄청나게 돌기 때문에 있다고도 할 수 없고 없다고도 할 수 없다는 것이며, 있다고 하자니 없어지고 없다고 하자니 있어진다는 것이다. 돈다고 할 수 없을 만큼 도니 돈다고 할 수 없는 것이요, 이 경지는 비었다고 할 수 밖에 없는 것이다. 이것이 곧 불생불멸이다. 또『정전』천지 피은의 조목에서 "천지는 생멸이 없으므로 만물이 그 도를 따라 무한한 수壽를 얻게 됨이니라"라고 했다. 천지는 생멸이 없이 영원하게 돌고 돌아 만물의 생명을 무한하게 하는 것이니, 이것이 또한 불생불멸이다.

음양상승의 이치로 통전되는 속성을 알아본다.『정전』일원상 법어에서

"인과보응의 이치가 음양상승과 같이 되는 줄을 알며"라고 했다. 음의 기운이 극하면 양의 기운이 나타나듯, 지은 업력이 극하면 과보로 변한다는 뜻이다. 음이 지나면 반드시 양이 나타나듯이 인을 지으면 반드시 과보를 받는다. 그래서 소태산 대종사는 『대종경』 인과품 2장에서 "우주의 음양상승하는 도를 따라 인간에 선악인과의 보응이 있게 되나니 … 인간의 일도 … 선과 악의 짓는 바에 따라 … 상생상극의 과보가 있게 되나니 이것이 곧 인과보응의 원리니라"라고 했다.

소태산 대종사가 대각의 경지에서 음양상승하는 기운과 인과보응하는 기운을 하나로 보고, 인과보응의 이치가 음양상승과 같이 된다고 했다. 불교의 유식사상에서는 육근으로 지은 업인이 제7식을 거쳐 제8식에 함장되었다가 연을 따라 과보로 나타난다는 원리로 인과보응의 법칙을 밝혔다. 그러나 소태산 대종사는 인간의 마음 작용과 우주의 음양상승하는 기운을 직결시켜 곧 인과보응의 법칙을 움직이게 하는 원리를 밝히고 있다.

이런 이치를 아주 쉽게 설명하기도 했다. 그래서 눈 한번 뜨고 감는 것과 숨 한번 내쉬고 들이쉬는 것 하나하나가 음양상승의 기운이라고 한다. 우리가 짓고 받는 것은 육근작용이나, 이 육근작용에는 음양상승의 기운과 인과보응의 기운이 함께 있다는 것이다. 언제든 짓고 받는 인과보응의 작용과 음양상승의 작용은 하나인 것이다. '인과보응의 이치가 음양상승과 같이 된다'는 것은 소태산 대종사의 독창적인 사상이다.

그렇기 때문에 소태산 대종사가 『대종경』 인과품 5장에서 "그 사람이 보지 않고 듣시 않는 곳에서라도 미워하고 욕하지 말라. 천지는 기운이 서로 통하고 있는지라 그 사람 모르게 미워하고 욕 한 번 한 일이라도 기운은 먼저 통하여 상극의 씨가 묻히고, 그 사람 모르게 좋게 여기고 칭찬 한 번 한 일이라도 기운은 먼저 동하여 상생의 씨가 묻히었다가 결국 그 연을 만나면 상생의 씨는 좋은 과果를 맺고 상극의 씨는 나쁜 과를 맺느니라"라고 했다.

이어 인과보응의 이치로 통전되는 속성도 알아본다. 『정전』 천지보은의 조목에서 "천지의 영원불멸한 도를 체 받아서 만물의 변태와 인생의 생·노·병·사에 해탈解脫을 얻을 것이요"라고 했다. 소태산 대종사는 이렇게 불생불멸을 영원불멸이라고도 했다. 영원히 없어지지 않고 돌고 돈다는 것이다. 영원불멸의 도는 우주와 만물을 생로병사로 돌고 돌게 하며 인생을 생로병사로 돌게 하는 이 도의 이치를 체 받으면 생사를 해탈케 한다는 것이다.

우주와 인간을 없는 면으로 보면 불생불멸이며, 있는 면으로 보면 인과보응이다. 우주와 인간에 나타난 모든 현상은 우연히 나타난 것이 아니며, 반드시 어떠한 원인이 있어서 그 결과로 나타난 것이다. "공적영지空寂靈知의 광명을 따라 … 선악업보에 차별이 생겨나며"(『정전』 일원상의 진리)라고 했으니, 텅 비어 있으면서 신령한 앎이 있어 선과 악의 업인과 과보를 나타낸다. 인이 있어 과를 나타내니 인과보응이다. "우주의 성주괴공과 만물의 생로병사와 사생의 심신 작용을 따라 육도로 변화를 시켜 또는 진급으로 또는 강급으로 또는 은생어해로 또는 해생어은으로 이와 같이 무량세계를 전개했나니"(『정전』 일원상 서원문)라고 했다.

우주가 성주괴공으로 만물이 생로병사로 나타나는 것은 어떠한 인이 있어 그러하며, 이런 것이 곧 인과보응이다. 사생의 심신 작용을 따라 육도로 나타나는 것은 선악 간에 지은 바의 결과이다. 소태산 대종사는 『대종경』 인과품 3장에서 "동물들은 하늘에 뿌리를 박고 살므로 마음 한 번 가지고 몸 한 번 행동하고 말 한 번 한 것이라도 그 업인業因이 허공 법계에 심어져서, 제각기 선악의 연을 따라 지은대로 과보가 나타나나니, 어찌 사람을 속이고 하늘을 속이리요"라고 했다. 유정중생이 지은 업인은 허공 법계에 심어지며, 그 심어진 업인 따라 육도로 나타내게 하는 것은 음양상승의 조화에 의한다는 것이다.

　심신 작용이 인因이 되어 많은 사람을 살리기도 하고 죽이기도 한다. 착한 인을 지으면 진급이 되고 악한 인을 지으면 강급이 되며, 유정중생이 지은 선악 간의 업인따라 한량없는 세계가 천차만별로 나타나니, 이것이 곧 인과보응이다. 이런 이치를 증득하고 체화하면 할수록 기쁘고 행복한 마음도 커진다. 이처럼 행복 프레임을 자기 심중에 구축해야 편안한 가운데 낙도를 수용할 수 있다.

35
업장을 소멸해가는 방법

『대종경』 인과품 9장

원기102.6.4.

"지극한 마음으로 수도하면 정업定業이라도 가히 면할 수 있겠는가." 이에 소태산 대종사는 "이미 정한 업은 졸연히 면하기가 어려우나 점진적으로 면해 가는 길이 없지 아니하나니, 공부하는 사람이 능히 육도 사생의 변화되는 이치를 알아서 악한 업은 짓지 아니하고, 날로 선업을 지은즉 악도는 스스로 멀어지고 선도는 점점 가까워질 것이라"고 가르친다.

그렇다면 정업이란 무엇인가? 이미 정해진 업이다. 곧 업력이 강하여 선악의 과보를 결정적으로 받을 때가 정업이다. 업력이 정업처럼 강하지 못하여 어떤 과보를 받을지, 어디서 받을지, 언제 받을지 확실하지 않은 것이 부정업不定業이다. 그래서 부정업은 자인自因보다 타인他因의 지배를 받는다.

정업을 면치 못한다 함은 이미 정해진 업에 대하여는 죄복을 주는 권능이 상대방에게 있기 때문이다. 그래서 한 번 결정된 업은 면할 도리가 없이 받게 된다. 천업을 돌파한다 함도, 그렇게 주어지는 업이라도 받는 이는 곧 자신이므로 마음의 자유를 얻은 이는 그 죄복에 마음이 구애되지 아니하고 항상 그 마음이 편안함으로 곧 그 업을 자유로 함이니, 이것이 천업을 돌파하는 것이라고 『정산종사법어』 생사편 3장 법문에서 밝히고 있다. 관업觀業의 자세를 취해야 한다. 두 눈을 부릅뜨고 지나간 업, 받고 있는 업, 받을 업을 알아차려야 한다.

모든 현상은 양면성이 있다. 하나의 현상에 좋은 면이 있으면 반드시 좋지 않은 면이 있다. 그런데 욕심을 내려놓고 평화로운 마음으로 자기를 바라볼 때 이 양면성이 인식된다. 마음을 내려놓은 만큼 행복감을 느끼며 인생을 살 수 있다. 예전에 하던 행동을 달리할 수 있는 것이다. 이런 삶의 만족도는 자기가 하고 싶은 일을 할 때 높아진다. 업을 자기가 하고 싶은 일과 하고 있는 일을 연결해 생각해 보면 해법이 나온다. 하고 싶은 일을 어떻게 해야 하는지 스스로 알게 되고 나아갈 길이 보인다.

정업과 천업이 한 번에 몰려 올 때는 보통사람으로서는 그 업력을 풀거나 물리칠 수 없을 만큼 힘이 든다. 이때에는 법력과 도력이 필요하다. 그러나 탓을 하며 업을 본다. 간업看業의 자세를 취한다. 그래서 더 고통스럽다. 어떻게든지 업을 바라보는 아픔에서 벗어나야 한다. 전수전탈全受全脫의 마음을 내야 한다. 관업의 자세를 취해야 한다. 온전하게 받고 온전하게 벗어버리는 마음을 내야 하는 것이다. 그러니 이 대도정법 만났을 때 서원을 더욱 뭉치고 수도에 정진하여 업력을 스스로 극복하며 풀어야 한다.

이렇게 정업을 면하기는 어렵지만 소멸해 가는 길이 있다. 정업을 소멸해 가는 방법을 정리해 본다. 첫째, 육도 사생의 변화하는 이치를 알아간다. 둘째, 악업은 짓지 않고 선업만 짓는다. 셋째, 악연 악과에도 끝까지 도심으로 대하고 옛 빚 갚는 것으로 안다. 넷째, 자성 반조로 죄업의 돈공한 자리를 관한다. 다섯째, 수도를 하고 공익에 이익을 많이 끼치면 업을 면하게 된다.

과거의 업이 두터워서 당장에는 원하는 대로 성공이 되지 않을지라도 심고와 정성이 지극하면 법신불의 가피를 입어 정업이라도 엷어진다. 그렇기 때문에 스승님들은 저편에서 오는 극단의 과보를 받을 때 참고 또 참고 열 번만 참아 너그럽게 용서하여 무심해버리면 그 업력이 저절로 녹아버린다 하셨다.

정업은 난면難免이다. 하지만 마음 자세의 여하에 따라 그 양상을 달리할 수는 있다. 그래도 움직이는 업이 사람에게로 다가와 사람의 마음속에서 새롭게 자리를 잡는다. 그렇게 해서 새로운 업이 그 업을 끄는 사람의 생에 일부가 된다. 수많은 생을 통해 자신도 모르게 지은 정업을 녹이는 공을 쌓아야 한다. 옛말에도 '비는 장수 목은 못 벤다'는 말이 있다. 정업을 스스로 상쇄하길 기원하며 도심道心으로 살아가는 생활과 적공을 지속해 갈 필요가 있다.

36
신정, 구정, 의정

『대종경』 인과품 13장

원기102.6.11.

　세상은 시비 이해로 운전된다. 사람들이 시비 이해의 삶을 이어갈 때, 시비 이해를 탐험하고, 새로 디자인하고, 만들어낸다. 이 3가지 개념으로 쓰이지 않는 기억은 새로운 기억을 위해 정리된다. 이렇게 망각의 내용을 체계적으로 줄 세우면 세상사는 옳고, 그르고, 이롭고, 해로운 일로 이루어져 있다. 그냥 한자리에 머물러 있지 않고 생생약동하여 변화해 가는 것이다. 그렇기 때문에 기억을 새로운 취사 선택에 활용하며 힘을 갖춰야 더 좋은 업을 지으며 살아갈 수 있다.

　소태산 대종사는 신구의身口意 삼업三業을 일으킬 때마다 어떻게 자기를 관리해야 하는지를 가르쳤다. 몸을 사용할 때마다 법신불처럼, 말을 할 때마다 법신불처럼, 마음을 사용할 때마다 법신불처럼 하면서, 상극의 업인인 죄고의 과보보다는 은혜와 상생의 업인이 되는 과보를 받을 수 있게 했다.

　어떤 일이 돌아가는 형편에 상생으로 연連하거나 상극으로 뻗치는 기운은 그 기운 그대로 상대편에 응한다. 몸을 움직이고, 말을 하고, 마음으로 생각하는 일을 되풀이 할 때마다 그 기운이 상극으로 맺히지 않도록 선택과 실행을 위해 노력해야 한다. 새롭게 시작할 때마다 몸으로 짓는 업이나, 입으로 짓는 업이나, 마음으로 짓는 업이 모두 다 좋은 업이 되도록 공들일 필요가 있다.

신체적인 행위로 인한 나쁜 신업身業을 짓고 있지는 않는지, 언어로 인한 나쁜 구업口業을 짓고 있지는 않는지, 마음으로 인한 나쁜 의업意業을 짓고 있지는 않는지 성찰하며 올바른 자기 성취를 추구해가야 한다. 후일 이 세 가지 실행력이 축적되어 자기의 업력業力이 된다. 얼굴이나 생각마저도 그 업의 훈습에 따라 변한다.

좋은 원인은 좋은 열매를 맺고, 나쁜 열매는 나쁜 열매를 맺는다. 선인선과善因善果와 악인악과惡因惡果라는 말로도 회자된다. 좋은 열매는 다시 좋은 씨앗이 되어 계속하여 좋은 열매를 맺을 것이고, 나쁜 열매는 다시 나쁜 씨앗이 되어 계속하여 나쁜 열매를 맺을 것이다. 이렇게 주고받음의 과정을 거치면서 새로운 자아가 형성되어 가는데, 이러한 일련의 과정 속에서 새로운 업이 계속 만들어진다. 삶은 이렇게 다음에 나타날 업식業識에 정보를 축적하면서 진화한다. 관계의 그물 속에 존재하는 모든 현상과 흐름은 이런 업의 산물이라고 할 수 있다.

현업現業은 과거에 우리가 행했던 행위와 말과 생각의 결과이다. 과거에 쌓았던 신구의 삼업의 연장선延長線이다. 부정적 행위를 반복할 때마다 고통과 고난이 야기된다. 괴로움을 초래하는 유루업有漏業이 만들어지기 때문이다. 긍정적 행위를 반복할 때마다 행복을 불러들인다. 행복을 부르는 무루업無漏業이 만들어지기 때문이다. 그래서 다른 사람을 괴롭히거나 해쳤을 때, 그것은 곧 자신에게 돌아온다는 것을 우리는 경험으로 안다. 아직까지 남아 있는 비참하고 어두운 기억이나 자기 기만의 어두운 그림자도 바로 자기의 유루업이다. 이런 습관이나 공포 또한 자기의 유루업에서 비롯한다.

경기도 양주시의 한 아파트 9층에 살던 여중생이 속눈썹 올리려다 집 태운 기사를 신문에서 봤다. 멋을 내고 싶었던 소녀는 속눈썹을 올리기 위해 자신의 방 화장대에서 이쑤시개를 라이터로 달궜다. 뜨거워진 이쑤시개로 속눈썹을 올리기 위해서였다. 이렇게 하면 속눈썹이 길어보이게 만드는 효과가 있다고 들었기 때문이다. 하지만 라이터를 쓰던 중 뜻하지 않게 화장솜에 불이 붙었다. 당황한 소녀는 불을 끄기 위해 가까이 있던 향수를 뿌렸다. 그러나 향수에 포함된 알코올 성분 때문에 불길은 더 급속하게 번졌고 온 집안에 큰 불이 났다. 그리고 소녀 어머니의 신고를 받고 출동한 소방대원들이 현장에 도착한지 16분 만에 화재를 진압했다. 그러나 집 안에 있던 냉장고, 컴퓨터, TV 등 가재도구가 불에 타고 집 안이 대부분 검게 그을렸다.

하지만 이런 말썽꾸러기 못난 딸이라도 밖으로 내칠 수는 없다. 그럴수록 신구의 삼업을 좋게 짓도록 삼가하고 삼가야 한다. 커지려는 혹업을 작게 하는 공을 들여야 하는 것이다. 이런 마음으로 신구의 삼업을 좋게 하는 방법이 있다. 그 하나가 자기의 행동을 청정하게 하기 위해 노력하는 것이다. 둘은 자기의 좋은 말을 하기 위해 노력하는 것이다. 셋은 좋은 뜻을 발현하기 위해 노력하는 것이다. 즉 원만구족圓滿具足하고 지공무사至公無私한 진리의 돈공한 자리를 보기 위해 신구의로 힘쓰는 일이다.

언제나 우리 모두 정성스럽게 지켜내야 하는 3가지가 있다. 첫째는 신체의 청정身淨이다. 둘째는 입의 청정口淨이다. 셋째는 생각의 청정意淨이다. 이 세 가지를 지켜내는 힘을 갖추면 날마다 혜복이 증장되는 일이 지속된다. 이 세 가지가 사기 미래를 더 밝게 하는 길이다.

신구의 삼업은 복 짓고 죄 짓는 밭이다. 『정전』 일원상 법어에서는 "이 원상은 안이비설신의眼耳鼻舌身意의 육근六根을 사용할 때에 쓰는 것이니, 원만구족圓滿具足하고 지공무사至公無私한 것이로다"라고 했다. 일하고, 말하고,

생각할 때마다 일원상처럼 사용해야 한다는 말이다. 이를 위해 솔성요론率性要論과 삼십계문三十戒文을 두어 삼업三業을 청정하게 하도록 했다.

인생길에서 모든 걸 다 손에 쥘 수는 없다. 욕심을 부리는 만큼 화禍도 따른다. 이런 사실에 확고한 믿음을 가지면 수도지위교修道之謂敎의 길을 기쁘게 걸어갈 수 있다. 늘 신정身淨, 구정口淨, 의정意淨을 챙겨야 한다.

37
복을 영원하게 하는 길

『대종경』 인과품 19장

원기102.6.18.

『대종경』 인과품 19장은 복福이 클수록 지닐 사람이 지녀야 재앙 없이 오래간다는 가르침으로, 복을 영원하게 하는 길을 세 가지로 밝혔다. 하나가 복을 지을 줄 알아야 한다는 것이요, 둘은 복을 지킬 줄 알아야 한다는 것이요, 셋은 복을 쓸 줄 알아야 한다는 것이다.

첫째, 복을 어떻게 지을 것인가. 한자 복 자는 행복과 만족의 뜻을 갖는 행운을 상징한다. 그 행운을 고대 중국에서는 오복五福이라 했다. 인생의 바람직한 조건인 수壽·부富·강녕康寧·유호덕攸好德·고종명考終命의 다섯 가지 복이다. 장수, 부유, 건강, 인덕이 좋은 것, 일생 평안한 것을 가리킨다. 이렇기에 복을 짓는다는 것은 날마다 하루하루의 생활이 더 만족스럽고 행복한 가운데 미래에 더 좋은 모습으로 진급하는 업業을 행하는 일이다. 복이 있다고 지만하지도 말고, 복이 없다고 한탄하시도 말고 어떻게 더 오복을 두텁게 할까 생각하며 살 필요가 있다. 자기에게 훈습된 5가지 습관을 바르게 고치는 일로 출발이 된다. 식습관, 운동습관, 일하는 습관, 생활습관, 마음습관이다.

행복에 이르는 길은 참으로 다양하다. TV에서 오래된 나뭇가지 위에 집을 지어 놓고 사는 미즈노 마사유키씨를 봤다. 그는 한국인 아내와 함께 5남매를 두고 전북 김제에 살고 있다. 그는 기쁘고 행복하기 위해 날마다 무슨 일이든 자기 꿈을 이루는 일 한가지씩을 실행한단다. 이렇게 행복이란 오복을 두텁게 하는 실행으로 자기 꿈을 이루어 가는 과정에 있다. 행복은 언제나 삶의 기쁨에서 찾아지는 것이다.

친구와의 만남, 맛있는 음식 먹기, 멋진 여행, 자녀 탄생, 경기 우승, 종교 체험 등 다양한 경험에서 우리는 기쁨을 얻는다. 기쁨이란 뭔가를 얻었을 때 감정이고, 슬픔은 뭔가를 잃어버렸을 때 감정이라 할 수 있다. 언제든지 기쁘게 살아야 오복이 지어진다. 그 기쁨이 좋은 업을 만들기 때문에 일상의 사소한 일까지 주워 모아 덧대어 붙여서 기쁨이 되도록 실행하며 복을 지어야 한다.

둘째, 복을 어떻게 지킬 것인가. 복이 많다는 것은 행복에 충만한 삶을 산다는 것이다. 이런 행복에 대한 가장 인기 있는 정의는 '주관적 안녕감'이다. 안녕安寧이란 평안하다는 의미이다. 특별한 사건이 없는 편안한 상태를 의미한다. 여기에는 직장, 건강, 가족 등 다양한 분야에서 자기 삶에 대한 만족도가 중요하게 작용한다. 물론 슬프고 괴로운 사람이 자기 인생에 만족할 리는 없고, 만족감에는 기쁨과 같은 긍정적인 감정이 필요하다. 만족과 즐거움을 느끼는 상태에서 행복을 느낄 수 있기 때문이다.

행복을 위해 필요한 것이 무엇인지 아느냐고 연구자들이 질문했다. 나라나 계층과 관계없이 돈이라고 대답한 사람이 가장 많았다고 한다. 그러면서도 사람들은 돈과 행복은 관계가 없다고 믿고 싶어 했다. 실제로 히말라야의 산 아래에 있는 부탄이라는 국가는 가난하지만 국민의 행복지수가 세계에서 제일 높다. 반드시 부유한 사람들이 더 행복하다는 증거는 없다.

따라서 복을 지킨다는 것은 자기의 안녕감安寧感을 지키는 일과 같다고 볼 수 있다. 그런데 자기 안녕감은 일상의 생활에서 충분한 만족과 기쁨을 느끼며 늘 흐뭇할 수 있는 자기를 만들 때 지켜진다. 그래서 세상을 살아가면서 없는 것을 헤아리지 않고, 현재 있는 것을 감사하는 것이 그 무엇보다 필수적이다. 무슨 일이나 부족을 느끼지 않고 자기 수준을 지키며 낭비하지 않는 것이 행복의 중요한 변수임을 알 수 있다. 날마다 참회가 밑거름되는 기쁨과 보람이 가득한 생활을 이어가는 게 중요하다. 물질에 끌려다니는 삶을 살기보다는 정신을 바르게 해 물질을 늘 선용하며 기쁘게 사는 사람이 되어야 한다. 이런 생활이 안녕감을 느끼는 길이요, 복을 아끼는 길임을 알아야 한다.

셋째, 복을 어떻게 쓸 것인가. 인생의 오복은 인연가합因緣假合을 통해 드러난다. 실의失意보다는 행복, 고통보다는 기쁨의 인연가합을 통해 잘 쓸 수 있다. 그 인연가합이 복의 원천이 마르지 않게 하는 기본적인 일이기 때문이다. 목적 가치와 수단 가치를 혼동해서는 안 된다. 물질은 세상을 살아 나가는 데 있어 유용한 한 수단 가치일 뿐이다. 이 목적 가치와 수단 가치가 전도되지 않도록 정신이 건강한 삶을 살아야 한다. 자기 스스로가 생활해 가는 모습을 통해 인연가합을 얼마나 잘하고 있는지 성찰할 수 있고, 그 해법도 구할 수 있다.

돌이켜보니 복을 어떻게 쓸 것인가를 배우지도, 생각하지도 못했고, 또 인연가합을 어떻게 해가야 하는지도 모르고 살았던 것 같다. 그냥 출세하려는 타성과 물질에만 끌려 전도된 인생을 살아온 결과요, 복을 쓸 줄 모르는 사람이 된 결과다. 생활의 반성이나, 마음공부가 얼마나 필요한 일인지 절감할 수밖에 없는 일이다.

영원토록 행복하기를 바란다면 복을 잘 쓸 줄 알아야 한다. 복을 잘 쓴다는 것은 좋은 마음을 전하는 것이요, 재화를 서로서로 이롭게 쓰는 실행이 뒤따르게 하는 것이다. 날마다 행복한 사람들의 대열에서 이탈하지 않도록 자기 복을 잘 관리해 내야 한다. 복을 영원하게 하려면 지은 복을 아끼고, 잘 사용하는 길 위에 서 있어야 한다. 시간이 흐를수록 더 행복하게 사는 참으로 복된 삶을 지향해야 한다. 행복이란 만족과 즐거움을 느끼는 상태를 지속하는 게 전제가 된다. 좋은 기운을 마음에 채우고, 나쁜 기운을 비우는 과정이 무엇보다도 더 중요함을 깨닫고 바르게 실행해야 한다.

선업善業은 스스로 짓는 축복이다. 열심히 일하는 기쁨과 보람 속에서 인생유한人生有閑의 축복을 즐길 필요가 있다. 날마다 상쾌한 시간이 이어진다. 법회 날마다 이렇게 정다운 얼굴로 모여 법회유한法會有閑의 기쁨을 누리는 것도 바로 인생유한의 축복이다. 이렇게 실천하는 사람이 참으로 복 받는 사람이다.

이 세상에 존재하는 행복한 사람의 유형이 두 가지로 존재한다고 말한다. 하나는 제힘으로 잘 살아가는 사람이요, 둘은 제힘으로 남들까지 잘되도록 도와주며 살아가는 사람이다. 남다른 끈기와 집념 그리고 실행력이 필요하다. 복이란 그저 굴러 들어오는 것이 아니다. 제힘으로 살아가며, 제힘으로 남들까지 잘되도록 하는 사람에게 온다. 복을 짓고, 복을 아끼고, 복을 쓸 줄 아는 사람으로 살아야 복을 영원하게 하는 길 위에서 살 수 있다.

38
진급하려는 마음

『대종경』 인과품 24장

원기 102.6.25.

　진급은 성장이요, 강급은 퇴보이다. 진급기에 있는 사람은 자존감을 높이는 길을 가고, 강급기에 있는 사람은 자존감을 떨어트리는 길을 갔다. 진급기에 있는 사람의 심법과 태도를 마음 깊이 생각하면서 진급의 마음과 역량을 길러야 한다. 세상살이의 못된 알음알이나 분별의식을 떨쳐버리고, 자신의 가치를 인정하는 마음을 발하면 된다.

　옛말에 '심심창해수心深蒼海水요, 구중곤륜산口重崑崙山이라'고 했다. 마음을 쓰되 창해와 같이 깊어서 가히 헤아릴 수 없게 하고, 입을 지키되 곤륜산과 같이 무겁게 하라는 뜻이다. 비하건대 작은 그릇에 물을 부으면 넘쳐흐르나, 큰 그릇은 물이 많아도 항시 여유가 있어서 넘쳐 흐르지 않는 것과 같다.

　복락지문福樂之門을 통과하는 길을 가야 한다. 인생에서 가장 행복한 날은 오늘이요, 바로 최고의 날도 오늘이다. 그런데도 순산 화문禍門을 노크하는 육근 동작을 하며 강급기에 있는 사람의 길을 갔다면, 이제는 자성自性의 정定과 혜慧와 계戒를 세워 복문福門에 드는 길을 찾고, 마음을 바르게 해 진급기에 있는 사람의 길을 가야 한다.

그 기본적인 공들임이 경經 읽기요, 좌선이요, 기도이다. 삶의 크고 작은 순간들을 공들이면 본심本心에 다다르는 길이 보인다. 근원적이고 궁극적인 변화의 결과도 더 기쁜 마음으로 느낄 수 있다. 누구나 본심에 다다를 수 있는 것이다.

우리가 사물을 보면 그것이 감각 자료가 되어 두뇌에 영상화되듯이, 새로운 자기 이미지가 잠재의식의 활용 자료로 남아 두뇌 속의 스크린에 확실히 이미지화된다. 잠재의식이 작동하여 현실화되기 때문이다. 지속적인 정성과 공들임이 자기의 힘으로 나타나는 것이다. 원하는 바를 이렇게 이루게 된다. 무엇보다도 두뇌에 새겨지는 각인력刻印力과, 두뇌에 각인되고 이어서 동기를 유발하여 행동을 끌어내는 견인력牽引力이 발휘됨을 잊지 말아야 한다. 그렇게 말하고 읽고 보고 듣고 생각하는 동안에 말대로 이뤄지는 성취력成就力이 발현된다. 날이면 날마다 좋은 날이 되는 것이다. 이런 일일시호일日日是好日의 힘을 얻어야 한다.

그러자면 본심에 다시 복귀復歸하는 공을 지속해서 들여야 한다. 전의식과 중간의식과 잠재의식을 일깨우며 진급하는 길로 나아가는 공을 들이면, 언제 어디서나 자연스럽게 본심에 다시 복귀한 사람이 된다. 자기 존중감을 좀 더 높인 사람이 되는 것이다. 이런 변화의 차원을 통째로 깨달아야만 비로소 맑은 마음과 맑은 의식을 지닌 사람으로 사주팔자를 바꾸는 마음의 힘을 갖추게 된다. 외형적 변화인 삶의 변형도 가능해진다. 성품을 자기 의지대로 바꿀 수도 있다. 옷을 갈아입거나 머리 스타일을 바꾸는 것뿐만 아니라 몸과 마음을 바꾸는 변형을 통해 자연스레 진급된 사람이 된다.

무엇을 위해 살 것인가? 내 삶에서 가장 중요한 게 무엇인가? 이렇게 묻고 답하면서 진정한 자기를 볼 수 있어야 한다. 자기를 깊이 생각하는 성찰이 가능하므로, 한 걸음 물러서서 자신의 진정한 모습을 바라보는 관조觀照

도 가능해진다. 자기가 사용하는 말과 행실이 평생 갈고 닦는 공부 길을 비추는 힘을 갖는 계기가 된다. 인간은 사회적 동물이다. 2300년 전 아리스토텔레스가 남긴 유명한 말이다. 내가 무엇을 위해 여기에 살고 있는가 생각하며 사는 게 좋다. 나쁜 생각은 복을 통제하고 감하며, 좋은 생각은 복을 띄워주고 더해주기 때문이다.

시간은 거침없이 흘러간다. 예상하지 못한 일도 벌어진다. 정업定業에 따른 이런 변화의 조짐에 유의하여 대처하고, 진급의 길로만 나아가는 힘을 갖추면 존재가치를 인정받는 사람이 된다. 이제 부정적인 생각을 떨친 사람으로 바로 서야 한다. 이런 마음이 자기 마음에 드나드는 분별과 주착의 마음에 제동을 걸어 더는 어찌하지 못하도록 만든다. 이런 마음까지도 뛰어넘는 진급하려는 마음을 늘 발현해 내야 한다.

진급하려는 마음은 인생에 좋은 자양분이 된다. 평소 하는 말, 행동, 판단, 선택, 감정 등 모든 것에 영향을 미친다. 특히 요즘처럼 힘들다고 호소하는 사람들이 많을 때는 진급하려는 마음이 더욱더 중요하다. 자신이 불행하다고 생각하는 사람, 연애가 힘든 사람, 자주 우울한 사람, 대인관계가 힘든 사람도 모두 진급하려는 마음 내기와 밀접한 관련이 있음을 잊지 말자. 진급기에 있는 사람의 마음을 생각하고 올바르게 변화되도록 노력하는 게 좋다.

말이 씨앗이 된다. 생각은 하기 나름이고 마음은 먹기 나름이다. 무엇이든지 긍정적인 생각으로 반복하면 몸에 배는 효과가 나타난다. 어떻게든지 자기 마음 밭에 좋은 씨앗을 뿌려야 한다. 복락을 누리는 실행이 뒤따르게 해야 한다. 진급하려는 마음을 자기 마음 밭에 뿌리고 가꾸어 인생의 값진 의미를 찾아야 한다.

39
세상의 무서운 죄업 세 가지를 멀리하며 전진하는 방법

『대종경』 인과품 27장

원기102.7.2.

삶의 행복은 무엇을 찾느냐 보다 무엇을 피해 가느냐에 따라 더 많이 좌우된다. 그렇게 자기 꿈을 이룬 경험의 모든 것이 기준이 된다. 새로운 인식의 기준 위에서 겉 눈치로 모함하는 마음이나, 친절한 사이를 이간하는 마음이나, 삿된 지혜로 그릇 인도하는 마음이 발할 때는 마음공부 원리라도 즉각적으로 실행하는 게 좋다. 그렇게 법신불 사은님께 귀의歸依하는 생각을 구체화하며 성자聖者의 마음을 기를수록 세상의 무서운 죄업 세 가지를 범하는 마음으로부터 멀어진다.

뒤돌아보면 우리에게 심리적 고통을 가져다주는 것은 언제나 나쁜 생각이 현실이 될 두려움과 이어 뒤따르는 혹업惑業이었다. 그러므로 항상 쓸데없는 생각부터 제거해야 한다. 바르게 서는 데 방해가 되는 마음과 습관을 하나하나 탈각脫却하는 것이다. 이렇게 자신을 맑히고 밝히는 것이 정진精進이요, 적공積功이다. 잘못을 깨닫고 깊이 뉘우치며 나쁜 마음을 하나하나 털어내 끊임없이 자기를 닦을 필요가 있다. 악업을 짓던 고통에서 확실히 벗어날 수 있다. 무지함과 어리석음으로 얻은 죄업이든, 혹업에 의한 죄업이든,

그동안 저지른 모든 잘못을 참회하는 마음으로 거듭 절이라도 하면서 현재에 집중하면 더 건강한 마음을 가질 수 있다.

이런 마음이 반영된 글자가 다행 행幸 자이다. 매울 신辛 자에 한 일一 자가 덧붙여진 모양이다. 별의별 경험과 각고의 노력 끝에 원하는 일을 이루었고 행복해졌다는 뜻이다. 얼마나 고생하여 행복해졌는데 그렇게 쉽게 무너질 수는 없다고 생각한다면, 그때부터는 진정한 자유 의지를 바탕삼아 꾸준한 정진 적공 공부도 할 수 있다. 철없던 시절에 지었던 그 많은 죄업까지도 뉘우치며 참 이치를 깨치는 공부를 하게 된다.

인생의 바른 이치를 알지 못하고 지었던 죄업 세 가지도 다시는 짓지 않는 힘을 갖게 된다. 당연히 겉 눈치로 남을 모함해 받는 보지 못하는 과보나, 친절한 사이를 이간해 받는 말을 못 하는 과보나, 순진한 사람을 그릇 인도해 받는 정신을 잃어버리는 과보 등도 걱정할 필요가 없다.

마음을 비운다는 것은 바로 이런 못된 마음과 욕심이 가득한 마음을 비워내는 것이다. 마음을 비운 사람에게는 보인다. 마음을 비우는 게 평화 안락한 길에 다다르는 지름길이다. 마음을 비우면 비운만큼 그 비움의 효력이 일상의 생활에 나타난다. 어떻게 해서라도 마음을 비우려는 뜻을 세워 체화하는 의지를 갖는 것이 중요하다. 그 체화한 현실의 반증이 마음의 평화요, 복혜 증진이다.

머릿속에 궁리가 많으면 몸이 버거워진다. 하지만 그 마음을 비우면 요란하고, 어리석고, 그른 마음을 제어해 그만큼 마음을 가볍게 할 수 있다. 마음을 비워버린 만큼의 잠재의식도 발현된다. 비운만큼 인생의 전진도 이뤄진다. 자기 마음을 비우며 전진하는 방법을 찾아야 한다. 바로 세상의 무서운 죄업 세 가지를 멀리하기 위해 마음을 비우며 전진하는 방법을 궁구해본다.

선과 악이나 아름다움과 추악함이나 깨끗함과 더러움을 떠나 있는지 붙잡아서, 보고 듣고 말하고 행하고 있는지 어떤 상황에서나 알아차리는 마음을 내는 것이다. 자기 마음이 외물에 어떻게 감응되는지 본연의 상태로 돌아보며 유의하는 대처를 할 수 있다.

바람이 불면 물결을 일으키다가도 바람이 자면 고요한 상태로 돌아가는 바다와도 같이, 마치 자기 마음이 어떻게 움직이는지 살피며 못된 마음이 올라올 때마다 자기 억지력을 발현해, 자기 마음을 미세하게 쪼개어 지켜보는 실행의 과정과 연관 지어 생각하고 돌리면 된다. 마음이 동요하는 단계와 마음이 실제로 밖으로 드러나는 단계와 마음을 멈추는 단계와 생각하고 돌리는 단계를 확연히 알 수 있다. 마음의 움직임과 발현의 과정에서 어떤 힘과 이해의 과정을 다투는지 보인다. 자기 마음을 알아차릴 수 있는 것이다.

그래서 『정산종사법어』 원리편 21장에서는 무사無私를 이루고, 22장에서는 무상無相을 이루고, 23장에서는 허공虛空이 되라 하셨다. 이렇게 자기 마음을 보라 하셨다. 그런데 자기 마음이 바람이 일고 티끌이 날릴 때처럼, 자기 몸을 더럽히거나 해코지하는 분별의 마음을 사전에 제어하지 못하면 죄를 짓는다. 이럴 때일수록 어진 마음을 발하며 자기 몸을 망치는 죄를 짓지 않도록 신독愼獨의 마음을 내야 한다. 더러운 옷을 털 때 바람을 안고 털면 그 먼지가 다른 곳으로 가지 않고 자신에게 돌아오며, 하늘을 향해 침을 뱉으면 그 침이 하늘에 머물지 않고 자신의 얼굴에 떨어지는 것을 상기하며 어진 마음을 키워야 한다. 일착一錯·이오二誤·삼치三痴를 털어내는 기쁨을 준다. 일착은 한 번 섞이어 어려워지는 마음이고, 이오는 두 번 어긋난 마음이고, 삼치는 세 번 어리석어진 마음을 일컫는데 이런 마음을 모두 털어내니 기쁘지 않을 수 없다.

자신의 삶에 사유가 없다면 어둡게 정해진 궤도를 따라가 생활의 습관을 반복하게 된다. 이리되면 행복할 수 없다. 인생을 늘 행복하게 살아가려면 일상의 사소한 일에서조차 일착·이오·삼치의 마음을 털어내고 누구든 사랑하고 존중할 힘을 길러야 한다. 아침에 일어나 듣는 새소리가 정겹고, 앞뜰에 심어 놓은 호박의 넝쿨에서조차 생의 달콤한 맛을 신선하게 느낄 수 있다.

자기를 통해 사무사思無邪하고, 행호사行好事하며, 막기심莫欺心하면 신독愼獨이 되고, 청심淸心이 되며, 존인存仁이 된다고 했다. 날마다 적선수인시최선積善修仁是最先하고, 면상무진공양구面上無瞋供養具를 지향하는 기쁨이 충만해진다. 이런 긍정적인 자기의 기대나 관심이 꺾이지 않게 자기 스스로를 관리하면 된다.

마음을 비우며 전진하는 방법, 그 두 번째의 방법은 언제나 시비 이해是非利害에 휘둘리지 않는 선택과 실행의 마음을 내는 것이다. 이 세상 모든 것이 다 이익을 볼 수 있는 용기와 결단이 뒤따를 때 발현이 가능해지는 마음 내기이다. 인간 세상의 소음은 개인적인 편견에서 벗어나지 못한 데 기인한다. 자기 생각이 유일한 진실이라고 여기기 때문에 시비 이해에서 빠져나오지 못하는 것이다. 시비 이해에 휘둘릴수록 몸과 마음이 망가짐을 늘 잊지 말아야 한다.

시비 이해에 휘둘리는 편견은 인생이 더 넓게 확장되는 것을 가로막는 둑이 된다. 좋은 생각과 좋은 기운을 막아 번뇌에 빠지게 만들고 소중한 자존감조차 맹목적으로 소진한다. 늘 좋은 관점에서 생각하고 취사하는 자세가 필요하다. 남을 이롭게 하는 마음과 자세를 가지면 된다. 이런 자기 관점으로 모든 것을 바라본다면 분망함도 가라앉고 평정심도 되찾을 수 있다. 바로 청심이 된다.

이미 난난하게 굳은 마음을 가진 사람은 이런 마음을 깨부수고 새롭게 사는 방법을 찾아야 한다. 사유의 방법을 바꾸면 자신이 자유롭지 못하다고 느낄 때조차도 대부분의 원인이 자신에게 있다는 것을 발견할 수 있다. 경계로부터 도약할 수 있는 자기를 확립할 수 있다. 이것이 시비에 휘둘리지 않는 길이요, 좋은 비방이다.

이렇게 세상의 좋은 것을 만나는 인연들과 함께 나누며, 수양과 대치 공부를 놓지 않고 꾸준히 적공해 나가면 시비 이해에 잘 대처하는 지혜가 자연스럽게 밝아진다. 무수한 원인과 조건에 의하여 시시각각으로 변하는 시비로부터 자유롭게 처신할 수 있다. 그 사람이 겉으로 드러내는 말과 행동을 항시 들여다봐야 한다. 이런 소이소행所以所行을 잘 들여다볼수록 대소 유무의 이치와 시비 이해의 이치에 밝아진다.

『세종실록』에 나오는 황희黃喜와 김종서金宗瑞의 일화다. 김종서가 자신의 집무실을 찾아온 정승 황희를 접대하면서 공조의 물건을 사용한 적이 있었다. 당시에는 예빈시禮賓寺라고 해서 의정부 건물 바로 옆에 정승들의 접대를 전담하는 기구가 있었다. 황희는 "예빈시에서 가져오면 될 것을 어찌 공조의 물건을 사사로이 쓸 수 있는가"라며 민망할 정도로 호통을 쳤다. 병조판서로 있던 김종서가 윗사람들이 있는데도 비스듬하게 앉아 있자, 황희는 큰 소리로 "여봐라. 병판대감 의자 한쪽 다리가 짧은가보다. 빨리 고쳐드려라." 해서 깜짝 놀란 김종서가 무릎을 꿇고 사죄한 일도 있었다.

이후에도 사람 좋다는 평을 들은 황희지만, 김종서에 대해서만은 아무리 사소한 잘못도 그냥 지나치지 않았다. 보다 못한 맹사성이 황희에게 "종서는 당대의 명판서이거늘, 어찌 그리 허물을 잡으십니까?"라고 물었다. 그에 대한 황희의 대답이다. "종서는 성격이 굳세고 기운이 날래어 일을 과감하게 하기에, 뒷날 정승이 되면 신중함을 잃어 일을 허물어뜨릴까 염려해 미리 그의 기운을 꺾고 경계하려는 것이지, 결코 그가 미워서 그러는 것이 아니오." 김종서는 훗날 실제로 정승에 오르지만, 결국 수양대군에게 희생돼 제명에 죽지 못했다. 황희가 우려한 삼가는 마음의 공경恭敬이 부족한 행동 때문으로 볼 수 있다. 대소 유무의 이치를 보아다가 시비 이해의 원만한 실행이 뒤따르게 하는 힘이 부족했던 것이다. 과수를 기르는 데에도 뿌리에 거름을 주어야 그 과수가 잘 자라고 훌륭한 결실을 보게 되는 것같이, 사람도 시비 이해에 휘말리지 않는 정성을 들여야 훌륭한 인격을 이룬다. 시비 이해에 자유로운 마음공부를 해야 혜복의 결실이 증장됨을 잊지 말아야 한다.

마음을 비우며 전진하는 방법, 그 세 번째는 교법을 철저하게 체화하는 마음을 내는 것이다. 체화란 해답을 얻어가는 과정의 자기이다. 늘 교법의 실천이 우선이어야 한다. 실행해 봄으로써 비로소 그 효과를 실감할 수 있다. 무얼 좋아했고, 무얼 마음에 들어 하지 않았는지 그때그때 알 수 있다. 교리의 모든 의미를 이해했다고 하더라도 실천하지 않으면 공이 쌓이지 않을 뿐 아니라 아무런 가치도 없다.

가뭄 뒤 장맛비가 내릴 때는 왠지 편안해진다. 우산이 없이 비를 맞아도 상쾌하고 시원하다. 교법을 체화해 산다는 것도 바로 이런 기분이다. 항상 교법의 가르침에 귀의하는 마음을 내야 한다.

사물과 사물이 맞닿는 접촉면을 볼 때마다, 사람과 사람이 만날 때마다 원래 공부된 인성을 끌어내 실행하는 마음을 내면 된다. 세수하고 식사를 하는 것처럼 당연한 것이 되어야 한다. 즉 일상생활과 일체화된 자세로 스승님이 밝히신 말씀을 하나하나 마음에 새길 필요가 있다. 그래야 대소 유무와 시비 이해의 이치를 꿰뚫고 풀어내는 교법의 은혜와 그 기쁨에 충만해진다. 누군가가 힘들어할 때 도와주고 웃을 수 있는 사람이 된다. 존인이 된다.

인생은 짧은 여정이다. 돈의 노예가 되어서도 안 되지만 세상과 완전히 인연을 끊어서도 안 된다. 돈을 수난으로 삼으면 하찮다고 무시하지도 않고, 인생의 목표로 숭배하지도 않을 수 있다. 그런데 돈을 버는 것이 많은 사람의 최대 목적이 되었다. 하지만 돈은 최종적인 목표로 가는 징검다리에 불과하다. 이를 명심하며 진정한 자유 의지를 다져야 한다.

진정한 자유란 겁 없이 대담하게 행동하는 것이 아니다. 진리의 흐름을 받아들이고 경외하는 태도에서 나온다. 자유는 인간이 하늘과 맞서 쟁취하는 것이 아니었다. 플라이보드를 탄 사람이 자신이 통제할 수 있는 범위 안에서 물 위에서 붕붕 떠오르듯이, 교법으로 체화된 에너지가 솟구쳐 오를 때도 자신의 몸과 마음이 둥둥 뜨는 기분이 든다. 이렇게 자기 자신을 만들어 가면 행복하고 자유롭다. 솟구침은 언제나 이렇게 미래를 향한다. 자신의 마음을 멈추고, 생각하며, 돌려 세워 미래의 시간을 더 자유롭게 해야 한다.

어떤 상황에서도 마음을 비우며 전진하는 자기만의 방법을 찾아야 한다. 바로 이런 노력으로 세상의 무서운 죄업 세 가지를 범하지 않는 사람이 된다. 진정한 평화와 자유도 얻는다. 이 세상을 잘 대처하는 마음가짐과 지혜와 능력을 갖춘다. 곧 남들이 빼앗아갈 수 없는 참마음을 갖는 것이다.

인간의 심신을 구성하는 다섯 가지 요소, 색·수·상·행·식色·受·想·行·識인 오온五蘊이 전부 공空이라는 의미를 참으로 알면 이런 변화가 가능해진다. 바로 조견오온개공照見五蘊皆空임을 참으로 깨닫는 것에서 변형變形이 시작된다. 이렇게 공의 세계를 깨달을수록 있는 그대로의 자신을 직시하면서 모든 고액苦厄에서 벗어날 수 있다. 세상의 무서운 죄업 세 가지를 범하지 않는 육근 작용을 할 수 있기 때문이다. 언제 어디서나 자유자재하는 기쁨도 얻는다. 어떤 죄업의 일에도 얽히거나 빠져듦이 없이 참자유의 삶을 충실하게 살 수 있게 된다.

40
과보

『대종경』 인과품 31장

원기102.7.9.

업業의 인연이 성숙하면 후생이나 현생에서 반드시 과보를 받는다. 거칠고 사납게 행동하는 사람은 후생이나 현생에서 자기 또한 그렇게 남에게 시달린다. 선善으로나 악惡으로나 사람이 업을 지으면, 그는 업의 상속자가 되어 자기가 행한 모든 것을 받게 된다. 자업자득自業自得이다. 업은 누가 대신 지어 주는 것도 아니고 누가 대신 받아 주는 것도 아니다. 자신 스스로가 짓고 받는다.

똑같은 것을 바라보아도 어떻게 바라보느냐에 따라 다르게 보인다. 어차피 좋은 것과 나쁜 것, 옳은 것과 그른 것이 섞여 함께 존재하는 것이 세상이다. 불행과 행복이 어떻게 찾아오는지 생각하며 진흙을 바라보지 않고 별을 바라봐야 한다. 행복과 불행의 대부분은 주변의 환경이 아니라 자기 생각에 달려 있다. 그래도 어떤 사람은 업의 과보가 낭상 눈에 보이지 않는다. 그래서 업의 과보란 없다고 말하는 사람도 있다.

그러나 업이란 마치 땅에 떨어진 씨앗이 조건이 맞아 성숙하면 과실을 맺는 것처럼 작용한다. 자신이 지은 업이 인연에 성숙하면 후생이나 현생에서 반드시 과보를 받게 되는 것이다. 현재 자기 눈앞의 사물이나 개인의 성품이나, 이 모든 것은 과거로부터 수많은 원인과 결과가 연결되어서 지금의 모습으로 잠시 놓이게 된다. 이를 연기緣起라고 한다. 이렇게 촘촘히 얽힌 업의 그물은 남녀노소 빈부귀천의 차별 없이 이 세상 그 누구도 빠져나갈 수 없다. 업을 피할 곳은 산도 아니요 바닷속도 아니며, 땅에도 없고 하늘에도 있지 않다고 스승님들은 말씀하셨다. 마치 그림자가 사람을 따르고 수레바퀴가 말발굽을 따르듯이, 선악의 과보 따라 무엇으로도 막을 수 없게 나타난다.

당장 눈앞의 현실에서도 업의 과보는 뚜렷하다. 살아가면서 착한 일을 한 사람은 무엇에도 두려움이 없기에 만사에 당당하고 걸림이 없다. 당당함으로 하는 일마다 막힘이 없다. 이것이 바로 현세에 받는 선행의 과보果報이다. 떳떳하지 못한 일을 한 사람은 설사 오지에 숨어 살아도 밤낮으로 두려움에 떤다. 설사 자신이 저지른 죄업을 아무도 모른다 할지라도 스스로 주눅이 들고 괴로워한다. 마음에 걸림이 있으니 하는 일마다 장애로 막힌다. 뉴스에서 악행을 저지른 후 수갑을 차고 등장하는 사람들도 바로 악행의 과보를 받는 현세의 모습이다.

그렇다면 업에 따른 과보란 무엇인가? 자기 행동의 결과로 현실과 미래에 나타날 열매이다. 선한 행동을 했었다면 좋은 열매를, 악한 행동을 했었다면 나쁜 열매를 얻는다. 이렇게 행동과 결과에 연관된 것이 과보이다. 이를 인과응보因果應報라고도 한다. 이처럼 지은 업에 따라 받는 과보에는 순현보順現報, 순생보順生報, 순후보順後報가 있다. 순현보는 현세에 지은 업의 결과를 현세에 바로 받는 것이다. 현재 목전에서 업을 짓고 바로 과보를 받는 현수업現受業이다. 순생보는 현세에서 지은 결과를 다음 생에 받는 것이다. 금생에 업을 짓고 과보는 다음 생에 받는 생수업生受業이다. 순후보는 현세에 지은 결과를 다음 생도 아닌 그다음 생에 받는 것이다. 현현생前前生에 지었던 업의 과보를 후생의 많은 생을 거친 뒤에 받는 후수업後受業이다.

착한 행위의 마음이 유난히 강한 사람은 바로 현생에 명예와 복을 누리고, 악한 행위의 마음이 강한 사람은 바로 금생에 교도소에 수용되거나 극형을 면치 못하게 되어 굳이 후생까지 과보를 기다리지 않는다. 이를 현생에 짓고 금생이 다하기 전에 바로 받는 순현보인 현수업이라고 한다. 금생에 죄를 짓고 다음 생에 받는 순생보인 생수업이다. 금생에 지은 선업과 악업이 극도로 강성하지 않을 경우에는 반드시 다음 생을 기다려야 과보가 형성이 된다. 특별히 전생에 복을 많이 지은 사람은 설사 금생에 중죄의 악업을 지었다 해도 현재의 복력이 그대로 유지된다. 따라서 바로 죄과를 받지 않고 금생에 받을 복이 다해야 다음 생에 과보를 받는다. 또 지극히 박복한 사람은 현생에서 최상의 선업을 쌓는다 할지라도 현생에서 괴로움이 다하지 않아 금생에 바로 현수업의 복을 받지 않고 반드시 다음 생을 기다려야 현생에 지은 복의 과보가 이루어진다.

전생 또는 현생에 지은 선업이나 악업의 세력이 극히 미약하여 현수업이나 생수업이 득세할 경우 많은 생을 기다려야 그에 상응하는 과보가 비로소 이루어진다. 즉 과보를 받을 시기가 아직 미정인 상태의 행위를 순후보인 후수업이라고 한다.

우리 속담에 콩 심은 데 콩 나고 팥 심은 데 팥 난다는 말이 있듯이, 인간 세상을 살며 갖는 의식과 기운이 인과율이나 연기론에 적용된다. 우리가 업종자業種子에 의하여 뿌리를 내리고 싹이 트고 꽃이 펴서 열매를 맺는 근묘화실根苗花實의 과정에서와 마찬가지로, 인생에서도 지수화풍공地水火風空의 육체가 색수상행식色受想行識의 심체心體에 업종자를 잉태하는 것이다.

화위덕근禍爲德根, 우위복당憂爲福堂이란 말이 있다. 줄여 덕근복당德根福堂이라고 한다. 실명하자면 내게 닥친 세상을 통해 나는 더 단단해지고, 근심은 오히려 복을 불러들이는 출입구가 된다는 뜻이다. 누구나 재앙을 돌려 덕의 뿌리로 삼고, 근심을 바꿔 복을 깃드는 집으로 만드는 힘은 공부에서 나온다. 시련 앞에 속절없이 무너지고 마는 것은 공부를 하지 않기 때문이다. 이렇게 마음과 감정에 의해 복합적으로 통합된 심리상태가 마음속의 새로운 업이 된다. 누구나 의식적, 무의식적 상태로 심리와 결합된다. 본인이 의식하게 되면 이성적 통제를 통해 긍정적으로 작용할 수 있지만, 무의식적 상태로 깊이 들어가면 병리적 작용도 하게 된다.

이러한 심체가 갖는 업식業識의 대상이 색성향미족법色聲香味觸法이다. 이를 통해 안이비설신의眼耳鼻舌身意라는 감각을 생성하고, 6식에 의한 현재의 식이 자아를 중심으로 발현하게 됨으로써 새로운 인연과를 낳는 것이다. 그래서 조상의 업력에 의하여 후손의 장래가 결정되기도 한다. 이러한 업의 유전 상속을 잊지 않고 슬기롭게 사는 현명한 조상의 역할을 해야 한다. 12연기법을 알고 이를 극복하려는 노력을 한다면 당연히 나쁜 인과율에 구속되지 않을 뿐 아니라, 자유 의지에 의하여 무수한 생명체를 살리는 빛을 발할 수도 있으며, 이런 이치를 터득하는 것이 득도得道이다.

그렇기 때문에 지혜로운 사람의 길을 가야 하고, 각자의 연緣을 중시해야 한다. 양육과 교육, 그리고 결혼이 그 시험대이다. 자신의 환경을 중시하고 인과를 중요시 여겨 어떠한 현상도 가볍게 보지 않고 기쁘게 사는 게 현실에 충실한 삶을 사는 길이요, 지혜를 두텁게 응축하는 길이 된다.

인간은 사회적 동물이라 인연법을 떠나선 생존할 수 없다. 인연법이란 모두 자신의 의지에 의하여 연을 찾아가는 일련의 행위를 지속하기 때문에 또 다른 인연과를 만들어서 후생을 결정짓는 씨앗이 된다. 이런 사실을 상기하는 삶을 살아야 좋은 인연으로 만나 최선의 노력을 다하고 천명에 따라 복락을 지키며 사는 사람이 된다. 이것이 신앙과 수행을 하는 이유요, 삶의 목적을 분명히 해야 하는 이유이다. 삼독三毒에 집착하면 마음이 흐려져 악업을 행하며, 그 과보 받는 것이 호리도 틀림없는 사실이다. 마음공부의 실천이 지극히 필요한 이유이다. 늘 지속하는 마음공부를 수반한 신앙과 수행으로 근심과 번뇌를 떨치고 건강과 행복을 가꿔야 된다. 그리하자면 자기 마음에서 탐욕과 성냄과 어리석음을 탈각脫却해야 한다. 삼독인 탐진치貪嗔痴를 털어내야만 되는 것이다.

탐욕에 집착하면 마음이 캄캄해져서 자기와 남을 해친다. 마음이 캄캄해져서 자기와 남을 해치게 되면 현세에 살면서 죄를 받을 뿐 아니라 죽어서 또한 죄를 받아야 한다. 분노와 어리석음에 집착해도 또한 이와 같다. 삼독에 집착하는 순간 사람들의 마음이 캄캄하게 어두워져 마치 눈뜬 장님과 같은 존재가 되기 때문이다.

현생의 과보와 후생의 과보될 나쁜 일을 겪지 않도록 삼독에 유의하고 인과응보因果應報를 직시하는 생활로 진급의 길로만 나아가야 된다. 깨달음의 기쁨을 함께 나누며 은혜와 복락을 끊임없이 생성하는가, 혹은 그 반대인가가 그 지향의 반증이다.

자기에게서 출발한 것은 다시 자기에게로 돌아간다. 죄업에 자유로우려면 나쁜 마음이 발할 때마다 한번 달아나 생각하고, 두 번 거부하고 생각하고, 세 번 법신불 사은님의 뒤에서 바른 가르침을 생각하며 좋은 실행의 방법을 찾는 게 좋다. 바로 '1도逃, 2부否, 3빽Background'이다. 죄업으로부터 달아날 수 있는 마음과, 죄업 짓기를 거부할 수 있는 힘과, 자기를 지켜 줄 법신불의 가호가 있어야 하는 것이다. 세상에 비밀은 없기 때문에 더더욱 이런 힘이 필요하다.

무슨 일이든 결국 옳은 이치대로 돌아간다. 사필귀정事必歸正이다. 비록 처음에는 시비곡직是非曲直을 가리지 못하더라도, 결국에는 반드시 정리正理로 돌아간다는 말이다. 하늘은 눈이 없으나 선악을 보고 복화福禍를 내린다. 천도天道는 악을 용서치 않는다. 자연은 거짓말을 용납하지 않는다. 순천자존역천자망順天者存逆天者亡이라 했다. 지난 시간을 뒤돌아보면 천리에 순종하는 사람은 흥하고, 거역하는 사람은 망했다. 정도正道로 환귀還歸하고, 본원本源으로 되돌아가야 한다.

어떤 결과를 맺고 싶은지는 이미 자신이 결정하고 있다. 세상이 불공평하다고 짜증부터 내고, 하는 일이 불만족스럽다고 인상을 찌푸리고 사는 이에게는 너무나 많은 에너지가 빠져나감을 인지認知할 필요가 있다. 불평불만不平不滿을 앞세우기보다는 자신에게 주어진 상황을 보다 긍정적으로 변화시키기 위해 노력해야 한다. 자신에게 이로움은 물론이고 나아가 주변 사람들도 행복하게 할 수 있다. 희망과 용기를 불어넣어 주면 그것이 소소한 기쁨이 되고 행복이 된다. 긍정적인 기운을 자꾸 흡입하는 가운데 진정 다 같이 행복한 삶이 전개됨을 잊지 말아야 한다.

자신에게서 비롯된 나쁜 기운은 먼저 주위를 오염시키고 결국엔 다시 내게로 되돌아온다. 이런 사실을 잊지 말고 좋은 기운과 연결된 자기가 되어야 한다. 그만큼 좋은 기운이 배가될수록 결국엔 자기가 행복해진다. 밝을 명明 자를 생각해본다. 빛을 발하는 태양과 어둠을 나타내는 달이 어우러져 빛을 발하는 것이 명이다. 현생의 과보와 후생의 과보가 밝아지기를 바란다면 언제든지 자기를 사유한 좋은 취사를 해야 한다.

41
천지의 식과 위력

『대종경』 변의품 1장

원기102.7.16.

소태산 대종사는 천지天地의 식識에 대한 제자들의 변론을 들으시고 천지의 식과 이에 대한 감응感應과 위력威力이 있어 형형색색의 차별세계를 만들어 낸다고 법문한 바 있다. 식은 영어로 Sense라 하며, 분별력分別力을 가지게 하는 힘이다. 바로 인간 세계에 비유한다면 자신이 느끼는 위치 정립을 가능하게 하는 힘이다.

대중교통인 지하철을 타면서도 확인한다. 사람들은 손바닥만한 핸드폰 화면으로 게임도 하고 영화나 뉴스도 보고 통화도 한다. 요즘 제철과일인 자두를 떠올려 봐도 마찬가지다. 색깔이 노랑이거나, 연두이거나, 빨강이거나 아니면 그 색들이 섞인 자두열매가 있다. 이처럼 사사물물도 천지에서의 위치 정립을 가능하게 하는 힘으로서의 식에도 각별한 관심을 가져야 한다.

몸이 불편해 휠체어를 타고 다니는 학생이 있었다. 어느 날, '세상에 다시 태어난다면'이라는 제목으로 글짓기를 하는 수업시간에 그 학생의 글을 읽은 선생님은 뜻밖의 내용에 감동했다. "세상에 다시 태어난다면 나는 내 어머니의 어머니로 태어나고 싶다. 지금의 나는 어머니의 은혜에 보답하며 사는 게 어렵기에, 내 어머니의 어머니로 태어나서 그 무한한 사랑을 조금이나마 갚고 싶다" 이 글을 읽고 나서 드는 한 생각이 있었다. 학생은 장애로 인한 자신의 몸이 힘들고 불편한 것보다도, 자신으로 인해 가슴 아파하는 어머니의 사랑을 더욱 크게 생각한 것이다.

눈에 보이는 현실 세계에서 식의 작용을 파악할 수 있다. 천지는 일월의 광명으로 삼라만상을 분별하므로, 호리毫釐의 착오도 없이 만물이 지은 인因 그대로 결과를 맺게 해주는 인과의 이치에 따라 만물을 생성하고 화육한다. 무념無念 가운데, 상相 없는 가운데 나타나는 식이며, 공정公正하고 원만圓滿하여 사사私事가 없는 식이기에 사람들은 천지의 식을 두려워한다. 사람들은 자신이 짓고 받는 일체 선악의 보응에 항거하지도 못한다. 무한의 과거와 또다시 이어질 무한의 미래에 속하는 시간도 그 권능 속에 속해 있다. 누구도 거부할 수 없는 천지의 식과 위력이다.

즐거운 얼굴, 그리운 얼굴, 정겨운 얼굴을 가졌더라도 세월이 흐르면 늙는다. 치매에 걸린 노모의 얼굴은 더 웃음기가 엷어진다. 내가 인이요, 자기와 다른 사람들이 자기의 연緣임을 깨닫는다. 그리고 연을 위할 때 걸림돌이 디딤돌이 됨도 알아차린다. 이것이 인간 세상에서의 식을 통한 배움이다. 사람들이 지구상의 다양한 사회와 사회적 행위에 대해 공부하고 경험했다 하더라도, 그 살아온 시간과 공간의 올바른 변화를 통해 아름답고 가치 있는 삶을 살아야 되는 이유를 천지의 밝은 식에서 찾을 수 있다.

현재를 자존감으로 채우며, 욕심과 분노를 덜어내고, 현재 시간의 가치를 담아 낸 아름다운 얼굴을 가꿀 필요가 있다. 내적 성장의 마무리는 본래 마음을 잃지 않는 단계에 진입하는 길이기 때문이다.

변화하고, 성장하며, 살아있다는 건 그 개인이 하나의 내적 세계, 즉 하나의 우주를 소유하고, 그 안에 거주하고 있음을 의미한다. 이러한 개인의 내적 세계는 서로 완벽하게 독립되어 순간순간의 경험과 공부가 차곡차곡 그 삶에 응축된다. 천지의 식을 체화하게 됨을 인식하는 일이다. 천지의 지극히 밝은 도를 체 받고 잘 활용하기 위해서는 천지의 밝은 도를 생각하며 사리연구 공부를 게을리 하지 말아야 한다. 이무애理無碍와 사무애事無碍의 대지혜력을 얻어가는 정성심이 필요하다.

이무애理無碍는 형이상학적인 이치에 걸림이 없는 단계이고, 사무애事無碍는 현실의 일처리에 걸림이 없는 단계이다. 이어 다가서는 이사무애理事無碍는 형이상학적인 이치뿐 아니라, 현실의 일처리에도 통달한 경지이다. 여기에서 형이상학은 현실을 넘어선 초월적인 근원을 탐구하는 것을 말한다. 하늘의 이치와 땅의 일에 모두 걸림이 없는 이사무애의 경지에 이르면 그 사람의 마음공부가 무르익었다고 본다. 항상 본래 마음을 잃지 않는 사람이 되는 것이다. 다음 사사무애事事無碍는 일과 일에 걸림이 없는 최고의 경지이다. 정진 적공으로 진리와 하나 되어 이런 경지에 다다르면 일과 이치에 걸림이 없는 자유로운 사람이 된다.

마음이 묶이면 인생이 어둡게 되는 길에서 자기 스스로 묶인다. 천지의 식과 위력에 대한 확연한 믿음과 인식의 노력을 통해 내적 세계의 최고 정점에 도달해야 한다. 인식할 수 없을 것 같던 내적 세계의 최고 정점에 서서 천지의 식과 위력을 체화하는 것이다.

삶이 힘들다는 이유로 꿈과 현실의 낙차 사이에서 자꾸 꾸물거릴 필요는 없다. 우물쭈물 시간만 흘러보내면 모든 일이 자기 스스로 하는 수행임을 깨닫지 못한다. 그럴수록 그냥 법신불을 찾아 나아가는 힘을 내면 된다. 이런 정진 적공과 선명한 자기 발견을 통해 오유지족吾維知足의 마음을 찾게 된다. 이런 마음을 가져야 천지의 식과 위력을 더 깊고 넓게 인식하며, 천지의 식을 활용하는 기쁨을 갖는다.

42
조물주

『대종경』 변의품 9장

원기102.7.23.

조물주造物主란 무엇인가? 운명을 스스로 좌우하는 창조주創造主의 또 다른 표현이다. 자기 자신에게 갊아 있는 본래 마음을 근거 삼아, 전지전능과 완전함이라는 개념을 육근 동작을 통해 구현하며, 항상 자기 마음을 자기 마음대로 사용할 수도 있다.

자기 스스로 조물주라는 확신을 가질 필요가 있다. 수많은 목표와 치열한 경쟁에서 살아가는 소시민들이 가장 먼저 생각해야 할 이치이다. 조물주의 말씀을 받들고 귀 기울여야 자기 마음을 확실하게 열어젖히는 힘을 손에 거머쥘 수 있다. 하지만 그리 쉽지만은 않다.

전설적인 복싱선수 마이크 타이슨의 코치였던 쿠스 다마토가 큰 경기를 앞둔 선수들에게 다음과 같이 말했다고 한다.

"영웅과 겁쟁이는 똑같은 것을 느낀다. 하지만 영웅은 자신의 두려움을 상대 선수에게 던져 버린다. 반면에 겁쟁이는 이를 피해 도망친다. 두 사람이 느끼는 건 모두 두려움이다. 그 두려움을 어떻게 써먹느냐에 따라 승패가 결정된다"

조물주가 된다는 것도 마찬가지 논리로 설명할 수 있다. 운명처럼 붙어 다니는 일상의 두려움과 불안을 떨치고서 자기가 조물주라고 생각하며, 자기 마음을 자기 마음대로 쓰는 사람이 조물주가 되는 것이다. 이 세상에서 가장 가치 있는 삶을 사는 사람은 조물주의 권능을 가지고 사는 사람이다.

소태산 대종사는 우주 자연과 우리 마음의 근본원리를 깨달아 자기 마음을 잘 사용하는 법을 가르쳐 주셨다. 바로 용심법用心法이다. 두려움과 불안을 떨치고 자기 마음을 자기 마음대로 쓰는 조물주로 살아야 더 나은 사람이 된다. 그런데 많은 사람은 아직 용심법을 잘 모른다. 설령 알고 있더라도 용심법을 통해 부처가 되는 힘을 얻고 조물주가 되도록까지 자기 실행의 마음을 일관하지 못하는 경우도 많다. 그리고 자기가 기대하는 목표 수준까지 올라가는 게 아니라, 훈련한 수준까지 떨어지는 것도 잘 실감하지 못한다.

그러나 이제는 자신에게 값이 있는 마음 부처를 발현하고, 조물주로서의 마음을 활용하여 마음 낙원인 심낙원心樂園을 누리며 살기를 경계를 당할 때마다 거듭거듭 서원해야 된다. 만나는 모든 인연을 낙원세상으로 인도하는 불보살이 되는 꿈을 꿔야 한다. 조물주로서의 삶을 이어가는 기쁨을 지켜내야 한다.

스승님들의 가르침과 경륜을 통해 자기의 깨달음을 검증하고 조물주로서의 실행을 구체화해 지속할 필요가 있다. 이렇게 나아가는 삶의 모든 것을 변화시켜 줄 실행의 말씀은 교전 속에 들어 있다. 교전을 읽어 갈수록 예전엔 생각도 못한 반전이 펼쳐진다. 스승님들의 말씀을 들어야 두려움과 불안을 떨군 빛나는 마음도 얻는다. 이청득심以聽得心 하는 사람이 되는 것이다.

누구나 나비가 되어 날 수 있다. 단지 먼저 번데기에서 탈출할 수 있을 때만이 가능하다. 이런 현실을 조정할 수 있는 힘을 길러야 한다. 근기에 따른 제약과 한계를 뛰어넘는 담대한 목표를 이루기 위한 질문을 이어가며 조물주가 되는 출발선 앞으로 나아가야 한다. 매일 아침 잠자리를 정돈하는 일처럼 그날의 과업들을 스승님 말씀 따라 하나하나 풀어 가면 된다. 아무리 형편없는 하루를 보냈더라도, 아무리 슬픈 일이 벌어지더라도 누구나 할 수 있다. 그렇게 나아가고 나아가며 자기 약점을 받아들이고 또 극복하기를 반복하면서, 그것들을 통해 조물주로서의 더 큰 성취를 이어가면 된다. 이런 담대한 마음과 지치지 않는 실행이 조물주로 살아가는 삶의 방법들을 확실하게 선택하고 익히는 생활로 변화시켜준다. 삶을 바라보는 생각과 그 방식을 바꾸면 되는 일이다. 이런 확고한 믿음을 가질 필요가 있다.

우리가 보고 듣고 생각하고 말하고 행동하는 모든 것이 다 마음의 작용을 따르므로 마음을 어떻게 사용하느냐에 따라 행복의 열매를 거두기도 하고 불행의 열매를 거두기도 한다. 일상의 삶 속에서 전쟁터를 헤집는 듯한 생각과 삶을 일으키는 것도 마음이며, 평화를 지킨 생각과 삶을 일으키는 것도 마음이다. 그래서 소태산 대종사는 각자가 자기의 조물주라 하셨다.

조물주로 살아가려면 자기 생활을 성찰하는 목표를 가져야 한다. 경계를 당하여 어떤 생각을 하고, 판단하며, 행동하느냐에 따라 만들어 간 내용과 결과가 달라짐을 깨닫게 된다. 바로 자습자성自習自成을 이루게 된다. 성격과 재능, 인식 능력에 따라 각종 사상과 이념이 마음속에 자리 잡아 삶의 중요한 가치관으로 형성하고 실행한 최종물을 볼 수 있다.

이러한 성격, 재능, 사상, 가치관 등을 모두 그 방향으로 심신 작용을 계속해 좋은 자기업自己業을 만들어가야 조물주에 가깝다. 자신의 삶을 돌이켜보면서 자기 수준이 어느 정도인가를 냉철하게 살펴보아야 한다. 성격과 사상이 한쪽에 치우쳐 있으면 바로 원만한 성격과 사상으로 다듬어 가고, 재능이 모자라면 재능 기르는 법을 연마하여 영원한 복록을 지어 갈 수 있도록 공들여야 한다. 고된 연습과 훈련의 효과가 나타나는 건 언제나 최후의 순간이다. 어떤 일의 마무리 순간에 확인된다. 마음대로 진행되지 않았다면 명상을 하며 다음 과정을 진행하는 것도 좋다.

평소 감사하게 여기는 것들과, 현재를 기분 좋게 만드는 것들과, 내일도 과감하게 버려야 할 것들을 자기 마음속으로 챙기는 명상을 하는 것이다. 조물주가 되어가는 효과가 배가됨을 알 수 있다. 바로 바로 활력을 되찾는 데도 큰 보탬이 된다. 명상의 핵심은 정신을 집중하는 데에만 있지 않다. 정신이 방황하고 있다는 것을 알아차리는 데 있다. 이렇게 얻어야 할 것과 버려야 할 것을 서서히 확인하게 된다. 좋은 명상을 하면 기쁨이 충천한다.

그러나 추구하는 것에만 집착하면 현재 지니고 있는 것을 잃는다. 반대로 현재 가진 것에 감사하면 마침내 추구하는 것도 얻게 된다. 이렇게 하면 언제나 탁월한 실행이 된다. 조물주로 살아가는 생활에 성큼 다가서는 것이다. 그만큼 가능성이 커지고, 그러면서 관점의 중심을 잃지 않고 기울이는 일이 실로 엄청난 기회임을 알게 된다.

모든 힘은 밖으로 향하는 동시에 안으로 작용한다. 조물주가 되기 위해 기울이는 힘도 예외는 아니다. 사물은 형체가 굽으면 그림자가 굽고, 형체가 곧으면 그림자도 바르다. 조물주가 되기 위한 실행도 마찬가지다. 언제나 곧게 자기 마음속에서 실행의 힘을 쌓아가면 그 실행력의 힘이 쌓이고 쌓여 조물주가 되는 품성을 갖춘다.

박쥐는 음파를 발생해서 그 음파가 되돌아오는 것을 귀로 듣고 세계를 파악한다. 먹이를 구하는 것도 마찬가지다. 눈이 퇴화되어 있어도 선명하게 보고 있는 것처럼 활동한다. 조물주로 살아가는 길도 같은 이치로 확인할 수 있다. 먼저 부처 되어 조물주의 권능을 가진 스승님들이 살아갔던 길을 인내와 자기 실험을 통해 걸어가면 된다. 이런 공력功力이 자기를 초월하며 조물주가 되는 과정을 더 밝게 밝혀준다.

가치관이 세속적이고 이기적이면 공익정신과 이타심을 확립하는 것도 필요하다. 그 방법은 근원적인 일원의 진리 신앙을 바탕으로 스승의 가르침과 경전의 내용에 근거하여 사실적인 도덕의 훈련을 반복하는 것이다. 내가 지은 대로 고와 낙을 받으면서, 자작자수自作自受의 조물주인 내 마음이 천지·부모·동포·법률을 향하여 어떤 작용을 하느냐에 따라, 조물주가 되는 자연환경, 문화환경, 인연환경이 조성된다. 또한 이런 활동을 자신의 삶을 통해 무한히 반복하다 보면 자기 문제를 풀어갈 힘이 갖추어져 있는지 확인할 수 있다.

지금 나와 관계를 맺고 사는 사람이 우연히 만난 사람들이 아니라 모두 숙세의 인연으로 관계를 맺은 것이다. 그중에는 상생의 인연이 있는가 하면 상극의 인연도 있다. 국가와 민족, 지역의 문화와 생활환경도 내가 지은 인연을 따라 만난 것이며, 척박한 자연환경이나 아름답고 풍요로운 환경을 만나는 것 또한 조물주인 자신의 마음 작용에 따른 결과이다. 곧 내가 상대에게 지은 대로 상대로부터 행복이나 불행의 결과를 받게 되는 삶의 과정도 겪는다. 즉 대타업對他業을 행하는 것이다. 대타업을 행하면서 조물주가 자기라는 것을 깨달을수록, 이제까지 유지되어 온 삶의 방식도 자기 공력에 따라 바뀐다. 실행 여하에 따라 조금씩이라도 바뀐다.

지금까지 살아온 삶을 냉철하게 뒤돌아봐야 한다. 상생의 인연에는 더욱더 불공을 잘하고, 상극의 인연은 달게 받는 한편 상생의 인연으로 전환하는 당처불공을 해야 한다. 또한 인연이 부족하면 새로운 인연을 개척해야 한다. 천지 자연과 무정물도 그것이 가진 특성을 다 발휘할 수 있도록 불공을 들이면 언제나 나를 도와주고 성공과 행복의 길로 인도하여 준다.

우리의 성품은 불생불멸한 허공 마음이다. 아무리 찌든 습관이나 숙세의 상극 인연도 허공 마음을 회복하는 선심 공부禪心工夫를 지속하면 반드시 녹

여내고 좋은 방향으로 돌릴 수 있다. 정성을 들이면 반드시 이뤄지는 인과보응의 이치가 있기에 서원을 세우고 불공하면 성공할 수 있다.

그러므로 조물주이기를 바란다면 자습자성의 원리를 믿고 깨달아 부처의 습관을 길들이며, 조물주가 되려는 마음을 놓지 말아야 한다. 자작자수의 진리를 믿고 깨달아 사은의 복전에 무량한 복락을 심어 세세생생 마르지 않는 복록의 주인공이 되기를 더 굳게 서원해야 한다.

매주 수요일 교당에서는 수요정진기도를 올린다. 몇몇의 교도님들이 참석하고 있다. 조물주를 만나는 시간이다. 기대감으로 조물주가 바로 자신임을 알아채고 보여주는 시간이요, 성자가 되는 과정에서 흐뭇하게 미소 짓는 시간이다. 이렇게 자기 조물주를 스스로 확인해야 한다. 일원의 진리를 단 한 순간도 놓지 않는 것이 마음이 무디어지지 않는 길이다. 일상의 걸림돌을 디딤돌 삼아 자기에게 자꾸 공들여야 한다. 닦고 닦으면 재차 빛을 낸다. 자성은 상대가 없으니 너의 조물주라 해도 맞고, 나의 조물주라 해도 맞고, 내가 너의 조물주라 해도 맞는 말이다. 언제나 조물주인 자기 자신을 바르게 이끄는 동력이 본래 마음을 잃지 않는 것임을 상기해야 한다.

누구든 그 자리를 직관하여 깨닫도록 인도하는 소명을 갖고 있다. 그것이 소태산 대종사와 성자들이 이 땅에 오신 뜻이다. 자기 스스로 완벽히 비워내어 조물주가 들어서게 하는 마음을 놓지 않아야 '조물주관상造物主觀想'도 가능해진다.

사람들은 자신이 살아온 환경과 체험이 한정되어 있음에도 불구하고 자신의 경험이 사람들의 일반적인 경험이라고 생각하는 경향이 있다. 하지만 이런 사고방식은 오류를 낳게 한다. 자기의 마음을 자기 마음대로 활용하고 있는지부터 살펴야 한다. 자기 마음도 자기 마음대로 하지 못하면서, 상대의 마음과 경험을 자기 마음대로 하려는 욕심에서 자기 마음의 문제와 현실의 문제가 발생한다.

그러나 자기가 조물주라고 하는 특수한 상황에 대한 지식을 갖는다면, 우리는 어떤 열악한 상황도 극복할 수 있다. 기적과도 같은 성공의 결과물도 자기 스스로 만든다. 이런 사실을 바로 인식하고, 이 시대에 원불교 교도로 살아가는 존재가 된 것을 감사해야 한다.

거울은 마법의 도구 같다. 거울은 외면뿐만 아니라 때론 감춰진 감정까지 비춰준다. 자신감이 열등감으로 범벅될 때마다 비춰 보면서 상기하고 힘을 내게 하는 마법 같은 힘을 불러일으켜 주기도 한다. 얼굴이 한없이 우스꽝스러워질 때마다, 거울을 들여다보는 일을 통해서라도 자신의 콤플렉스를 깨야 된다. 거울 속 나의 조물주는 나니까. 되도록 이런 마음으로 거울이 아닌 거물E物이 된 조물주를 보도록 자기 마음을 바꿔야 한다.

43
주문

『대종경』 변의품 13장

원기102.8.13.

큰 공부를 하는 사람은 주문呪文을 외우는 정성과 정整함과 추醜함을 초월하는 마음을 내는 것이다. 주문의 사전적 의미는 '매혹하다, 마법을 걸다'이다. 주문 수련을 통해 심령이 맑아지고, 사물의 이치를 터득하며, 인격의 전환을 이루고, 원하는 바를 이룰 수 있는 자기 매혹의 힘을 얻어야 한다. 기도나 천도재 등 특별한 의례를 행할 때 주문을 독송하는 이유도 여기에 있다.

원불교의 대표적 주문으로는 성주聖呪와 영주靈呪, 그리고 청정주淸淨呪가 있다. 성주는 소태산 대종사가 직접 지은 것인데 비해, 영주와 청정주는 정산 종사가 예전을 편찬하면서 내린 것이다. 성주는 열반인을 위한 천도재나 기도에, 영주는 생존인의 소원 성취를 위한 기도에, 청정주는 특별한 재액이나 원진寃瞋의 소멸을 위한 기도에 주로 독송한다.

이런 주문을 정성 다해 열심히 외우면 공감 현상이 나타남을 느낄 수 있다. 자기가 느끼는 감정 속에 새로운 에너지가 흐른다. 주문의 매력은 일심을 집중해 독송하여 심력과 위력을 얻는 것이다. 마치 야구에서 타자가 정신을 집중해 친 타격이 안타나 홈런이 된 순간의 마음과 흡사하다고 말할 수 있다. 타자의 타격 결과로 득점하게 되는 것을 타점이라고 하지만, 마음을 닦는 공부도 자기의 정성과 공들임만이 큰 공부와 깨달음의 타점, 즉 힘으로 연결된다. 바로 이때 절정 경험絶頂經驗을 할 수 있다. 절정 경험은 특정 경험의 순간에 무아지경에 빠지면서 절대적 행복이나 환희에 빠지는 체험을 말하지만, 주문을 외우면서도 이런 경험이 가능하다. 주문 독송의 태도를 길들이는 게 좋다.

주문을 외우며 더 큰 힘을 얻기 위해 어떻게 해야 할 것인가를 기회가 될 때마다 자기 자신에게 질문해야 한다. 자기 안의 놀라운 능력은 이렇게 질문의 과정을 통해 다져지고 길러진다. 앞으로 나아가는 가능성과 잠재력에 초점을 맞춰 가면 더 큰 힘이 일상의 생활에서 발휘된다.

사람은 누구나 마음을 편안하게 만들 시간이 필요하다. 자기 마음이 갈등과 다툼질 앞에서 힘들어질 때마다 주문을 외우는 일은 상상 이상의 큰 힘이 된다. 다만 정성심이 지속되게 하는 일이 매우 중요한 일임을 깨달아야 한다. 자기 마음이 요란해질 때마다, 어리석어질 때마다, 나쁜 마음이 들 때마다, 원망하는 마음이 들 때마다, 그 짓누르는 마음을 주문으로 변화시켜야 한다. 긍정적인 마음을 깨워 좋은 감정을 채우기 위해 사용해야 할 가장 좋은 방법은 주문을 외우는 것이다. 틈만 나면 시간을 내어 세 가지 방법을 통해 더 편안하게 활용하자.

그 하나가 매일 시간을 내 주문을 외우는 것이다. 둘은 모든 일에 감사하며 주문을 외우는 것이다. 셋은 자기 꿈을 상상하며 주문을 외우는 것이다. 어떤 일이 불가능해 보이는 일임에도 문제해결의 문을 찾게 된다. 과거와 미래는 이런 한 생각을 통해 숨 쉬듯 연결된다. 주문을 통해 자기 생각과 일을 자기 마음속에서 연결하는 힘을 얻어야 한다. 삶의 모든 도구는 자기 욕망과 필요에 따라 그 쓰임이 변용되고 확장되는 것처럼 주문을 외우는 것도 마찬가지다. 그날그날의 삶을 더 즐겁게 하기 위해서라도 주문을 정성껏 외워 볼 일이다. 주문을 외울 때마다 기쁨과 행복이 서서히 퍼질 것이다. 사람들이 불행해지는 방법은 두 가지가 있다고 한다. 하나는 원하는 것을 갖지 못하는 것이고, 둘은 원하는 것 모두를 갖는 것이다. 에크하르트 톨레의 말이다. 이럴 때마다 주문을 외우는 것이다. 평화로울 수 있는 유일한 기회는 지금 이 순간밖에 없다.

어떻게 하면 지금 평화로울 수 있는가? 현재의 순간과 한마음으로 감사하는 것이다. 현재의 순간은 삶의 놀이가 일어나고 있는 장이다. 삶의 놀이는 다른 곳에서 펼쳐질 수 없다. 현재의 순간에 감사하면 행복해진다. 모든 성공과 행복의 비밀이 전하는 세 단어에 응축되어 있음을 깨닫게 된다. 바로 자기의 일상적인 '삶과 하나가 되기'이다.

삶과 하나가 되는 것은 현재의 순간과 하나가 되는 것이다. 그때 자신이 삶을 사는 것이 아니라, 삶이 자기를 지켜준다는 것을 깨닫는다. 현실을 원망할수록 묘하게 손해만 본다. 현실이란 무엇인가? 지금 일어나고 있는 일 속이다. 석가모니 부처는 그것을 '삶의 본래 그러함'이라 불렀다. '삶의 본래 그러함'이란 이 순간의 본래 그러함뿐이다. 그 본래 그러함에 대해 대항하지 않고 감사하기 위해 주문을 외울수록 자신을 사랑하게 된다. 불행한 마음으로부터 멀어지는 것이다.

주문을 시시때때로 외울수록 좋다. 어느 때부터인가 시들한 마음이 부풀어 오르고 꽁꽁 얼어붙은 가슴도 얼음이 녹아내린 듯 시원해진다. 또 험난한 인생길 위에서도 대안을 찾는 여유를 갖게 된다. 『명심보감』에서는 '욕지미래 선찰이연欲知未來 先察已然'이라 했다. 자기의 미래를 알고 싶으면 먼저 지난 일을 뒤돌아봐야 한다는 말이다. 이적초앙以積招殃과 자초지앙自招之殃을 멀리 하기 위해서라도 늘 주문을 외우며 자기를 뒤놀아 볼 필요가 있다.

44
삼명육통

『대종경』 변의품 18장

원기102.8.20.

대산 종사는 "삼명육통三明六通은 대각의 경로를 따라 나타나며, 그 순서로는 허령虛靈이 열리고, 지각知覺이 열리며, 신명神明이 통하는 증상이 나타나는데 정로正路가 아니므로 호기심을 가질 필요는 없다"라고 말씀하신 바 있다.

그러나 자기 존재의 수준에 대해 물음을 던질 수 있는 삼명육통의 공부에 대해서는 관심을 가질 필요가 있다. 여기에서 삼명은 숙명명宿明明 천안명天眼明 누진명漏盡明이고 육통은 숙명통宿命通 천안통天眼通 천이통天耳通 타심통他心通 누진통漏盡通 신족통神足通을 말한다. 삼명은 삼달三達 또는 삼증법三證法이라고도 한다.

심신을 닦으면 이렇게 자성 공덕自性功德인 삼명육통의 힘과 신통력을 갖춘다. 그러나 부처의 경지도 천층만층으로 진리에 대한 깨달음의 내용도 크고, 작고, 넓고, 좁고, 깊고, 옅고, 영원하고, 일시적인 것으로의 차이가 난다고 했다. 그렇기에 소태산 대종사는 대원정각만은 진리의 한 부분이 아닌 진리 전체를 깨친 경지라 했다. 진리를 가장 원만하고 크고 바르게 깨친 경지이므로 도통·영통·법통을 다 얻을 수 있다는 것이다.

이런 사실과 진실만을 분명하게 믿어야 한다. 그러면 이미 정해진 삼명육통의 의미와 내용을 통해, 어느 정도의 공부수준까지 다다른 사람인지 생각하는 것만으로도 나름 소중한 기쁨이 된다. 자기 스스로 어떤 존재로서 체화된 진실을 찾을 수 있기 때문이다. 언제나 진실은 모순으로 인해 빛난다는 말도 마음 깊이 생각할 필요가 있다. 사람들은 미래의 교훈도 과거를 통해 얻는다. 과거라는 둥지에서 미래라는 알이 부화하듯이 공부한 과거의 흔적을 통해 현재 존재하는 자기를 탐구한다.

중국 송나라 때 고서古書인 『통감절요通監節要』에는 '해납백천 유용내대海納白川 有容乃大'라는 글귀가 있다. 뜻풀이를 하면 바다는 모든 강물을 받아들이기에 바다는 더욱 커진다는 것이다. 수용과 활용을 통해 더 깊어지고 넓어지는 마음의 본질 때문이다. 진리와 연결되는 과정을 더 밝게 하고 더 잘 통하게 해야 한다. 진리에 도달하는 길은 의문과 연마를 통해서만 가능해진다. 시간의 형식과 공간의 형식을 넘나드는 마음공부를 통해 자기 나름의 명明과 통通에 이르는 마음 바탕을 더 깊고 넓게 할 필요가 있다. 불만의 시간은 짧아지고 감사의 시간이 길어진 삶을 산다.

사람들은 항상 자기 가능성을 더 밝게 선택하는 길로 간다. 자신이 진리와 더 밝게 이어지기 때문일 것이다. 어떤 사물과 대상을 바라볼 때도 가장 밝게 잘 활용할 수 있는 자기 습관을 들이면 그만큼 가능성을 열어 가는 마음의 문이 열리고, 또 힘을 얻게 된다. 이렇게 시비 이해를 초월하는 길에 설 힘을 갖는 것이 중요하다. 걸림돌도 자연스럽게 사라진다. 이런 성취 없이 행복은 존재할 수 없다.

인생길을 뒤돌아보면 항상 무의식적인 저항이 문제였다. 마음의 힘이 없으면 현실의 고통과 번뇌를 극복하지 못하고 내재된 무의식적인 저항으로 인해 주저앉고 만다. 그 저항은 생각의 차원에서 보면 판단의 형태를 띠고,

감정의 차원에서 보면 부정의 형태를 띤다. 그러나 지금, 이 순간을 있는 그대로 받아들이고 존중할수록 우리는 고통과 번뇌로부터 벗어날 희망을 본다. 어두운 마음에서부터 자유로운 마음의 밝은 빛이 어떻게 느껴지는지, 어떻게 나아가야 하는지 알게 된다. 바로 자기의 실체를 있는 그대로 볼 수 있다.

마음을 닦는 일은 그냥 하염없이 공부의 기회를 기다리며 성취하는 것이 아니다. 자기 자신이 법신불로서의 명과 통을 생각하며 삶을 더 알차게 변화시킬 지혜를 닦고, 힘을 얻는 실행을 지속해야 한다. 훨씬 더 충만된 기쁨으로 평화롭게 살 수 있다.

삶의 건강함을 깨닫는 힘을 지녀야 한다. 삼명육통의 수준까지 이르지는 못했다고 하더라도 어느 순간에도 기쁘고 행복하고 평화롭게 존재할 정신의 명과 통의 힘을 지니기에 힘써야 한다. 그리하려면 안 된다는 고정관념과 부처를 바라보는 짧은 시선을 극복해야 한다. 안 된다는 고정관념과 부처를 바라보는 짧은 시선으로는 더 큰 공부를 성취할 수 없기 때문이다.

45
사은의 행렬과 명호

『대종경』 변의품 23장

원기102.8.27.

소태산 대종사는 일원상의 내역을 말하자면 곧 사은이요, 사은의 내역을 말하자면 곧 우주 만유로서 천지·만물·허공·법계가 다 부처 아님이 없다고 하셨다. 진리를 은의 관점에서 천지·부모·동포·법률이란 시공간적인 존재론적 형태로 구분하고, 이런 관점에 중심을 기울여 법신불 사은法身佛 四恩이란 신앙적 명호를 사용했다.

이와 같은 호칭에 곧바로 이해가 어려웠던 한 제자가 "왜 사은에 경중이 있어서 천지·부모는 하감지위下鑑之位라 하고, 동포·법률은 응감지위應鑑之位라 하나이까"라고 질문을 했다. 이에 소태산 대종사는 "사은의 경중에 있어서 논할 것이 없으나, 항렬로서 천지·부모는 하감지위라 하고, 동포·법률은 응감지위라 칭한다"고 가르쳤다.

진리의 본질적인 사은성四恩性을 형태론적으로 나열한 사은상四恩相임을 알 수 있다. 은혜의 존재양태에 따른 분류로서 천지·부모·동포·법률의 사은상과, 은혜의 성격에 따른 특성 분류로서의 천지은성·부모은성·동포은성·법률은성으로 구분한 것이다. 바로 무한생성의 은혜인 천지은天地恩, 대자비

생육의 은혜인 부모은父母恩, 상생상화의 은혜인 동포은同胞恩, 공명정대한 은혜인 법률은法律恩의 순서로 규정했다. 이런 사은상은 화신불化身佛과 보신불報身佛의 의미를 지닌다고 볼 수 있다.

화신불과 보신불은 삼신불三身佛의 하나이다. 일체중생을 제도하기 위해 그들의 근기와 상황에 맞춰 인연 따라 다양한 모습으로 화현하여 나타난 부처님이 화신불이다. 넓은 의미에서는 삼라만상이 모두 화신불이다. 화신불에는 정正화신불과 편偏화신불이 있다. 정화신불은 법신불의 진리를 그대로 받아 화현한 불보살을 이르며, 편화신불은 법신불의 진리를 그대로 다 받지 못한 범부·중생을 말한다. 또 보신불은 수용신受用身이라고도 한다. 수용신이라고 하는 까닭은 선근 공덕善根功德의 과보를 수용하는 불신佛身이기 때문이다. 다시 말해서 정진 적공과 선근 공덕의 서원誓願이 완성됨에 따른 보과報果로써 얻어지는 부처이다.

이렇듯이 사은상은 유일 절대의 법신불이 중생의 근기와 상황에 상응하여 향하문적向下門的으로 전개된 다양한 응화신불의 의미를 지닌다면, 사은성은 법신불 그 자체의 무량 은혜성덕이라는 향상문적向上門的 보신불의 의미를 지닌다고 볼 수 있다. 형태론적 측면으로서의 사은상과 본질론적 측면로서의 사은성이라는 양면적 숭고함은 하나의 단어처럼 신앙의 명호로 연결되어 새로운 극복의 가능성을 찾는 빛이 되고 있다.

이를 전제하면서 사은 각각에 대해 살펴본다. 먼저 천지은은 생성의 대도로써 만물의 존재를 보전하여 생존케 하는 생명의 근원이다. 곧 법신불의 화현으로써 천지 자체의 존재성과 그 진리적 작용이 모든 생명체의 생존에 없어서는 살 수 없는 생존적 관계 그 자체를 천지은이라고 말한다. 천지에서 입은 은혜를 가장 쉽게 알리는 방법으로서, 『정전』 '천지피은의 강령'에서는 무엇보다 '없어서는 살지 못할 관계'를 역설하고 있다. 신앙이란 새로운 세계로 들어가는 문을 없어서는 살지 못할 은혜의 관계를 통해 설명하고 있다. 곧 천지은에 있어 가장 기본적인 의미는 천지 자체의 존재성과 함께, 그것이 모든 생명체와의 관계에 있어 없어서는 살지 못할 생존적 관계에 있다는 점이다. 없어서는 살 수 없는 은혜 때문이다.

이렇게 보면 천지가 존재하는 그 자체부터 큰 은혜이다. 천지에 생성의 대도大道가 있어 그 운행에 따라 만물이 화육하고, 그 가운데 삼라만상이 유기적 생존 관계로 얽혀 자연현상의 진리적 작용이란 은혜를 입는다. 그러므로 법신불 신앙이 깊어지면 생각이 깊어지고 행동이 두렷하게 달라진다. 법신불의 은혜 없이 이뤄지는 일은 없다는 말이 진리임을 깨닫는다. 절대적이고 본질적인 사은성을 현실에서 찾는 마음을 내야 한다. 더 은혜로워져야 더 크고 넓은 세상으로 나아갈 수 있다는 마음을 내는 것이다. 스스로 법신불로서 묻고 답하며 살아갈 때 신앙성이 더 깊어진다.

소태산 대종사는 인간이 사는 이 세상을 천지은·부모은·동포은·법률은이 가득 찬 희망적인 세계로 봤다. 보다 더 살맛 나는 세계이며 미래지향적인 세계라 할 수 있다. 혼란과 무질서로 가득 찬 지옥 세계가 아니라, 사은으로 가득 찬 희망차고, 즐겁고, 아름답고, 밝은 세계라고 한 것이다. 그러나 사람들은 허무·고통·절망·죄악·번뇌로 신음하고 방황하는 삶을 살기도 한다. 하지만 법신불 사은의 큰 은혜와 축복 속에 태어났음을 알았으니, 감사 보은 생활로 즐겁고 행복한 상생 상화의 삶을 살아야 한다.

이런 숭고한 의미를 법신불 사은의 명호名號를 부르는 마음속에 담아낼수록 더욱 은혜에 충만함을 느낄 수 있다. 법신불에 대한 자기 이해와 자기 제화를 더 깊게 하는 기쁨이 뒤따른다. 법신불의 명호를 더 친근하게 부를수록 진정한 자유도 더 편안하게 느낄 수 있다.

각자 자기가 느끼는 무한한 법신불의 은혜를 통해 법신불의 권능인 신공과 묘유와 인과의 작용성을 생각하는 것만으로도 자기 마음에서 새 삶에 대한 의욕이 솟아나게 한다는 사실을 한시도 잊어선 안 된다. 법신불 사은의 명호를 친근하게 부르는 일로부터 자기 성장을 한없이 돕는 일상의 힘이 솟아남을 새롭게 느낀다. 지금 이 순간에 감사하고 마음껏 즐길 수 있는 기도를 하면 누구보다도 더 큰 광명과 위력을 얻는 신앙인이 된다는 사실을 상기할 필요가 있다.

46
상시응용·교당내왕시 주의사항과 삼학과의 관계

『대종경』 변의품 26장

원기102.9.3.

상시응용 주의사항은 소태산 대종사가 삼학을 분해하여 제정한 것이다. 각 조목을 동·정 두 사이로 나누어 실제의 마음공부에 적용해 보라고 하였다. 그리고 상시응용 주의사항과 교당내왕시 주의사항의 관계도 상세히 밝혔다. 상시응용 주의사항은 유무식 남녀노소 선악 귀천을 막론하고 인간 생활에서 상시로 공부할 수 있는 빠른 법이고, 교당내왕시 주의사항은 상시응용 주의사항의 길을 도와주고 알려 주는 법이 된다고 하셨다.

이렇게 가르침의 내용과 관계성을 충분히 잘 이용하는 것이 활용活用, 가르침의 원리나 지식을 실제 생활에 응용하여 적용하는 것을 응용應用, 가르침을 늘 마음에 새겨 두고 조심하며 모든 일이 좋은 일이 되도록 그 실행에 주의하는 것을 주의注意라고 말한다. 이 같이 일상생활에서 상시응용 주의사항과 교당내왕시 주의사항의 실행여부를 통찰하는 일은 매우 중요하다. 그 실행의 결과로 개개인의 삶을 더 은혜롭게 하는 작용성의 발현이 좌우된다. 이런 조항과 관계성을 활용하고, 응용하고, 주의하면서 무쇠 솥 길들이기처럼 더 알차게 살아갈 필요가 있다.

세기의 축구 스타였던 베컴은 자산 5억 파운드의 부자임에도 18세 된 아들에게 시급으로 4,600원을 받는 커피숍 아르바이트를 시켰다. 가수 마돈나의 17세 아들은 자전거로 음식 배달하는 아르바이트를 했다. 그리고 오바마 전 미국 대통령의 딸 사샤는 매사추세츠주 유명 휴양지에 위치한 아버지의 단골 해산물 음식점에서 시간당 12~15달러를 받고 일했다. 왜 이렇게 인생을 가르칠까? 땀과 피와 눈물을 흘리며 돈의 가치를 깨달은 사람들이 알찬 인생을 산다는 신념 때문이다. 삼학 공부를 시키고 있는 것이다. 일심·알음알이·실행을 유의하게 한다. 또 어려서부터 상상의 눈으로 세상을 바라보는 것에서 그치지 않고, 경쟁의 결과를 자연스럽게 받아들이며 현실의 문제를 풀어내려는 교육 가치를 구현하고 있는 셈이다.

　인생에서 우리가 누리는 풍요가 그냥 생산되는 것은 아니다. 최선을 다한 후의 인과성과 연결돼 나타난다는 것을 깨달을 수 있다. 스승님들로부터 배우고 익힌 지식을 활용하고, 응용하며, 주의하는 공부를 도외시해서는 안 된다. 더 알찬 인생이기를 바란다면 상시응용 주의사항과 교당내왕시 주의사항을 삼학에 연결하여 잘 활용하고, 응용하고, 주의하는 실행을 더욱더 기울일 필요가 있다. 단문의 내용으로 인식하고, 서로 연결시켜 인식하며, 그물망 같은 일 속에서 실행하고 통찰하면서 더 잘사는 인생의 길을 걸어야 한다.

　인간 사회에서는 끊임없이 변화가 일어난다. 사람이든, 조직이든 변화하지 않고는 잘살 수 없다. 잘살 수 있는 변화를 바란다면 현실에서 분발과 배움의 실행에 유의해야 한다. 변화와 도태 중에서 변화를 선택해 나아가고 싶다면 상시응용 주의사항과 교당내왕시 주의사항을 서로 연결시켜 삼학을 겸수하는 사람이 되어야 한다. 순간순간에도 스승님들의 가르침을 활용하고, 응용하며, 주의하는 것에도 능수능란한 사람으로 바로 서야 된다.

　지금까지 배우고 익힌 스승님들의 가르침을 잘 활용하고, 응용하고, 주의

하고 있는지, 자신이 걸어온 삶의 길을 뒤돌아 보며 다시 큰 뜻을 품는 변화를 시도하는 게 좋다. 상시응용 주의사항과 교당내왕시 주의사항을 삼학과 연결시켜 효과적으로 활용했는지, 응용했는지, 주의했는지 알아차려 자기를 통찰해야 된다. 이렇게 실행하기를 지속한다면 어디에서든지 더 자유롭게, 더 알맞게 살 수 있다. 항상 적절한 타이밍에서 활용하고, 응용하고, 주의하기에 힘썼는지 생각하기를 게을리하지 말아야 한다. 아무리 옳은 결정이라도 시간을 너무 오래 끌면 의미가 퇴색된다. 어떻게 실행할지 그 형세를 따라 바르게 실행할 필요도 있다.

어떤 일을 결정할 때는 자신이 감당할 수 있는 범위를 확고히 해 생각하고 응용하기를 망설이지 않아야 한다. 늘 자기가 경험하는 크고 작은 일이 100% 옳은 결정과 실행이 되도록 힘써야 한다. 최선의 결정이었는지를 되짚어 볼 필요도 있다. 이런 반성이 먼 훗날 후회스러운 결과보다는 자신감 있었던 결정으로써 기쁨을 키우는 일이 된다.

47
견성과 항마위의 승급

『대종경』 변의품 34장

원기102.9.10.

　견성見性이란 자기 성품을 본다는 말이다. 일원상一圓相과 같이 원만구족하고 지공무사한 각자의 성품을 증득하여 자기를 보다 명확하게 아는 것을 견성이라 한다. 견성은 내면의 눈을 뜨는 것이다. 내면을 보고 또 보다가 자신의 불성을 확고하게 복원하는 것이다.

　이를 소태산 대종사는 거부 장자가 자기의 재산을 자기의 재산으로 알지 못하고 지내다가 비로소 알게 된 것과 같다고 비유하며 가르쳤다. 이런 경지의 체화가 완전무결해져서 몸과 마음을 거느리고 다스리고 부려 쓰는데 아무런 문제가 없이 자연스럽게 자유자재할 수 있어야 한다. 그래서 견성을 일대사라고도 말하며 수행의 제일 목적으로 삼는다. 스승님들은 견성을 꾸어서라도 하라고 하셨다. 견성을 못하면 생사윤회를 면치 못하며, 고꿈에서 벗어날 기약이 없기 때문이다.

　『대승기신론』에 의하면 "우리의 한 마음一心엔 두 개의 문二門이 있는데 하나는 진여문心眞如門이고, 또 하나는 생멸문心生滅門이 있다"라고 했다. 진여는 참 나에 대한 한문 표현이며 초기 견성을 하기 위해서는 끊임없이 생멸을 반복하고 있는 생각, 감정, 오감을 모두 내려놓아야 진여에 들 수 있게 된다고 한다. 진여를 찾기 위해서는 생멸이 없는 그 자리를 찾아야 한다. 그러나 생각·감정·오감은 끊임없이 생주이멸生住異滅을 반복하기 때문에 생각처럼 쉽게 찾아지지 않는다. 하지만 견성을 하면 내 생각과 감정을 객관화하여 자기를 바라보고, 필요 없는 생각과 감정을 정리할 수 있는 지혜를 갖게 된다. 이는 선정과 지혜를 함께 닦은 결과여서 정혜쌍수定慧雙修로 얻은 깨달음의 지혜라고 말한다.

소태산 대종사는 견성을 못하면 정식 법강항마위에 승급하지 못한다고 하셨다. 이제부터라도 정진 적공에 관심을 기울여 항마도인降魔道人이 되기에 힘써야 한다. 자꾸 안 된다고 이야기하지 말고 안 되더라도 해 보자는 마음을 가져야 한다. 이렇게 정진 적공을 이어가며 오르는 정식 법강항마위의 법위는 원불교 법위등급 가운데 네 번째 계위階位에 속한다. 법위는 3급과 3위의 6단계 법위 단계가 있다. 3급은 보통급 특신급 법마상전급이고, 3위는 법강항마위 출가위 대각여래위로 구분한다.

법강항마위는 법력으로 사마邪魔를 스스로 물리치는 힘을 갖춘 경지로, 중생 세계를 벗어나 불보살 세계로 들어가기 시작하는 계위이다. 삼십계문을 철저히 지키게 됨은 물론, 자기 마음을 항복받아 자기 마음대로 활용할 수 있는 힘을 얻은 사람이 오른 계위이다. 법사法師는 통상 이 4단계까지이고, 5단계 출가위와 6단계 대각여래위는 정사正師로서 출가出家하여 이를 수 있는 경지의 계위이다.

『정전』 수행편 제17장 '법위등급'에서는 "법마상전급 승급 조항을 일일이 실행하고 예비법강항마위에 승급하여, 육근을 응용하여 법마상전을 하되 법이 백전백승하며, 우리 경전의 뜻을 일일이 해석하고 대소 유무의 이치에 걸림이 없으며, 생로병사에 해탈을 얻은 사람의 위이다"라고 했다. 곧 우수

만유의 본래 이치를 깨달아 마음속의 법法과 마魔가 싸우되 법이 백전백승하는 초성위初聖位이다. 삼십계문 외에 각각의 처지와 장단을 고려한 심계心戒를 따로 두고 세밀하게 삼학 공부를 하여 해득한 사람이 오른다.

신체감각은 바람처럼 수시로 바뀐다. 몸에 느껴지는 그 감각에 따라 행복하기도 하고 불행해지기도 한다. 바로 그 순간이 법력을 시험하는 시간이다. 그리고 비참하게 느끼던 감각을 자기를 단단하게 만드는 고마운 경험으로 받아들이면 입가에 미소가 번진다. 그것이 체화한 법의 위력이다.

항마의 길을 보다 더 자연스럽게 걸으며 인생의 중요한 일 3가지 해답을 찾아야 한다. 이 3가지를 응용하는 공부 삼으면 언제든지 법이 백전백승하는 길을 열어갈 수 있다. 인생 3걸의 의미를 보다 확실히 인식하고 보다 더 적극적으로 실행하게 된다. 깨달으면 깨달을수록 이 3가지에 공들이는 사람이 된다. 이렇게 살다보면 좀 더 잘할 걸, 좀 더 열심히 할 걸, 좀 더 빨리 공부할 걸이란 3걸을 상기하며 더 기쁘게 항마의 길을 가게 된다.

이렇게 나아가면 교단으로부터는 정사의 법계를 받게 되며, 부모님은 소희사위小喜捨位가 된다.『대종경』불지품 9장에서는 "법위가 항마위만 오르더라도 천인 아수라가 먼저 알고 숭배하나니라. 그러나 그 도인이 한 번 자취를 감추려들면 그 이상 도인이 아니고는 그 자취를 알 수 없나니라"고 했다. 또『대종경』변의품 34장에서는 "견성을 못한 사람은 정식 법강항마위에 승급할 수 없음"을 명시하고 있다.『대종경』성리품 20장에서는 "수양하는 데 견성이 무슨 필요가 있나이까" 라는 질문에, "국문에 본문을 아는 것과 같나니라"고 했고, 성리품 21장에서는 "견성을 하면 우주 만유의 본래 이치를 알게 되고 목수가 잣대와 먹줄을 얻은 것 같이 되나니라"고 하여 참다운 공부를 하기 위해서는 성품의 본래 자리를 보는 견성이 필수적임을 말하고 있다. 하지만 법강항마위는 첫 성위에 해당하는 법위이므로 일률적으로 받아 지키는 계문은 두지 않으나, 각각의 처지와 장단을 고려하여 특성에 따라 각자의 마음속에 선정選定하여 지키는 계문인 심계를 둔다.

대산 종사가 소태산 대종사께 질문했다. "법강항마위부터는 계문이 없사오니 취사 공부는 다된 것이오니까?" 대종사 말씀하시기를 "법강항마위부터는 첫 성위에 오르는지라 법에 얽매이고 계문에 붙잡히는 공부는 아니하나 안으로는 또한 심계가 있나니 그 하나는 자신의 수도와 안일만을 위해 소승에 흐를까 조심함이요, 둘은 부귀향락에 빠져 본원本願이 매각될까 조심함이요, 셋은 혹 신통神通이 나타나 함부로 중생의 눈에 띄어 정법에 방해될까 조심함이니라. 이밖에도 수양·연구·취사의 삼학을 공부하여 위로 불지를 더 갖추고 아래로 자비를 더 길러서 중생을 제도하는 것으로 공을 쌓아야 하나니라"고 했다.

자신조복自身調伏으로 위법망구爲法忘軀하며, 법상法相에도 얽매이지 않는 힘을 지녀야 한다. 남을 용납 못 하는 청병淸病에 걸리지 않도록 주의하는 등의 심계를 가질 필요가 있다.

한 남자가 매일 바닷가에서 갈매기와 어울려 놀았다. 그러던 어느 날 갈매기 한 마리를 잡아 올 생각, 즉 기심機心으로 바닷가에 나갔더니 갈매기가 단 한 마리도 다가오지 않았다. 3대 도가道家 경전 중 하나인 『열자列子』에 나오는 이야기다. 기심은 '어떤 의도된 목적과 계획을 가지고 대상에게 접근하는 것'을 가리키는 말인데, 간교하게 속이거나 책략을 꾸미는 마음을 뜻하는 기계지심機械之心과 동의어이다. 결과가 때로는 '그르치다'로 이어지는 이유가 바로 여기에 있다.

기심과 교만은 비우고, 감사와 겸손을 채워서 사람의 마음을 얻는 득심得心의 하루하루가 되게 해야 한다. 바로 항마도인을 소망하며 할 일이다. 더 나은 미래를 만들어 갈 역량이 강화되고 모든 생명이 행복해야 자기가 행복하다는 것을 깨우치게 된다. 그러기 위한 시불侍佛, 봉불奉佛, 활불活佛의 생활을 기쁘게 체화해가야 한다. 이렇게 공부하면 우주 만물이 항상 돌고 돌아 변하여 잠시도 한 모양으로 머무르지 않는 제행무상의 인생이라 할지라도 그 시간의 여행이 즐거워진다. 마음속에서 터득한 대로 손이 저절로 따라 응수한다는 뜻의 득심응수得心應手란 말이 있지만, 득심得心의 기운이 뜨겁게 타올라 새로운 활력이 된다.

48
생사해탈

『대종경』 변의품 37장

원기102.9.17.

해탈解脫이란 인생의 결박이나 장애에서 벗어난 해방과 자유를 의미한다. 진리와 이치를 확고히 인식하면 가능해진다. 오래된 생활에서 벗어나 불생불멸하는 진리와 인과보응하는 이치에 불안감이 없는 마음으로 살 수 있을 때 도달하는 궁극적인 경지다.

그런데 왜 결박과 장애를 느끼는가? 끊임없이 내적 고통을 겪는 이유는 집착과 주착하는 마음 때문이다. 이런 경험 때문에 괴로움에 사로잡히는 것이다. 고통뿐 아니라 불행의 원인이 된다. 그런데도 아픈 과거를 안고 살아간다. 그래서 슬플 때는 슬픈 사건 위주로 기억이 나고, 억울할 때는 과거의 기억 중 억울한 일만 떠올리게 된다. 긴 시간 아픔을 가진 사람을 보면 이 현상이 극명하게 나타난다. 뜨거운 불덩이 하나를 품 안에 넣고 살아가는 것과 같다. 이런 사람이라면 자신이 감정적인 문제를 어떻게 겪고 있는지 통찰해야 한다.

하지만 이런 사실을 알면서도 기억의 지배에서 벗어나기는 쉽지 않다. 잊고 싶고, 떠나보내고 싶어 온갖 시도를 다 해도 버섯이 눈 앞에 펼쳐지는 기억을 자기 힘으로는 어찌할 수 없을 때가 있다. 이런 현상을 재경험再經驗이라고 부른다. 상처가 과거에 머무르지 않고 현재에 폭탄을 터트리는 현상을 말한다.

자꾸만 자존감이 떨어질 때 이 불덩이는 자기를 활활 태워버리는 위험한 무기로 돌변한다. 그러나 이 불덩이의 크기와 강도는 사람마다 다르다. 하지만 어느 정도의 거리를 뒀느냐에 따라 자존감이 지켜지기도 하고, 홀라당 타버리기도 한다.

그러므로 과거를 떠나보내기 위해서는 좀 더 적극적인 방법을 써야 한다. 현재 생각 모두를 다 내려놓아야 한다. 내려놓는다는 말은 사실 현실을 받아들인다는 것의 다른 말이다. 먼저 감정을 있는 그대로 마주하고 그 감정에서 한걸음 비켜나 객관적으로 바라봐야 한다. 이런 사소한 변화를 통해 더 성장한다. 이런 균형감을 통해 나아간다면 급변하는 감정의 소용돌이를 자신만의 정화수로 만들 수 있다.

중요한 건 자기 변화를 믿는 태도이다. 다만 변화는 천천히 온다는 걸 명심해야 한다. 누구나 소나기 속을 걸으면 온몸이 젖으리란 걸 안다. 하지만 변화란 보이지 않는 안개 속을 걷는 과정과 비슷하다. 헤매며 걷다 보면 결국 안개에 온몸이 젖게 된다.

세상의 모든 것은 서로를 비추어주는 관계 속에서 더 좋은 모습으로 존재한다. 세상은 하나의 고리처럼 연결되어 있어, 그중 하나가 아프면 다 같이 아프다. 개인사도 마찬가지다. 어떤 문제로 아파하면 모든 게 힘들어진다. 좀 더 편안해지기를 바란다면 이제 이런 사실에 마음의 문을 열어놓아야 한다. 과거의 기억이 감정을 부른다는 사실을 바르게 인식해야 한다.

당연한 말이지만 불행한 기억에 사로잡혀 있으면 부정적인 감정만 든다. 그런데 부정적인 감정에 빠지면 자연스럽게 과거의 기억 중 더 부정적인 사건만 떠오른다. 분명 중간에 좋았던 일도 있었건만 그것들은 잘 떠오르지 않는다. 이런 인식認識의 경로 때문에 진정한 자유는 내 생각으로부터의 자유에서 비롯된다. 따라서 자기 몸과 마음을 긍정하는 변화를 일으켜야 한다. 내 몸 안에서 느껴지는 평화로움이 몸 밖에도 가득하다는 것을 새삼스럽게 확인하게 된다. 자기 생각과 감정에 집착하지 않게 되는 것이다.

자기를 긍정하는 변화는 남의 시선에 얽매이지 않고 자신의 있는 모습 그대로 인정하는 것에서 출발한다. 깊은 사랑은 이해를 초월한다. 좋은 업은 이런 선택을 통해 만들어진다. 사람들은 이럴 때 성장한다.

세상에 살면서 용기를 내서 하는 모든 행위가 업이다. 그 결과로 육도를 돈다. 인과 따라 돌고 돈다. 인과의 법칙이 절대적으로 적용된다. 선업善業인지 악업惡業인지에 따라 낙과樂果와 고과苦果가 따른다. 선업의 과보는 천상이요, 악업의 과보는 지옥이며, 탐욕의 과보는 아귀, 성냄의 과보는 수라, 어리석음의 과보는 축생이 된다 했다. 즉 자신이 지은 업에 따라 또 다른 인생을 사는 것이다.

다만 다른 것은 돌고 도는 것뿐이다. 그 본성에 있어서는 죽고 사는 것이 아니며 영원성을 지닌 일이다. 인연 따라 겉모습만 바꾼다고 했다. 모든 존재를 바라볼 때 생과 사, 유와 무, 진급과 강급, 주고 받음이 자인자득인 것을 아는 것이 공성空性의 올바른 이해이다. 그래서 불생불멸과 음양상승과 인과보응이 인연가합因緣假合의 공식이 된다. 이처럼 윤회는 마치 수레바퀴가 끝없이 굴러가는 것과 같다. 인간이 번뇌와 업에 따라 생사의 세계를 왔다 갔다 되풀이하며 그치지 않는 것이다. 해탈은 이러한 상태에서 벗어나 열반의 상태에 이르는 것이다. 열반은 원래 '불어 끈다'는 뜻을 가진 말이었다. 해탈解脫했다고도 한다. 탐·진·치貪·瞋·痴의 세 가지 독심毒心을 끊고 고요해진 평정의 경지를 뜻한다. 그리고 깨달음을 얻어 해탈한 마음은 번뇌의 불꽃이 모두 사그라진 재와 같아서 기쁨과 즐거움으로 가득하게 된다.

해탈은 신神에게서 오는 것이 아니다. 지혜, 즉 반야般若를 증득證得함으로써 스스로 이루는 것이다. 무명無明을 멸하면 생사의 괴로움으로부터 해탈한다고 한다. 무명은 인간의 번뇌를 생성하는 원인으로 이는 곧 무지無知를 뜻한다. 번뇌 생성의 원인인 무지를 탈각脫却하며 생사 해탈의 경지에 다가서야 한다.

마음은 늘 요동친다. 마중물을 붓고 펌프질을 해야 물이 나오는 것처럼 마음 또한 그렇다. 그러니 보다 몸과 마음이 강해지고 싶다면 방법은 단 한 가지이다. 그냥 강해져야 한다. 번뇌 망상이 끝없이 일어나고 사라짐을 반복할지라도 강해지려면 계속 진급하는 일을 시도해야 한다. 성공신화와 스토리를 만들어내며 긍정적으로 전환하는 데 전력을 기울여야 한다. 그래야 선업만을 짓고 살며, 번뇌 망상을 자기의 강력한 마음의 힘으로 끊어내는 사람이 된다.

이렇게 삶의 진급은 깨달은 마음보다도 먼저 현재 취하고 구하고 원하는 마음에서 진행될 소지가 높다. 어떤 상황에서도 바꾸거나, 받아들이거나, 떠나거나 한다는 3가지 선택이 가능하다는 걸 알아야 한다. 자기를 바꾸고 싶은데 바꾸지 않는 것과, 떠나고 싶은데 떠나지 않는 것과, 받아들이고 싶은데 받아들이지 않는 것이 항상 문제이다. 망상이란 바로 이런 일에서 비롯된다. 사물의 실상實相을 제대로 보지 못하고 자신의 관점으로만 판단하고 이해하는 것에서 비롯된다. 그래서 망상을 전도顚倒된 마음이라 한다. 잘못된 생각은 때로는 불안과 공포, 근심과 걱정, 분노와 증오로 변질된다. 희로애락과 우비고뇌憂悲苦惱가 이런 망상에서 기인되고 끝없는 괴로움의 원인이 된다. 불행은 대개 이런 몸부림과 혐오감에서 증폭된다.

스승님들은 삶에서 가장 시급하고 중대한 것이 생사해탈生死解脫이라고 했다. 가르침은 받아들이고 인생의 모든 짐을 그냥 내려놓아야 한다. 앞 수레가 부서진 줄 알면서도 바퀴를 고칠 줄 모른다면 끝내 뒤집히고 산산이 부서질 수밖에 없다. 망상이 없는 마음, 즉 청정淸靜한 마음을 가져야 한다. 청정한 마음으로 망상에서 벗어나는 것이 바로 해탈이다. 마음에 망상이 없을 때 비로소 진정한 평화와 안락을 느낄 수 있다. 이것이 생사해탈이요, 해탈락解脫樂이다. 이런 이유로 망상이 없이 해탈의 경지에 있는 사람이 진정 행복한 사람이다.

사찰 여행을 하다 보면 해탈의 세 관문인 일주문, 천왕문, 불이문을 구경할 수 있다. 사바의 중생을 불국토 속으로 인도하기 위한 문이다. 중생의 미혹을 깨달음으로 탈바꿈시키기 위하여 사찰의 중심에 도달하기까지 길목길목에 배치되어 있다. 사찰 초입에는 왕방울만한 눈을 부릅뜨고 투박한 코로 부정한 냄새를 맡으려는 듯이 지키고 선 장승, 세속의 번뇌를 계곡물에 흘려보내고 새로운 세계로 건너가라며 속삭이는 두터운 돌다리, 이제 머잖은 곳에 진리의 법륜을 굴리는 불국토가 있음을 무언으로 설파하며 우뚝 서 있는 당간지주, 때로는 돌무더기처럼 쌓여 있는 제석단, 어두운 길을 밝히는 석등, 여러 가지 형태의 석수들까지도 함께 참여하여 장엄의 일익을 담당한다.

집이 있는 곳에는 문이 있다. 집은 문을 통하여 들어가고 나와야만 한다. 사찰의 문과 부처님의 세계로 들어가는 문도 마찬가지다. 고통스러운 삶을 참지 않으면 살아갈 수 없다고 하는 사바세계에서 지극한 행복이 있는 불국정토로 들어가는 문이요, 미혹과 무지로 가득 찬 불각不覺의 세계에서 각의 세계로 들어가는 문이며, 생멸이 있는 세계에서 잠되고 한결같은 진여의 세계로 들어가는 문이다. 그리고 생사를 열반으로, 번뇌를 지혜로, 속박을 해탈로 탈바꿈시키는 문이며, 무상無常과 무아無我와 부정不淨의 인생을 상락아정常樂我淨의 삶으로 전환시키는 문이기도 하다. 그 문을 통과하는 사람이라야 불국정토로 들어갈 수 있고, 그 문을 지나서야만 일대 전환이 이루어진다.

독일의 철학자 게오르크 헤겔은 마음의 문을 여는 손잡이는 바깥쪽이 아닌 안쪽에 있다고 했다. 그래서 자기 스스로 손잡이를 돌려 마음의 문을 열고 망상 밖으로 나와야 한다. 현재의 내 모습을 버려야만 자기가 바라는 모습으로 변화할 수 있다.

인생을 더 새롭게 바꿀 수 있어야 한다. 담대한 목표와 세부계획을 실행해 죽음에 대한 강력한 두려움을 떨쳐야 한다. 온 인류사상 면면히 이어져 내려온 유전적 필수요건이다. 온몸의 세포와 세포 속에 내재되어 있는 필수불가결한 요소가 죽음에 대한 공포라고 하더라도 연약함과 취약함을 떨쳐야 한다. 자기 마음의 힘을 통해 삶의 현실이 만들어 놓은 집요한 집착도 놓을 수 있게 된다.

이승과 저승의 경계에서 힘겨운 싸움을 벌이는 환자가 이생에서의 마지막 순간에 한 번 더 가족의 체온을 느끼고 싶어서 "손잡아줘"라고 말하는 사람들이 많다고 한다. 사람은 홀로 떨어진 섬과 같은 존재이다. 하지만 깨달음의 힘으로, 밖으로 작용하는 힘과 안으로 작용하는 힘을 조절할 수 있다면 얼마나 멋진 삶을 살게 될까?

합리적이고 논리적인 사고를 통해서도 진리에 도달할 수 있다. 하지만 삶 속에서 진리를 체화하는 과정이 우선돼야 한다. 삶에 대한 통찰이 가능할 때 비로소 가능해진다. 법신불을 통해 영원히 진급하는 삶을 꿈꾸고 구도적으로 실행해 가면 된다. 그래서 생사 그 자체가 해탈의 길이라고 한다. 성품 자리에서 보면 오고 감은 자연의 이치에 따라 변화할 뿐 생사는 아니다. 눈 깜짝할 사이, 찰나의 순간을 죽비 소리에 알아채기도 한다. 오로지 그 찰나의 순간만이 존재할 뿐 시간이 흐르고 흘러 언젠가는 이 삶의 종착역에 다다를 것이라는 미래심未來心을 항상 염두에 두고 살아야 한다.

알고 보면 지금 이 순간만이 존재한다는 사실을 착각하며 삶을 영위해 온 것 같다. 생멸거래의 변함이 없는 자리를 찾아야 한다. 그러나 말로는 쉬운데 그 또한 생각처럼 쉬운 것은 아니지만 이미 있는 자리임을 알고 그 자리를 확인하는 순간까지 열심히 공부해야 한다. 매 순간에 있으면 되는 자리, 그 자리에 있으면 된다. 몸과 마음을 깨닫기 위해서는 빈틈없이 치밀하게 자기 마음을 탐색해야 한다. 그리하여 어떤 번뇌 망상도 치성하지 않도록 일상 속에서 빈틈 없는 보림 공부로 자기 마음의 힘을 응축해야 한다.

생로병사의 고뇌苦惱에서 벗어나려면 두 가지 조건을 충족하기 위해 힘써야 한다. 소태산 대종사는 생사 해탈의 근거로 그 하나가 생명의 영원성을 확신하는 것이라 했다. 진리의 불생불멸을 믿는 것이다. 자기 생명의 본질이 생로병사의 겉모습이 아닌, 영원성에 바탕해 있다는 본질을 확신하면 생사가 자유롭다. 두 번째는 생명의 주체가 자기 자신임을 확신하는 것이라 했다. 모든 일은 자업자득으로, 일체 현상이 인과응보의 진리로 이어짐을 믿는 것이다. 생로병사의 모습을 자기 자신이 만들어가는 것으로 확신하면 생로병사가 자유롭다.

생사의 윤회에서 벗어나 생사를 자유로 할 수 있는 능력, 또는 그러한 경지. 생사에 끌려다니면서 겪게 되는 번뇌 망상의 고해에서 벗어나 생사에 얽매이지 않고 참 열반의 경지에 드는 것. 불교 교법의 궁극적인 목표는 생사를 해탈하는 것이라 할 수 있다. 석가는 인간이 생로병사의 고통에서 신음하는 것을 고해라고 보았으며, 고해에서 벗어날 수 있는 근본적인 문제를 해결하기 위해 출가 수행하여 성도成道했다. 그리고 고·집·멸·도의 사제법문을 설했다. 고의 원인은 무명의 집集이며, 팔정도를 수행하여 무명을 타파하면 고해를 벗어나 멸滅에 이른다. 열반涅槃에 이르는 것이다.

모든 생명은 태어나면 반드시 죽음을 맞이하게 된다. 이처럼 필연적인 낳고 죽음을 피하려고 한다거나 면하려고 하면 고통만 가중될 뿐이다. 그러나 필연적인 죽음을 담담하게 맞이하는 마음을 갖게 될 때 고해에서 벗어날 수 있으며, 마침내 생사를 초월해 생사 해탈의 길을 갈 수 있다. 대산 종사도 생사를 거래로 알고 늘 생사를 초월하는 마음을 길들이는 일과, 생사 없는 영생을 보아 죽음의 공포에서 벗어나는 일이 생사 해탈의 길이라고 했다.

49
만법귀일

『대종경』 성리품 10장

원기102.10.15.

　만법귀일萬法歸一은 세상의 만법이 하나로 돌아가는 이치를 뜻하며, 자연현상과 항구적 성찰의 길을 가리킨 수기진심守其眞心의 정진을 하라는 의미이다. 그 어떤 일을 할 때 하나로 돌아간다는 이치를 인식하면 일상의 자기 변화에서도 철저함과 깨어있는 모습으로 일하며 살아가는 기쁨을 느낄 수 있다.

　원기21년 어느 날 봉래정사에 큰비가 왔다. 소태산 대종사는 그 상황을 간과하지 않고 만법귀일이란 감상으로 제자들을 깨우치는 법문을 하셨고, 송도성 종사는 그 내용을 「회보」 31호에 실어 후세에 전했다.

　이런 진리와 이치에 대한 이해와 인식의 정도에 따라 국한 없는 마음의 확고함도 소유하게 된다. 감정에 대한 행위로가 아니라 현실의 바른 인식과 성찰을 통해 얻어진다. 이런 바람으로 버려진 자기 마음을 줍고, 힘 빠진 자기 마음을 키워야 한다. 바로 습유보궐拾遺補闕의 길을 가는 것이다. 하루하루의 지고한 완성 혹은 완결도 기대할 수 있다.

　이 같은 만법귀일은 만법귀일 일귀하처萬法歸一一歸何處를 줄여 쓴 글귀다.

'만 가지 법이 하나로 돌아간다는 데, 그 하나는 어디로 돌아가는가?'라고 묻는 선종 공안禪宗 公案의 하나이다. 조주 종심[趙州從諗, 778~897] 선사의 화두로『조주록』,『조당집』,『전등록』,『벽암록』등에 모두 실려 있다.

한 스님이 조주 스님에게 물었다.

"모든 것이 하나로 돌아가는데, 그 하나는 어디로 돌아갑니까?"

조주 스님이 대답하였다.

"나는 청주에 있을 때 배적삼 하나를 만들었는데, 그 무게가 일곱 근이었다"

여기에서 은유적으로 생각할 게 있다. 1근은 600g이고, 0.6kg이다. 그럼 7근의 배적삼이라면 삽 한 자루나, 물고기 한 마리 정도의 무게이다. 결국 이렇게 하나를 가리키고 있음을 알 수 있다.

나는 어떤 사람인가? 나의 능력은 어느 정도인가? 나는 지금 어떤 처지에 있는가? 자기 스스로 답을 찾는 것이 중요하다. 바로 자아개념自我概念을 찾는 것이다. 왜냐하면 자아개념이 흔들릴 때 마음의 경계境界가 찾아오기 때문이다.

엉뚱한 문답 같지만, 조주 스님의 문답은 은유적으로 하나를 가리키고 있다. 은유隱喻는 직유直喻와 대조되는 용어로서 암유暗喻라 불리기도 한다. 표현하고자 하는 대상을 다른 대상에 비교하여 표현하는 비유법의 하나이다. 이에 반해 직유는 겉으로 드러난 비유를 말한다. 직유는 원관념에 해당하는 하나의 사물 또는 관념을 보조관념에 해당하는 다른 사물 또는 관념과 직접 비교하는 방법이다.

일상용어 가운데 은유에 의하여 성립된 단어 표현이 많다. 이처럼 이미 굳어져 발생 당시의 신선감이나 생명감을 상실한 은유를 사은유死隱喻라고 한다. 꿈은 희망으로, 소는 우직한 사람으로, 찰거머리는 들러붙어 괴롭히는 사람으로 해석하는 경우가 그 예일 것이다.

은유는 새로운 단어의 형성, 곧 조어造語에 크게 기여한다. '책상다리, 병목, 바늘귀, 저울눈, 보조개' 등과 같이 주로 합성법에 의한 단어 형성은 은유에 의존하는 경우가 많다. 은유의 발생 당시는 지금까지 항상 사용해오던 언어, 즉 기존관념들 속에서 한 번도 맺은 일이 없는 새로운 관계를 찾아 결합함으로써 신선한 생명감을 불어넣는다. 이렇게 은유적 표현은 지금까지의 고정관념을 헐어버리고 새로운 기능을 부여해주는 중요한 구실을 담당한다. 기교적인 긴축미와 참신성, 그리고 생동감을 불어넣어 주는 구실을 담당하기도 하여, 우리의 언어생활을 풍요롭게 하는 수사법이다. 따라서 성리 문답이란 공안 속의 은유는 각자가 공부 정도에 따라 진리를 이해하는 지름길을 제시한다.

만법귀일 일귀하처에서 칭하는 만법이란, 한 마디로 모든 존재를 말한다. 일체의 사물이나 사건을 함께 일컬으며 우주 삼라만상과 일체 만물과 삼라만상에서 벌어지는 모든 크고 작은 일을 포함한다. 겨울이 가고 봄이 오면서 날씨가 따뜻하여 온갖 새싹이 돋는 일과 바람이 불고 비가 내리는 일 등 일체사가 다 마침내 한곳으로 모인다고 했다. 여기에서 하나란 다름 아닌 마음에서부터 하나 되는 것이다. 따라서 하나로 돌아간다는 말은, 결국에는 하나의 마음으로 돌아간다는 뜻임을 이해해야 한다. 그 하나로서의 마음은 어디로 돌아가는가? 이 질문에 토가 떨어져야 『대종경』 성리품 법문도 쉽게 이해할 수 있다.

소태산 대종사는 1919년부터의 봉래산 주석기에 서중안徐中安의 인도로 봉래정사를 찾아온 손님에게 마음의 근원을 깨달아 나갈 의두로 '만법귀일의 소식'이라 하여 자주 법문하셨다. 그만큼 진리의 눈을 뜨는 데 중요한 의두가 만법귀일이라 할 수 있다.

교단 최초의 교과서인 『수양연구요론修養研究要論』의 연구문목研究問目에도 '일만 법이 하나에 돌아갔다 하니, 그 하나는 어느 곳으로 돌아갔는지 연구할 사事'라고 밝힌 내용을 기록으로 남겼다. 그 후 1962년에 완정된 현 『정전』 수행편의 의두요목疑頭要目에 수록되었다. 이처럼 만법귀일을 가르치고 바르게 이해하는 것은 초기교단사初期敎團史에서 무엇보다도 중요했다. 왜냐하면 주체와 객체로 존재할 수 있는 마음의 근원을 푸는 길이었고, 변화하며 성장하는 기쁨을 가질 수 있었기 때문이다. 다시 말하면 영재와 범재가 되는 경계가 만법귀일 소식을 통해 판별될 수 있었다. 무슨 일을 하든지 탁월한 일상성이 뒤따르게 하는 만법귀일의 이치로 세상의 경이로움을 느끼는 것도 혜복이 증장된 하나의 증표이다.

올림픽에 나와 보여주는 최상급 선수들의 기량은 사실 수십 개의 작은 기술과 동작 하나하나를 배우거나 깨치고, 또다시 주의 깊은 연습을 통해 습관을 만들고, 전체 동작으로 종합해서 나온 결과물이다. 깨닫는 공부도 마찬가지다. 모든 완전한 것에 대해 우리는 그것이 어떻게 일귀하처의 이치를 드러내는지 살필 필요가 있다. 마치 그것이 마법으로 땅에서 솟아난 것이 아닌 바에야 하나를 근거 삼는 이치를 풀어내고 있음도 볼 수 있다. 그때 비로소 비범하거나 초인적인 동작은 하나도 없다는 사실을 깨닫는다. 모든 것을 소재로 활용하여 하나 되는 방식으로 결합하는 사람만이 위대한 업적을 이뤘음도 알게 된다. 그렇게 정확하게 실행된 동작들이 합해져 탁월한 기량이 나올 뿐이다. 누구나 이런 실체를 초월할 힘이 있을 때만, 시간과 공간 안으로의 묘유妙有를 가능하게 하는 진리의 힘을 인지하고 최선을 다하는 사람이 되는 것이다.

세상에는 성공한 사람들이 분야별로 참 많다. 그중에는 재능이 있는 사람도 있고 없는 사람도 있다. 그러나 중요한 점은 어떤 문제를 풀어내는 노력이었음을 알게 된다. 육조 혜능 선사도 그랬다. 그는 9년 방아를 찧고 법을 잇는 가사를 받았다. 누구나 이런 자세로 넉넉하게 훈련이 되어야 한다.

이제 삶의 창조적 변화에 이바지하지 못하는 부질없는 생각들을 자기 마음속에서 몰아내어야 한다. 이런 생각과 활동 안에서 육식六識의 깨어남이 가능해진다. 자기 마음 안에서 지향되어야 할 삶의 태도이다. 잘못된 삶의 방식을 지양함으로써 편안한 삶을 살 수 있다. 일상의 현실 속에서 삶의 자유가 지속된다. 날마다 말의 울림이 번져가는 허공을 바라보며 삼독에 고정된 자기를 발견하고, 만법귀일로부터 비롯되는 범행梵行을 생각하고 실천하며 살아야 더 멋진 삶을 산다. 여기에서 범행은 보다 올바른 삶을 말한다.

누구나 젊은 시절, 곱던 얼굴이 늙어버리면 가여운 얼굴이 된다. 그러나 얼굴 모양이 바뀌었다고 과거와 관계없이 전혀 다른 사람으로 바뀐 것은 아니다. 만법귀일의 진리로 생각하면 해탈의 과정을 거치고 있을 뿐이다. 법력을 쌓는 실행을 해야 성불도 제중도 할 수 있다. 그러니 더디다고 동요할 필요는 없다.

50
달마 화상을 걸리는 상황 속에서의 배움

『대종경』 성리품 14장

원기102.10.22.

소태산 대종사가 봉래정사에서 제자인 문정규[1863~1936]와 벽에 걸린 달마 영상을 보며 성리를 문답한 바 있다. 제자로서 공부한 결과가 모호한 관념에 갇혀 있지는 않은지, 습득관념習得觀念을 뛰어넘는 실력을 갖추고 있는지를 시험한 상황이다.

누구에게나 자기 자리에서의 생각이 있다. 추위를 이기고 향기를 뿜는 매화꽃같이, 때론 자존감으로 자아를 발견해 변화하고 적응한다. 그렇기에 사제 사이에는 자기가 생각하는 것, 자기가 말하고 싶어 하는 것, 자기가 잘 말하고 있다고 믿는 것, 스승이 듣고 싶어 하는 것, 스승이 잘 듣고 있다고 믿는 것과 이런 상황을 통해, 공부한 것에 대한 이해와 인식, 소통의 능력을 시험받는다. 그리고 자기 자신을 더 새롭게 순숙시킨 수준의 정도를 가늠하며 기쁨도 누린다. 관념과 통념에서 벗어난 기쁨을 느끼는 것이다.

그런데 정규가 일어나 걸으며 달마의 화상을 걸었다 했다. 바로 이런 일이 격의隔意를 트게 하고, 새롭게 바꿀 각오를 다지며 정진하는 자기 모습을 상상하는 기쁨인 것이다. 여기에서 격의는 서로 터놓지 않는 속마음을 말한다. 이렇게 격의를 트게 하는 디딤돌이 성리性理이다. 우주 만유의 본래 이치와 인간의 자성 원리를 궁구하는 공부법으로 사리연구의 한 과목이다. 성리학의 성과 리에서 나온 말로, 성즉리性卽理라고 말하기도 한다. 인생과 천리天理를 하나로 보아 마음의 성과 심, 우주의 이理와 기氣를 논한다. 불교에서는 마음의 근본을 불성佛性 또는 자성自性이라 하는데, 이게 선종에서는 화두를 간看하여 견성을 구하는 간화선看話禪, 자성을 적묵영조寂默靈照하여 적적성성寂寂惺惺한 경지에 이르게 하는 묵조선默照禪이 발달하는 밑거름이 됐다. 원불교의 성리는 이러한 성리학과 선종의 가르침을 다 포함한다.

그렇다면 성리를 왜 중요시하는가? 지혜와 빛의 세계로 나아가기 때문이다. 『정전』정기훈련법에서 성리란 우주 만유의 본래 이치와 우리의 자성 원리를 해결하여 알자 함이라고 정의한데서도 나타난다. 소태산 대종사는 『대종경』성리품 9장에서 "종교의 문에 성리를 밝힌 바가 없으면 이는 원만한 도가 아니니 성리는 모든 법의 조종祖宗이 되고 모든 이치의 바탕이 되는 까닭이니라"라고 하셨다. 모든 법의 근본과 모든 이치의 바탕이 성리에서 이루어진다고 보았다. 결국 근원적인 이치, 곧 일원상의 진리를 깨쳐서 일상생활에서 활용해 갈 수 있도록 하는 것이 성리를 궁구하는 목적임을 알 수 있다. 그렇기 때문에 지금까지 성리에 근거한 삶을 사는지 그렇지 않은지 자기 생활의 면면을 잘 살필 필요가 있다.

소태산 대종사는 또 『대종경』성리품 25장에서 "근래에 왕왕이 성리를 다루는 사람들이 말 없는 것으로만 해결을 지으려고 하는 수가 많으나, 그것이 큰 병이라 잠으로 아는 사람은 그 자리가 원래 두미頭尾가 없는 자리이지마는 두미를 분명하게 갈라 낼 줄도 알고, 언어도言語道가 끊어진 자리지마는 능히 언어로 형언할 줄도 아나니"라고 했다. 성품은 원래 언어의 도가 끊어신 자리이지마는 분명하게 느러낼 줄노 알아야 한다는 것이다. 이런 이유로 과거의 성리가 주로 성품의 체를 밝힌 것이라면 소태산 대종사는 묘유의 용까지 밝혔다. 진공의 체와 묘유의 용을 하나의 이치를 풀어가는 원천으로 밝힌 것이다.

『대종경』 성리품 2장에서는 "사람의 성품이 정한즉 선도 없고 악도 없으며, 동한즉 능히 선하고 능히 악하나니라"라고 했다. 그런데 불교에서는 성품을 선과 악이라 하지 않고 미迷와 오悟로 밝힌다. 미는 중생의 상태이며, 오는 부처의 상태이다. 그런데 소태산 대종사는 이 성품을 지극히 고요하다고 하시며 분별성과 주착심이 없는 경지라고 밝혔다. 결국은 선도 없고 악도 없다는 것이다. 이를 표현하면 무선무악無善無惡이다. '성품이 정한즉, 동한즉'이란 성품을 '정한 면으로 보면, 동한 면으로 보면'이라는 의미이다. 또 능선능악能善能惡은 선과 악으로 나타나게 하는 성품의 작용을 말한다. 곧 능선능악은 업력으로 지은 선과 악을 나타나게 하는 능동적인 작용이라고 보면 된다.

성리학에서는 선과 악으로 나타난 상태를 유선유악有善有惡이라고 한다. 이理에서 받은 것은 순선무악純善無惡하지만, 기氣의 청탁으로 나타난 것이 유선유악이라는 것이다. 그런데 원불교에서는 성리학의 순선무악·유선유악과 불교의 무선무악을 넘어선 능선능악을 말한다. 성품은 정靜한 면으로 보면 무선무악이며 동動한 면으로 보면 능선능악인 것이다. 이런 무선무악과 능선능악에 대한 바른 인식이 가능할 때, 누구나 생득관념生得觀念에 갇히지 않는 사람이 된다. 일상무상분一相無相分, 즉 관념과 그 관념의 부정을 통해 자기 자신을 바로 세웠는지 확인할 수 있는 사람이 되는 것이다.

나라는 생각, 남이라는 생각, 중생이라는 생각, 오래 산다는 생각에 집착하는 그 마음을 초월해야 한다. 다른 누군가의 길을 밝혀주기 위해 등불을 켜면 결국 자신의 길도 밝힐 수 있다고 했다. 관념과 그 관념의 부정적인 통념을 뛰어넘어야 이런 일도 가능해진다. 사실 수많은 사람의 성취욕은 대부분 타인으로부터 인정받고자 하는 욕구에서 진작되고 꽃을 피운다. 살아온 습득관념과 대립할 수 있다. 이때 적정행寂靜行의 공부와 성리 공부로 관념과 통념을 타개하는 힘을 가질 수 있다. 공들임의 시간이야말로 누구도 넘볼 수 없는 힘이 된다.

소태산 대종사는 30년 연상 제자인 문정규를 봉래정사에서 시험했다. 또 문정규는 달마 영상을 건 문정규로 관념성과 통념성을 극복하며 시험을 통과했다. 개인의 기억과 과거의 망상을 극복한 것이다. 시험이란 이렇게 관념성과 통념성을 풀어낼 수 있는 해결가능성을 인정받는 기회가 된다. 그러기에 후일에 소태산 대종사가 법설한 자리에서, "문정규는 늙은 몸으로 그 산중 험로에 들어와서 거처와 음식이 기구하건마는 나 하나 만나보려는 재미로 모든 고생됨을 잊어버리고 오직 즐거워만 했다"고 칭찬했다.

교단 초창기 선진들의 습득관념을 시험한 봉래정사는 전북 부안군 변산 구곡에 있었던 초당이다. 소태산 대종사가 원기4년부터 9년까지 심신수양과 교법제정을 위해 머무셨다. 새 회상 교법의 산실인 봉래정사에서 달마와 기러기를 객체로 성리품 14장 법문이 설해졌다. 법문의 줄거리인 '동천에서 오는 기러기 남천으로 간다'는 문장에서, 동천이란 동쪽 하늘이고 남천이란 남쪽 하늘이다. 기러기는 한곳에 머무는 새가 아니라 철 따라 이동한다. 방위상 동쪽이냐, 서쪽이냐는 그리 중요하지 않다. 오고 가는 것도 마찬가지다. 그렇다면 무엇이 핵심인가? 오고 가는 데 걸림 없이 한결같은 모습을 가지라는 것이다. 그 모습이 참모습이고, 참 수인공으로서의 자격이니 모두늘 그리되라는 것을 강조하고 있다.

그런데 걸림 없이 한결같은 모습을 지니려면 그 무엇에도 현혹되지 않고 집착하지 않아야 한다. 또 자기 생각과 이해와 인식의 정도가 깨달음의 증표가 된다. 그러므로 진리와 그 마음 깊은 곳을 똑바로 보고 스스로 깨우치고자 하는 바람을 키워야 한다. 그러나 능력에 대한 고정형 사고방식을 가진다면 역경의 순간에 비관적 해석을 낳고, 이는 아예 도전 상황을 회피하거나 포기하는 행동으로 이어질 수 있다. 그와 반대로 성장형 사고방식을 가지면 역경에 대한 낙관적 해석을 낳고, 이는 다시 끈기 있게 새로운 행동을 추구하는 힘으로 이어져 결국 더 강한 사람이 된다. 낙관적 자기 대화로 역경까지도 극복할 수 있는 지혜의 힘을 갖기 때문이다. 이렇게 낙관적 자기 대화를 가능하게 하는 것이 일상에서의 성리 공부다. 힘든 상황에서도 스스로 생각하고 느끼는 방식, 그리고 중요한 행동방식도 성리 공부를 통해 바꿀 수 있다. 희망을 가르칠 수 있는 최상의 방법이다.

스승님들의 가르침을 좇는 성리 공부로 지금까지의 습득관념을 뛰어넘는 적정행의 공부가 가능하다. 이런 가르침을 전제하고 생각하면 달마 대사와 문정규는 본질상 다르지 않다. 그래서 문정규가 걷는 것이 달마의 영상을 걸린 것이 된다. 이처럼 새로이 과거의 자신과 차별화하고 자신들의 역량을 키워가야 한다. 새로움이 없는 추구로 또 무명無明에 덮이고, 탐욕貪慾에 물들어, 나고 죽으며 윤회하면서 그 괴로움의 끝을 알아차리는 데 등한히 해서는 안 된다. 여섯 인식기관과 그에 대응하는 여섯 인식대상에서, 특히 진리를 인식하고 올바른 행실과 사고의 기능을 되찾는 공부와 실행의 재미도 모른 채 살 수 있다.

무명에 덮이면 덮일수록 어떤 상황이 꼬인 채 결국 삶의 길에서 넘어진다. 나아가는 길마다 동쪽이다 남쪽이다 자꾸만 현혹되고 헷갈린다. 오고 가며 단순히 생계를 해결하는 데만 집착하고 끌려다닌다. 하지만 이제는 탐욕에 현혹되지 않고 집착하지 않으면 바라지 않게 되고, 바라지 않으면 자유로워진다는 사실을 마음 깊이 인식해야 한다. 성리는 삶의 권태에서 벗어나는 열정을 일깨워 준다. 모든 존재가 희망이고, 모든 경험이 희망이 됨을 알게 한다. 좁은 소견에서 벗어나 성리 공부를 일상생활에 접목할수록 더 복되게 만든다는 사실을 명심해야 한다.

『대산종사법어』적공편 28장의 내용을 참조하면 많은 도움이 된다. 대산종사는 "『정정요론』에 수양을 많이 하면 세 가지 맑은 기운인 삼청진궁三淸眞宮을 얻는다 하였나니, 첫째 태청太淸은 무無의 경지로 모든 티끌이 다 가라앉아 때가 끼지 않은 자리요, 둘째 허청虛淸은 무무無無의 경지로 텅 빈 자리요, 셋째 현청玄淸은 역무무亦無無의 경지로 더 크고 깊은 텅 빈 자리라, 이 자리에 이르면 기운이 구천 위에 솟아 눈에 보이는 일월성신은 수도인의 정령精靈보다 밑에 있느니라"라고 말씀하셨다.

더 깊은 성리 공부로 영생과 일생을 복되게 잘사는 길로 나아가기 위해서 태청, 허청, 현청은 잊지 말고 꼭 보감 삼아야 할 것이다. 그러나 중생심을 떼지 못하면 이 가르침 역시 아무 소용이 없다. 일반의 성리 공부에 다가가는 것마저 어려운 일이 된다. 자기가 진정 복되게 잘살기 위해서 꼭 해야할 일이 무엇인지 끈질기게 생각하는 깨달음의 실행을 이어가야만 한다. 더 깊은 성리 공부로 쌓은 마음의 힘은 자기 미래에 대한 스스로의 기대 속에 실행으로 연결되게 하는 밝은 지혜를 발하여 준다. 삶의 가치를 실현하는 용기도 갖게 된다.

결국 자기가 지닌 법력만이 영생을 밝히는 보물이 된다. 달마 화상을 걸라는 상황 속에서의 배움을 순숙시켜야 한다. 마음이 점점 둥글어지고 자기 얼굴을 더 맑게 채색하는 시간도 앞당길 수 있다. 달마 화상을 걸 수 있는 사람이 되는 것이다.

51
언어도단

『대종경』 성리품 25장

원기102.11.5.

언어도단言語道斷은 말할 길이 끊어졌다는 뜻이다. 진리에 대해 말로써 확연히 나타낼 수가 없다는 것이다. 진리의 주인은 바로 자기 자신인데도 불구하고, 진리의 실상과 인간의 본래면목 자리를 언어로써 가히 나타낼 수 없는 상황을 말한다.

그런데 소태산 대종사는 "참으로 아는 사람은 그 자리가 원래 두미頭尾가 없는 자리지마는 두미를 분명하게 갈라낼 줄도 알고, 언어도가 끊어진 자리지마는 능히 언어로 형언할 줄도 아나니, 참으로 아는 사람은 아무렇게 하더라도 아는 것이 나오고, 모르는 사람은 아무렇게 하여도 모르는 것이 나오느니라"라고 말씀하셨다. 여기에서 두미는 머리와 꼬리를 아울러 이르는 용어로, 진리의 체體 자리와 용用 자리를 말한다.

그러나 말 있는 것만으로 능사를 삼을 것도 아니니, 불조佛祖들의 천경만론千經萬論이 마치 저 달을 가리키는 손가락과 같다고 하셨다. 언어도단인 진리를 가히 말로써 형용할 때, 깨닫지도 못한 채 말만으로 능사를 삼으면 진리의 그림자를 가리킴과 같다는 비유이다. 이처럼 이 세상 그 어떤 것보다도 거센 힘을 가진 것이 말이지만, 자칫 깨달은 것처럼 말하고 행동하면, 이른바 그 천경만론과 손가락의 가리킴은 아무 소용이 없는 일이다.

하지만 언어명상이 돈공頓空한 그 자리, 그 진리 자리를 말할 수 있어야 한다는 소태산 대종사의 가르침을 늘 새롭게 마음에 새기고 진리를 궁구하며 살아야 한다. 천천히 계속, 꾸준히 오래오래, 오로지 진리의 실재계實在界를 탐구해 말할 때, 마침내 진리를 체화할 수 있는 길로 나아가 진리의 광명과 위력을 받아들이고 전달할 수 있는 힘이 발현되는 것이다. 예를 들어 말하면 감정이입이란 게 있다. 감정이입은 남이 느끼는 것을 같이 느끼고, 남의 기쁨이나 고통을 함께 나누는 능력이다. 마음을 주고받는 통로가 된다. 그런데 식물조차도 인간의 감정이입처럼 고통을 지각한다고 한다.

어떤 사람이 베인 손가락으로 나뭇가지를 잡고 검류계檢流計의 전극을 나무껍질에 대어 보면 전기 저항이 변화하는 것을 확인할 수 있다. 그렇게 나무는 사람 몸에 상처가 날 때 세포들이 파괴되는 것을 느낀다고 말한다. 이런 식으로 그 숲속의 모든 나무가 어떤 상황을 느끼고 그 상황에 영향을 받는다는 것이다. 이런 감정이입은 삶의 전 과정에서 일어난다.

등산을 즐기다 보면 자주 오르는 산이 있다. 자연스럽게 지세를 파악하게 된다. 어떤 코스에서는 눈감고도 한참을 간다. 언어도단의 경지를 말하는 것도 바로 이와 같은 일과 비슷하다. 어떤 상황에서도 언어로써 지칭할 수 없는 진리를 자연스럽게 말하고, 편안하게 진리의 은혜를 느낄 수 있을 때 삶이 바뀐다. 진리는 그렇게 개개인의 신념과 행동에서 발현된다. 삶의 흐름을 전환해야 한다. 진리와 응감하고 하감하는 소통을 체화해가야 한다. 피해의식을 버려야 한다. 직관하는 공부를 해야 한다. 상황에 알맞게 대처하는 능력이라고 말할 수 있는 회복탄력성回復彈力性도 열정과 정성을 지속한 만큼 갖춘다. 결국 언어노난의 경지를 이루면 일상도 행복이 충만한 생활로 바뀐다.

52
게송

『대종경』 성리품 31장

원기102.11.12.

　게송이란 소태산 대종사가 1941년(원기26) 1월에 발표한 전법 게송傳法偈頌이다. 지금은 『정전』 제2 교의편 제1장 일원상 제6절 게송에 수록되어 전해지는 법문이다. 소태산 대종사의 열반 2년 전에 발표한 이 일원상 게송은 '유는 무로 무는 유로 돌고 돌아 지극하면 유와 무가 구공이나 구공 역시 구족이라'가 전문이다.

　『대종경』 서품 1장에서 "생멸없는 도와 인과보응되는 이치"로, 『정전』 일원상 서원문에서는 "유상有常과 무상無常"으로, 『대종경』 천도품 14장에서는 "변變과 불변不變" 등으로 표현되었는데, 게송에서는 이 변과 불변을 유와 무로 연동連動시켰다. 그리고 『대종경』 부촉품 2장을 통해, "옛 도인들은 대개 임종 당시에 바쁘게 전법 게송을 전했으나 나는 미리 그대들에게 이를 전하여 주며, 또는 몇 사람에게만 비밀히 전했으나 나는 이와 같이 여러 사람에게 고루 전하여 주노라. 그러나 법을 오롯이 받고 못 받는 것은 그대들 각자의 공부에 있나니 각기 정진하여 후일에 유감이 없게 하라"고 하였다.

　소태산 대종사의 게송은 법을 전하는 게송이면서도 한두 사람에게만 비밀리에 부촉하는 단전밀부單傳密付가 아니라 신심 있고 지혜 밝은 이는 누구나 받아갈 수 있도록 공전公傳했다는 특징이 있다. 그러기에 진리 세계를 사량思量으로 알아내려 하지 말고 깊이 관조觀照하여 얻으라고 가르쳤다.

소태산 대종사의 게송을 장님이 코끼리를 만진다는 맹인모상盲人模像의 심경으로 총 6단계로 풀이해본다.

첫 번째, 유는 무로. 유에서 무로 전환한다는 것은 집착하는 상을 다 놓고 안분하기에 힘쓰면서 본래 마음으로 돌아가는 것이다.

두 번째, 무는 유로. 집착하는 상을 다 놓고 안분하기에 힘쓰면서도 초연히 기틀 따라 사랑이 넘치는 마음을 발현하라는 것이다. 사랑이 넘치는 마음으로 채워진 곳이 천국이요, 사랑이 없는 마음으로 채워진 곳이 지옥이다. 사랑하는 마음을 채워야 유에서 벗어날 수 있다.

세 번째, 돌고 돌아. 이렇게 유 자리에서 무 자리로, 무 자리에서 유 자리로 나아가기를 거듭하면 '돌고 돌아'라는 진리의 순환적 속성이 자신에게 깃들게 된다는 것을 안다. 그렇게 그 어느 한 지점에서도 정지하지 않고 계속 돌려야 한다. 마음이 어느 한곳에 머무르면 삶이 곪는다. 유에 빠져도 타락하고, 무에 빠져도 쓸모없는 사람이 되어 버린다. 그러기에 끊임없이 돌고 돌아가는 삶 속에서 깨달으며 변화해야 한다.

행복은 생각이 아닌 경험에서 온다. 감정은 일종의 행복 신호등 역할을 한다. 생존을 위해 모은 자원도 사실은 행복하기 위해 모으는 것이다. 이때 공경과 사랑은 행복하기 위한 조건이 된다. 자기 주변의 모든 것은 행복의 징검다리로 존재한다. 행복의 본질에 대한 바른 이해와 인식이 필요한 이유이다. 쾌락의 탐닉만으로 삶의 궁극적 평화와 행복을 만끽할 수는 없다. 매혹되면 불의不義에 저항하기보다 유혹에 저항하기가 더 어려워진다. 그 달콤함 때문에 욕망이 시키는 대로 움직이게 되는 것이다. 그러면서도 욕망의 시간이 다하면 고苦가 더해진 고뇌만 남는다.

 네 번째, 지극至極하면. 모든 것은 어느 순간 정점에 달한다. 사람의 힘도 극하면 변한다. 그래서 공부가 점점 깊어지면 지극한 자리, 무등등한 자리에 도달한다. 지극이란 바로 그런 자리이다. 하지만 지극한 경지에 도달하지 못하는 사람도 많다. 진정한 사랑의 관계를 깨닫지 못하기 때문이다.

 다섯 번째, 유와 무가 구공俱空이나. 유에서도 사랑이 넘치는 마음으로 채워져 있고, 무에서도 사랑이 넘치는 마음으로 온전히 채워지면 구공이 된다. 어느 한 흔적도 남지 않는다. 그런 것이 온전히 빈 것이요, 이럴 때 구공이 된다.

 여섯 번째, 구공 역시 구족具足이라. 따라서 온전한 사랑으로 채워진 것이 구공이다. 온전히 갖춰진 것이란 뜻이다. 그래서 모두 다 빈 것이 모두 다 채운 것이다. 이렇게 해서 결국엔 여래의 경지에 이른다. 여기에서 구공은 온전히 빈 것이요, 구족은 온전히 채워진 것을 뜻한다고 생각할 수 있다.

 소태산 대종사의 게송은 신앙과 수행의 측에서 자기 자신을 사랑으로 점검하는 지표가 된다. 신앙에 있어서 중요한 것은 공경하는 마음, 즉 사랑하는 마음을 실천하는 것이다. 일원상 진리를 신앙하여 은혜를 자각하고, 만나는 생명마다 그렇게 부처로 대하자는 것이다. 수행에 있어서도 중요한 것은 이런 마음 작용이다. 이렇게 자성반조와 서원반조를 하는 데 활용하며 진급의 길로 나아가야 한다. 아무리 높은 산도 한 걸음씩 올라간다. 인생을 살며 체화하는 진리의 세계도 역시 마찬가지다.

 인생은 길어야 잠깐 떴다 지는 무지개와 같다. 그러나 영생은 진리의 기운 속에서 계속 이어진다. 삶을 더 맑고 밝고 훈훈하게 개척하는 마음을 발현하기 위해서라도 일원상 게송一圓相 偈頌의 진수眞髓를 깊고, 넓게 실생활에 참작할 필요가 있다.

우연한 기회에 참 재미있는 글을 봤다. 어느 날 장미꽃은 법신불 사은님을 원망했다. 왜 가시를 주셔서 이렇게 힘들게 하냐고 법신불 사은님께 물었다. 그러자 법신불 사은님께서는 "나는 너에게 가시를 준 적이 없다. 오히려 가시나무였던 너에게 꽃을 주었다."라고 답했다. 이처럼 똑같은 환경에서 가시를 보며 불평하는 사람이 있고, 가시 같은 인생에 꽃을 주신 법신불 사은님께 감사하며 살아가는 사람이 있다.

감사의 마음과 감사의 눈을 가진 사람에게는 모든 것이 감사의 대상이지만, 불평의 마음과 불평의 눈을 가진 사람에게는 모든 것이 불평거리가 된다. 불평은 불행의 문을 열지만, 감사는 사랑을 돌아오게 한다. 불평은 또 다른 불평을 낳지만, 감사는 또 다른 감사를 낳는다. 감사의 마음으로 빚어낸 절제와 안분을 알 때 불평이 잦아든다. 행복의 또 다른 이름이 바로 이런 감사심에서 솟아나는 공경과 사랑임을 알아야 된다.

참 신앙과 수행은 자기 자신이 어떤 사람인가를 알아채는 것에서 시작된다. 허구의 자아를 벗어버리고, 내적 변혁을 경험하는 사람이 풍요로운 삶을 산다. 이런 사실을 잊지 않아야 평화롭고 행복하다.

53
대자대비의 심법으로 가꾸는 행복

『대종경』 불지품 2장

원기102.11.19.

대자대비大慈大悲는 인간의 본성이다. 불성을 찾기 위한 중요한 조건이다. 미래의 복락은 대자대비를 현재의 실생활에 활용하는 마음에 달렸다. 자기 변화의 문제를 살펴 자기만의 매력을 극대화할 필요가 있다.

대자대비는 한없이 크고 한없이 넓은 자비를 말한다. 관대함과 온유함으로 가르치고 아끼고 사랑하는 것이다. 중생의 어리석은 마음이 녹아서 지혜로운 마음으로 변하며, 잔인한 마음이 녹아서 자비로운 마음으로 변하며, 인색하고 탐내는 마음이 녹아서 혜시하는 마음으로 변하며, 사상四相의 차별심이 녹아서 원만한 마음으로 변하여 그 위력과 광명이 무엇으로 가히 비유할 수 없는 마음이다. 적극적인 즐거움을 주는 것을 자慈라 하고, 소극적인 괴로움에서 벗어나게 해주는 것을 비悲라고 한다. 이것이 사람으로서 가질 수 있는 가장 아름답고 숭고한 마음이다.

인생에서 아름답고 숭고한 삶은 대자대비의 실행으로 표현된다. 원한다면 지금까지와는 다르게 자기 삶의 틀을 더 새롭게 확장해야 한다. 틀을 부수고 넓히면 맘껏 뛰어다닐 수 있는 마음의 뜰이 나타난다. 비로소 자신의 참 주인이 되는 것이다. 자기 마음을 얼마나 잘 분석하고, 부족한 점을 채워 나가는가 하는 것은 실행력이 좌우한다. 외부 환경이 어떠하건 간에 자기 삶에서 일어나는 일은 100% 자기 책임이다. 이유는 간단하다. 자기 삶에 더 큰 책임감을 가질수록 더 큰 은혜와 복락의 씨를 심고 또 꽃피우는 것이다. 이런 생각의 전환이 행복을 불러온다. 일상 속에서 행복을 만나려면 사회적 개인적 정체성을 명확히 할 필요가 있다. 하지만 대자대비는 단순한 결심만으로 실현되는 것이 아니다. 스스로 문제를 찾아내고 풀어나가는 모든 과정을 경험해야 가능하다. 편견 없이 있는 그대로의 본질을 통찰하며 경외의 책임을 다해야 한다.

날마다 맞는 일몰도 위치에 따라 느낌이 다르다. 뭍에서 보는 석양과 바다 한가운데서 배를 타고 보는 석양이 다르듯이, 자비심의 실행도 주변의 상황에 따라 달라진다. 경외의 미학을 통해 개개인의 사고를 존중하고, 언제든 자기 교정이 가능한 비판적 자세까지도 수용할 수 있는 경지에 다다라야만 대자대비가 실행되는 큰 힘이 생긴다. 이런 힘을 가지면 가질수록 한때 모났던 사람도 가족처럼 사랑하는 심법을 자연스럽게 실행하게 된다. 삶이 쉬워서 긍정하고 경외하며 사랑하고 사는 게 아니라, 삶이 어렵기에 긍정하고 경외하며 사랑하고 사는 것임을 확연히 깨닫는다.

경북 안동 시내에서 35번 국도를 타고 북동쪽으로 40분가량 달리다 보면 개울이 하나 나온다. 도산면 토계리를 가로질러 흐르는 토계천土溪川이다. 조선시대 유학자 퇴계 이황은 15년 관직 생활을 내던지고 내려와 이 토계천 옆에 집을 짓고 살았다. 그는 이때 토계를 퇴계退溪라 고치고 자신의 호號로 삼았다. 물러나는 시냇물이란 뜻이다. 학문은 구할수록 더 멀어진다는 뜻을 담았다. 1570년 퇴계가 69세 나이로 세상을 떠났다.

그런 퇴계 선생은 첫째 부인이 둘째 아이를 낳고 세상을 떠나자 삼년상을 치른 뒤 둘째 부인을 맞았다. 하지만 둘째 부인인 권씨는 정신이 온전치 않았다. 제사상에 놓인 배 하나를 치마폭에 감추다 들키는가 하면, 문상問喪가는 퇴계의 도포 자락이 해어졌다면서 붉은 천을 덧대 꿰맸다. 그래도 퇴계는 한 번도 성을 내지 않았다고 한다. 아무렇지도 않게 붉은 천을 덧댄 도포를 입고 문상을 갔다 오고, 권씨 부인이 제사상에서 배를 훔쳤을 땐 형수들에게 용서를 구하고 손수 배를 깎아줬다. 특별하다는 생각을 버리고 일정 부문 신경 끄기를 실천하며 달관의 삶을 산 것 같다.

퇴계 선생의 삶에서 우리는 그의 의연함과 인생 성공의 자취를 발견할 수 있다. 다른 사람과 신뢰할만한 관계를 경험하지 못했다면 자기 질문을 해야 한다. 모두가 위대한 사람이 될 수 있는 것은 아니지만, 나는 무엇을 즐기며 살고 싶은가가 아니라, 나는 어떤 고통을 감내할 수 있는가에 따라 대자대비의 실행력이 커지기도 하고 작아지기도 하는 것이다. 언제든지 짜증과 분노가 뒤따르는 길을 가지 않고 아름다운 변화로서의 대자대비의 힘을 길러야 한다. 퇴계 선생처럼 우리네 삶도 그럴 수 있다. 빛이 있으면 그림자도 있겠지만, 괴롭고 외로울수록 유의해야 한다. 인생 성공을 꿈꾼다면 이런 상황을 감수하며 즐겨야 한다.

속세에서 재물과 성공 추구에만 열중하면 공허해진다. 긍정적이고 주도적인 사고를 증대시키는 것만큼 좋은 일이 없다. 낙도樂道를 수용하는 자세로 인생을 새롭게 공부하며 감사하고 행복하게 자세를 갖춰야 한다. 인생의 변화에 빨리 눈뜰수록 더 아름다운 태도를 가지는 것도 가능하다. 여리실견如理實見의 자세를 가지면 된다. 처처불상 사사불공의 자세로 편견 없이 사물의 본질을 직시하려는 노력으로 공경하고 사랑하는 태도를 확립하는 것이 중요하다.

시간은 달이 차고 기울어져 흐른다. 봄, 여름, 가을, 겨울을 바꿔가며 시간이 흐르는 이유도 지구가 23.5도 기울어져 있기 때문이다. 당장 기둥을 수직으로 곧추세우면 사계의 시간은 흐르지 않는다. 대자대비로 나아가는 심경도 모두의 기울어진 마음을 감안하지 않으면 안 된다. 누구든 어느 방향으로든 이내 또 기울 것을 인지하고 있어야 겸허해진다.

그런데 삶에서 공경하고 사랑하는 생각과 실행을 빠뜨린 채 자기만의 고집을 부리다가 결국엔 우울증을 앓는 사람들도 있다. 괴로움을 원하지 않는다면서 용케 괴로울 상황을 잘도 만들어 괴로워 죽겠다고 울상 짓는 것이 그런 사람들이 가진 재주라면 재주다. 주변을 통해서 볼 수 있다. 극락은 괴로움의 반대말이 아니다.

심락心樂이 극락極樂이다. 극락이란 불행감과 행복감 그 둘을 초월해 있는 마음 상태이다. 극락이란 죽어서 가는 어디쯤이 아니다. 지금 이 순간 고와 낙을 초월해 있는 삶의 상태이다. 일과 삶의 균형이 우선 고려되어야 한다. 잡다한 근심 걱정은 털어 버리고 대자대비의 공경과 사랑을 몸으로 느낄 수 있는 길을 가는 게 좋다.

거듭 깨어남의 원천은 깨어 있지 않음을 자각하는 것에서 비롯된다. 미래의 더 멋진 삶을 위해 대자대비의 심법으로 자기를 가꾸는 행복을 생각하며, 그 행복감에 지금 이 순간도 충만해 있는지 지각할 필요가 있다.

54
솔성지도

『대종경』 불지품 6장

<mark>원기102.11.26.</mark>

솔성은 타고난 성질을 말한다. 그런데 지도를 이어 붙이면 솔성지도率性之道가 된다. 자신의 본성을 잘 파악하고 발달시키는 길을 말한다. 천도天道에 순응하고, 나아가 천도를 자유자재로 활용하면서 한결같이 옳은 길을 갈 수 있다는 가르침이다.

『중용』에서는 "천명지위성天命之謂性 솔성지위도率性之謂道 수도지위교修道之謂敎"라고 하여 솔성에 대해 말하고 있다. 솔성은 곧 천지의 명한 바에 순응하고 따르는 것을 의미한다. 긴 세월 권태감 없이 잘 살아가는 힘이 된다. 원불교에서 솔성은 모든 사람에게 본래 갖추어진 일원상의 진리, 곧 불성인 본성을 회복하여 일상생활 속에서 잘 활용해 가는 것을 말한다. 일원상의 진리와 같이 원만구족하고 지공무사한 본래 성품을 잘 사용하게 되는 일이다.

『대종경』 교의품 7장을 보면 "일원의 진리는 곧 공空과 원圓과 정正이니, 양성養成에 있어서는 유무 초월한 자리를 관하는 것이 공이요, 마음의 거래 없는 것이 원이요, 마음이 기울어지지 않는 것이 정이며, 견성見性에 있어서는 일원의 진리가 철저하여 언어의 도가 끊어지고 심행처가 없는 자리를 아는 것이 공이요, 지량知量이 광대하여 막힘이 없는 것이 원이요, 아는 것이 적실하여 모든 사물을 바르게 보고 바르게 판단하는 것이 정이며, 솔성率性에 있어서는 모든 일에 무념행을 하는 것이 공이요, 모든 일에 무착행을 하는 것이 원이요, 모든 일에 중도행을 하는 것이 정이니라"라고 밝혔다.

『대종경』 수행품 60장에서는 "예로부터 도가에서는 심전을 발견한 것을 견성이라 하고 심전을 계발하는 것을 양성과 솔성이라"고 밝혔으며, 『대종경』 성리품 8장에서는 "견성이라 하는 것은 비하건대 거부 장자가 자기의 재산을 자기의 재산으로 알지 못하고 지내다가 비로소 알게 된 것과 같고, 솔성이라 하는 것은 이미 자기의 소유인 것을 알았으나 전일에 잃어버리고 지내는 동안 모두 다른 사람에게 빼앗긴 바 되었는지라 여러모로 주선하여 그 잃었던 권리를 회복함과 같다"고도 했다.

그런데 『대종경』 불지품 6장에서는 "천리天理 자연의 도道에 잘 순응하는 것을 솔성하는 도라고 한다면, 천도에 잘 순응만 하는 것은 보살의 경지요, 천도를 잘 사용하여야 부처의 경지에 들어, 천업天業을 돌파하고 거래와 승강을 자유 자재한다"고 했다. 천리에 바탕삼아 자기가 누구인지 알고 나서 자기의 길을 갈 필요가 있다. 도저히 범접할 수 없는 길 같지만, 익히고 익히면 누구나 가장 잘 살아갈 수 있게 하는 길이다. 생각한 대로 살지 않으면, 사는 대로 생각하게 된다는 말을 잊지 않고 실행할 필요가 있다.

일생 동안 성장 발전하며 평화롭고 행복하게 살아가려면 남다른 지혜가 필요하다. 솔성을 챙기는 마음을 가져야 자신의 미래를 좌우한다. 순숙한 만큼 기쁜 일로 다가온다. 부언가 할 수 있는 일이 있다는 것은 고마운 일이다. 원망할 일보다 기쁜 일이 많아진다. 절박한 마음으로 솔성지도를 익히고 또 실행해야 한다. 인내심을 가지고 솔성지도 실행의 균형점을 찾고, 배우고, 활용하는 사람이 되어야 한다. 솔성을 실행하면 좋은 내일이 있다고 생각하고, 무엇보다도 우선 실행하기를 주저하지 말아야 한다.

솔성으로 궤도 수정을 하면 좋은 변화가 찾아온다. 누군가 자기를 구원해 주겠지 막연하게 바라며 하루하루를 견디는 게 아니라, 삶의 시련에 적극적으로 맞서 싸우는 쪽으로 솔성지도를 실행해야 한다. 어떤 치명상을 입은 다음이라도 그것을 어떻게 바라보는가, 솔성의 관점이 중요하다. 불행한 과거에 갇혀 끌려 다닐 일이 아니라, 딛고 일어나 미래를 향해 나아가면 언제든 고칠 수 있고 괜찮은 날이 올 것이다. 매일매일 새로운 경험을 하려고 힘쓰면 더 좋은 시간이 될 것이다.

언제든 눈을 크게 뜨라고 말하고 싶다. 그간 보지 못했던 것들을 알아 볼 수 있는 눈을 떠야 한다. 은혜의 산물로 사물을 바라보고 진정 살아있다는 것을 느낀다. 벼랑 끝에 갇혔던 삶도 나무처럼 여러 갈래로 가지를 뻗을 수 있다는 생각을 하게 될 것이다.

하지만 간절히 원했더라도 낙망과 좌절이 찾아 올 때가 있다. 그러나 세상 누구라도 가르침의 성주괴공을 거쳐 체화한다는 사실을 상기하면 극복할 수 있다. 이런 실행의 힘을 갖춰가는 일이 무엇보다도 중요하다. 기존의 질서나 전래된 것을 따르고 싶어지더라도 과감하게 솔성지도를 체화할 필요가 있음을 잊어서는 안 된다. 두려워하지 말고 포기하지 말아야 한다. 이런 가르침을 어떻게 끌어안고 실행하느냐에 따라 모두의 장래는 밝아진다. 그 가르침의 이해와 인식, 그리고 실행에 따라 인간다운 길에 들어서기 때문이다. 어제보다 더 알찬 노력과 실질적인 실행력을 높이며 완성해 가야 한다.

밥하고 설거지하고, 커피를 타고, 과일을 깎으면서도 솔성의 도를 실행할 수 있다. 깨어 살기로 작정하고, 이렇게 실천하며 사는 것이 참 수행이다. 이렇게 깨어있음이 솔성지도를 지켜가는 비결이다. 때에 따라서는 세상의 천태만상을 보면서도 자기 잡념을 다스리는 최상의 비법이 되기도 한다. 감정의 발화 방식을 새롭게 변화시키는 힘을 얻는다. 스스로 자기 업장 소멸業障消滅의 길에 다다르는 힘을 갖는 것이다.

이 세상에서 사랑할 자격이 있어서 사랑하는 사람은 없다. 또 사랑할 자격이 없어서 사랑하지 못하는 사람은 없다. 구담진리口談眞理, 즉 입으로만 진리를 말하면 결국엔 퇴굴심이 난다. '어찌 나 같은 사람이 할 수 있겠어?' 이렇게 생각하면 경계에 굴복하는 사람이 된다. 그저 나아가 더 세부적이고 미묘한 감정을 느끼는 법을 익힌다면 자기 감정을 그만큼 더 잘 조절해 더 높은 단계의 인격을 양성하는 가능성도 열린다. 이렇게 새로운 경험을 해보는 것도 흥미로운 일이다. 삶이 가슴 저미도록 의미 깊어지고 자기 가치는 더 명료해짐을 느낄 수 있다.

실행의 과정상 당장 눈에 보이지 않고 손에 잡히지 않는 일이더라도 솔성지도를 실행하기에 힘쓰면 자기 스스로 좋은 미래를 구축하는 사람이 된다. 이름하여 큰 변화인 혁신이 여러모로 이뤄진 사람이 된다. 실행의 경험을 통해 진리의 속성을 자연스럽게 알고 체화했기 때문이다. 험한 세상에서 더 세련된 사람이 되는 길이다. 이러한 생활을 지속적으로 실행한다면 현재의 수준을 뛰어 넘는 잠재력이 나온다.

세익스피어는 말했다. "어떤 이는 위대하게 태어나고, 어떤 이는 위대한 업적을 이루고, 어떤 이에게는 위대함이 맡겨진다." '나는 누구인가?' '나는 무엇인가?' 계속해서 되물어야 한다. 자기의 재능과 노력과 성취가 어떻게 연결되는지 파악해야 한다. 어떤 일을 아주 잘하려면 능력 이상으로 노력해야 한다. 더 좋은 삶을 위해 일상에서 겪는 기쁨, 상생의 경험, 진리를 체화하는 체험, 솔성지도의 깨달음과 지혜로 인생을 승화시키는 길에 다다라야 한다.

그러기 위해 밝은 지혜를 얻는 일에 열의를 가져야 한다. 매사에 다음 상황을 예상하는 것도 좋은 실행의 방법이다. 자신의 관점이 잘 정립된 사람들은 눈에 보이는 것에 휘둘리지 않는 삶을 산다. 그러나 어떤 일이든지 재능만으론 성취가 보장되지 않는다. 또 가진 것에만 현혹되면 미혹에 빠진다. 그리고 아직 가보지 않은 길이라고 어려움을 단정하면 아무것도 얻지 못한다.

첫째는 관심이다. 열정은 하는 일을 진정으로 즐기는 데서 시작된다. 둘째는 연습이다. 이는 매일 단련하는 끈기를 말한다. 셋째는 목적이다. 자신의 일이 중요하다는 확신은 열정을 무르익게 한다. 목적이 없는 관심을 평생 유지하기란 대부분 사람들에게 거의 불가능한 일이다. 따라서 개인적으로 흥미로운 동시에 타인의 안녕과 밀접한 관련이 있는 일을 찾아내지 않으면 안 된다. 넷째는 희망이다. 희망은 위기에 대처하는 끈기를 말한다. 희망은 모든 단계에서 나타난다. 상황이 어려울 때나 의심이 들 때도 계속 앞으로 나아가는 법을 배우려면 맨 처음부터 끝까지 희망을 유지하는 일이 더 없이 중요하다. 우리는 다양한 시점에서 허물어진다. 그대로 주저앉는다면 투지를 잃지만, 일어난다면 투지는 더 커진다.

우리는 관심, 연습, 목적, 희망의 네 가지 심리적 자산을 활용하는 생활을 이어나가는 게 중요하다. 스승님들의 가르침에 의지해 앞길을 더 밝히려면 파사현정破邪顯正이라도 해야 한다. 삿됨을 깨뜨려 바름을 드러낸다는 뜻처럼, 의義를 이루는 길이 오직 두 가지 길뿐임을 알게 된다. 하나는 현정하는 길이요, 둘은 파사하는 길이다. 이렇게 삿됨을 깨트리면 삿됨은 아래로 가라앉고, 바름은 드러난다. 자꾸 드러낼수록 자신의 얼굴이 더 밝아진다. 삿됨을 배척해 바른 가치를 지켜낸다는 의미가 그만큼 소중한 일이고, 밝은 진로를 예측해 주는 변인變因으로 작용하기 때문이다.

사람들은 다양한 능력을 지니고 있으면서도, 그것을 잘 활용하지 못한다. 최대치 이하의 열의를 보이고, 최고치 이하로 행동하는 실행력을 보인다. 그럴수록 스스로 놓치기 쉬운 일과 가르침을 알아차리고 주의 깊게 관찰해야 한다. 파사현정의 배움을 갈망하는 사람인지, 또 완전히 몰입할 수 있는 힘이 있는 것인지 통찰하며 성취의 근원을 찾아야 한다.

어떻게 해서라도 솔성지도의 길을 가야 한다. 그러기에 자기 판단과 실행의 잘못은 확실히 드러내 바로잡아야 한다. 다만 진실의 힘으로 삿됨을 깨뜨릴 뿐, 지난 허물 들추기에만 바쁘면 자신이 조물주임을 잊는 우愚를 범한다. 그런 중생심을 가지고 다니면 눈에 보이는 것이 전부라고 생각하고 오늘뿐이라는 생각으로 살아가게 된다. 마음이 항상 무엇인가에 고착되고 주착되어 생로병사로, 흥망성쇠로, 희로애락으로 변화하는 순간이 다가오면 그 무상한 경계 앞에서 흔들리고, 불안해하고, 또 고통에서 벗어나지 못한다. 유용성이 없는 지식은 쓸모없는 것이 될 수 있다.

평생 일한 시간보다도 권태와 고독으로 보낸 시간이 더 길다. 권태와 고독의 시간을 극복하지 못하면 사기를 떨어트린다. 사회가 고령화될수록 권태는 더 많이 나타난다고 하니 마음에 새겨둬야 한다. 그러나 마음을 맑히는 것과 권태는 종이 한 장 차이의 간극으로부터 분리되고 갈라진다. 권태의 가장 큰 원인은 몰입할 수 있는 활동의 부재라고 한다. 가족에 대한 책임과 타인의 기대에 부응하며 평생 바쁘게 살아온 사람일수록 꼼꼼히 챙겨야 할 삶의 과제이다. 인생 후반부의 긴 여정을 순항하기 위해서는 자기 마음을 스스로 맑히는 몰입의 시간이 필요하다. 인간관계의 넓이보다 깊이에 좀 더 관심을 집중하는 것이 필수다. 아직 기회가 있을 때 수기진심 제일정진守其眞心 第一精進의 마음을 내야 한다. 참마음을 지키는 것이 제일가는 정진임을 알아야 한다. 권태가 주는 부정적인 결과를 순조롭게 극복하는 길이다.

커피콩은 원래 연둣빛을 띤다. 약한 불에서 긴 시간 정성을 들여 로스팅하면 갈색빛의 윤기가 나는 원두가 된다. 수만 가지 향과 맛을 지닌 커피가 만들어지는 핵심은 이 로스팅에 달려 있다고 말한다. 인생도 이렇다. 더 나은 내일을 위해 꿈을 로스팅한다.

　불보살이 되려면 이 세상 모든 것이 그대로 머물지 않고, 끊임없이 변화하는 이치에 통하는 공功을 들여야 한다. 한 알의 모래에서 세계를 보고, 한 송이 꽃에서 천국을 보며, 손 안에다 무한의 권능을 쥐고, 찰나 속에서 영원을 보는 적공積功을 쉬지 않는 항상성을 지녀야 한다. 지성으로 삼세를 관통하는 힘을 응축할 수 있게 된다. 그러나 많은 사람들이 시작했던 일을 너무 빨리, 너무 자주 그만두고 있는 건 아닌지 안타까운 마음이다.

55
천상락과 인간락

『대종경』 불지품 15장

원기102.12.10.

천상락天上樂은 육도六道 중 천상계에서 받게 되는 즐거움이다. 도로써 즐기는 마음락이다. 일상의 생활에서 그 목적이 무엇이어야 하는가? 스스로 질문하고 따르기를 솔선하게 되면 이상적인 자기 계발이 가능해진다.

아침에 일어나자마자 가장 먼저 한 일이 무엇인가? 어젯밤 잠들기 전 한 일은 무엇일까? 한 번 생각해 보자. 자기 생각의 맥락, 위치, 시간, 사회적 역학관계를 곰곰이 생각해보면, 삶의 목표를 향해 나아가는 과정에서 눈에 띄는 성과를 거두기 위해서는 계획적으로 선택하고 실행해야 함을 알 수 있다.

살다보면 자력과 타력 중, 자력 실행의 주도권을 잡는 행동이 필요했다. 또 노력하면 마법처럼 강렬하고 놀라운 힘이 일어나는 순간을 체험할 수도 있었다. 크나큰 성취감과 만족감을 맛볼 수 있다. 하지만 소속감 욕구와 무취향無趣向 사이에는 허상虛想이란 딜레마가 도사리고 있다. 남들 다 있는데 나만 없다는 생각을 하면 좌절감만 더 커진다. 자기 정체성을 느낄 수 없으면 마음락인 천상락과는 거리가 먼 일이다.

천상락과 취향趣向 쫓기 사이에 자기 자신이 위태롭게 놓여 있음을 직시해야 한다. "너만 갔니? 나도 갔다"라는 식으로 존재감을 과시하려는 행동은 일시적 위안거리일 뿐이다. 늘 천상락을 즐기기 위해서는 스승님의 가르침을 잘 지키고, 자기 실행의 우선순위를 매겨 실행하는 것이 좋다. 그렇게 확실한 목표를 정하고 그 목표를 추구하면 마침내 인생의 참 변화가 일어나고 참 복락이 따른다.

인생을 변화시킬 기회는 육도윤회를 극복하려는 의지에서부터 꿈틀댄다. 그 의지를 발현하지 못한다면 안타깝게도 육도윤회를 거듭 반복하는 생활을 할 수밖에 없다. 육도윤회는 천天·인간人間·아수라阿修羅·축생畜生·아귀餓鬼·지옥地獄의 세계로 분류된다. 이러한 세계는 중생이 몸과 말과 뜻으로 어떠한 업을 지었는가에 따라 다르게 태어난다는 것을 말한다.

첫째, 천은 천상계라고도 한다. 모든 욕망이 충족될 수 있고, 모든 즐거움이 온전히 갖추어진 세계로 상징되고 있다. 천상계에 태어나기 위해서는 십선十善을 닦아야 하고, 선정禪定을 익혀야 한다. 결국 얼마만큼 깊이 있게 선정을 닦았는가와, 얼마만큼 착한 행을 이룩하였는가에 따라서 더 좋고 나쁜 세계에 태어나게 된다. 그러나 이러한 천상계도 윤회 세계의 하나로써 태어나게 된 원인이었던 공덕이 다하면 다른 세계로 윤회한다. 그리고 이 천상계는 이상향인 극락이나 최고의 경지인 열반보다는 한 차원 낮은 세계로 인지된다.

둘째, 인간계는 우리가 사는 세계로써 오계五戒와 십선을 닦은 이가 태어나는 곳이다. 그러나 이들에게는 탐욕과 분노와 어리석음이 언제나 잠재되어 있다. 그리고 인간계는 천상계보다는 훨씬 고통이 심한 곳이므로 무상無常을 쉽게 느낄 수 있고, 업보에 따른 과보를 받을 때 의지에 따라서 적극적으로 대처할 능력이 주어졌다고 하여, 불법佛法을 수행하기에는 가장 적합한 세계라고 주장한다.

셋째, 아수라는 지혜는 있으나 싸우기를 좋아하는 존재로서 얼굴이 셋이고 팔이 여섯 개이다. 이 세계는 십선과 오계를 닦은 이들이 태어나는 곳이지만, 그들에게 분노의 마음이 많았으므로 이곳에 태어나서도 싸우기를 즐기게 된다고 한다.

넷째, 축생계는 고통이 많고 낙이 적으며, 성질이 무지無知하여 식욕과 음욕이 강할 뿐 아니라 서로 잡아먹고 싸우는 세계이다. 새와 짐승과 벌레와 고기류들을 통틀어서 축생이라고 하는데, 중생으로서 악업을 짓고 특히 어리석은 짓을 많이 한 이는 죽어서 축생의 과보를 받는다. 세상을 인지하는 감각이 다르다. 세상을 인지하는 감각이 다르다는 것은 각자가 서로 다른 세상 속에서 살고 있다는 얘기다. 이렇게 축생은 반드시 지은 바 업에 의해서 살아야 하며, 그 업이 다하면 다시 다른 몸을 받게 된다.

다섯째, 아귀의 세계는 살아생전에 욕심을 부리고 몹시 인색하여, 보시를 하지 않았거나 다른 사람의 보시를 방해하는 행위를 저지른 자가 태어나는 곳이다. 그곳의 모든 아귀들은 몸이 해골처럼 여위어 있고 벌거벗은 채로 뜨거운 열의 고통을 받으며, 또 입은 크고 목구멍은 바늘처럼 가는 데도 배는 산처럼 부풀어 있어서 항상 목마름의 고통을 받는 것으로 묘사되고 있다. 우리나라 사찰에서는 발우공양을 한다. 공양을 한 뒤 그릇을 깨끗이 씻은 물로 아귀의 음식을 제공하며 제도하는 풍습이다. 이는 아귀들의 목구멍이 가늘어서 음식 찌꺼기조차 먹지 못하지만, 깨끗한 물만은 먹을 수 있다는 데서 비롯된 것이다.

여섯째, 지옥은 육도 중에서 가장 고통이 심한 곳으로, 흔히 지하의 감옥이라고도 일컬어진다. 매우 악한 행위를 한 사람, 특히 분노심을 일으켜서 남에게 해를 입힌 사람이 태어나는 곳으로서, 크게 팔열지옥八熱地獄과 팔한지옥八寒地獄으로 구분된다. 특히 불교에서 중요시하는 지옥은 무간지옥無間

地獄이다. 받는 고통이 쉴 사이가 없다는 뜻에서 이와 같은 이름을 붙였다.

마음속에 선善의 마음이 꽃피면 그것이 곧 천상의 상태요, 마음속에 분노가 들끓으면 곧 지옥의 상태이다. 천상락을 누리는 사람은 오욕의 번뇌에서 벗어나 있다. 사량 분별심이 끊어져 있어서 항상 담박하고 편안하다. 그런데 인간락만을 탐닉하면 다시 육도 윤회에 떨어지게 된다.

육도는 누구나 다가갈 수 있는 플랫폼이다. 플랫폼은 원래 기차역의 승강장이나 무대라는 뜻이지만, 그 의미가 확대되어 특정 장치나 시스템 등에서 이를 구성하는 기초가 되는 틀 또는 골격을 지칭하는 용어로, 컴퓨터 시스템·자동차 등 다양한 분야에 사용되고 있다. 어떤 플랫폼에 의해 지었든지 샀든지 빌렸든지 누구나 지금 살고 있는 안식처로서의 집이 있다. 그 집을 천상락의 플랫폼으로 전환하고, 그 주인으로 사는 것만큼 중요하다. 천상락의 플랫폼으로 전환하면 심리적 안정감과 유대감 속에서 더 건강하고 행복하게 살며 끊임없이 배우고, 변화하고, 성장하는 과정에서 아름다운 빛을 발한다.

천상락을 누리려면 우리가 사는 장소를 바꾸는 것이 아니라 우리의 생각과 편견을 바꾸어야 한다. 은혜를 발견하여 뜨거운 정의情意의 세계로 나아가야 한다. 뜨거운 정의가 사랑이 되고 감사가 될 때 천상락은 지지된다.

병원에 가 주사를 맞을 때, 바늘이 팔에 닿기도 전에 이미 고통을 느꼈던 경험이 있다. 이전에 주사를 맞은 경험이 있기에 뇌가 살갗을 뚫고 들어 올 바늘을 미리 예측해 고통을 구성한 것이다. 천상락을 즐기는 경험도 주사를 맞을 때 감각과 같이, 정법正法에 바탕한 은혜와 뜨거운 사랑의 힘으로 확인할 수 있다.

56
참으로 부유한 사람

『대종경』 불지품 18장

원기102.12.17.

사람들은 군중의 일원이라는 사실만으로도 일종의 집단정신을 갖는다. 이런 경향성에 흔들리지 않고 지금까지 안심安心하면서 자기의 생활을 개척하는, 발 딛고 선 현실을 뒤돌아봐야 한다.

당장 눈에 보이지는 않지만 어떤 일이든 원인은 반드시 존재한다. 당장의 소속이나 생활 반경은 어떻게 할 수 없지만, 그 안에서 자신의 생각과 생활을 다시 설정해서라도 안심하며 참으로 부유한 사람이 되는 길로 나아가는 용기를 내야 한다.

돈이 있으면 있는 대로, 없으면 없는 대로, 안심하면서 자기의 생활을 개척하며 참으로 부유한 사람으로 살 필요가 있다. 인생은 성취하는 속도가 가장 중요한 핵심이 아니다. 일상생활에서의 불안을 어떻게든지 떨쳐 내고 더 기쁘게 살아내는 것이 우선이다. 자기를 불안하게 하는 일을 지금 당장 멈추는 것이 좋다. 마음을 움직여 새롭게 변화하는 행동을 바로바로 시작하는 것이다.

공연히 시간을 낭비할 필요가 없다. 다른 누군가에게 보이기 위해 시간을 흘려보내면 안심이 수반된 생활은 자신으로부터 멀어진다. 그러나 언제든 파괴적인 생각을 마음속으로부터 끊어 내거나 최소한 멀리하면 좋은 일이 자꾸만 이어지는 경험을 할 수 있다.

꼭 1주일 전의 일이다. 원기102년 부산울산교구 정기교의회의 연회장에서 우리 교당 교도회장님을 통해 재송교당 교도회장님과 반갑게 인사를 나눴다. 그 분의 집이 위치한 곳이 만덕동이라 연회가 끝나면 같이 가자는 말씀도 아울러 나눴다. 연찬회가 끝나고 셋이서 차를 탔다. 한 10분쯤 달려서는 교도회장님이 하차했다. 좀 늦은 시간이지만 94세 된 어머님을 케어하는 날이었기 때문이다. 그리고는 그 하차 지점에서 티맵을 켰다. 내비게이션의 안내를 받으며 돌아오는 길에 재송교당 교도회장님과는 서로가 궁금한 점을 묻고 물으며 답했다. 나는 그동안 모든 일을 긍정하며 기쁘게 산 이야기를 했고, 지금 당장 냉난방기 실외기를 고치지 못하는 경제력이지만 크게 불만이 없다고 말했다. 그분에 대해서는 일원가족인지를 물었고, 그렇다고 들었다. 지루할 틈 없이 교당에 가까워지자 그 분은 만덕약국 앞에서 내리게 해 달라고 하셨다. 그러겠다고 약속하고 운전을 했다. 만덕약국이 위치한 지점에 다다랐다. 그런데 만덕새마을금고에서 볼 일이 있으니 그 지점에서 하차할 수 있게 조금 더 앞으로 나가 달라고 하셨고, 차에서 내릴 때는 무서워서 그러니 좀 기다려 달라고도 하셨다. 얼마간의 시간이 흘러 원음방송을 켰다. 그 때 재송교당 교도회장님이 돌아오셨고 손에 든 돈을 나에게 건네줬다. 40만 원이라며 냉난방기 실외기를 고치는데 써 달라고 하셨다.

감사하다는 인사말을 마치기가 무섭게 그분의 뒷모습만 보였다. 잠시동안 운전석에 앉아 있었다. 감사와 감동이 넘치는 환희의 선물이었다. 긍정적인 기운으로 전해준 너무도 큰 은혜였다. 아무리 힘든 일이 있더라도 자신의 노력으로 극복하길 바라는 하나의 메시지였다. 늘 안심하면서 자신의 생활을 개척하는 사람이 참으로 부유한 사람이라고 가르치셨던 소태산 대종사의 성안이 떠올랐다. 고마운 일을 묘한 인연의 여운 속에서 경험했다. 이렇게 일상생활에서의 사고방식, 생활방식, 일하는 방식을 바꾸어 뜻하지 않게 법신불 사은의 은혜를 받았다. 교당에 돌아와서도 안심의 복락福樂에 대해 한참 되짚어 봤다.

평소 생활방식을 바꾸는 건 전적으로 자기 자신의 의지에 달렸다. 하지만 많은 사람이 자기 삶에 더 좋은 영향을 미치는 길에서 새로운 변화를 시도하려는 노력을 중단하는 경우가 있다. 불평과 불만으로 경쟁의 법칙에 빠져들고 지루함에 낙망하기도 한다.

이 세상에 태어난 아기는 걸음마부터 시작해 자신을 배운다. 거북이 훈련처럼 느리지만 지속적이고, 의미 있는 자기 변화를 통해 최적화의 길을 찾고 체화할 때 비로소 더 편안해진 삶의 길을 걷게 된다.

성찰과 실행에 따라 좋은 길과 나쁜 길, 그 양단을 겪게 된다. 단기적인 선택은 그 순간에만 효과적일 뿐 고통스러운 부작용으로 남고 다시 또 나쁜 마음이 치성하는 길에 선다. 인생길을 어느 방향으로 가야 할지 구체적으로 정하고 나면 꽤나 부담되는 모험이 따른다. 어쩌면 서로 상관도 없는 목표를 이리저리 바꾸며 갈피를 잡지 못할 수도 있다. 그러나 좀 부족하게 살아가더라도 아무 불만없이 안분하는 태도를 지향할 필요가 있다. 혹 궁색하고 불편하게 비치더라도 삶을 더 가치 있게 한다.

지금까지 언제, 어디서, 무엇을, 왜, 어떻게 했는지에 대해 불안해 할 필요가 없다. 지금의 분주한 노력이 더 의미 있고 가치가 있으면 된다. 돈이 있으면 있는 대로, 없으면 없는 대로 자기 생활을 지속하고 이타적으로 이어가는 것이 부유한 마음으로 행복하게 사는 길이다.

자기 자신이 생각하는 자신의 최고 버전은 어떤 모습인가? 현재 하는 일은 무엇인가? 누구와 함께 살고 있는가? 열정적으로 열심히 하는 일은 무엇인가? 모든 일이 뜻대로 풀린다면 무엇을 하고 싶은가?

인생이 아름답게 흘러갈 때 어떤 모습일지 대충 그려보면 추구하고 싶은 모습을 보다 쉽게 상상할 수 있다. 구체적으로 소득, 사는 곳, 친구들, 성취감, 열정을 떠올려 성찰하며 자기 목표를 정하고 이뤘을 때 자기 모습과 가까워진다. 믿음을 잃지 말자.

진실한 삶의 모습은 결코 체계적이거나 이성적인 것만은 아니다. 진실한 모습은 일종의 무지에 가까울 수도 있다. 칸트가 말한 대로, '첫째, 어떤 일을 할 것인가? 둘째, 어떤 사람을 사랑할 것인가? 셋째, 어떤 일에 희망을 가질 것인가?' 이런 생각으로 안심하며, 행복하기 위한 의두를 활용할 필요도 있다.

참으로 부유한 사람으로 행복을 누리기 위해서는 자기 경험을 풍부하고 아름답게 하는 일에 돈과 시간을 투자해야 한다. 수많은 사람이 해외여행을 가는 것도 다 이런 뜻이 있어서다. 그렇게 안심을 바라는 맑고 밝고 훈훈한 기운을 모으고 응축해 가야 한다. 안심의 홀릭에 실패하면 인생도 망가진다. 작지만 확실한 행복부터 찾아야 한다. 바로 지금 여기에서 소소하게 즐길 수 있는 행복 찾기로부터 일상의 만족을 추구하면 된다. 사회와 부딪히며 마음을 다치고 상처받더라도 낙관하는 마음을 견지하면서 노력해 나갈 때 우리는 조금씩 바뀌어간다.

남과 같이 행동해서는 결코 남 이상은 될 수 없다. 언제나 지금과 같이 해서는 안 된다는 심경으로 안분의 열정을 챙겨야 한다. 그 마음챙김이 세상의 그 무엇보다도 중요한 일이다. 그렇게 현재 순간을 있는 그대로 수용하며 이타적 태도를 취하는 것도 안심을 취하며 얻는 혜택이다.

안심에 관한 개인적 관심이 높아질수록 그 사람은 더 성공하고 더 행복해진다. 자신을 위해 하는 일을 오롯이 들여다봐야 한다. 매사 이런 관심이 자기 삶을 보기 좋게 바꿔 놓는다는 사실을 잊어서도 안 된다. 그런 자기 존재가 가족의 희망이 되고, 좋은 인생의 공부가 된다. 한편에 착着하게 되면 좁아지고, 어두워지고, 삿되어진다. 행복은 욕망의 재화에서 비롯되는 것은 아니다. 재화는 한정되어 있다. 지은 대로 받는다. 결국 자기만을 위한 탐욕을 감소시키는 게 더 안심할 수 있는 길이요, 더 행복할 수 있는 최고의 비결이 된다.

인생은 직선처럼 올곧은 길만 걷는 것이 아니다. 때로는 시련도 있고 시련 가운데서 은혜를 발견하기도 한다. 그렇게 내면의 에너지가 외형의 에너지를 지배하게 됨을 어느 날 문득 새롭게 인식하고 깨닫게 된다. 현자는 불편한 길을 선택해서 편안한 노년에 이른다고 했다. 선택은 자기 스스로 하는 것이다. 이렇게 좀 더 멀리 보며 늘 안심 생활을 이어나가는 일이 참으로 부유한 사람이 되는 길임을 잊어서는 안 된다.

57
원만하고 활발한 새 생활

『대종경』 불지품 21장

원기102.12.31.

『대종경』 불지품 21장은 송도성 종사께서 원기13년 「월말통신」에 게재한 소태산 대종사의 수필법문으로 『대종경』 편수 시 불지품 21장에 이어 22장에 수록되었다.

이 법문에서 성습成習은 뭔가에 익숙해져 습관이 되는 것을 말한다. 또 은산철벽銀山鐵壁은 신심과 서원이 두텁고 철저한 것을 높은 산과 튼튼한 벽에 비유하는 말로, 어떠한 유혹이나 경계에도 흔들리지 않고 물러서지 않을 신심과 서원을 나타낼 때 사용한다. 그리고 국한을 트지 아니하면 광활한 천지를 보지 못한다는 문제를 지적하고 있다. 무엇을 하고 살든 은혜가 충만한 감사와 행복을 위해, 성습된 습관과 은산철벽의 신성信性으로 대비되는 영육의 작용에 대해 유의할 필요가 있다. 어떤 상황에서 자신의 꿈을 이루기 위한 좋은 실행에 부작용이 나타나기도 하고, 신성을 더 돈독히 해 불지에 오르는 길을 열기도 하기 때문이다.

줄여야 할 것은 줄이고, 늘려야 할 것은 늘리는 것이 믿음을 따르는 양생養生의 기본이 된다. 불지佛地에 오르려면 다섯 가지 마음의 뿌리를 강화해야 한다. 바로 신근信根, 정진근精進根, 염근念根, 선근禪根, 혜근慧根이다. 오래오래 꾸벅꾸벅 실천해 가다 보면 마음에 착근이 된다. 언제든지 마음에 더 깊게 뿌리 내리게 해야 된다. 엉덩이를 딱 붙이고 앉아야 진기眞氣가 쌓인다. 진기를 모으는 데 있어서 화려하게 꾸미는 것은 질박함만 못하다. 따뜻하게 베푸는 은혜의 실행이 무게를 잡는 위엄보다 우선되어야 한다. 당장은 손해로 보여도 양보할 때 더 많은 것을 가져다준다. 어느새 진기가 쌓였기 때문이다. 이런 진기를 쌓기 위해 마음의 문을 닫아걸고 자신과 마주하는 시간을 자주 갖는 것이 좋다. 바로 이렇게 진기가 자기 마음속에서 안정될 때 더 새롭게 변화 성장한다. 마음의 진기를 모으는 일에서부터 인생을 더 아름답게 하는 오근五根의 활성화는 시작된다.

그렇다면 어떤 것이 신근일까? 스승님 말씀 따라 법신불에 대한 믿음을 더욱 확고히 내리는 것이다. 어떤 것이 정진근인가? 거듭 새로워지는 초심을 매일 일깨우며 오기五氣를 휘날리는 것이다. 눈으로는 총기聰氣를, 손으로는 온기溫氣를, 얼굴로는 화기和氣를, 생활로는 생기生氣를, 일로는 활기活氣를 내뿜어야 한다. 눈으로는 총명한 기운을, 손으로는 따뜻한 기운을, 얼굴로는 따뜻하고 화창한 기운을, 생활로는 활발하고 생생한 기운을, 일터에선 활동하며 원기를 북돋는 것이다.

어떤 것이 염근인가? 염념불망念念不忘 성불제중의 신앙과 수행을 아우르려는 생각의 뿌리를 내리는 것이다. 간절히 성불제중의 길을 가고 있는지 생각해 보면 알 수 있다. 어떤 것이 선근인가? 늘 활선活禪으로까지 연결하는 생활의 뿌리를 내리는 것이다. 어떤 것이 혜근인가? 모든 실행을 더 지혜롭게 하려는 마음의 뿌리를 내리는 것이다.

이렇게 단련된 의지로 자기 삶을 챙기는 것이 적공積功이고 영육쌍전靈肉雙全의 열매이다. 정성스러운 적공을 이어가면 훗날 자기 자신이 진실로 원하는 일에 도전할 수 있는 정기正氣가 응축된다. 신뢰와 유대와 연결을 강화해주는 정기는 자타간의 기운을 바르게 하는 힘을 발현하여 더 큰 성취에 이르게 한다.

어떤 일이든 일단 시작해봐야 한다. 자신이 삶을 통해 추구하는 게 무엇인지, 자신이 잘 하는 점과 부족한 점은 무엇인지도 알 수 있다. 적공도 마찬가지다. 언제나 자기의 생각과 자세가 아름다운 결실을 가능하게 하며 자유롭게 한다. 그러나 믿음의 뿌리가 흔들려 편집적인 삶을 살면 그만큼 부자유한 사람이 된다. 흔들리지 않는 올바른 믿음으로 살아가야 하는 이유이다.

이런 삶의 가치는 누구나 원한다. 그러나 이루는 결실과 행복하다고 느끼는 상황은 사람마다 다르다. 물질을 더 많이 소유할 때 행복을 느끼는 사람도 있고, 정신의 힘이 확장될 때 행복하다고 말하는 사람도 있다. 하지만 소유로 인해 만족감을 느끼며 행복하다고 말할 수는 있으나, 시간이 지남에 따라 그 만족감과 행복감은 옅어진다. 소유개념으로 얻을 수 있는 행복은 그만큼 가변적이다. 그에 반해 정신적 체험을 통해 느끼는 만족과 행복의 형태는 잘 변화되지 않는다.

세상살이란 참 얄궂다. 평온한 생활 속에 이질적인 무언가가 끼어들 때 비로소 자신이 남과 다르다는 것을 알게 된다. 고민이 깊어지고 방황하며 평탄치 않은 시간 속에서 다시 또 바른 길로 나아가기 위해 몸부림치기도 한다. 그래서 그런지는 몰라도 엘빈 토플러는 미래 사람들은 자유의 부재가 아니라 자유의 과잉으로 고통 받을 것이라고 지적했다.

늘 진리를 잊지 않고 통찰하며 자신의 뿌리인 오근을 편안하게 착근시켜야 된다. 이런 실천적 실행이 지속될수록 자존감이 상승하고 일원의 광명과 위력도 얻는다. 자기 스스로를 정초定礎시키는 바른 길임을 확신하고 쉼 없이 노력하며 불신상주佛身常住의 생활을 이어 갈 수 있다.

초년의 운도, 중년의 성공도 최고의 승리는 아니다. 언제나 인생의 마지막 챕터라고 생각하고 그 새로운 판에서 아름답게 빛나는 삶을 살 때, 자기 삶의 진정한 승리자가 된다. 그렇게 하려면 지금보다도 더 원만하고 활발한 새 생활로 성불제중의 서원이 이어지게 해야만 된다.

언제든 자기와 자기 주변 사람들과의 관계를 냉정하게 바라볼 필요가 있다. 자기 자신으로 인해 부정적이거나 파괴적인 영향이 미치지 않게 노력하며, 지지와 격려 그리고 존중의 태도로 성찰해야 한다. 긍정적인 에너지를 주고받을 때 하고자 하는 일이 원만하게 성취된다.

사람 사이에도 끌어당김의 법칙이 작용한다. 자기가 어떤 사람이냐에 따라 그런 사람을 끌어당기게 되어 있다. 모든 살림을 융통하여 원만하고 활발한 새 생활을 전개하면서 거듭 태어나는 실행을 지속하는 것이, 자신의 생활뿐 아니라 함께 하는 가족들의 생활과 신앙도 바꾸는 기회가 된다. 합리적 추론과 객관적 관점으로 소통되기 때문이다.

변화는 자기가 먼저 하는 것이다. 더 많은 시간이 흐르기 전에 오근을 자기 마음에 착근시키고 자기 변화를 꾀해볼 일이다. 더 잘 살기를 원한다면 다른 선택은 없다. 우리가 더욱 특별히 아끼고 정성스럽게 챙겨야 하는 것들이다. 그렇더라도 인생은 재미난 사건사고로 가득 차 있으므로 미리 걱정할 필요는 없다.

제3부

원기103년

58
지각이 열린 사람

『대종경』 천도품 1장

원기103.1.14.

지각知覺은 알아서 깨달았다는 말이다. 그런데 범상한 사람들은 현세에 사는 것만 큰 일로 알지마는, 지각이 열린 사람들은 죽는 일도 크게 안다고 밝혔다.

이러한 지각은 관념觀念을 깬 생활에서 비롯된다. 직시하기 위한 실행, 시행착오, 험난한 과정을 넘어서는 일관된 마음으로 자기만의 기초를 확립하고 확장해야 한다. 축적의 시간과 시행착오의 총량에서 실행역량으로서의 놀라운 자기 힘이 발현된다. 그러기에 자신을 대단치 않은 사람이라 폄하해서는 안 된다. 오히려 자기 자신을 훌륭한 사람이라고 인정하고, 스스로 존경하는 마음을 내면 지각이 보다 더 활발해진다. 처처불상이란 표어를 실행하면 자기 진화적인 미래를 열 수 있다.

원효[617~686]와 의상[625~702]과 관련한 설화가 있다. 두 스님이 당나라로 공부하러 가는 도중 날이 어두워졌다. 두 스님은 황폐한 무덤가에서 잠을 청하게 되고, 원효 스님은 너무나도 커다란 갈증을 느끼게 된다. 다행히 손에 잡히는 어느 바가지에 물이 있어 맛있게 먹었다. 하지만 아침이 되어서는 토하고 싶을 정도로 마음이 불편했다. 너무나 달게 마셨던 물이 해골에 담긴 물이었다는 것을 알았기 때문이다. 하지만 원효 스님은 바로 여기에서 크게 깨달아 다음과 같이 외쳤다. "모든 세상이 나의 마음이고[三界唯心], 모든 대상이 단지 나의 의식이다[萬法唯識]"

그렇다. 아름답고 추하다는 가치평가, 달콤한 물과 더러운 물이라는 가치평가는 자기 마음으로 만든 생각일 뿐이다. 삼계유심三界唯心이나, 만법유식萬法唯識, 혹은 일체유심조一切唯心造라는 말은 바로 이를 가리키는 말이다.

자기 주변의 모든 일을 잘 바라보면 자기 마음으로 내리는 가치평가의 기준선에서 주착심과 본래 마음이 갈대처럼 살랑거리고 있다. 자신의 생각과 행동을 옭아매는 주착심을 극복했을 때의 본래 마음을 여여如如라고 부른다. 이렇게 마음이 깨끗해지면 만사가 편안하다. 마음이 깨끗하면 그곳이 극락이다. 심청즉만사안心淸卽萬事安이요, 심청즉처극락心淸卽處極樂이다.

일상의 생활에서 무엇보다 가장 유의미한 일은 새로운 결심을 통해 새롭게 변화하는 것이다. 자신을 존중하며 여여한 마음을 되찾는, 좀 더 구체적이고 명확한 방법을 지향해야 한다. 그것은 바로 자기 자신을 존경하는 일에서부터 비롯된다. 그렇게 지각을 좌우하는 절대적 요인은 청법 공부와 기도 정진, 유념 공부와 기도 정진, 선정 공부와 기도 정진, 성리 공부와 기도 정진이다. 지속할수록 더 좋은 삶의 길을 열어갈 수 있다.

자신의 삶을 더 풍요롭게 하고 싶다면, 이렇게 먼저 자신을 존경하는 길로 나아가야 한다. 그렇게 진리가 담긴 참마음 자리를 지향할 신심을 내야 한다. 참마음 자리가 자성自性이라는 불성佛性이다. 이런 마음으로 자기를 지키기에 힘쓸 때, 깨어 있는 마음의 상태가 확장되고 지속된다. 그렇게 생사 이치를 깨닫고, 일상의 생활이 편안해진다.

그러나 중생의 마음에 빠져 살면 물질적으로 조금은 윤택할지 모르나, 죽어가는 이치를 모른 채 아까운 시간만 허비하게 된다. 꽁꽁 닫아놓은 마음 때문에 숨 막히는 현실 감옥에 처해 있음을 모른다. 심리학자 배리 슈워츠는 '인간은 선택의 자유를 누릴 때 행복하지만, 너무 많은 선택의 자유가 주어지면 오히려 선택 자체가 어려워지고, 나쁜 선택을 할 가능성과 선택하지 못한 기회비용이 심리적 압박감으로 나타날 수 있다'고 강조했다.

대도시의 화려한 불빛만 보고 따라가다 길을 헤매는 사람이 많다. 교법을 통해 자신의 현실을 돌아보는 시간을 가져야 한다. 마음을 비우고 밖의 일을 덜어내면서 여여한 심경으로 참마음 찾기에 정성을 들이면 된다. 안으로 향하는 시간을 늘리면 밖으로 나돌던 정신이 수습된다. 사람이 차분해지고 내면이 충실해진다. 그러나 지각하지 못한 삶을 살 때는 심신은 더더욱 미약해지고 고독은 길어져 갈 것이다. 이것이 바로 생사해탈生死解脫의 문제가 인생의 일대사一大事가 되는 이유이다. 현재의 시간은 지금의 자리에 머물지 않는다. 무심코 흘러갈 뿐이다. 그렇더라도 영생이라는 긴 시간을 향한 초점을 이제는 잘 죽고 잘 사는 일로 이동시켜야 한다. 처음엔 낯설겠지만 점차 익숙한 일이 된다.

생사에 대한 지각을 지속해 죽는 일을 크게 알 뿐 아니라, 또 잘 죽는 사람이라야 잘 나서 잘 살 수 있으며, 잘 나서 잘 사는 사람이라야 잘 죽을 수 있다는 내역과, 생生은 사死의 근본이요 사는 생의 근본이라는 이치를 확연히 알 수 있다. 조만早晚의 차이에 따라 생사 문제를 해결하는 힘을 얻게 된다.

우리의 일생이 되는 육체는 사대四大인 지수화풍地水火風의 집합으로 이루어져서 생겨났다가, 죽음과 동시에 다시 흩어져 지수화풍으로 돌아간다. 지은 바 업력에 따라 과거, 현재, 미래를 통하여 삼세를 윤회한다는 사실도 깨우치게 된다. 그러므로 주체적 자아의 본질인 자기의 참마음을 맑히고 밝혀야 한다. 주체적 자아의 실상인 영혼을 논하는 입장에서 보면 생은 사의 근본이요 사는 생의 근본이다. 그래서 옛사람들도 '생자사지근 사자생지근生者死之根 死者生之根'이라 말했다.

정산 종사 또한 『정산종사법어』 생사편 1장에서 생사대사를 해결하는 데에 세 가지 계단이 있다고 하셨다. "하나는 본래에 생사가 둘 아닌 자리를 깨달아 아는 것이요, 둘은 본래에 생사가 없고 생사가 둘 아닌 자리를 체 받아 지키는 것이요, 셋은 본래에 생사가 없고 생사가 둘 아닌 자리를 베풀어 활용하는 것이라, 이 세 가지 계단의 실력을 구비하여야 생사대사를 완전히 해결했다 하나니라"라고 했다.

우리의 삶은 참 짧다. 그 한 생을 마감할 때 되돌아 생각해 보면 꿈에서 깬 것과 똑같은 짧은 순간이라 말한다. 그래서 100세를 살았다고 해도 생사해탈의 매듭을 풀지 못하면 이제 막 태어난 마음을 가진 사람에 불과할 뿐이다.

불생불멸의 생명을 가지는 길이 있으나 그 이치를 모르니 죽는 것에 대해 엄청난 두려움을 갖는다. 생사의 큰일을 자기 마음에서부터 해결하는 염원을 키워가야 된다. 눈에 보이는 목표요, 충분히 이룰 수 있는 꿈이기에 모호하거나 공허해지지 않는다. 매일 실현 가능한 수준의 계획을 세워 그대로 이루어 나갈 수도 있다.

오늘 부끄럼 없이 살면서 생과 사를 편안하게 생각하는 것이 생사대사를 해결해 가는 진정한 출발점이 된다. 부귀영화는 언젠가는 연기처럼 사라진다. 생사에 대해 잘 생각할 수 있는 시간이 되면 하고, 시간이 되지 않으면 건너뛰면서 하는 것도 꽤 괜찮은 실행의 방법이다. 그날 하루는 그날 하루의 생각에 충실하면 된다. 원대한 이상도 바로 이런 하루 단위의 이행이 쌓여 달성되는 것이다. 그렇게 지각이 열린 사람이 되는 것이 무엇보다도 크고 시급한 일이다.

무슨 일이든지 첫발을 내디딜 마음을 내지 못하면 꿈은 정말 꿈으로만 남는다. 후일에 후회해도 아무 소용없는 일이 되고 만다. 누구의 마음속이든 특별한 스위치가 있어 지각이 열린 사람으로 변화하는 과정 속에서 치유의 힘과 건강한 웃음도 더 많이 자기 마음에 담을 수 있다. 닫힌 마음 얼른 열고, 믿음으로 희망으로 꾸준히 지각의 길로 나아가는 게 최선의 배려다.

59
깨친 사람, 깨치지 못한 사람

『대종경』 천도품 8장

원기103.1.21.

모든 일은 해석이 가능하다. 해석하지 않고서는 상황을 정리할 수 없다. 사람의 생사도 마찬가지다. 깨친 사람은 생사를 변화로 알고 깨치지 못한 사람은 생사로 안다고 했다. 깨친 사람은 마음의 눈이 열린 사람이다. 곧 진리를 지각知覺해 깨달음을 실행하는 사람을 말한다.

그 깨달음의 안목으로 삶을 바라볼 때, 삶이란 육체를 빌려 이 세상에 잠시 머무는 여행과 같은 일이다. 그래서 깨친 사람은 생성生成과 소멸消滅이란 삶의 변화에 주시한다. 제자들과 차를 마시다가 앉아서 열반을 맞이한 분도 있고, 물구나무를 선 채로 열반에 들어 자신의 죽음을 입체적으로 연출한 분도 있고, 가부좌를 튼 채 독경 소리를 들으며 열반한 분도 있다. 우리의 삶에서 가장 중요한 것이 바로 삶에 대한 변화의 뜻을 바르게 깨닫고 인식해 새롭게 실행하는 것이다.

그런데 소태산 대종사는 사람의 생사는 비하건대 눈을 떴다 감았다 하는 것과도 같고, 숨을 들이쉬었다 내쉬었다 하는 것과도 같고, 잠이 들었다 깼다 하는 것과도 같다고 하셨다. 또 그 조만의 차이는 있을지언정 이치는 같은 바로서 생사가 원래 둘이 아니요 생멸이 원래 없다고 하셨다. 죽음은 삶의 일부이며 연속의 과정이다. 이런 뜻을 헤아린 존재로 살아갈 때 삶의 순수한 기쁨을 지속적으로 누리게 된다.

특별하고도 소중한 삶의 변화에 관심을 증대시켜 더 큰 희망을 이끌어내야 한다. 다른 선호의 순서, 다른 목적의 의미와는 차원이 다른 일이면서 반드시 실행하지 않으면 안 되는 일이다. 착각해서는 안 된다. '왜?'에 대해 답을 스스로 찾지 못하면 삶의 바른 해석과 인식의 길은 보이지 않는다. 욕망이 이끄는 대로 끌려가지 않고 자신의 행동을 확고히 지배하는 자기의 주인이 되어야 한다. 관념적 허구를 극복해야 현존의 이치를 꿰뚫는 인식의 기쁨을 증대시킬 수 있다. 낮은 자기 안정감에서 높은 자기 안정감을 갖출 수 있을 뿐만 아니라, 생사를 이별이 아닌 변화로써 확연히 알게 된다.

그런데도 사람들은 왜 죽음을 두려워할까? 바로 죽음에 대해 잘 알지 못하기 때문이다. 또 그 사실의 언어와 깨달음의 안목으로 인생을 바라보지 못하기 때문이다. 부귀영화만 좇지 말고 삶의 처음과 끝을 아름답게 연결하는 지혜를 밝히기에 힘써야 한다.

어느 한때, 예타원 전이창 종사의 『생과 사의 큰 도』를 통독했다. 이 책은 죽음과 생에 관한 내용을 밝히고 있다. 첫째, 죽음 앞에서는 가난한 자나 부자인 자나 지식인이나 아무 구별이 없고 공평하다. 둘째, 사람이 죽으면 중음에서 몇 달 몇 해 떠돌다가 탁태되는데 새 육신을 받으면 그 전 육신은 완전히 잊어버린다. 셋째, 생사에 조만이 없지만 나이 40이 넘어가면 죽음보따리를 챙겨야 한다. 넷째, 죽음의 길도 마음의 힘을 길러놓아야 구애없이 갔다 올 수 있다. 다섯째, 정신은 육체가 죽어도 영원하고 죽어도 죽음이 없다. 여섯째, 살아있을 때 복을 지어야 한다. 그리고 나눠주며 살아라. 일곱째, 어차피 인생은 혼자다. 가족도 모두 떠나가고 오직 죽음이 있고 선악의 업력만

남는다. 여덟째, 집착은 삼악도로 끌고 가는 괴수이다. 모두 놓아버리고 마음마저도 비우고 죽음을 맞이해야 한다. 아홉째, 돈이 많아지면 부패하고 타락한다. 나눠주어라. 열째, 마군에게 항복받으려면 죽을힘을 쏟아 인욕 정진하라. 열한째, 육신은 영혼이 입고 다니는 한 벌의 옷이다. 생사는 없다. 열두째, 자기 전에 항상 죽는 공부를 해라. 매일 죽는 시간이다 생각하고 선정에 들고 일념하라. 열셋째, 죽음은 매미가 허물을 벗는 것과 같다. 육신도 그냥 벗으면 된다. 열넷째, 죽기 전 삶에 대한 정리를 하고 해탈하라. 그리고 자유스러운 마음을 가지고 작별을 준비하고 인사 후 떠나라. 열다섯째, 욕심과 착심은 필히 버려야 한다. 원망심, 복수심 모두 놓아라. 열여섯째, 최후에는 누구도 마음에 두지 말고, 어떠한 집착도 하지 말고 생각을 모두 놓아야 한다. 열일곱째, 업력은 피할 수가 없다. 열여덟째, 우주는 하나로 연결되어 있는 운명체이다. 열아홉째, 사람이 죽음을 생각하면 현재가 참 하찮게 여겨진다. 스무째, 죽음을 항상 곁에 두면 현재의 순간이 매우 중요해지고 앞에 있는 가족이나 친구, 또 만나는 사람들이 매우 소중하게 생각되며 그 순간은 영원히 오지 않는다.

　숨어 있는 도인으로 통한 예타원 종사의 글은 생과 사에 대한 내용을 상세히 밝히고 있다. 이런 실행이 가능하려면 인생의 경험과 교법을 축적하는 시간을 통해 뭔가를 갖췄다는 오만과 또 한편의 허무함에서 벗어나야 한다. 그런 관념 자체를 내려놓아야 그 지점에서부터 죽음과 생에 대한 깨달음의 생활을 추구하고 실행할 수 있다.

　깨닫고 깨닫는 생활을 해야 한다. 인간에게 죽음이 영이별이 아니라 변화라는 인식에서 모든 생각을 출발시킬 수 있는 사람이 되어야 한다. 그러나 부처를 꿈꾸는 마음이 강해지면 강해질수록 역逆으로 자신이 아직 깨달은 사람이 아니라는 사실에 허무를 느끼고 절망한다. 하지만 마음을 챙기면 이런 허무와 절망이 다시 더욱더 부처가 되는 깨달음을 열망하는 몸부림으로 연결되어 힘이 난다.

일상의 삶 속에서 자꾸 성불의 문을 노크하며 지각한 실행력을 쌓고 또 쌓아야 한다. 공을 들여야 더 한층 새로운 자신으로 탈바꿈도 가능해진다. 본래면목을 알아채지 못하면 언제나 자기 자신을 유아有我로만 인식하고 쾌락을 탐하며, 그 쾌락의 추구를 강화하다가 허무함에 빠진다. 지속적으로 그 쾌락의 느낌을 보존하기를 원하지만 허망한 일로 끝나는 게 보통이다.

그러나 절망이 희망으로, 어둠이 밝음으로 변하듯 극적인 내적변화를 통해 무아無我를 인식할 힘이 생긴다. 소유를 통해 자기 존재를 과신하는 것보다는 영생의 복락을 갖추는 일에 더 많은 관심을 쏟게 된다. 물질보다는 마음의 평안을 위주로 한 선택으로 거듭난다. 결과적으로는 유아에 한정될 때 나타나는 세 가지 특성인 쾌락과 소유, 비교심리에서 해방되려는 노력을 일관하게 된다. 세상을 향한 관점과 자세를 긍정적으로 바꿀수록 자기 기대감과 함께 활력이 상승되는 것을 인식할 수 있다.

이렇게 탐심貪心을 벗어날 수 있는 근간이 치심癡心과 치심恥心이 자극될 때 나타나는 무지로부터의 해방 욕구이다. 민낯에 드리워진 영생의 자기 불확실성을 걷어내는 실행을 하는 것이다. 자기의 어두운 분위기를 밝고 활기차게 바꿔나가는 힘도 보다 자연스럽게 얻는다. 무애無碍와 자재自在의 깨달음의 경지에 진입하기 위해 공들여야 한다. 여기에서 무애는 어떤 것에도 막힘이 없다는 뜻이고, 자재는 스스로 존재한다는 것, 즉 주인으로 존재한다는 뜻이다. 누구든지 이런 무애와 자재로 마음의 자유를 얻고 삶의 허상으로부터 해방될 때 여법如法, 즉 교법敎法에 맞는 아름다운 생활을 추구해 즐기면서 살 수 있다.

언제나 움직이는 건 자기 마음뿐이다. 더 가치 있는 교법 체화의 길을 가려면 그에 따르는 부정적 경험을 극복해야 한다. 과거의 행동조차 현재의 현상과 강하게 혹은 약하게 결부되어 있기 때문이다. 그런 고통을 피하거나 막거나 억누르거나 입막음하려는 시도는 역풍을 부른다. 또 다른 고통을 낳을 뿐이다. 고통은 삶이라는 실에 얽히고설킨 매듭 같은 것이다. 삶에서 어떤 고통을 빼낸다는 것은 불가능할 뿐 아니라 밝은 마음의 지향을 막는 일이 된다. 인생의 터닝 포인트는 고통을 감내하고 극복해 새로운 희망을 밝히는 데 달려 있다.

우리는 우리 삶에 담긴 그 진리에 집중해야 한다. 신경 쓸 대상으로 무엇을 선택할 것인가? 근본적으로 중요하지 않은 것에 신경을 끄려면 어떻게 해야 하는가? 인생에서 마주하는 모든 것이 은혜라는 걸 지각하고 알게 모르게 무언가를 선택해야 한다.

어린 시절에는 모든 게 새롭고 신났다. 나이가 들어 경험이 쌓여 가면서 긴 세월을 흘러보낸 뒤에야 이런 것들이 우리 삶에 별다른 영향을 끼치지 않는다는 걸 깨닫는다. 고통이 되었던 일들이 좋은 결과로 이어진다. 그러나 얼음처럼 진리에 차가운 마음, 집착하고 있는 마음이 문제가 된다. 사람들은 일생을 살아가면서 공부의 정도에 따라 확연히 변화해 간다. 쾌락과 소유와 비교심리에 의존했던 과거로부터 벗어나 새 사람이 되기도 하고 그렇지 못한 사람도 된다.

외부 환경에 의해서 쾌락이 발하였던 시간을 과감히 흘러 보낼 수 있는 용기를 내야 한다. 상대적 쾌락이 아닌 천상락을 누리게 된다. 그런 극락이 자기 마음에 있음을 확연히 깨닫는 순간부터 무아추구無我追求의 생활이 자연스럽게 연결된다. 이게 바로 성숙이다. 자꾸 마음을 닦아내며 일직심一直心과 무방심無放心을 챙겨야 한다. 일직심은 꾸준히 하는 것이고, 무방심은 방심하지 않는 것이다. 일상에서 꾸준히 마음을 챙기고, 자기도 모르게 일어나는 삶의 증오와 분노가 일어나지 않도록 방심하지 않아야 교법 체화의 생활이 된다.

진언眞言은 불출구不出口라 했다. 참 말은 입에서 나오지 않는다는 스승님들의 화두를 기꺼이 받아들여 일상의 생활에 활용할 수 있어야 한다. 이런 무아추구의 생활을 지속적으로 이어가면 불생불멸과 인과보응의 진리가 음양상승과 같이 이루어짐을 확연히 알아차린다.

누구나 더 나이가 들면 들수록 또 다른 변화가 생기기 시작한다. 자신이 어떤 사람인지 깨닫고 그것을 받아들인다. 그런데 묘하게도 우리는 그런 과정을 통해 자유로워진다. 사는 게 다 고만고만하다는 걸 있는 그대로 받아들인다. 모두 다 늙어간다는 것, 존재의 이치와 생사의 이치를 삶의 가치 속에서 찾는 사람이 되는 것이다.

그렇기에 지금까지와는 다른 차원에서 쾌락·소유·비교라는 것을 바라보게 되고, 그 이후에는 유아의식有我意識으로 추구했던 그 모든 것이 불생불멸하지도 않고 궁극적 쾌락이 아님도 깨닫는다. 이제 불생불멸하지 않는 것들에 속지 않고, 현실의 소유가 되고 안 되는 것에 크게 신경 쓰지 않고 살아가기 위해서라도, 생사대사란 큰일의 의미를 생각하고 사는 사람이 되어야 한다. 그런 사람이 될 때 항구적인 향상심向上心을 낼 수 있고 자기 마음을 지키며 사는 길을 가게 된다. 미래에 이루고 싶은 생사해탈을 마음껏 추구할 수 있는 사람이 된다.

다만 이 세상의 모든 것은 마음공부 여하에 따라 사람들을 바꾼다. 지속적인 교법의 공부와 승급을 통해 생사를 초월하며 그 힘을 발현하는 사람이 되어야 한다. 이런 길은 머리 좋은 사람보다 순간순간 정성을 다하는 사람이 더 빠르게 진급한다. 그런 사람이 수행을 잘 하는 사람이다. 생사의 이치를 바르게 깨친 사람으로 열반의 길을 가게 된다.

60
변불변의 진리

『대종경』 천도품 14장

원기103.1.28.

변變과 불변不變은 우리 의식의 표상이다. 생사에 대한 의심이 해결되지 못해 하루살이 같은 느낌이 있고, 이 세상이 모두 허망하다고 느끼는 것은 자기 자신의 의식 속에서 주체와 대상의 이분법이 제대로 작동하지 못하기 때문이다.

습관과 편견에 사로잡히지 않고 텅 빈 마음, 즉 공空한 마음으로 생사를 들여다 봐야 이런 문제를 해결할 수 있다. 인간의 생사를 있는 그대로 봐야 한다. 창문에 커튼을 친 것처럼 마음에 블라인드를 치듯 색안경을 끼고 생사를 보면 제대로 분별하지 못한다. 변불변으로 밝혀진 진리를 확연히 인식하는 일이 생사의 문제를 제대로 인식하는 데 있어서 무엇보다 중요하다.

마음을 모으고 정신 차려 생사 문제를 들여다 봐야 한다. 생사가 생멸이 아니라 변화란 것을 알게 된다. 이렇게 생사는 변하는 진리라는 사실을 변불변의 진리 속에서 일깨우고 있다. 이를 바르게 인식하고 일상생활의 실행과 활용에도 주저하지 말아야 한다.

옥상의 배추를 통해 변불변의 진리를 자연스럽게 인식한 이야기를 해보고 싶다. 지난해 여름이 물러갈 무렵 화분에 12포기의 모종 배추를 심어 옥상에 놓았다. 지극 정성으로 물을 주고 풀을 뽑으며 지켜봤다. 늦가을이 되어서는 속이 꽉 찬 탐스러운 배추를 볼 수 있었다. 그런데 시기를 저울질하다 김장할 시기를 놓쳤다. 겨울의 한파 속에서 배추는 얼고 녹고를 반복하며 언 땅 위를 기듯 축 처지고 속이 훤히 보일 정도로 기력이 쇠했다. 그렇게 시간이 흐르는가 싶더니 어느 날부터는 축져진 줄기와 잎이 다시 하늘을 향해 올라왔다. 뽑아 쟁반에 펼치면 노랗고 파란 속이 한 송이 꽃처럼 보일 것 같다. 이렇게 아름다운 자연의 본래 생명력은 변함이 없었지만, 가혹한 시간 속에서 지난 겨울을 보낸 배추의 형태는 천양지차로 변해있었다. 언제나 자연의 품을 들여다보면 영원한 불변의 진리와 변하는 진리를 보여준다.

삶과 진리를 느끼는 방식은 변화한다. 캄캄한 어둠 속에서의 시간과 빛이 있는 공간에서의 시간은 전혀 다른 방식으로 흘러간다. 빛의 유무처럼 변불변의 유무는 감각 의식 느낌까지도 변화시킨다. 오직 현재만이 참으로 자신에게 속해 있음을 느낄 수 있다. 확연히 변불변의 진리를 인식할수록 세상을 있는 그대로 볼 수 있다. 거꾸로 말해 평범한 것만을 생각하는 사람들은 세상을 있는 그대로 보지 못하고 무엇인가 왜곡해서 본다. 변하는 것으로 보면 천지도 한때를 그대로 있지 아니한 세상, 불변하는 것으로 보면 만물과 내가 다 여여한, 즉 있는 그대로 세상을 볼 수 있다. 우주 질서의 주체인 변과 불변의 진리가 극단의 작용으로 은유되어 있음을 알아 생사를 바르게 인식하는 기회를 놓치지 말고 단단히 붙잡아야 한다.

궁극적 진리는 일원상 진리의 속성인 변의 진리와 불변의 진리 속에 있다. 우리가 좌지우지할 것은 우리에게 부여된 바로 현재의 시간이다. 그 귀중한 시간 속에 변불변의 진리를 바로 인식할 때 빛나는 영생도 꿈꿀 수 있다. 다른 사람을 조종할 수는 없지만 자신을 제어할 수는 있다. 더 늦어지기 전에 생사를 바르게 인식하여야 한다. 오늘의 희미한 기억은 얼마 지나지 않아 저 멀리 사라질 것이다. 과거의 시간이 폐기된 수표라면 미래의 시간은 아직 바꾸지 않은 수표 같은 것이다.

그렇다면 변불변의 진리를 어떻게 이해하고 인식할 수 있나? 불변의 진리는 '대소 유무에 분별이 없는 자리', '생멸거래에 변함이 없는 자리', '선악업보가 끊어진 자리', '언어명상이 돈공한 자리'로 이해하고 인식한다. 변하는 진리는 '공적영지의 광명을 따라 대소 유무에 분별이 나타나서 선악업보에 차별이 생겨나며, 언어명상이 완연하여 시방삼계가 장중에 한 구슬같이 드러나고', '우주 만유를 통하여 무시광겁에 은현자재'하는 자리로 이해하고 인식한다.

또한 변하지 않는 유상有常의 측면과 변하는 무상無常의 측면으로 말하기도 한다. 이를 종합하면 우주의 궁극적 진리는 본체적本體的 측면으로 보면 불변의 진리이며, 현상적現狀的 측면으로 보면 변하는 진리다. 변하는 것은 사람으로 하루하루 살아가는 세계 위의 것들로 채워지지만, 불변하는 것은 사람의 삶과 세계를 넘어선 사유 체계 속에서 뚜렷해진다. 그렇더라도 본체本體와 현상現狀, 변과 불변의 진리는 궁극적 진리를 이해하기 위한 설명으로 근원적으로는 둘이 아닌 하나의 진리이다.

그러기에 정산 종사는 깨달음의 경지를 읊은 성가 106장, '망망한 너른 천지'에서 주야와 사시가 순환하는 이치를 변하는 이치로, 그 가운데 영원한 세월은 여여하게 불변하는 이치로 노래했다. 이렇게 일원의 진리를 원만하게 깨치고 그 기쁨을 찬탄했다. 삼학 팔조와 사은 사요의 공부로써 대원정각의 큰 도인이 되기를 권장한 가사이다. 원기17년(1932) 「월보」 제38호에 처음 발표했다. 총 252구로 구성된 장편 가사로 성가 106장으로 제정되었다.

변불변을 물리학적으로 설명한 학자도 있다. 불변의 물리학적인 모델이 진공眞空이라는 주장이다. 변의 물리학적 모델은 진공 내에 꽉 차 있는 입자와 에너지라고 말한다. 그래서 진공은 시작과 끝이 없으며 변화하지 않기에 불변이라는 것이고, 반면에 입자와 에너지는 생주이멸生住異滅과 성주괴공成住壞空을 되풀이하며 생성生成과 소멸消滅을 반복하며 변화하기에 변이라는 것이다.

이렇게 모든 물질은 지수화풍地水火風의 사대四大에 의해 생성과 소멸을 반복한다. 사대는 일체一切를 구성하는 지·수·화·풍의 네 요소이다. 우리의 몸도 사대의 일시적인 화합일 뿐이다. 그런데 사대는 현상계의 모든 순간 속에서 생멸 변화한다. 세밀하게는 어느 것 하나 한순간도 고정됨이 없다. 세상에 필요하지만 눈에 보이지 않는 것이 무엇인지 끊임없이 찾으려고 노력하다 보면 변불변의 진리 속 이치가 드러나 보인다.

시간은 쉬지 않고 흘러간다. 변불변의 진리로 삼라만상을 움직인다. 변불변의 진리 중 어느 쪽으로 더 마음이 기우는가? 자기 마음을 더 겸손히 해 긍정적으로 통찰할 필요가 있다. 멈추지 말고 인식의 발걸음을 내디뎌야 한다. 재물만을 보며 자신의 행복을 생각하는 사람은 더 많은 속박을 기다리는 사람과 같다.

중요한 것은 어디서 왔는지가 아니라 어디로 가는지다. 삶의 모든 체험은 인식의 체계 위에 이어져 있다. 나이가 몇 살이든 사람은 무한히 새롭게 변할 수 있다. 그릇을 빚듯이 자신이 꿈꾸는 모습 그대로를 빚어나가기를 바란다면 변불변의 진리를 깨닫는 삶이 되어야 한다.

현재에 집중하며 기쁨에 충만한 사람이라야 보이지 않는 미래도 낙관할 수 있다. 현재 자신의 구멍 뚫린 생각과 시각을 교정해야 한다. 하지만 시도조차 하지 않는다면 영원히 진정한 즐거움과 행복을 얻지 못할 수도 있다. 순간순간 편안함에 안주하며 진리를 공부하지 않는다면 자기에게서 영원한 법락法樂은 그만큼 더 멀어지게 될 것이다.

61
착심에서 벗어날 때

『대종경』 천도품 19장

원기103.2.4.

당당히 행복하고 자유로운 사람이 되려고 한다면 착심着心에서 벗어난 길을 가야 한다. 갑각류의 동물들이 주기적으로 허물을 벗지 않고는 살아갈 수 없듯이, 사람도 낡은 사고의 허물 속에 언제까지나 갇혀 있거나, 그 영향으로 착심에서 벗어나지 못할 때 성장은 고사하고 끝내는 파멸의 길로 떨어진다. 그러나 허물 벗기기를 주저하지 않고 착심에서 벗어나기를 거듭할수록 미래의 성장이 보장된 진급의 길로 나아간다.

진급의 길로 나아가든 강급의 길로 나아가든, 이렇게 하든 저렇게 하든 자기 자신이 하는 어떤 행동을 업業이라고 한다. 그런 자기의 행동에 걸맞은 결과를 낳는다는 것이 업보業報이다. 전통적으로 세 가지로 말한다. 바로 삼업三業이다. 몸으로 짓는 것이 신업身業이고, 말로 짓는 것이 구업口業이며, 생각으로 짓는 것을 의업意業이다.

착심을 떨어낼 힘이 있어야 한다. 어떤 재물에 집착하는 것, 어떤 사람을 사랑하는 것, 어떤 물건을 가지고 싶은 것, 어떤 일을 하고 싶은 것, 무엇이든 좋아하는 것 등에 도를 넘어 집착하면 착심이 된다. 이런 마음이 자기의 마음을 너무나 무겁게 만들고, 그만큼 부자유스럽게 한다. 주인이 아니라 어떤 것의 노예로 살도록 만드는 불쾌한 경험도 제공한다.

사람의 능력과 개성은 드러나는 부분도 있지만 감추어진 요소도 많다. 어떤 것은 꼭꼭 숨어 잘 보이지 않는다. 환경의 영향을 받아 드러나지 않기도 하고, 의도적으로 포장됐기 때문이기도 하다. 일테면 체육관에서 운동을 즐기는 사람은 탄탄한 복근을 가지고 무거운 바벨도 들어 올린다. 그러나 더 들어 올리겠다고 마음 먹고 당장 힘에 부치는 바벨을 들어 올리려고 하면 운동의 재미와 활력을 잃고 만다.

일상의 여러 가지 일을 통해 착심을 떨어낼 힘을 갖추지 못하면 그만큼의 성장통과 고통을 겪는다. 잘못되면 성장은 고사하고 안쪽부터 상처가 나 어두운 길로 빠져들 수도 있다. 늘 보람되게 살아가기 위한 사고思考의 신진대사를 원활히 해야 한다. 그러기에 삶의 여정을 즐기는 사람들은 소요유逍遙遊를 말했다. 소요유는 한가함을 즐긴다는 뜻이다. 이런 계획을 세워 실행하는 일은 즐거움과 쾌감을 동반한다. 장기계획을 면밀하게 세우거나 인생 전반의 계획을 세우거나, 이 모든 것은 가슴을 두근두근 설레게 만드는 꿈과 희망으로 가득한 작업이다. 계획을 실행하면서 자기를 다듬어야 한다. 어렵게 생각하지 않고 상황에 맞추어 계획을 실행하더라도 그 진척이 수월치 않을 수도 있다. 그렇더라도 다시 또 다듬어 나가면 된다. 이렇게 마음을 마음대로 쓸 수 있도록 착심을 떼고, 또 그 방법도 찾아 여행하면 결국엔 자기만의 길을 찾게 된다.

인생을 살아가며 착심을 제거하는 일은 마음의 힘을 양성하는 마음 농사이기도 하다. 농사를 지으려면 기름진 땅에 씨앗을 뿌리듯, 마음 농사를 잘 지으려면 자기 마음 밭에 새로운 생각의 씨를 뿌려야 하고, 농토의 감별된 잡초를 뽑듯 마음속에 숨겨진 착심을 제거해야 한다. 농작물들이 잘 자라도록 시시때때로 물을 주는 것같이, 새로운 생각의 씨가 잘 자라도록 지속해서 마음속에 숨겨진 착심을 제거하며 살펴야 한다.

 스승님들은 착심을 뽑는 공부와 생사 해탈 공부를 일관一貫하라 하셨다. 그래서 견성을 했어도 번뇌와 착심은 바로 없어지는 것이 아니며, 점차 노력하고 수행해야 없어지게 된다고 하셨다. 일상생활 속에서 정진 적공의 시간을 더 정성스럽게 이어갈 때 착심이 옅어지거나 없어지게 된다.

 그렇다면 어떻게 착심을 뗄 것인가? 참으로 소유할 수 있는 것이 무엇인가? 소유의 문제를 바르게 참구參究하고 인식할 때 그 길이 비로소 보인다. 스스로 문제를 직시하는 것이 중요하다. 삶의 성취와 행복이 결부된 소유의 문제는 이렇게 자신이 선택하는 의지에 따라 변한다. 삶의 마지막까지 가져갈 수 있는 것은 사랑이 넘쳐나는 맑고 밝은 기억과, 마음의 평화와, 적공의 체화로 쌓고 다듬은 훈훈한 마음뿐이다. 현재의 자기 문제를 풀기 위한 토대가 된다. 누구든 그 착심의 문제를 해결할 때라야 더 행복해진다.

 사람들은 오온五蘊을 가지고 있다. 색수상행식色受想行識이다. 색은 육체작용, 수는 감각작용, 상은 표상작용, 행은 의지작용, 식은 판단작용을 가리키는 말이다. 이와 같은 오온의 작용성이 온전히 이어져야 착심의 문제가 풀어진다. 그런데 그 깨달음을 얻지 못하면 마음의 평화와 행복을 일궈주는 원천을 잃고 착심에 빠져 고초를 겪기도 한다.

 언제나 평화와 행복을 일구고 지키는 힘은 원천적으로 착심이 일어날 수 없게 한 깨우침이었다. 이에 다다를 수 있는 세 갈래 길이 있다. 정산 종사는 열반을 앞두고 갖추어야 할 보물 세 가지에 대해 "하나는 무상공덕無相功德이요, 둘은 상생선연相生善緣이며, 셋은 청정일념淸淨一念이다. 그 가운데 가장 중요한 것은 청정일념"이라고 『정산종사법어』 생사편 9장에 밝혀 놓았다.

 무상공덕은 상相이 없이 빈 마음으로 지은 공덕이다. 죽음에 다다르더라도 자기가 가져갈 수 있다. 우리는 사람이 죽으면서 가져갈 것이 무엇인지 생각하며 살아야 한다. 그걸 모르면 이 세상을 떠날 때 허망함만 더하게 된다. 상생선연相生善緣은 서로를 살려주고 키워주는 좋은 인연을 말한다. 그래서 상생의 좋은 인연을 맺게 되면 선인선과의 세계, 진급의 세계가 열린다. 인생에 있어서 상생의 좋은 인연처럼 중요한 것은 없다. 청정일념은 사심邪心, 잡념雜念, 착심이 없는 오직 청정한 한 생각이다. 청정일념은 모든 착심을 놓는 것이다. 애착愛着, 탐착貪着, 원착怨着을 놓고 청정일념의 한 생각을 갖는 것이다. 청정일념이 바로 해탈解脫의 길이다.

이렇게 자기의 보물 세 가지를 챙기며 착심을 떼야 한다. 자꾸자꾸 무상공덕과 상생선연과 청정일념을 추구해 가면 자기의 마음 속에서부터 착심이 벗겨진다. 자기의 마음과 외부 환경이 평형을 이루는 상태를 유지할 마음의 힘이 갖춰지기 때문이다. 이렇게 하면 착심에서 벗어날 수 있고 낙도를 취하며 법락을 즐길 수 있다.

새는 날기 위해 속이 빈 뼈를 가지고 있다. 낙타는 사막에서 살아남기 위해 등에 혹을 짊어진다. 카멜레온은 포식자들의 눈에 띄지 않기 위해 가죽의 색소 구성을 변화시킨다. 이처럼 자기 항상성恒常性을 유지하려는 힘이 있을 때 외부의 제약된 환경과 조건에도 불구하고 스스로 조절하는 능력을 갖는다. 항상성을 잃지 않고 끊임없이 추구해 나갈 때 어떤 난제에도 적응한다.

진흙으로 만든 보살菩薩은 물에 놓으면 흙이 다 풀어진다. 니보살과하泥菩薩過河 자신난보自身難保라고 한다. 사람의 마음도 마찬가지다. 바르게 나아갈 수 있는 힘을 항상 추구하지 않으면 그때그때의 상황을 이기지 못하고 마음이 흐느적거리는 상태가 된다. 이렇기 때문에 착심을 버리는 항상성의 힘을 가져야 한다. 수처작주隨處作主 입처개진立處皆眞의 마음이라도 내야 된다. 수처작주 입처개진이란 이르는 곳마다 주인이 된다는 가르침이다.

현재 우리는 수없이 많은 것을 볼 수 있고 알 수 있다. 그 덕에 셀 수 없이 많은 방식으로 자기 기대에 충만한 것과 그렇지 않은 반대의 상황도 확인할 수 있다. 때때로 자기 기대에 못 미치고, 부족하고, 생각처럼 잘 풀리지 않더라도 묵묵히 견뎌낼 수 있어야 된다. 그렇지 못할 때는 자기 기대에 못 미치는 일과 뭔가가 부족한 일이 자기의 내면을 갈가리 찢어 놓는 현실 지옥을 만든다. 물질에 연연하는 사람들은 현재가 아니라 과거 생각에 빠져 또 다시 착심을 키울 가능성이 있다.

과거에 사로잡혀서 자기 삶의 주인인 마음을 어둡게 하는 어리석음을 범하지 말아야 한다. 행복하고 사랑받기를 열망할수록 주변과는 무관하게 외롭고 근심도 많아진다.

존재하는 방식은 어떤 차원에서 지각知覺하느냐에 따라 달라진다. 그러나 진짜 보살인지 아니면 진흙으로 만든 보살인지를 살피는 것은 항상 결정권자의 몫이다. 지금 바로 여기에서 자기 스스로의 문제를 정확히 파악하고, 착심을 해결하는 청정일념으로 자신의 길을 더 밝혀야 한다. 착심에서 벗어날 때 알찬 결실을 거두게 될 뿐 아니라, 현실 지옥을 벗어난 행복감으로 희망적인 미래를 기대할 수 있다.

62
자신의 천도와 주변의 천도

『대종경』 천도품 22장

원기103.2.11.

정력定力은 법설을 듣고 선정禪定에 드는 등, 마음의 어지러운 생각을 없애고 적정寂靜의 상태에 오른 자기 마음의 힘이다. 자기 마음에 요란함이 없는 경지에 올라 얻은 힘을 말한다. 수양력·연구력·취사력의 삼대력 가운데 수양력을 가리킨다.

누구에게나 이런 잠재능력이 내재되어 있다. 열정이 있는 삶으로 심신의 자유로움을 추구하며 정력을 얻는 태도를 강화할수록 그 정점頂點에서 체화된 힘을 느낄 수 있다. 또 그 힘을 효과적으로 응축할 수만 있다면 누구나 자기의 법력이 허공 법계에 사무쳐서 미물 곤충까지도 부지중 천도시킬 수 있다. 여기에서 사용된 부지는 직역하면 모른다는 뜻이다. 그냥 단순히 사물의 지식에 대해 모르는 것을 지적하는 말이 아니라, 외물外物에 흔들리지 않는 자기의 심신 상태를 자기 스스로가 모를 수 있다는 것이다.

적공積功을 많이 하면 정력이 쌓이고, 정력이 많이 응축된 사람은 의식하지 않아도 저절로 유념이 된다. 그런 경지에 올라 선 사람이 천도의 능력을 갖는다. 말할 수 있는 것과 말할 줄 아는 것이 다르듯이 그 차이를 아는 것이다. 적공이 마냥 어렵다는 강박적인 마음을 풀어내야 한다.

히말라야는 에베레스트를 정점으로 해발고도 8천 m가 넘는 수많은 고봉들을 품고 있는 장대한 산맥이다. 산스크리트어로 히말라야는 힘Him과 알라야alaya라는 어근으로 구성되어 있다. 힘이 눈을 의미한다면 알라야는 저장을 의미한다. 그래서 설장산雪藏山이라고도 한다. 눈을 가득 저장하고 있는 산이라는 뜻이다.

그런데 이런 설산의 눈이 녹아 흘러내린다. 날마다 무심히 비치는 햇빛에 녹아 흘러내린다. 태양 광선에 눈과 얼음이 자연스럽게 녹아지듯, 사심 잡념이 녹은 도인들의 법력에 그 사람 주변 범부 중생과 미迷의 업장도 부지중에 녹는다. 그렇기에 죽은 사람의 명복을 빌기 위하여 법회法會를 열고, 독경讀經을 하며, 시식施食을 하고, 불공佛供을 드린다. 모든 영혼이 극락정토에 태어나도록 기원하는 것이다.

이 천도의식은 사람이 죽은 지 1주일마다 한 번씩 7·7재를 가지게 된다. 7주째에 행하는 천도의식을 49재라 한다. 천도의식은 사람이 죽은 지 7일마다 한 번씩 일곱 번을 하는 경우도 있고, 여섯 번은 생략하고 49일째만 행하기도 한다. 일반적으로 천도라 하면 일곱 번 행하는 49재를 가리킨다. 또 49재가 지난 뒤에도 사람이 죽은 지 100일 만에 백재百齋로 행하는 천도의식과 1주년과 2주년에 지내는 소상小祥과 대상재大祥齋가 있다.

어쨌거나 관건은 정력이다. 그러기에 일심정력一心定力을 응축하기 위해 수양과 적공의 시간을 갖는다. 이런 열정의 시간 속에서 마음에 요란함이 없는 상태라야만 사심 잡념을 제거하는 심신의 힘을 갖는다.

사람들은 누구든지 자신의 삶을 자기의 방식대로 산다. 그렇다고 하더라도 물과 같은 사람이 될 필요가 있다. 물은 땅의 높낮이와 형태에 따라 자신의 모습을 바꾼다. 이런 이치를 익히면 익힐수록 자기 마음을 예리하고, 강인하고, 부드럽게 만들 수 있다.

　자기가 가진 틀을 깨고 생각하기를 시작한다면 기대 이상의 좋은 결과가 나타난다. 일단 틀을 깨고, 폭이 넓어지고, 그만큼의 결과를 얻으며, 그 결과로 인해 많은 사람을 행복하게 할 수도 있다. 오늘도 무엇으로 틀을 깰까 고민해야 한다. 그 중심에 웃음이 있다. 이런 생각을 실행에 옮기며 조신調身, 조식調息, 조심調心을 하면 큰 힘이 응축된다. 언제나 조신, 조식, 조심을 이어가는데 충실해야 한다. 이렇게 자기 스스로 주목하는 사람이라야 부지중 천도 하는 정력이 쌓이고, 진정한 가치를 갖는다.

　조신은 몸의 기운을 막히지 않고 원활하게 조절하여 잘 고르는 것이요, 조식은 언제나 숨을 고르게 하는 것이며, 조심은 어지러운 마음을 가라앉혀서 평온한 상태를 유지하는 것이다. 염불과 좌선을 하듯 먼저 몸을 바르게 하고 호흡을 편안하게 고르면 된다. 조신, 조식, 조심의 상태로 통어統御될 때 진경眞境에 들게 된다. 수양으로 얻게 되는 정력의 힘은 모든 산란한 마음을 쳐부순다.

　일체유심조一切唯心造, 즉 모든 것은 자기 마음이 지어 낸 것일 뿐이라는 가르침도 바로 이런 마음의 메카니즘에 기반하고 있다. 조신, 조식, 조심을 일관하는 태도로 자기의 어지러운 생각을 없애고 진경에 드는 길을 가야 한다.

　강력한 정력을 얻으려면 그렇게 공功을 들여야 한다. 무릇 불법을 구하는 사람으로서 마땅히 해야 할 일이다. 법신불의 은혜를 체화體化하며, 마음 바깥에는 별도의 부처가 있지도 않고, 부처 바깥에는 별도의 마음이 없다는 것을 확연히 알아, 공을 들이는 사람이 결국 대정력大定力을 얻는다. 그러나 중요한 것은 자기의 근기에 맞게 실행하는 것이 중요하다. 근기에 맞게 공들여야 효과가 극대화 된다. 즉심시불卽心是佛이 된다. 자기 마음으로 확연히 부처를 이루는 사람이 되고, 자신自身의 천도와 주변의 천도를 이끄는 사람이 되는 것이다.

우리가 세상을 사는 궁극적인 목적은 첫째는 자기의 참모습을 찾는 것이요, 둘째는 중생을 제도하는 것이라 했다. 이러자면 우선 정력을 갖춰야 한다. 정력을 쌓으며 자기의 본래 모습을 찾아야 한다. 정력을 찾지 못하면 영원히 윤회의 바퀴에서 헤매게 된다. 이제 자기 스스로 어떤 정도의 정력을 갖췄는지 면면이 살필 필요가 있다.

자신의 천도와 주변의 천도를 일상의 과제로 삼아야 한다. 즐기면서 집중할 수 있는 능력이 삶의 행복과 인생의 성공을 결정한다. 그러나 그런 정력을 쌓는 일이 결코 쉬운 일은 아니다. 그렇더라도 정력을 쌓아야 빛나는 영성靈性을 발현할 수 있고, 탁업濁業에 빠지지 않는다. 정력을 더욱 두텁게 쌓는 길로 나아가는 실행의 고삐를 죄어야 한다. 천도는 삶의 완성이다.

63
천도할 능력과 성불할 종자

『대종경』 천도품 27장

원기103.2.25.

『대종경』 천도품 27장 내용은 김형오金亨悟 선진의 수필로 「회보」 64호(원기25년)에 실린 법설이다. '정성과 정성을 다하여 삼대력을 쌓으면 지옥 중생이라도 천도할 능력이 생기고, 부처님의 정법에 한 번 인연을 맺어 주는 것만 하여도 영겁을 통하여 성불할 좋은 종자가 된다'고 밝혔다.

그렇더라도 천도의 길로 나아가며 평화롭고 행복하게 낙도를 즐기며 성불할 좋은 종자를 키우는 사람이 있는가 하면, 그 반대로 나아가 절망의 어두운 시간 속에서 고통을 겪는 사람도 있다. 마음의 장벽에 막혔기 때문이다.

몸의 주인은 마음이다. 마음이 달라지면 세포 하나하나가 달라지기 마련인데도, 사람들은 밥을 먹는 것처럼 일상 속에서 정진의 마음을 먹는 데는 익숙하지 못하다. 시시때때로 정성과 정성을 다하여 항상 심지가 요란하지 않게 하며, 항상 심지가 어리석지 않게 하며, 항상 심지가 그르지 않게 해야 함에도 그리 익숙하지 못하다. 그런데 소태산 대종사는 삼대력을 증장해야 지옥 중생이라도 천도할 능력이 생기고, 정법에 인연이 되어야 영겁을 통하여 성불할 좋은 종자를 키우는 삶이 된다고 하셨다.

우리가 지속적으로 추구해야 할 궁극적 좌표다. 무엇보다도 먼저 이런 좌표로 향해 가는 의지를 강화하는 데 힘써야 한다. 그 의지가 강화되어 실행될수록 자기 삶을 더 풍요롭게 만드는 비결이 된다. 그렇다면 어떤 길로 나아가야 항상 심지가 요란하지 않게 되고, 항상 심지가 어리석지 않게 되고, 항상 심지가 그르지 않게 되어 자신 천도에 이르게 되고 영겁을 통하여 성불할 좋은 종자를 만들 수 있을까?

일상생활에서 접하는 사사물물의 같음과 다름, 있음과 없음이라는 언어 형식의 파생派生에 유의해, 멈추고, 생각하고, 더 새롭게 실천하는 마음을 내고 실행해가야 된다. 24시간을 살아가는 그 자체가 자기 천도의 길을 모색하며 성불의 종자를 싹틔우는 일이다. 이제부터라도 머리를 비우고 마음을 다스리는 또 하나의 채찍을 들어야 한다. 그래도 계획대로, 마음먹은 대로 되지 않는 것이 너무나 많다. 그렇다고 해서 너무 속상해 하지 말고 재빨리 감정을 수습하고, 또 다른 장애물이 나타나도 낙담하거나 두려워할 필요는 없다. 즐거운 듯이 크게 웃으면서 전진하면 이제 막 생기려던 부정적인 감정이 연기처럼 사라진다. 마음가짐을 바꾸고 진행 각도를 조절해 자기 문제를 보면 부정적 감정이 긍정적 감정으로 바뀐다. 이렇게 다시 시작하면 된다.

바라보는 각도를 바꾸면 절망 속에서도 희망을 볼 수 있다. 나무는 자리를 옮기면 죽지만, 사람은 부정적이고 비관적인 감정이 일어나면 즉시 진행 각도를 바꾸어 다시 바라보며 실행을 지속하는 것이 좋다. 절대 해결될 것 같지 않던 문제도 해결할 수 있는 길을 찾을 수 있다. 모든 일에는 좋게 되는 일과 나쁘게 되는 일이 있다. 관건은 그것을 어떻게 보는가이다. 한 발 가까이서 보면 험한 산과 마른 강물이 보이지만 한 발 물러서서 보면 광활한 산과 길고 풍요로운 강이 보이는 것과 같다.

이런 이치를 터득했다 하더라도 계속해서 실행하지 않으면 아무 의미가 없다. 구슬이 서 말이라도 꿰어야 보배라는 속담이 있듯이, 하루 세 끼 밥을 먹듯 삼대력 갖추는 걸 천천히 즐기는 사람이 되어야 한다. 마음의 벽이 옅어질 때마다 마음의 폭이 넓어지고, 의도된 실행이 잘 되고, 잘 된 만큼 생활이 풍요로워진다. 어떤 사물이나 일이 나에게 어떤 영향을 미치는지 명확히 구분하며, 경계를 물리치고 극복하는 지속적 태도와 공들임, 그리고 열정의 적공이 필요하다.

어떻든지 시비곡절是非曲切을 잘 처리해야 한다. 언제나 맞다, 안 맞다, 좋다, 나쁘다는 시비곡절이 마음의 병이 된다. 이런 마음이 없다면 자기 마음을 바로 지킬 수 있고, 같음은 일一이요, 다름은 이異요, 있음은 유有요, 없음이 무無란 이름으로 불리는 이유를 확연히 알고 깨닫게 된다. 이 상황을 잘 인식하지 못할 때 마음의 경계가 찾아오고 마음의 병이 중첩되어 찾아온다. 이렇게 실제 일상의 실행 속에서 삶의 의미를 찾는 것이 인생의 품격과 성패를 결정짓는다고 해도 과언이 아니다. 진흙 속 연꽃을 보는 것처럼, 자신의 참 가치를 인정받는 길로 가야 한다.

그래서 그 극복의 대안으로 일심을 모으고, 알음알이를 구하고, 실행력을 높이는 걸 우리는 삼대력三大力이라 말한다. 삼학 수행을 통해서만 얻게 되는 수양력·연구력·취사력의 세 가지 큰 힘이다. 사람들은 이 삼대력의 확장과정 속에서 더 훌륭해진다. 스스로 천도를 가능하게 할뿐만 아니라 성불할 좋은 종자가 된다. 하지만 그 뜻을 잘 헤아리지 못하는 사람도 많다. 삶에 대한 평가는 살아있는 동안 쌓아 놓은 재물로만 이루어지는 게 아니다. 먼 훗날 또는 긴 역사가 아니라, 지금 바로 여기에서 자기 스스로 의미를 더하며 느낄 수 있는 정신적 활동이 더 중요해지고 있다.

자기 삶의 내면을 채우는 게 더없이 좋은 일임을 잊어서는 안 된다.『대종경』수행품 7장에는 "공부인이 정신의 세 가지 힘, 곧 일심과 알음알이 그리고 실행의 힘이 있어야 육신의 의식주를 잘 얻을 수 있고, 원만한 인격을 이룰 수 있으며, 생사의 도와 인과의 이치를 터득하여 혜와 복을 얻을 수 있다"고 밝혀 놓았다.

당장 적공의 과정이 조금은 힘들더라도 꾸준히 삼대력으로 돋워가야 하는 이유이다. 바람이 불면 사물이 각기 다른 소리를 내는 것처럼, 정신에 자꾸 분별이 일어날 때 마음을 바르게 챙겨야 마음의 평화와 건강이 되돌아온다. 참으로 평안한 삶을 바란다면 인생 추구의 기준을 물질이나 지위, 사회 통념이나 타인의 시선, 어떤 이념이나 명분이 아니라, 이렇게 자신의 내면을 더 밝게 밝히는 일에 중점을 두고 정성스럽게 추구해야 한다.

지금이라도 자기 삶의 태도를 삼대력 배양 중심으로 바꾸어야 한다. 아무리 재물이 많고 화려해 보여도 삼대력이 증장된 삶만큼 훌륭할 순 없다. 돈의 달콤함과 그 안일함에 젖지 말아야 한다. 강력한 내면의 힘을 키워야 한다. 자기 마음의 소리를 집중해 들으면서 소태산 대종사가 일관되게 가르쳤던 방식으로 꾸준하게 밀고 나가는 것이다. 자신의 가치관과 목표를 이루고 세상의 아름다움을 깨닫게 된다. 그러기에 삼대력을 얻으면 부처와 같은 인격을 갖추게 되고, 삼대력을 얻지 못하면 중생에 머물러 있는 사람으로 산다.

『성경』에는 기쁨이란 말과 기뻐하라는 말이 자그마치 360번이나 나온다고 한다. 우리 삶에서 기쁨이란 말이 매우 큰 비중을 차지하고 있기 때문일 것이다. 이런 마음으로 삼대력 증강에 힘써야 한다. 이렇게 자기 결정권을 긍정적으로 행사하는 일이야말로 참다운 삶의 길을 가는 제일의 취사라 할 수 있다.

그렇다면 자기 결정권이란 무엇인가? 스스로 설계한 삶을 자기가 옳다고 믿는 방식으로 살아가려는 의지이며 권리이다. '나는 누구인가?' 그 물음이 나는 무엇을 하고 사는지, 무엇을 해야 하는지 알게 해준다. 더 많이 교전을 보며 생각하는 시간을 가져야 한다. 사고는 힘의 근원이다. 이 세상 하나의 점일망정 존재하는 것만으로도 그 자리에서 빛날 수 있다. 모든 치장, 소유, 자유를 다 떼어내도 자기의 본래 마음은 거대한 호수만큼 투명하고 우주만큼 광활하다.

나의 존재라는 품사는 흐르는 강처럼 순간순간 변화하는 동사와 같다. 나는 나의 지난 이야기가 아니다. 바로 이 순간이다. 삶의 의미가 무엇인지 분명하게 아는 사람은 아무리 큰 상처를 받아도 다시 일어나 스스로 치유한다. 반면 삶의 의미를 찾지 못한 사람은 작은 불운에도 쓰러지고 만다. 자기의 삶이 어떤 의미가 있는지 치열하게 고민하고 되돌아보며 치유하지 못한 결과이다. 이런 이치를 알고 자기를 바라볼 때 편안하고 자유롭다. 그때 법신불과 연관된 인간으로 존재와 존재로 만나는 일이 가능하다. 순수한 믿음과 순수한 마음으로 말이다.

그러기에 정신을 단련하여 원만한 인격을 이루는 데에 가장 많은 시간을 사용하는 게 맞다. 정산 종사는 "수양의 결과는 생사자유와 극락수용과 만사성공이요, 연구의 결과는 사리통달과 중생제도와 만사성공이요, 취사의 결과는 만행구족과 만복원만과 만사성공이니라"라고 가르쳤다. 『정산종사법어』 경의편 16장 내용이다. 노는 시간을 줄이고 기도하는 시간과 법문 읽는 시간을 늘려야 한다. 원만한 인격을 이루는 자기 삶의 표준을 알게 해준다.

소태산 대종사는 일원상의 수행에 대한 제자의 질문에 "일원상을 수행의 표본으로 하고 그 진리를 체 받아서 자기의 인격을 양성하나니… 이 공부를 지성으로 하면 학식 있고 없는 데에도 관계가 없으며 남녀노소를 막론하고 다 성불함을 얻으리라"고 하셨다. 『대종경』 교의품 5장 내용이다. 일원상 수행을 하는 것은 원만한 인격을 이루는 데 있으며 그것은 곧 성불의 길로 나아가는 것임을 밝히고 있다. 동정 간에 끊임없이 삼대력 얻는 공부 길로 나아가는 게 옳다.

　이렇게 수양력과 연구력과 취사력을 쌓아 가면서 챙기는 일심 정력이 자기의 최고 보물이 된다. 지극한 천도의 능력과 성불할 좋은 종자가 된다. 심지가 요란하지 않고, 어리석지 않고, 그르지 않음에 따라 영단靈丹이 점점 커져서 대인大人의 품성을 갖추게 된다. 그 실행력이 점점 증장될 때는 주변 사람을 교화의 길로 이끄는 대인의 복덕도 갖출 수 있다.

　이러한 삼대력의 힘이 있어야 지옥 중생이라도 천도할 능력이 되고, 부처님의 정법에 한번 인연을 맺어 주는 것만 하여도 영겁을 통하여 성불할 좋은 종자가 된다는 의미를 관통해 새롭게 지향해 나아갈 수 있다.

　삼대력 갖추기에 온 정성을 다하며 교법의 체화로 성불의 기운을 돋우어야 한다. 이렇게 정성을 다하는 자기 실현의 방법은 누가 가르쳐주지 않는다. 스스로 알아서 찾아가는 기쁨 속에 그 가늠의 현명한 방법이 놓여 있다. 아름답고 멋지게 따라가 볼 일이다.

64
금생의 복과 죄, 그리고 회향

『대종경』 천도품 35장

원기103.3.4.

『대종경』 천도품 35장은 소태산 대종사가 열반경涅槃經을 인거[편집자 주: 법화경 오류]하여 금생의 복과 죄, 그리고 회향迴向에 대해 밝히고 있는 법문이다. 열반경은 대반열반경大般涅槃經의 준말이다. 석가모니불의 열반을 중심으로 설한 불교경전으로 소승과 대승의 두 가지가 있다. 초기에 성립된 열반경을 흔히 소승열반경이라 하며, 대승불교 흥기 후 성립된 경전을 대승열반경이라 하나 두 경의 이름은 모두 대반열반경이다.

소승小乘의 열반경은 주로 역사를 기록한 것으로서 석가모니불의 열반 전후에 걸쳐 유행, 발병, 최후의 유훈, 입멸 후의 비탄, 사리 팔등분 등을 중요 내용으로 하고 있다. 대승大乘의 열반경은 교리를 중심으로 하여 열반의 이상, 곧 불교의 이상을 묘사하고 있다. 법신法身이 상주常住한다는 근거에서 불성이 본래 갖추어 있고 일체중생에게 보편적인 것임을 역설하여, 적극적으로는 열반을 상락아정常樂我淨이라 하고 있다.

이런 상락아정이 열반에 이르기 위한 네 가지 덕을 열반사덕涅槃四德이라 말한다. 즉 열반은 절대 영원하다는 상常, 열반은 안락이 가득 차 있다는 락

樂, 열반은 참 나의 길이라는 아我, 열반은 청정하다는 정淨의 복덕福德이다. 상은 무상無常, 락은 고苦, 아는 무아無我, 정은 부정不淨 또는 공空에 각기 상대된다. 여기에서 열반은 육체적 사멸에 의한 고요함이 아니라 번뇌 망상煩惱妄想을 완전히 없애버린 깨달음의 경지를 말한다. 험난한 인생길을 극복할 힘을 기를 수 있고, 옳은 판단력과 위기관리 능력을 키워 건강하게 성장하고 발전하는 전기를 마련한다.

 그 정황에 이르기 위한 맥락의 선택과, 실행이란 사소한 변화만으로도 삶에 좋은 영향을 받을 수 있다. 완벽한 선택과 실행을 할 수 없는 존재라고 하더라도, 그렇게 약간의 변화를 주는 것만으로 그 사람들의 삶은 더 나은 방향으로 전환될 수 있다. 예컨대 자신이 발견한 사실을 토대로 건강에 이로운 음식의 소비량을 늘리는 한편, 건강에 해로운 음식은 덜 먹거나 줄이려는 것과 같은 선택과 결정, 그리고 실천을 하는 것이다.

 그러나 범부는 미혹하여 열반의 경지나 상락아정의 변화를 등한히 한다. 많은 번뇌와 현상의 경계만을 탓하거나 혹은 그러한 것들의 줄기인 물질에 탐닉하고 집착하며 거기에 빠져 산다. 그러기에 부처는 범부가 집착하고 있는 현상에 대하여 무상·고·무아·공이라 하고 미혹된 집착을 떼어 버리라고 말씀하셨다. 미혹한 집착을 떼기만 하면 그곳이 바로 열반이요, 상락아정이 된다는 가르침을 마음에 깊이 새겨야 한다.

 그런데 우리는 유혹과 자기 통제의 문제를 심각하게 고민하지 않고 산다. 당연히 미혹迷惑해지고 열반의 경지나, 상락아정으로의 전환이 어렵다. 이를테면 토요일 오전만 해도 오후엔 밖에 나가 운동을 하며 값진 시간을 보내겠다고 마음먹지만, 오후가 되면 또 다시 소파에 앉아 텔레비전을 보거나 게임을 한다. 왜 이런 행동이 나타날까? 유혹에 저항하는 법을 익히지 못해 나타나는 동태적 비일관성動態的 非一貫性이 그 사람을 지배하기 때문이다. 많은 번뇌와 현상의 경계만을 탓하거나, 혹은 그러한 것들의 줄기인 물질에 탐닉하고, 집착하며, 거기에 빠져 사는 사람이 된다. 그들의 행복과 안녕을 증진하는 최선의 방법이라고 볼 수 없다. 자기 통찰과 심전계발을 통해 유혹을 물리치는 자기통제의 문제에 대해 스스로 답을 얻어야 한다.

스승님들도 범부가 집착한 현상에 대하여 말씀하셨다. 미혹된 집착을 떼라, 미혹한 집착을 떼기만 하면 열반에 이르는 상락아정의 경지에 닿는다고 했다. 이 가르침을 마음에 깊이 새겨야 한다.

하지만 한결같은 마음을 내는 것은 힘든 일이기도 하다. 그러나 항상 즐겁고, 항상 기쁘며, 항상 정갈하고 깨끗한 마음으로 내 안에 있는 마음을 닦는 태도를 통해 한 차원 높게 지향할 수 있다. 우리도 그렇게 중생계에서 보살도로 올라가야 한다. 이런 측면에서 상락아정의 성취를 반추해 볼 필요가 있다.

우리는 오늘 하루, 존중하고 존경받는 삶을 살기 위해 얼마나 노력했는가? 또 내일은 존중하고 존경받는 삶을 살기 위해 무엇을 해야 할까? 이런 생각과 함께 살아갈 때 더 아름답고 가치 있는 삶이 된다. 그러기 위해 세상을 있는 그대로, 자신을 있는 그대로 보는데 힘써야 한다. 자신과 세계를 있는 그대로 보는 마음의 힘을 갖추면 모든 인식의 기준이 달라진다. 언제나 복 짓는 마음을 챙기고, 집착 때문에 항상 일희일비하며 탐하는 마음도 보다 쉽게 가다듬게 된다. 날마다 자신의 인생이 아름다워진다는 것을 확신할 수 있고, 인과의 경로로 확인할 수도 있다. 한마음인데 묘하게도 두 가지 양태로 나타난다. 청정한 마음을 지니고 지속해 적공한 사람은 전생, 금생, 내생을 더 새롭게 진급시킨 사람으로 회향한다. 물론 그 반대 방향으로만 가는 사람도 된다.

꿈을 이루기 위한 여러 가지 방법 중에서 시각화視覺化라는 것이 있다. 이는 자기의 성취능력을 증진시켜 꿈을 이루는 방법이다. 자신의 꿈이 달성된 상태를 머릿속 사진으로 미리 경험하는 것이며 매우 효과가 크다. 부처가 되는 과정도 마찬가지의 입장에서 살펴볼 수 있다. 부처가 되는 치열한 수행을 바라밀波羅密이라 부른다. 이 한자어는 파라미타paramita라는 산스크리트어를 소리 나는 대로 옮긴 것이다. 파라미타라는 글자는 파람param과 이타ita로 구성되어 있다. 파람이 저 멀리 혹은 저 너머를 뜻한다면, 이타는 도달한다는 뜻이다. 그러니까 멀고 어렵게만 보이는 부처가 되는 길을 꿋꿋하게 걸어서 이른다는 것이 파라미타, 즉 바라밀이라는 시각화이다.

대승불교는 여섯 가지 바라밀을 이야기한다. 보시布施, 지계持戒, 인욕忍辱, 정진精進, 선정禪定, 지혜智慧가 바로 부처가 되는 여섯 가지 방법이다. 여섯 가지의 바라밀은 철학적으로 둘로 나뉜다. 하나는 자신과 관련된 것이고, 다른 하나는 타자와 관련된 것이다. 가진 것을 나누는 보시, 계율을 지키는 지계, 온갖 모욕에도 원한을 품지 않는 인욕, 악을 제거하려고 치열하게 노력하는 정진, 마음을 응시하는 선정, 그리고 세상을 있는 그대로 보는 지혜이다.

보시는 나눔을 통한 자비 실행을 타자와의 관계 속에서 실행하며 은혜를 체화하는 수행법이고, 이외 다섯 가지는 철저하게 자기 내면을 더 밝게 하는 수행법이다. 이렇게 자신의 마음을 직접 응시하는 정진·적공을 지속해야 한다. 그렇지 않다면 1보도 걷지 않고서 2보, 3보를 생각하는 일이 되고, 모든 게 탐욕에 불과하다.

어떻게든지 지난 시간에 대한 모든 착심을 끊고, 성불제중의 큰 서원을 세운 후 최후 일념에 이르기까지 청정히 챙겨가야 한다. 그러나 일생을 아무렇게나 살고서 최후에 한 생각을 청정히 해 나가기란 쉽지 않다. 일생을 큰 서원에 따라 온전한 생각으로 사는 노력을 해야 한다. 거기에 더하여 최후 일념을 챙기면 효과적인 자기 천도의 방법이 될 것이다. 교도라면 최초 일념이 최후 일념이 되어야 하고, 최후 일념이 최초 일념이 되는 청정한 마음을

가져야 한다. 이것을 곧 일념만년一念萬年이라 한다. 최후 일념까지 청정하게 했다는 뜻이다

그렇다면 최초 일념最初一念부터 최후 일념最後一念까지 어떻게 가꿀 것인가? 정산 종사는 유허일의 영전에 "사람이 세상에 처하여 무슨 일을 할 때는 최초의 한 생각이 잘 나기가 어렵고 또한 한 세상을 끝마칠 때는 최후의 한 생각을 잘 챙기기가 어렵나니, 그 일 그 일에 최초의 한 생각이 바르면 일생에 모든 일이 발라질 것이요, 일생을 끝마칠 때에 최후의 한 생각이 바르면 영원한 장래가 능히 바를 수 있는지라, 바른 생각으로써 오시고 바른 생각으로써 가시면 오고 가는 사이에 항상 미한 길에 주저하지 아니하고, 바로 부처님 회상에 돌아오게 되시리니, 이것은 영가의 평소 소원이요, 미래 길이요, 우리 대중의 함께 기원하는 바라, 영가시여 거듭 부탁하노니, 서원은 부처되어 중생 제도하는 데 세우시고, 마음은 바르고 조촐한 한 생각에 의지하라"라고 부촉했다.

인생은 공수래공수거空手來空手去라고 말한다. 빈손으로 와서 빈손으로 간다는 말이다. 이 말은 인생의 무상함을 더욱 강조하는 말이기도 하다. 상락아정의 깨달음 속에 있는 말이다. 아무리 빈손으로 가는 것이 인생이라고는 하나 절대로 그냥 두고 갈 수 없는 것이 있다. 자신이 살아있는 동안 벌여 놓은 선악 간 업의 보따리이다. 싫든 좋든 자신이 살아가는 동안 맺었던 선악 간 인연의 보따리도 챙겨야 한다. 이 또한 상락아정의 깨달음 속에서 이뤄진다.

전생과 금생의 복이 내생에도 복이 되게 하고, 전생과 금생의 죄도 복으로 전환되는 계기를 만들어야 한다. 젊은 시절부터 챙겨야 할 일생의 보물 세 가지가 있다. 바로 공덕功德과, 상생相生의 선연善緣과, 청정淸淨한 일념一念이다. 그중에서도 가장 중요한 것은 청정일념이라고 하셨다. 자신이 남긴 재물이나 공덕이나 가족·친지의 인연들이나 주위의 평판만을 생각하면 아상我相

이 되고 착심이 될 수 있다. 언제나 근본 청정한 성품 자리에 머물러 있는 것이 내생을 위해 마지막으로 챙겨야 할 참으로 소중한 보물임을 잊어서는 안 된다.

절제되지 않은 감정은 자기 자신뿐 아니라 가족, 나아가 함께 살아가는 사람들을 감정으로 칭칭 옭아매 정상적인 삶을 열어가지 못하게 한다. 분노나 화를 처리하는 방법을 몰라 주위 사람들에게 분노나 화를 쏟아부으면 자신과 주위 모두가 고통스러워진다. 하지만 분노가 일거나 화가 났을 때 5~10분간 의식적으로 호흡을 하고 다른 방향에 신경을 쓰면서 웃음을 챙기면 분노나 화에 대한 깨달음이 일어나고, 시간이 흐르면서 차차 자연스럽게 분노나 화가 가라앉고 상생상화가 되는 체험을 할 수 있다. 이때를 전후로 자기 마음을 교법과 대조하면 더 좋은 방법으로 상락아정의 시간을 보낼 수 있다. 건강한 감성을 회복해야 한다. 분노나 화를 웃음으로 다스리는 지혜를 닦아야 한다.

이런 일은 자기의 존엄성을 지키는 실행이기도 하다. 존재의 기본인 마음과 존재의 관계를 확장시키는 마음을 본래 마음으로 되돌릴 때 현실 속에서 복을 짓고 아름답게 사는 올바른 모습이 된다. 존엄의 어원인 라틴어 디그니타스dignitas를 살펴봤다. 존경과 고귀함을 의미했다. 분노나 화를 자극하고 일으켜서는 이뤄낼 수 없는 일이다. 존경과 고귀함, 분노나 화를 통해 풀어가는 생사연마란 바로 이런 것이다. 생사연마의 도에 대한 공부는 이렇게 시작해 더욱 확연한 쪽으로 지속해 갈 수 있다.

대산 종사는 생사연마의 도에 대해 밝히기를, "첫째 착심 없는 마음을 길들여 세상 욕심에 묶여 살지 말 것이요, 둘째 생사를 거래로 알아 죽음의 공포에서 벗어나는 해탈 공부를 부지런히 할 것이요, 셋째 마음에 정력定力을 쌓아 자유자재하는 공부를 끊임없이 할 것이요, 넷째 평소에 큰 원력을 세워 크고 거룩한 서원의 종자를 심을 것"이라 하였다.『대산종사법어』거래편 3장 내용이다.

결국 중요한 건 청정한 마음을 통해 더 정성스럽게 한 걸음 한 걸음 자기의 혜복을 증장하는 새로운 마음을 내고 실행해 가는 것뿐이다. 분노나 화의 곁가지를 쳐내면 된다. 하루하루 한 걸음 한 걸음씩 상생의 선연과 청정한 일념을 내딛는 삶을 살아야 회향을 잘한 사람이 된다. 회향은 회전취향回轉趣向의 준말이다. 얼굴을 돌려 다른 쪽으로 향하게 하는 것이 아니라, 스스로 쌓은 선근善根 공덕을 다른 사람에게 돌려 자타自他가 함께 불과佛果의 성취를 이룬다는 뜻이다.

세월은 그 누구도 비껴가지 않는다. 자신이 늙어가고 있다는 사실을 깨닫는 순간이 올 것이다. 일상의 일속에서 청정한 마음을 찾고, 지키고, 이어가는 정성스러운 실행이 좋은 감정으로의 소통을 취하며 복 짓는 일로 연결되는 일일 뿐 아니라, 최후 일념, 최초 일념, 그리고 회향까지 이어 가는 길이다.

65
인연 맺는 법

『대종경』 천도품 37장

원기103.3.11.

중생들은 보통 친애하는 선연과 미워하는 악연으로 가까운 인연을 맺게 되나, 불보살들은 중생을 제도하기 위하여 자비로 모든 인연을 가까이 맺는다. 각자 인연에 대한 이해를 더 깊이 하고, 자기 일상에 접목하며 불보살의 길을 가야만 된다.

인연은 인因과 연緣이 결합된 말이다. 어떤 결과를 만들어 내는 직접적인 원인을 인이라 하고, 인과 협동하여 결과를 만드는 간접적인 원인을 연이라 한다. 자기 안에서 결과를 만드는 직접적인 원인이 인이고, 그 인을 밖에서 도와서 좋은 결과를 만드는 간접적인 힘이 되기도 하고 그 반대로 되기도 하는 역할을 연이 맡는다.

그래서 모든 사람은 가까운 인연과 먼 인연이 되어 생生하고 멸滅한다. 가까운 인연은 근인近因, 먼 인연은 원인遠因이라 한다. 일체 만물도 이런 식의 상대적 의존관계에 의해서 형성된다. 동시적同時的인 의존관계와 이시적異時的인 의존관계로 다시 나누어진다. 동시적인 의존관계에서는 주관과 객관, 이시적인 의존관계에서는 원인과 결과로 나타난다.

가령 농사의 경우에는 종자가 인이고, 비료나 노동력 등이 연이다. 이런 경우 아무리 인이 좋다 할지라도, 연을 만나지 못하면 좋은 결과를 가져올 수 없다. 그러므로 인도 물론 좋아야 하지만, 연도 또한 좋아야 좋은 결과를 가져올 수 있다. 누구든지 건강하고 행복하게 살려면 상생상화의 선연善緣을 맺어야 좋다. 존중받지 못한 아픔을 주지 않도록 그 기준선 설정과 자기 조정이 뒤따르게 하는 게 좋다.

이런 생각을 놓아버리면 선연이라도 자기와의 관계가 매번 좋을 수는 없다. 정을 느끼다가도 끈적끈적하고 벗어날 수 없는 불편한 관계를 감수하다 보면 깊은 한恨이 쌓이기도 한다. 이런 이유로 기계적 의미의 원인·결과 관계인, 인이 있어서 연을 만나고 그 과가 존재한다는 인연과因緣果가 생긴다. 특히 남녀의 연분緣分에서 인연과는 자기의 복덕을 인식하는 체감지수로 작용한다.

좋은 인연의 핵심은 존경과 존중을 통한 유익한 관계의 선택에 달려 있다. 그 유익한 선택의 핵심은 행복의 극대화, 자유의 존중, 미덕의 추구이다. 어떤 게임에서 동전의 앞뒤를 결정하는 것과 같은 미세한 감정의 차이가 따르지만, 그 미세함의 차이가 바로 상례적常例的 선택의 결과로 남는다. 보통 일어날 수 있는 일의 결과로 남는 것이다. 그러기에 상대방에 대한 존경과 존중이 만드는 서로의 유익함의 유무에 따라 사랑이 되기도 하고, 상스러운 일이 되기도 한다. 타인과의 거래에서 유익함을 느낄 수 없다면 지옥일 수밖에 없다.

한때는 훌륭한 직장 동료였고 제법 괜찮은 연인이었는데 결혼을 하면서 최악의 상태가 되었다는 말을 종종 듣는다. 밖에 나가면 좋은 사람인데 가까운 사람들에게 함부로 대하는 사람들, 거리가 가까워지면 상처를 주는 사람들, 이들 모두 존경과 존중을 통해 유익함을 서로 나눠 갖지 못했기 때문이다.

매일 보는 사람이니까 대충 소홀해도 다 이해하겠지, 이렇게 생각할 수도 있다. 하지만 가까운 만큼 더 소중히 대해야 한다. 가까운 인연일수록 소홀하지 말아야 한다. 일상생활의 각종 양상까지도 심각하게 뒤틀리는 원인이 될 수 있다.

세상을 살다 보면 자기의 인연을 통해 무엇을 느꼈는가, 무엇을 생각하는가 되짚게 된다. 지금 자신이 처해 있는 자리에서의 인연을 소중히 해야 한다. 그 인연들이야말로 자신이 넘어져 울고 있을 때 손을 내밀어 줄 사람들이며, 자신의 심장이 차갑게 식어갈 때 온기를 넣어줄 수 있는 사람들이다. 이런 이치를 확연히 깨닫고 살아가면 인연들을 통해 기쁨과 즐거움이 잘 만들어지는 상황을 찾을 수 있다. 이럴 때 함께 기쁨과 즐거움을 추구하는 인연으로 남는다.

언제나 자기 마음에 어떤 점을 찍고, 어떤 인연을 맺을지는 마음먹기에 달린 일이다. 삶의 질을 향상시키는 방향으로 움직이기 위해 의식적으로 노력해야만 한다. 구성원들과의 소통도 좋고, 각자의 역할에 최선을 다하는 신념도 좋다. 확고한 신념이 생긴다면 삶을 살아가는 가치와 기준이 좀 더 명확해질 것이다.

한 교도가 부부간에 불화하여 내생에는 또다시 인연 있는 사이가 되지 아니하리라 말하며 늘 그 남편을 미워하였다. 이에 소태산 대종사 말씀하셨다. "그 남편과 다시 인연을 맺지 아니하려면 미워하는 마음도 사랑하는 마음도 다 두지 말고 오직 무심으로 대하라" 『대종경』 인과품 11장 내용이다.

인연을 맺고 있는 어떤 타성의 상황을 극복하려는 노력을 지속하면 존경과 존중의 마음으로 아름다운 실천궁행을 참구하게 된다. 우리 행동에 이처럼 중요한 요소는 없다. 통찰력을 가지고 부단하게 부담스러운 부분을 덜어내 반듯하게 한 뒤 인연을 갖는 자세를 익혀 사용해야 한다. 그때그때 서로

서로 유용한 인연이 된다. 서로에게 성가신 사람이 되고, 골칫거리가 되고, 끊임없이 불평하는 인연이 되어서는 안 된다.

돈을 잃으면 인생을 조금 잃은 것이며, 명예를 잃으면 인생을 많이 잃은 것이고, 인연을 잃으면 인생의 모두를 잃은 것이라 했다. 인생을 잘 사는 요건은 굳은 서원과 좋은 인연임을 확연히 깨닫고 불종자佛種子를 가꾸는 인연이 되어야 한다. 육도사생으로 볼 때 참으로 대단한 일이다. 그러나 항상 주어지는 기회도 아니고 그대로 머물러 있지도 않음을 상기하며 서로에게 유의할 필요가 있다. 몸과 마음의 좋은 느낌으로 좋은 변화의 과정을 지향하지 않으면 그 누구도 좋은 인연과 함께 하는 미래를 장담할 수 없다. 부지런히 나보다 승한 이나 선근자와 친하고 좋은 인연을 걸어서 악순환에 떨어지지 않도록 해야 한다. 좋은 인연은 살았을 때는 나의 앞길을 열어주고, 죽어서도 천도를 받을 수 있는 기연이 되게 한다.

부처는 무량한 세계에 가득 찬 칠보를 가져다 보시에 사용할지라도, 보리심을 발하여 수지독송受持讀誦하고 다른 사람을 위하여 설하면 그 복이 더 승하다고 했다. 인연 있는 사람들에게 복덕을 베푸는 것도 중요하지만, 복덕성을 심고 가꾸는 사이가 되게 하는 것이 더욱더 중요하다. 이렇게 인연을 조율할 수 있는 마음의 힘이 미래의 축복을 가져다준다. 모든 인연에는 이런 원인과 조건이 상호 관련되어 성립된다. 항상 인과 연이 서로 바르게 지향되어야 하는 것이다. 조건과 원인이 없으면 결과도 없다는 연기緣起의 원리에 의해 삶은 귀착된다. 어떤 사람이든지 자기가 받고자 하는 복락은 저절로, 또는 우연히 나타나는 것이 아니라 반드시 선인善因을 짓고 선연을 잘 맺어야 받을 수 있다.

정산 종사는 이러한 인연의 이치를 따라 인연 복을 많이 짓도록 권면하였다. "복 중에는 인연 복이 제일이요 인연 중에는 불연이 제일"이라 밝혔다.

그러나 중생은 마음 다듬는 것을 소홀히 한다. 한 울타리 안에 살면서도 현실 지옥을 만들며 산다. 서로가 탐진치와 시기질투로서 마음 편할 날이 없다. 그래도 그 고통스러운 생활을 참 기묘하게도 잘 이어간다. 반면에 불보살들은 같은 조건에서도 천당을 만든다. 서로 사양하고 서로 도와서 웃음 그칠 날이 없이 낙 생활을 한다. 공감하고 위로할 수 있는, 존중과 존경의 관계를 만들 줄 아는 지혜를 발현하며 실행할 수 있다.

이렇게 공감하고 위로할 수 있는 인연이 참 인연이다. 일상에서 정감 있는 진중한 표현을 사용하며 서로 진급하는 육근 동작을 할 필요가 있다. 좋은 감정을 함께 느끼며 공유하는 대화는 말하는 사람과 듣는 사람 모두의 마음을 더 풍성하게 만들어준다.

한 집안의 가족, 한 직장의 동료, 이웃, 친척, 친구를 더 소중히 생각해야 한다. 이제는 자기 마음속에서 심진여心眞如가 더 잘 발현될 수 있도록 가까운 인연이든지 먼 인연이든지, 자비로서 대하는 태도를 강화해 가는 것이 자기의 밝은 미래를 만드는 디딤돌이 된다는 사실을 잊지 말아야 한다.

66
상근기에 다다르는 방법

『대종경』 신성품 2장

원기103.3.18.

사람의 품격이나 됨됨이를 인품人品이라 한다. 그 인품이 근기根機이다. 근기는 근본 되는 힘인 근根과 발동發動함인 기機가 합성된 용어다. 무엇인가를 할 수 있는 역량을 가리키는 말이다. 곧 교법敎法을 받아들여 체화하고 성취할 품성과 능력의 정도를 말한다. 본래부터 가진 능력에 따라 실행이 결과의 차등으로 나타난다.

자기 자신 속의 중심에 상근기上根機, 중근기中根機, 하근기下根機라는 진실, 실력, 공심, 인성이 있다. 자신의 능력과 문제 해결의 방식을 암시한다. 상근기는 바로 부처가 될 수 있는 자질을 갖춘 사람을 가리킨다면, 중근기는 부처가 되기 위한 자질에 대해 자세히 아는 것도 없고, 또는 모르지도 아니하여 항상 의심을 풀지 못하고 법과 스승을 저울질함은 물론 변덕이 많아 가르치기 힘든 근기이다. 또 하근기는 독실한 신심은 있으나 성불하기에 자질이 충분하지 않은 사람을 가리키는 근기이다. 그런데 소태산 대종사는 법마상전급에서 나타나기 쉬운 중근기적 병증을 특히 경계했다. 또한 정산 종사도 "상근기는 천연으로 선한 근성을 가진 사람이요, 중근기는 배워 안 후에야 행하는 사람이요, 하근기는 배워 알고도 선을 행하지 못하는 사람"이라고 밝혔다.

왜 그럴까? 적절한 학습의 기회가 제공되지 않았거나, 적절한 학습의 기회를 가졌다 하더라도 바로 적절한 피드백을 제공하는 상황이 구축되지 않았거나, 적절한 피드백을 제공하는 상황이 구축되었다 하더라도 제대로 실행하고, 대조하며, 더 발전된 선택과 실행을 아우르는 데 게을렀기 때문이다. 하근기는 식욕, 색욕, 재욕 등에 얽매여 솟아오르지 못하고, 중근기는 명예욕에 걸리어 솟아오르지 못한다 했다. 그리고 오욕五慾과 사상四相을 여의면 상근기라 하셨다. 오욕을 멀리하고 사상을 떨구는 것이 상근기에 다다르는 방법이 되는 것이다.

이제 자기의 생활과정을 탐구해 상근기로 진화하는 변화의 의지를 강화하며 그 방법을 기쁘게 실행해 나갈 필요가 있다. 개선이 필요한 일일의식 및 습관을 통찰해 바로잡고 매일 꾸준히 실천하면 가능해진다. 느긋한 시간을 보냈다면 시간을 효과적으로 활용하기 위한 맞춤 일과를 계획하고 실천하는 게 좋다. 이런 가치지향의 방법을 실천하는 생활로 진급하는 삶을 살아야 한다. 그렇게 원하는 사람들은 시간을 허투루 보내지 않는다. 놀라울 만큼 시간 관리 효과를 본다.

자기 내면에 숨겨진 최고의 모습을 찾는 감동 속에 지속해서 발전하는 방법은 무엇인가 생각하게 된다. 그 나름의 방법을 채택해 좋은 글을 읽고 참구하게 된다. 날마다 열정적으로 열심히 하는 일이 무엇인가 생각하게 된다. 건강하고 생산적인 습관으로 바꾸고 오랫동안 몸에 밴 비생산적인 습관을 고치게 된다. 이렇게 개인적으로 바라는 인생 목표나, 현재 진행하는 인생 목표를 더 정성스럽게, 더 즐겁게 강화하며 그 실행을 이어갈 수 있다.

매일 반복하는 나쁜 습관을 바꾸고 중요하고 좋은 습관을 체크해 더 강화하고 실행할수록 올바르게 된다. 언제나 마음 깊은 곳에서부터 가장 멋진 모습을 만들어 낼 수 있도록 끊임없이 동기부여를 해야 한다. 상근기에 이르는 인내심이나 자제력을 우선 시험할 수 있는 훌륭한 기회를 경험할 수 있다.

그렇다면 오욕을 어떻게 여의는가? 오욕은 인간의 다섯 가지 기본적인 욕망으로 탐욕, 색욕, 재물욕, 명예욕, 수면욕이다. 오욕을 멀리하는 방법은 의외로 간단하다. 조금 더 편안해지려는 욕심을 되돌리면 된다. 그 목표를 행동으로 실천할 수 있는 단위로 나눠 조금씩 버리는 일로부터 시작하는 것이다. 이 방법은 모든 좋은 변화의 출발점일 뿐만 아니라 효용 가치도 좋다. 자기 마음이 변화에 반응하는 상태에 따라 더 현실적으로 실천할 수 있다. 매일 같은 일정을 반복하고 싶지 않다면 명상하는 월요일, 조깅하는 수요일, 등산하는 토요일처럼 주기적인 일정을 만들어 실천하는 게 오욕을 해결하는 데 많은 도움이 된다. 고정 습관이 이상적인 일과 실행으로 이어져 보다 가치 있는 인생 목표를 지향함은 물론 상근기에 다다르는 힘이 된다.

또 사상을 어떻게 여의는가? 전도顚倒된 생각에 빠지는 네 가지 분별심을 버리면 된다. 불필요한 생각을 머릿속에서 지우고, 경외하며 바라보는 일을 실천하는 것이다. 상대를 아끼고 존중하는 일이 자연스러워진다. 곧 아상我相, 인상人相, 중생상衆生相, 수자상壽者相을 확연히 생각하는 하루의 실행력이 일주일의 실행력이 되고, 일주일의 실행력이 한 달의 실행력이 되고, 한 달의 실행력이 일 년의 실행력으로 나타난다. 그간의 미혹된 사상의 마음을 버릴 수 있다. 마음에 품은 목표를 추진해 큰 보람을 느낄 수 있다. 경우에 따라서는 평생 지속하는 습관이 될 뿐 아니라, 몸·마음·영혼의 변화를 일으키는 일상의 의식이 된다.

아상은 모든 것을 자기 본위·자기 중심으로 생각하여 자기가 가장 잘났다고 하거나, 자기의 것만 좋다고 고집하거나 집착하는 소견이다. 인상은 우주 만물 중에서 사람이 가장 중요하며, 일체 만물은 사람을 위해서 생긴 것이라서 사람이 마음대로 해도 된다는 인간 본위에 국한된 소견이다. 중생상은 부처와 중생을 따로 나누어 나 같은 중생이 어떻게 부처가 되고 무엇을 할 수 있으랴 하고 스스로 타락하고 포기하여 향상과 노력이 없는 소견이다. 수자상은 자기의 나이나 지위나 학벌이나 문벌이 높다는 것에 집착한 소견이다.

이러한 사상에 사로잡히면 중생이요, 사상을 벗어나야 불보살이 될 수 있다고 했다. 그렇기에 사상을 여의려면 교법 체화의 힘을 들이대야 한다. 그 강도를 강화하고 실천력을 증장시키면 사상에 대한 인식을 새롭게 하며, 타인과 가장 큰 차이를 만들어 내는 행동을 하게 된다. 단순히 집중하거나, 마라톤을 몇 번 연습하는 것 이상의 노력이 필요하다. 교법이 체화된 만큼 경외심이 수반된 좋은 실행을 하게 된다. 사상이 떨궈지는 기쁨 속에서 상근기에 다다른 인정을 받게 된다.

에이브러험 링컨과 관련해 전해 내려오는 아주 유명한 이야기가 있다. 백악관에서 보좌관들의 갑론을박이 벌어졌다. 사람의 다리가 긴 것이 보기 좋은지, 짧은 것이 보기 좋은지를 놓고 논쟁을 벌인 것이다. 다리가 긴 사람은 긴 다리가 보기 좋다고 주장했고, 그렇지 않은 이들은 짧은 다리가 보기 좋다고 주장했다. 때마침 백악관에 들어선 링컨을 향해 보좌관들이 짓궂은 질문을 했다.

"각하, 각하는 사람의 다리가 긴 것이 보기 좋습니까? 아니면 짧은 것이 보기 좋습니까?" 엄마나 아빠 중에 누가 더 좋은지를 묻는 것과 같이 황당한 질문이었다. 링컨은 이를 슬기롭게 넘긴다. 그가 남긴 답변은 보좌관들의 탄성을 자아냈다.

"사람의 다리는 허리에서 시작해서 땅에 닿기만 하면 가장 보기 좋지요."

우문현답의 일화이지만 상근기에 선 지혜로운 사람의 말 한마디가 얼마나 사람들을 달콤하게 해주는지 생각하게 된다. 링컨은 밤늦게까지 책 읽는 것을 좋아했다. 촛불이 다 타들어 가는 것도 몰랐을 만큼 독서에 빠져 살았다. 가난을 극복하며 독학으로 변호사 시험에 합격했으며, 변호사 생활은 링컨 인생의 전환점이 되었다.

이렇듯이 상근기에 다다르는 공부와 실행은 어떤 힘든 공부나 일이라도 나중에는 타인을 감동하게 하는 요인이 된다. 스스로 얻은 감동적인 결과만큼 자존감이 채워진다. 오욕과 사상으로 켜켜이 쌓인 집착과 편견을 제거해 본래 있는 그대로, 세상의 모든 것을 바라보는 삶을 살게 된다. 언제나 평범한 실행을 일관하고 있지는 않은지 통찰해야 한다.

동정역순動靜逆順이 모두 한결 같도록 생활 속의 공부와 경계 중의 공부를 이어 가며, 오욕을 멀리하고 사상을 극복하는 태도를 강화하는 것에 자기 변화의 답이 있다. 이 방법은 인생 변화의 출발점이다. 자기 마음 변화에 반응하는 상태에 따라 더 좋은 방법으로 실행할 수 있다.

언제나 자기 마음을 응시하는 공부와 실행을 이어 가야 한다. 언제나 신분의성을 찾는 공부와 실행이 가능해진다. 언제나 감사하는 공부와 실행이 가능해진다. 현실 속에서 있는 그대로 받아들이기와 있는 그대로 예찬하는 표현능력이 확장되면서, 자기 문제를 통찰한 만큼 좋은 표현을 하는 힘이 응축된다.

우리는 교법 체화의 강도를 높이며 구름이 끼지 않은 하늘과 같은 마음 상태를 만들어야 한다. 구름은 검은빛이든 잿빛이든 금빛이든 하늘을 흐리게 한다. 우리의 생각은 구름과 같다. 구름과 같은 못된 생각이 나타나는 족족 몰아내어, 하늘이 맑아지듯 자기 마음이 더 맑아지게 실행할 필요가 있다. 우리의 생각은 잡초를 뽑아낸 잔디밭과 같다. 잡초가 솟을 때마다 뽑아내듯 좋은 생각을 훼방하는 잡초를 뽑아내며 자기 마음이 더 맑아지게 관리해야 한다.

　바로 이런 최상의 실행을 통해 자기를 안다고 생각하는 착각과 모른다고 생각하는 멍한 상태를 적공으로 극복하는 지혜와 의지를 갖게 된다. 이른바 어떤 절박한 상황도 해결해 갈 힘과 지혜를 갖추게 되고 상근기에 다가가게 된다. 자기 마음이 상근기에 다다르는 마음임을 확연히 알 수 있다. 공부인의 세 가지 근기를 자기 마음속으로 되짚으며 상근기에 다가서고, 상근기에 다다르는 방법을 끊임없이 챙겨야 한다. 언제나 심락心樂을 누리는 길이 뚫린다.

　정법을 보고 들을 때 판단과 신심이 생겨나서 모든 행동을 자신하고 행하는 근기가 상근기이다. 이런 상근기도 오욕과 사상을 여의었을 때 다다른다. 상기하고 상기하며 기필코 상근기에 다다르는 진급의 길로 나아가는 게 옳은 선택이다.

67
법을 구하는 신성

『대종경』 신성품 10장

원기 103.3.25.

신라시대 때, 비단 행상으로 하루하루를 살아가는 효성이 지극한 청년이 있었다. 어느 날 비단 짐을 짊어지고 강원도 대관령을 넘어가다가 고갯마루에서 잠시 쉬고 있던 그는 이상한 스님을 만났다. 누더기를 입은 노스님은 길옆 풀숲에 서서 한참 동안 꼼짝을 하지 않는 것이었다. 청년은 궁금했다. '왜 저렇게 서 있을까? 소변을 보는 것도 아니고, 거참 이상한 노릇이네'

한참을 바라보던 청년은 궁금증을 견디지 못해 노스님 곁으로 다가갔다.

"스님! 아까부터 여기서 무얼 하고 계십니까?"

노스님은 청년이 재차 묻자 얼굴에 자비로운 미소를 띠며 말을 했다.

"잠시 중생들에게 공양을 시키는 중이라네"

"이렇게 꼼짝도 하지 않고 서 있기만 한데 중생들에게 공양을 시키다니 도무지 알 수가 없는 말이로군요. 어떤 중생들에게 무슨 공양을 베푸십니까?"

"옷 속에 있는 이와 벼룩에게 피를 먹이고 있네"

"그런데 왜 그렇게 꼼짝도 안 하고 서 계십니까?"

"내가 움직이면 이나 벼룩이 피를 빨아먹는 데 불편할 것이 아닌가?"

스님의 말을 들은 청년은 큰 감동을 하였다. 청년은 비단장수를 그만두고 제자가 되고 싶은 생각이 들어 스님의 뒤를 따라 오대산 동대관음암에 도착하였다. 스님은 청년을 돌아보며 말했다.

"그대는 어인 일로 날 따라왔는고?"

"저는 비단을 팔아 하루하루를 살아가는 비단장수입니다. 오늘 스님의 인자하신 용모와 자비행을 보고, 문득 저도 수도하고 싶은 생각이 일어나서 이렇게 쫓아왔습니다. 부디 제자로 받아주십시오" 청년은 간곡히 청했다.

"네가 수도승이 되겠단 말이지? 그렇다면 시키는 대로 무슨 일이든지 다 할 수 있겠느냐?" "예" 청년의 결심이 굳은 것을 확인한 노스님은 그의 출가를 허락했다.

다음 날 아침, 스님은 새로 들어온 행자인 비단장수 청년을 가까이 불렀다.

"오늘 중으로 부엌에 있는 저 큰 가마솥을 옮겨 새로 걸도록 해라."

청년은 흙을 파다 짚을 섞어 이긴 후 솥을 새로 걸었다. 한낮이 기울어서야 일이 끝났다. 스님에게 말했다. "스님, 솥을 다 걸었습니다" "오냐, 알았다" 스님은 점검하려는 듯 부엌에 들어갔다. "걸긴 잘 걸었다만, 이 아궁이엔 이 솥이 너무 커서 별로 필요치 않을 것 같으니, 저쪽 아궁이로 옮겨 걸도록 해라" 이렇게 말했다.

청년은 한마디 불평도 없이 스님이 시킨 대로 솥을 떼어 옆 아궁이에 다시 걸기 시작했다. 솥을 다 걸고 부뚜막을 곱게 흙질하고 있는데, 노스님이 기척도 없이 불쑥 부엌에 나타나셨다.

"이 녀석아, 이걸 솥이라고 걸어 놓은 거냐? 한쪽으로 틀어졌으니 다시 걸도록 하여라" 노스님은 짚고 있던 석장으로 솥을 밀어내려 앉혀 놓았.

청년이 보기엔 전혀 틀어진 곳이 없었지만 다시 하라는 분부를 받았으므로, 그는 불평 한마디 없이 새로 솥을 걸었다. 그렇게 솥을 옮겨 걸고 허물어

다시 걷기를 9번 반복했다.

마침내 솥 걸기를 마쳤다. 원망심과 '나'라는 집착을 놓을 수 있는 마음도 챙겼다. 이런 자세가 해탈을 꿈꾸는 수행자들의 실행력을 키운다. 원망하지 않고 감사할 수 있을 때, 자기 신성信性의 기초를 튼튼히 하는 맑고 밝은 마음을 갖게 된다. 비로소 엄청난 모험이 기다리는 구도의 길을 기쁘게 나아갈 수 있다.

인간은 감정의 동물이다. 감정에 따라 행복하기도 하고 우울해지기도 한다. 마음을 둘러싼 감정의 영향을 시시각각으로 받아들이면서 살아간다. 감정에 휩쓸리면 수영할 때처럼 허우적거리면서 물을 먹어야 하지만, 감정을 타고 놀 수 있으면 높은 파도 위에서와 같이 안전하게 주위를 살피며 즐길 수 있다. 즉심시불卽心是佛의 길에서 체험하는 자기의 모습이다. 이렇게 자의식을 떠나서 참마음에 이르렀을 때, 우리는 자기 자신에 사로잡힌 평범한 사람이 아니라 참마음이 열려있는 부처가 됐다고 말한다. 구정九鼎 선사도 이랬을 것이다. 그렇게 노스님은 청년의 굳은 결심과 구도심을 인정했다.

신성은 열정적인 믿음으로 두터워진다. 오랫동안 의존해 온 감정적 쾌락을 끊을 수 있는 사람을 만든다. 더욱 활기차고 긍정적으로 변한다. 그 대가로 새 사람이 된다. 누구든지 숭고함이 깃든 세월을 살아야 이런 아름다운 실행으로 인생의 과제를 하나씩 해결하게 된다. 자신을 있는 그대로 바라볼 수 있는 마음의 힘을 얻을 수 있다. 신성을 바치는 사람이 얻는 놀라운 혜택이다. 그러나 자기 일에 집중하며 응시한 질문을 지속해서 던져 스스로 답을 얻으며 자신을 바로 세우는 생활을 해야 한다. 특정한 실행이나 일관성을 요구받는다.

때론 자신을 최고로 괴롭히는 문제를 떠올릴 수도 있다. 웃을 수도 있다. 그리고 그것이 왜 자신을 괴롭히는지, 왜 웃게 하는지 자문하는 일로부터 자기 문제를 해결하는 기회가 온다. 자신의 내부에 억제된 불안, 미움, 공포, 스트레스 등이 뭉쳐서 눌려 있다가 어느 날 갑자기 폭발하는 순간을 경험할 수도 있다. 그러나 이런 해로운 마음을 없애는 유일한 길이 웃을 수 있는 마음과 믿음에 의한 자기 꿈의 실현뿐임을 구정 선사가 보여줬다.

개개인, 삶의 의미는 어떤 사고방식과 가치 기준과 실행을 지속하는 선택에 달려 있다. 자기를 인식하는 일은 양파껍질을 벗기는 것처럼 계속된다. 양파의 껍질처럼 여러 층으로 이루어져 있으며 그 층들은 벗길수록 아리송해지기도 한다. 때때로 제대로 몰랐던 자기감정을 보게 된다. 어떤 삶에서 또 다른 삶으로, 어떤 세상에서 또 다른 세상으로 옮겨지는 자기 마음이 작용한다.

그래서 늘 자기를 바르게 인식하는 노력이 중요하다. 의미 있는 변화를 일으킬 때 자기 감정을 이해하는 노력을 게을리 말아야 한다. 어떤 감정을 왜 느끼는지 자기 스스로 묻는 능력을 높여야 자기의 참 가치관을 확인하게 된다. 이런 노력을 통해 자기 실체의 본질을 규정하며 문제극복의 실마리를 찾는 사람들은 누구나 이렇게 감정적 맹점을 보완해 갈 수 있다.

사람들은 자신의 가치관에 따라 자기와 타인을 평가하는 기준을 삼는다. 같은 시련을 겪은 한 그룹의 친구라고 하더라도 자기 기준에 의해 다른 결말을 만들어 낸다. 가치관의 문제는 이렇게 중요하다. 이런 가치관을 명확히 확립할 때 오롯한 신성이 북돋는다.

긴장된 상황에 맞닥뜨렸을 때 또다시 신성의 행위에 관한 판단을 한다. 삶의 본질을 마음 깊이 생각하지 않으면 그 본질에 다다르는 실행 발현도 요원한 일임을 알 수 있다. 그러다가 자신의 판단과 신성 사이를 왔다 갔다 하기도 한다. 그러나 법을 구하는 신성만 잃지 않는다면 자기 안에 숨은 최고의 모습을 이루며, 더 자유롭게 존재할 수 있는 길로 나아간다. 최고 수준으로 성장하는 자기 자신을 마침내 보게 된다.

68
하늘에 사무친 신성의 감응

『대종경』 신성품 15장

원기103.4.1.

노덕송옥[盧德頌玉, 1859~1933] 선진은 전북 남원에서 출생하여 16세에 진안군 성수면 좌포리 사람인 김용성과 결혼했다. 생활이나 인연에 만족한 가운데 슬하에 3남 2녀를 두고 생활하였다. 나이가 들면서 인생무상을 느껴 스승 만나기를 기도하였으며, 손자인 대산 종사를 교단에 인도했다.

소태산 대종사는 진안 만덕산에 원기7년(1922) 처음 행가했다. 이후 원기 9년(1924) 4월 29일 이리 보광사에서 불법연구회 창립총회를 마친 며칠 후, 진안 만덕산에 두 번째 행가를 하셨다. 이때 최도화 선진의 인도로 대종사를 뵐 때, 66세이던 노덕송옥 선진은 현재의 만덕산 초선터 만덕암을 찾아 장손자 대산 종사와 함께 대종사께 귀의하였다. 그리고 5월 한 달 동안 선禪에 참여하였다.

그런데 어느 날 소태산 대종사가 조실에 앉아 계실 때, 문득 노덕송옥 선진의 얼굴이 완연히 떠올랐다. 신성이 사무치면 하늘의 뜻이 지척으로 시공을 초월하여 심월상조心月相照가 된다 하였는데 신성信性의 감응感應이 나타난 것이다. 정산 종사도 월명암에서 석두암에 기거하는 소태산 대종사와 심월상조 하셨다고 한다. 이른바 사무친 신성의 결과라고 말하는 감응이었다.

'사무치다'는 가슴 속 깊이 스며들다, 또는 도달하다, 쌓아 올린다는 뜻이다. 하늘에 사무치는 것은 그 정성이 땅에 가득 차고 쌓여 하늘에까지 닿을 지경이 되었음을 의미한다. 자타 간에 서로의 마음이 연결된 감응의 현상現想이다. 세상에는 감응 현상이라 말할 수 있는 네 가지 종류의 연결連結이 있다. 바로 나 자신과의 연결, 타인과의 연결, 세상과의 연결, 법신불과의 연결이다. 이것은 모두 마음으로 이어져 있고, 각각 서로에게 영향을 미친다.

살면서 우리는 다양한 사람들과 교류하며 많은 이야기를 듣는다. 생업에 관한 이야기는 참으로 다양하게 접할 수 있다.

"회사 다니는 게 힘들어. 네 적성에 맞는지도 모르겠고. 요즘 같으면 딱 그만두고 싶은데 할 수 있는 일이 이것밖에 없으니 그만두기도 겁이 나!", "누군가는 배부른 소리 하고 있네. 야! 나는 그것보다 더했어. 적성은 무슨, 먹고 살려고 하는 거지. 요즘 애들은 아주 배가 불렀다니까?", "쓸데없는 소리 하지 말고 3년만 더 버텨. 내 말 들어, 후회 안 할 테니!", "그래 힘들었겠어!"

이럴 때 사람들은 딱 자신의 경험만큼 조언해준다. 도와주고자 하는 마음은 진심이지만, 상대방의 마음속에 숨겨져 있는 대답을 함께 찾아보는 대신 스스로 옳다고 생각하는 자신의 말을 해주고 싶어 하는 것이다. 그러나 마음은 자기 안쪽 어딘가에 떠돌고 있는 말을 할 수 있도록 기다려주는 사람을 만났을 때 열린다. 감응되는 것이다. 인생의 중요한 선택을 스스로 검토할 수 있도록 자리를 만들어준 사람, 자연스럽게 깨닫게 될 때까지 따뜻하고 세밀하게 배려해준 사람을 만났을 때도 마찬가지다.

자기 자신이 그 네 부분의 연결 방식으로 어떻게 상호작용하는지를 유의할 필요가 있다. 이렇게 감응하여 어떤 느낌을 받아 반응을 일으키거나 마음이 따라 움직이는 법신불과의 감응 현상은 고대해도 좋다. 법신불의 광명과 위력에 감촉感觸되어서 그에 따르는 어떤 반응이 나타난다. 위로와 힘, 행복, 사랑, 감사, 기쁨을 느낀다. 다른 사람과 어떤 방식으로 관계를 맺고 있는지, 어떻게 세상을 바라보고 있는지 짐작할 수 있다. 따라서 제값을 다하지 못하면 자신에게 만족하는 일도 힘들어지고, 누군가에게 좋은 선배나 부모 친구가 되기도 어려워진다. 물론 세상을 넓은 시각에서 바라보고 담아내기도 버거워진다.

주어진 상황에서 얻을 수 있는 최고선의 연결고리를 찾아내려고 힘써야 한다. 봉공과 적공이다. 선업 쌓기요, 체성에 합일하는 노력이다. 적절한 때에, 적절한 동기를 가지고, 적절한 방법으로 옳은 일을 하며 신앙하는 것이다. 천지에는 이럴 때 묘하게 서로 응하는 이치가 있어서 그대로 반응한다. 적절한 행동을 연습하면 나중에는 미덕이 깃든 마음이 생긴다. 고맙다는 일기를 자주 쓰다 보면 감사하는 마음이 어른거리는 것을 느낀다. 이렇게 미덕이 깃든 행동을 하다 보면 나중에는 자연스럽게 그런 행동이 몸에 밴다. 어떤 습관을 키우느냐에 따라 생활의 성취나 차이가 나타난다. 그 차이가 상당하며, 어쩌면 모든 차이가 그렇게 감응으로 되돌아온다.

수제 바이올린을 제작하는 신부님이 쓴 글이 있다.

"제작자의 수준과 경력과 명성에 따라 가격이 달라질 수 있지만 비싸다고 꼭 좋은 소리를 내는 것은 아닙니다. 1,000만 원짜리 악기가 2,000만 원짜리보다 더 좋은 소리를 내는 경우가 비일비재합니다. 그런데 소리가 더 우수한 1,000만 원짜리 악기와 2,000만 원짜리 악기가 한 십 년 후에 만났다고 합시다. 거의 100% 비싼 악기가 소리를 잘 냅니다. 말 그대로 비싼 값을 합니다. 비싼 악기가 더 좋은 소리를 내는 이유는 아주 단순합니다. 매일매일 그 가치에 맞는 대우를 해주며 길을 들이고 공을 들인 것이 나중에 그 차이를 가져옵니다. 사실 돈의 액수가 중요한 것은 아니지만 연주자가 자기 악기에 대해 어떤 믿음을 두고 연주했느냐, 그런 시간을 얼마나 가졌느냐가 악기의 수준을 바꾸어 놓습니다. 영혼 없는 악기도 이렇게 받는 대우와 믿음에 따라 소리가 달라지는데 하물며 영혼의 존재인 사람은 오죽하겠습니까? 사람은 대개 거기가 거깁니다. 그 사람이 어떻게 연주했느냐에 따라 시간이 갈수록 품어내는 소리는 많이 달라집니다."

이는 마치 사람이 땅에 곡식을 심고 가꾸면 땅도, 곡식도, 비료도 무정한 것이나 정성에 따라 결과가 달라지는 것과 같다. 이 감응되는 이치는 전기와 전기가 서로 통하는 것과 같으며, 또 사람이 선을 지으면 우연한 가운데 복이 돌아오고 악을 지으면 우연한 가운데 죄가 돌아와서 그 감응이 조금도 틀리지 않는 것과 같다.

감응의 대표적인 일은 백지혈인白指血印이다. 지극한 기원에 대한 초월적 존재의 반응을 나타냈다. 원기4년(1919) 8월 21일에 생사를 초월한 구인 단원의 지극한 정성이 드디어 백지혈인의 이적으로 나타난 것에 대해 소태산 대종사가 "그대들의 마음은 천지신명이 이미 감응했고 음부공사陰府公事가 이제 판결이 났으니, 우리의 성공은 이로부터 비롯했다"고 가르쳤다. 이러한 진리의 감응은 정성에 따라 무위자연한 가운데 상상하지 못할 위력을 얻게 한다.

신앙인으로서의 감응 체험은 각자의 현실태現實態와 가능태可能態이다. 현실의 모습이요, 실현 가능한 모습이다. 누구든지 한 존재로서 느끼는 실질적인 초월超越 체험을 할 수 있다. 어떤 한계를 뛰어넘는 모습이다. 일종의 감응 구조라고 말할 수 있다. 좋은 영향을 미치는 생기生氣와 나쁜 영향을 미치는 사기邪氣로 나타난다.

지나치게 이상적인 생각보다는 아름다운 생각을 실행해야 한다. 현재 상황에 맞춰 실천할 수 있는 좋은 동기를 부여하는 게 좋다. 최적화하는 데 필요한 만큼 충분한 시간을 가지면, 자기의 어떤 원인에 의해 나타난 결과가 다시 원인에 의해 그 결과를 줄이거나 늘린다. 이런 방식과 같이 나타나는 자기 생활의 현실태와 가능태가 신성의 감응임을 지각해야 한다. 버려야 할 고정 습관이 변하고 이상적인 일과를 실천할 수 있는 좋은 습관을 지속해야 한다. 끊임없는 정성과 열정으로 변화하고 순숙되는 길을 간다. 자기 안에 숨은 최고의 모습을 찾게 된다.

환한 봄의 기척이 답답한 가슴을 뚫어 생기를 느끼게 하듯, 어떤 상황에서도 큰 그림으로 보게 되는 최적의 상황과 긍정적인 생각을 하게 된다. 법신불의 밝은 기운 따라 자기 마음이 움직인다. 이런 실행이 믿음 깊은 신앙인의 존재와 행동의 밑바탕을 이룬다.

『중용中庸』에 나오는 범사예즉립 불예즉폐凡事豫卽立 不豫卽廢라는 경구警句가 있다. 모든 일에서 준비가 있으면 성공하고, 준비가 없으면 실패한다는 뜻이다. 언제나 준비가 된 사람은 봄기운 같은 환한 희망의 기척을 느끼며 새롭게 감응을 맞는다. 자기 마음 그릇을 키우는 신앙의 지렛대가 된다.

나이가 들수록, 신앙의 시간이 길어질수록 어떤 일에 신경 써야 하는지를 새로이 깨닫고, 자기 삶을 더 밝게 하는 관점에서 사사물물을 바라볼 수 있어야 한다. 잠깐 자기의 일상을 떠올려 감응을 생각해 보는 것도 좋다.

지금 자기 마음으로부터 어떤 기운을 상상하며 말을 하고 있는가? 네 분야의 소통을 위한 말인가? 불통을 위한 말인가? 그렇게 자신의 고유성을 되묻고 확인하며, 하늘에 사무치는 신성의 감응을 상상하는 일상의 시간을 가질수록 더욱 풍요로워지고 거듭난다.

69
닮고 싶은 소태산 대종사님!

『대종경』 신성품 19장

원기103.4.15.

주세主世의 성인들은 천지의 대운을 타고 나오며, 주세 성인과 심법이 합치된 사람은 그 위력이 주세 성인과 다름없다. 주세란 새 성자가 탄생한 세상과, 그 시대를 책임지는 권능을 가진다는 뜻이다. 그래서 주세불이라 하고 주세 회상이라 말한다. 이런 주세 성인은 규범으로서 존경받을 수 있는 권능을 지닌다. 그러한 분과 심법心法이 완전히 합치된 사람도 그 위력이 또한 다름없다 하였는데, 바로 소태산 대종사를 닮는 것도 그러하다.

그래서 감인세계堪忍世界로 나아가며 성인의 가르침을 통해 자기를 순숙시켜야 한다. 감인은 참고 견딘다는 뜻이다. 세상을 살며 참고 견뎌야 할 일이 열에 아홉이다. 못 견딜 일도 묵묵히 감내하고, 하고 싶은 말도 머금어 삼켜야 한다. 그 순간이 고통스러워도 꾹 참아 견딘다.

그런데 감인의 과정에서 성인과 그 회상에 정성을 다 바치며 서원을 올리면 그 서원이 빨리 이루어지고, 반면에 불경하거나 훼방하면 죄벌이 또한 크게 미친다고 하였다. 참고 견디며 배운 가르침을 감인의 시간 속에서 자기 발전의 밑거름이 되게 활용해야 한다. 스승님들의 심법과 가르침을 생각하고, 그 심법과 가르침이 자기의 마음과 생활에 제대로 작용했는지를 지속해서 확인하는 노력이 필요하다. 신앙과 수행 길 따라 닮고 싶은 점을 무수히 실천하다 보면 그 심법과 가르침의 태도가 몸에 익어 터득되고, 몸과 마음으로 배어나게 되고, 편안한 생활도 이어진다.

벌만 먹는 개구리에게 파리를 먹는 개구리들이 물었다. "너는 이 맛있는 파리를 왜 안 먹니?" 벌만 먹는 개구리가 말했다. "너희가 톡 쏘는 맛을 알아?" 라디오를 통해 들은 아재 개그 한 토막이다.

누구든지 그렇게 실행해 보지 않으면 자기에게 어느 정도로 필요한 일인지, 어느 정도 도움이 되는 일인지 잘 모른다. 하지만 배우며 익히고 닮아가려는 실행이 시행착오와 오류로 인한 자기 손실을 줄인다. 그렇게 지속해서 나아가면 자기 혁신과 발전에 필요한 놀라운 능력도 활용할 수 있다.

이제 다시 대각의 달을 맞아 소태산 대종사의 생애와 가르침, 그리고 그 시대적인 상황을 떠올려서, 자기 심법이 소태산 대종사와 완전히 합치된 사람으로서 갖는 위력을 상상하며 더 기쁘게 살아 볼 일이다.

소태산 박중빈[朴重彬, 1891~1943] 대종사는 전남 영광군 백수면 길룡리에서 태어나 성자로 불리기까지 살아온 무대는 오롯이 고향 쪽이었다. 자연인의 신분에서 각고의 노력 끝에 환골탈태한 것은 스물여섯 때였다. 이후에는 '시루가 아니라 솥단지에서 살았던 사람'이라 하여 한자를 음사한 소태산少太山이라는 호를 썼다. 후에는 석두거사石頭居士라는 호를 쓴 적도 있다. 그러나 일제 순사에게 추궁받을 때는 '농판'이라는 촌부로 자신을 감췄다. 영혼을 고양한 숭고함이 느껴진다.

이런 생애의 첫 출발은 7세 때의 발심에 이어 쭉 구도를 펼친 실행으로 이어졌다. 도를 깨치는 과정을 설명한 심우도尋牛圖를 떠올리게 한다. 소를 찾는 일에서 가장 중요한 건 소를 잃었다고 자각하는 순간이었다. 어느 날 문득 사라진 마음 소를 찾아 길을 나선다. 소태산 대종사 또한 그러하셨다.

당시 조선에서는 인식론적으로 세 가지 종류의 사유체계가 각축하고 있었다. 하나는 조선 전래의 인식체계요, 하나는 서학에 영향받은 서양의 인식체계이며, 나머지 하나는 조선식이든 서양식이든 고정된 틀을 가지지 않는 태도였다. 이런 혼란기에 소태산 대종사는 마음의 소를 찾고 있었다. 7세부터 11세까지가 그 첫 행로였다. 당시 어른들이 조상님께 제사 지내기 전에 산신제를 모시고 있던 걸 보고 "어째서 산신님께 제사를 드린당가요?" 하고 물었다. 문중 아저씨는 산신 불공으로 영험을 얻은 전설도 들려주고, 절에 가면 산신각이 있다는 걸 일러주었다. 그 길로 소태산 대종사는 천지의 움직임을 주관하는 산신의 영험한 발자국을 찾아 나섰다.

그러나 아무리 노력해도 산신은커녕 그 비슷한 한 자락도 마주치지 못한 채 나이 15살에 인근 마을 양 씨 처녀와 결혼한다. 애오라지 산신 찾는 일에 전념하느라 서당에 가다 말다 하면서 보낸 햇수가 5년이나 되었다. 또다시 소태산 대종사가 도사를 찾아 나섰다. 신통한 사람이 은둔한 곳이 없는지 수소문도 해보고, 행인들 속에 묻혀 있는지 살피기도 했다. 그 시절을 훗날 제자들은 구사고행상求師苦行相으로 묘사한다. 소태산 대종사의 나이 16세에서 18세에 이르는 때다.

소태산 대종사가 도사를 구하던 때 강증산은 생애 마지막 시간을 불태우고 있었다. 증산은 자기 스스로 후後 동학이라고 말했다. 수운의 선先 동학이 동세 개벽, 폭력혁명의 길로 갔다면 증산은 정세개벽, 의식혁명이라 하면서 새로운 삶의 질서를 추구해 갔다. 이때 증산은 자신은 대代 선생이며 뒤이어 대大 선생이 등장할 것을 예언했다.

원기 전 10년대에 강증산은 '내가 곧 대代 선생이로다'라고 말하고, "예수교도는 예수의 재강림을 기다리고, 불교도는 미륵불의 출세를 기다리고, 동학 신도는 최수운의 갱생을 기다리나니, 누구든지 한 사람만 나오면 각기 저의 스승이라 하여 따르리라."라고 말하여, 이 땅에 새 세상의 구세 성자가 뒤이어 출세하여 새 세상의 큰 회상을 건설할 것임을 예언하였다.

강증산이 죽는 시점에서 소태산 대종사의 구사행求師行은 칼로 베듯이 싹둑 잘리고 만다. 소태산 대종사는 뒤늦게 아버지 박성삼 앞에 꿇어앉아 "혼자 공부헐라우. 바깥을 돌 일이 아니었어라우. 애저녁에 들어앉아 정진했어야 헐 일이었는디" 하지만 아버지가 돌아가신 후 남은 빚더미 속에 소태산 대종사는 살아갈 길이 막막했다. 이제 자신과 함께 걸어줄 수 있는 것은 자신의 그림자뿐이라는 생각만 들었다. 구도자의 마지막 관문을 넘어서기 위한 외로운 삶이 시작된 것이다. 제자들은 소태산 대종사의 이 시기를 강변입정상江邊入定相으로 그렸다.

이렇게 25세 되던 해 둘째 아이가 태어나고, 소태산 대종사는 비로소 영문靈門과 혜문慧門이 열렸다 닫히기를 반복했다. 그러다 병진년(1916) 음력 3월 26일(4월 28일) 소태산 대종사가 문득 깨달았다.

수많은 날을 스스로 시험하고 애쓰고 갖은 방법을 동원해 알고자 해도 왜 아무 일도 일어나지 않았는가. 바로 그 노력이 가로막고 있었다. 사다리(방법)가 그를 지붕 위로 올라가지 못하도록 막고 있었다. 더 이상 찾아 나가는 일을 그친 날, 자신이 더 이상 무언가 찾고 있지 않을 때, 더 이상 어떤 일이 일어나기를 기대하지 않게 됐을 때 영문과 혜문이 열리기 시작했다. 그것은 어떤 것도 아니면서, 또한 모든 것한테서 오고 있었다. 그것은 삼라만상 일체 모든 것에 있었다. 아주 멀리 있다고 생각했던 것이 아주 가까이, 바로 곁에, 자신 안에 있었다.

이렇게 오도悟道의 길에 든 소태산 대종사는 대각 후 자아의 집착에서 해방된 진정한 자유의 기쁨으로 '원대원圓大圓'을 노래했다. 『원불교교서』에

'일원—圓은 우주 만유의 본원이며, 제불제성의 심인이며, 일체중생의 본성'이라 했다. 그리고 '일원상—圓相의 수행은 원만구족하고 지공무사至公無私한 각자의 마음을 알자는 것'이라 밝혔다.

소태산 대종사는 모든 생명의 일체 관계가 은恩으로 묶여 있다고 봤다. 하여 우주 만유, 삼라만상은 '은'의 집합체라 했다. 천지의 운세, 부모의 운세, 나라의 운세, 법률의 운세를 사람뿐만 아니라, 세상 만물이 모두 '사은四恩'을 입는다는 것이다. 여기 '사은'은 교서에 천지은, 부모은, 동포은, 법률은으로 표기된다.

소태산 대종사는 1917년 9월 12일, 8명의 제자를 불러 설명하길 "내가 생각하는 단 조직법을 소개함세. 이건 오직 한 스승의 가르침으로 모든 사람이 훈련할 방법이여. 장차 아무리 많은 사람도 지도할 수 있으나, 그 공력은 항상 아홉 사람에게만 들이면 되는 것이니께"라 했다. 단이란 뭉쳐서 하나가 된다는 것이니, 10인을 1단으로 하고 그중의 1인은 단장이 되어 나머지 아홉 단원이 공부와 사업능력을 얻었을 때 또 그들을 각각 단장으로 1단을 조직하도록 하여, 각자가 제 아홉 단원의 공부와 사업을 지도하게 되는 '새로운 공동체 조성법'이다. 조직의 1인은 윗단의 충실한 단원임과 동시에 아랫단의 단장이 되니, 각자가 상통하달의 핵심적 임무를 띠게 된다.

소태산 대종사는 모든 일을 오래전에 계획해둔 사람처럼, 대각 후 며칠 사이에 집안 살림을 모두 정리해 500여 냥을 만들었다. 그중 100냥으로 조그만 집 하나를 사서 식구들을 들어앉힌 다음, 나머지를 방언조합에 내놓았다. 그 사재 400냥은 당시 쌀 46가마 정도였다. 나이 27세에 이미 향후 생애, 재산, 명예, 존재의 시간을 오직 한 가지 일에 바치고자 결심했다는 증거다. 그는 제자들과 함께 모은 돈으로 숯 장사를 시작해 많은 이익을 남기게 되자 뜬금없이 간척공사를 제의한다.

"어이, 좀 들어 볼라는가? 저 길룡리 앞 개펄을 막아 옥답을 만들면 어떻겠는가? 조합 자산이 그쯤은 돼야 만백성을 위한 회상을 만들 수 있겄는디"

바다를 막는 모험을 앞두고 소태산은 여덟 제자에게 '지사불변至死不變하겠다는 서약서를 2통씩 쓰게 했다. "오직 여덟 몸이 한 몸이 되고 여덟 마음이 한마음이 되어…. 종신토록 그 일심을 변치 않기로써 혈심서약하오니…." 두 통의 서약서 중 1통은 천지에 고하고, 또 1통은 조합에 보관하여 후일 자신들을 검증해 보게 했다.

조수를 막는 제방을 쌓자면 축제선을 잘 선정해야 한다. 폭풍에는 개펄의 위치와 지형에 따라 파도의 세기가 다르므로 항상 불어오는 방향을 피해 제방을 쌓아야 하고, 배수문을 만드는 것도 중요했다. 소태산 대종사는 바닷물이 빠지고 개펄이 드러날 때마다 직접 갯골을 조사하고 측량하여 축제선을 정하였다. 자신이 먼저 가랑이를 걷어붙여 가래를 들고 개펄에 들어섰다. 모두 어찌나 마음을 굳게 다졌던지 공사가 척척 진행되었다.

방언 공사를 하는 동안 조합원들은 낮에는 일하고 밤에는 공부했다. 사실 그들에게는 눈에 보이는 육신의 노동보다 눈에 보이지 않는 도의 수련이 훨씬 중요했다. 그 중요한 일을 도모할 도실을 갖지 못해 1918년 11월에 조합실 건축에 착수했다. 조합원들은 썰물 때는 제방축조에 힘썼고, 밀물 때는 집 짓는 일에 매진했다. 최초의 교당이라 할 그 집은 4칸 겹집으로 통칭 '구간도실'이라 불렀다. 초가에 작은 방을 아홉 칸이나 들여놓았지만 칸막이 문을 트면 한 방이 되었다.

그 도실 기둥에 소태산 대종사는 '대명국영성소大明局靈性巢 좌우통달左右通達 만물건판양생소萬物建判養生所'라는 글귀를 써 붙여 옥호로 삼았다. 즉 밝은 세상이 열리는 판에 영성이 보금자리를 얻어 두루 통달하는 창조적 양생을 하는 곳으로 삼았다.

1919년 3.1 독립운동이 전국으로 퍼지자 소태산 대종사는 "만세운동은 새 세계의 개벽을 재촉하는 상두 소리"라 했다. 만세운동이 개벽을 재촉하는 운동이기는 하지만, 그에 따른 엄청난 희생을 염려했다. 더욱 중요한 건 한 차례의 결기를 보여주는 용맹보다 인고의 세월을 버티고 이기는 금강 같은 지혜의 실천이라고 생각했다. 이 무렵 그는 제자들에게 은인자중하면서 구수산 산상에 올라 100일 기도의 정성을 들이도록 했다. 이때 올린 기도가 소위 사무여한死無餘恨, 무아봉공無我奉公의 의식을 남긴 법인기도血印祈禱이다.

　　소태산 대종사는 "바다에서 고기를 잡겠다는 사람이 몽둥이를 휘둘러 몇 마리나 잡을 것이여. 태평양 고기를 잡을라면 그물을 장만해야제. 나는 천하를 건질 그물을 짜는 중일세"라고 했다. 이 무렵 소태산 대종사는 장차 엮어낼 도덕 회상에 필요한 교강을 하나씩 준비하는가 하면, 맘먹고 새로 영입한 송도군宋道君을 비롯한 아홉 제자의 법호를 내려주었다.

　　어느 날 소태산 대종사가 옷 한 벌을 들어 보이며, "이 옷을 여기 있는 사람들에게 다 입혀봐라. 몸에 꼭 맞겠냐?"라고 물었다. "자고로 경전이라는 것은 옷 한 벌로 여러 사람을 입히는 것과 같다. 방편을 따라서 변통을 못 하는 법이라 깨치는 사람이 적제. 직접 구전심수口傳心授해야 사람의 대소장단에 따라 옷을 맞추는 것과 같은 법이니라." 이처럼 소태산 대종사는 늘 지금 이곳의 상황에 따라 가르침을 주고자 했다. 하여 '보편'이 아니라 '구체'를 중시했다. 세상이 곧 경전이었다.

　　소태산 대종사에게 또 하나의 호가 있었는데, 바다 가운데 떠 있는 섬, '해중산海中山'이다. 수제자 송도군은 '해중산'을 음陰 시대의 호라 했다. 그렇게 지천명知天命의 오십 줄에 접어든 소태산 대종사는 1941년 정초 대중을 모아 놓고 말했다. "나는 떠날 때 바쁘게 봇짐을 챙기지 아니하고 미리부터 여유 있게 짐을 챙기련다"

그리고는 게송을 설했다. "유는 무로 무는 유로 돌고 돌아 지극하면 유와 무가 구공俱空이나 구공 역시 구족具足이라" 제자들은 아무도 그 말뜻을 알지 못했다. 그리고 1942년 총회부터 소태산 대종사는 제자들에게 '행복行服'이라는 검정 법복을 한 벌씩 지어주기 시작했다.

1943년 6월 1일 오후, 소태산 대종사는 열반에 들었다. 53세였다. 그 소식을 들은 순사 황가봉은 '열반에 들기를 잘한 거야'라며 혼자 중얼거렸다고 한다. 일제 말기의 어려운 상황을 함축적으로 표현한 한마디였다.

소태산 대종사 재세 시에 송종태라는 순사가 있었다. 송 순사는 1933년 경찰에 투신하여 고등계 형사부장까지 하던 자로 자기 권세만 믿고 소태산 대종사를 엄청 무례하게 했다. 그러다 해방 전에 순사를 그만 두었으나 6.25 전란 때 과거의 전력으로 좌익에게 전 가족이 몰살당하였다. 성인과 회상에 불경하거나 훼방하면 그 죄와 벌이 얼마나 크게 미치는지 알 수 있다.

누구나 이렇게 자기의 인과적 경험을 책임지며 살아간다. 자기가 한 일이 간접 원인이라 할지라도 삶의 책임이 뒤따른다. 세상을 살아가는 동안 행해야 할 배움과 닮음과 실행의 무게를 지혜롭게 생각하는 사람이 되어야 한다.

언제든 은혜를 나누는 자세와, 자기가 먼저 자기를 더욱 새롭게 하는 자세가 얼마나 중요한지 알 수 있다. 성인을 닮는 배움을 현실에 적용할 때 더 큰 자기 발전도 이룰 수 있다. 성인의 심법과 가르침을 닮아가는 사람이 되고자 생각한다면 왼쪽으로도 오른쪽으로도 치우치지 않고 균형감 속에서 취사를 할 수 있는 마음의 힘을 가지도록 힘써야 한다. 그 노력이 매일 조화로운 의식과 실행력을 가진 사람으로 거듭나게 한다.

늘 주세 성인의 심법과 다름없이 사는 길을 꿈꾸며 흉내 내는 것도 필요하다. 그 방향이 옳은 방향이요, 옳은 선택이다. 성인의 말씀과 가르침을 생각하는 것, 말하는 것, 듣는 것, 이해하는 것, 인식하는 것이 지속되게 하는 것부터 터득하게 된다.

그 에너지는 고운 말로 은혜를 나누는 노력에서부터 나온다. 말로써 실망을 주고 마음을 상하게도 하지만, 말로써 희망을 주고 마음을 치유할 수도 있음을 기억하면서 자기 수칙을 지키려고 애쓰다 보면 조금씩 변화된다. 이런 자기 의식을 빼앗기면 심법의 체화에 필요한 집중이 어려워진다. 그러나 성인들처럼 좋은 말을 하겠다고 마음을 갖으면 어떤 말을 해도 마음속에서 만들어지는 감정이 절제되고 저절로 튀어나오는 말 습관이 교정된다. 말은 배운 대로 하기보다 입에 배인 대로 하기 때문이다.

새로운 하루가 시작될 때마다 기도하는 마음으로 성인의 심법을 닮아가는 사람이 되려고 힘쓰면 자기가 실행할 수 있는 하나의 길이 열린다. 잘 받아들이면 한결같은 마음의 평화가 오고 훈습의 강도가 점점 강해지는 것을 느낄 수 있다. 하지만 커피 잔 받침에는 고깃국을 담을 수 없는 것처럼 깊이가 없는 마음그릇 안에 담으면 넘친다.

공정하게 행동해야 공정한 사람이 된다. 절제한 행동을 해야 절제하는 사람이 된다. 용감한 행동을 해야 용감한 사람이 된다. 성인聖人의 행동을 해야 아름다운 성인의 모습을 닮은 사람이 된다. 성인은 성인답게 그에 걸맞은 말, 행동, 태도를 가지고 있다. 성인같이 행동해야 성인을 닮는 것이다. 이를테면 요리도 마찬가지다. 책만 읽어서는 훌륭한 요리사가 될 수 없다. 그 누구보다도 요리를 많이 해 봐야 한다. 성인의 미덕을 행동으로 배우려면 보다 일찍부터 올바른 습관을 키우며 성인을 닮아가야 한다.

소태산 대종사의 가르침을 떠올리며, 자기 습관의 변화를 추구하는 일이 성인의 심법과 가르침을 닮는 첫걸음이다. 삶이란 그렇게 습관을 변화시키며 법신불의 은혜를 주고받기 위해 주어진 얼마간의 자유 시간이다. 그 시간 속에서 우리는 나름의 가치관을 형성해 자기를 지키고, 자기를 정당화하고,

자기를 고집하며 살아간다. 자기의 관념과 실행의 생각이 그렇게 만든다. 터득한 지식과 믿음에 크게 좌우된다.

그러기에 성인의 심법을 닮아가는 것이 무엇보다 중요한 일임을 새롭게 인식하는 게 좋다. 그 상황은 너무나도 바르고 따뜻하게 자신을 표현할 수 있는 또 다른 은혜와, 성인을 닮는 실행의 동력이 된다. 자기 삶의 힘이 되고, 위로가 되고, 평화가 된다.

70
작은 선과 작은 지혜에 얽매이지 않는 공부

『대종경』요훈품 5장

원기103.4.22.

인간의 생각은 무슨 일이든 이루어 낼 수 있는 힘을 가진다. 그러나 생각하는 것이나, 이해하는 것이나, 실행하는 것들은 욕망과 탐욕을 조절하며 절제할 수 있는 힘이 있을 때 가능해진다. 이런 사람들이 좋은 삶을 살 확률을 높일 수 있다. 그렇게 미래는 자기 실행력의 결과를 보여준다. 변화는 일정한 원리에 의해서 일어난다. 자연과 만물의 변화가 음양상승의 작용에 의해 이루어진다면, 각자의 심신 작용에 따라 나타나는 인생의 흥망성쇠는 인과보응의 이치에 의해서 이루어진다.

이러한 변화의 원리를 알아서 인생을 진급이 되고 은혜를 입는 방향으로 변화시켜 가는 것이 변화의 묘미를 아는 사람이다. 잘한 것은 잘한 대로, 못한 것은 못한 대로 나타난다. 어떤 실행을 할 때마다 작은 선과 작은 지혜에 얽매이면 얽매일수록, 시간이 흘러 간 후에는 결국 자신을 속박하는 일로 되돌아온다는 걸 알 수 있다.

더 보람된 일상을 바란다면 작은 선과 작은 지혜에 속박되는 자기 감정을 보완해야만 한다. 어떻게 살아야 할까? 어떻게 살아야 바람직하게 살 수 있을까? 개인적인 사고방식이나 삶의 태도를 점검하며, 목표했던 일들을 너끈히 이룰 수 있는 길로 나아가야 된다. 그렇지 않으면 불충분한 자기 한계 상황을 맞을 수 있다.

자기 행동을 과대평가하는 일이 일어나지 않도록 숙련한 선력善力과 혜력慧力을 실행하는 게 좋다. 변화의 묘미를 추구한 끊임없는 자기 수정을 통해서만 가능하다. 그렇지 않으면 결과적으로는 좋은 실행의 추구에도 불구하고 주변인의 저항감이 강해지고, 급기야 이기적인 사람으로 지목될 수 있다.

양 무제와 달마 대사의 이야기가 있다. 진나라 이후 양나라가, 양나라 이후 초나라가 등장하는데, 그 수도 남경의 천년 고찰 계명사에 양 무제가 갔다. 그곳에 머물던 달마 대사에게 그동안 선업을 지은 자신의 복록이 얼마나 되는지 물었다. 이전까지의 양 무제는 불교를 후원하며 수백 개의 절을 짓고 수백 개의 탑을 세우는가 하면, 경전을 번역하고 또 인쇄해서 배포하고 승가 학교를 만들고 승려양성 교육도 시켰다. 이러니 양 무제를 전륜성왕이라고 칭송을 했다. 양 무제 자신도 자기가 불교를 위해서 굉장한 공덕을 쌓은 사람으로 생각했다.

그러기에 양 무제는 그 정도면 공덕이 얼마나 되느냐고 달마 대사에게 물었던 것이다. 그런데 달마 대사는 딱 한마디로, "공덕이랄 게 없소!" 이렇게 말했다. "무無란 말이요. 무!" 그러자 양 무제가 화를 냈다. "네가 누군데! 그렇게 말을 함부로 하느냐"고 따지기도 했다. 그래도 달마 대사는 "무란 말이요!" 이렇게 대꾸했다. 그러니까 화가 폭발한 양 무제가 칼을 빼서 죽이려고 했다. 그러자 달마 대사는 "절을 몇 백 개나 지은 왕이 자기 맘에 안 드니까 칼을 빼서 고승을 죽여 버리려는 게 왕의 불심이오?" 그렇게 꼬집었다. 옆에 있던 스님들이 달마 대사를 말렸다. 그래도 달마 대사는 "이건 불교가 아니오! 이건 불교가 아니란 말이요!" 그렇게 말하고는 자리를 떴다.

그리고 양자강을 건너 소림사에 가서 침묵했다. 그렇게 9년을 살았다. 그런데 어느 날 나타난 젊은 사람이 안심입명의 도를 얻으러 왔다고 말하는 것이 아닌가? 재차 물어도 마음이 편안해지는 도를 얻으러 왔다고 말하는 것이었다. 그 자리에서 바로 되물었다. "네 마음이 어떤데?" "예, 제 마음은 심히 불안합니다" "그래, 불안한 걸 내놓아라! 내 편안하게 해줄게!" 얼마간의 시간이 흐른 후 달마 대사는 또 말했다. "내 이미 너의 마음을 편안하게 했도다"

그렇게 중국 선종의 2조 혜가 대사가 깨달았다. 밖으로 향한 자기 시선을 안으로 돌려 깨달음을 얻은 것이다. 소태산 대종사도 그렇게 깨달으셨다. 7세 때에 발심을 확연히 한 후 삼령기원, 적공의 방법을 배우기 위한 자기 심화의 구사고행, 입정삼매가 반복되고 더 한층 강화된 강변입정의 과정을 거쳐, 생멸 없는 도와 인과보응 되는 이치가 서로 바탕하여 한 두렷한 기틀을 지은 일원대도를 깨닫는다.

이 세상에서 형상 있는 모든 것은 다 영원불멸하거나 실질적인 존재가 아니다. 결국은 물거품이나 안개처럼 허망하게 사라져 버리고 마는 것이므로, 세상 만물이 영원한 존재가 아니고 일시적인 것일 뿐 참 존재가 아닌 것을 깨달아 모든 집착을 끊어버리면 누구나 부처의 지혜 광명을 얻게 된다는 말이다. 이처럼 뜻을 알면 진리를 깨치게 된다.

그럼 양 무제는 왜 그 공덕을 인정받지 못했을까? 밖으로 향한 시선을 안으로 돌리지 못했기 때문이다. 그로 인해 범소유상凡所有相이 개시허망皆是虛妄임을 깨닫지 못했다. 선업을 지었으나 그 선업을 지었다는 상에 얽매였다. 그 작은 선과 작은 지혜에 얽매이면 큰일에 이르지 못한다. 작은 선과 작은 지혜에 얽매일수록 그 갈망인 명예의 그림자로 인해 깨달음에 이르지 못한다.

작은 선과 작은 지혜에 얽매이지 않으려면 자기 자신의 겉치레 활동을 통찰하며 자기를 되돌아 봐야 된다. 이때 자신의 모습이 긍정적일 때는 자신의 그런 모습이 얼마나 매력적인지, 그리고 자신이 얼마나 아름다운지 확인할 수 있다. 그럴 때마다 다른 어느 누구보다도 큰 기쁨을 느끼는 삶을 살고 더 적극적인 적공의 길을 갈 수 있다.

어떤 갈망에서든 자유로워지는 적공의 힘을 가져야 한다. '됐어! 이 정도면 됐어!'라고 생각하며, 자기 삶과 사랑의 힘을 인정하며 향유할 수 있어야 한다. 자긍심을 키운 생활을 할 때 자기 앞에 나타나는 고통이든 애환이든 어루만져 치유하면, 법신불의 광명과 위력으로 따뜻한 위로와 감사를 느낄 수 있다. 더 아름다워지는 일에 용기를 내는 에너지를 강력하게 발산할 수 있다. 대욕大慾은 무욕無慾이라 한 심경으로 이런 깨달음을 이루는 방해물을 스스로 없앨 수 있다. 마치 사자나 범을 잡으려는 사람은 토끼나 꿩을 보고 함부로 총을 쏘지 않는 것과 같은 마음일 것이다. 바로 그런 마음이 자기 절제를 가능하게 하는 행동양식을 선택하게 한다.

선행을 실컷 해놓고도 마음에 상을 놓지 못하면 그 선행의 노예가 되고, 작은 지혜로 큰일이나 하는 것처럼 착각하는 사람이 될 수 있다. 그 오류는 너무나 어리석은 실행으로 이어진다. 습관체계의 선택과 실행을 바로 잡고 올바르게 지향해야만 한다. 도덕을 기준 삼아 행동하겠다고 결심하면 선의 실행을 강화하는 쪽으로 실행할 수 있다. 작은 실행에 얽매이면 큰 실행이 방해받는 사람이 되고, 크고 넉넉하고 원만한 실행을 지속하면 작은 것에 얽매이지 않는 사람이 된다. 자신이 이루고 싶은 꿈, 성공, 행복, 포부 같은 단어를 반복적으로 사용하면서, 크고 넉넉하고 원만한 실행을 꾸준히 강화하며 인내하는 일이 필요하다. 때로는 힘들지만 더 튼튼하고, 더 강하고, 더 탄력 있게 지향해 나아가면 훨씬 수월해진다.

마음은 물과 같다. 모든 것은 마음이 근본이다. 작은 것에 얽매이는 마음에서 빠져나와 능히 큰 지혜를 발현하며 성취하는 마음을 내야 한다. 자기의 조건과 상황에서 좋은 일을 하며 더 행복하게 살 수 있는 비결이다. 선이 좋은 것이나 작은 선에 얽매이면 큰 선을 방해하고, 지혜가 좋은 것이나 작은 지혜에 얽매이면 큰 지혜를 방해하나니, 그 작은 것에 얽매이지 아니하는 공부를 하여야 능히 큰 것을 얻는다는 가르침은 세상을 살아가면서 너무나도 중요한 지혜이다.

언제나 사물을 객관적으로 보는 노력을 해 가는 게 좋다. 셰익스피어는 '세상에서 좋고 나쁜 것은 다 생각하기 나름이다!'라는 명언을 남겼다. 사물을 객관적으로 볼 수 있는 지혜로 작은 선과 작은 지혜에 얽매이지 않는 사람은 꼭 갖춰야 할 아주 쓸모 있는 정신적 힘을 가지고 있다.

세상은 복잡하고 예측 불가능하다. 잘 대처해 나가지 않으면 공든 탑도 무너질 수 있다. 어디에서든 잘 대처하지 못하면 물정 모르는 사람이 된다. 작은 어떤 것을 움켜쥐고 있으면 거기에 갇혀 생각이 큰 인격을 갖추지 못한 사람이 되고 만다. 날마다 자신을 사랑했고, 착하고 선한 행동만 했다고 하더라도 작은 선과 작은 지혜의 발현은 아주 작은 성취에 불과하다. 소소하게 느껴지는 그 작은 것에 얽매인 마음부터 풀어 놓아야 한다. 작은 것에 얽매이지 않는 일은 세상 살아가면서 너무나도 중요한 일이다. 더 큰 성취의 마음이 막히지 않게 해주는 비결이다. 언제나 시련을 겪지 않고 평안하기를 바란다면 작은 것에 얽매이지 않는 실행을 하는 게 좋다.

71
지혜 얻는 법

『대종경』요훈품 6장

원기103.5.6.

지혜智慧는 사물의 이치를 빨리 깨닫고 사물을 정확하게 처리하는 정신적 능력을 말한다. 지식과 경험을 통해 얻을 수 있고, 지혜를 밝힌 만큼 좋은 삶을 가꿀 수 있다. 그런데 자기가 어리석은 줄을 알면 어리석은 사람이라도 지혜를 얻을 것이요, 자기가 지혜 있는 줄만 알고 없는 것을 발견하지 못하면 지혜 있는 사람이라도 점점 어리석은 데로 떨어질 수 있다.

이런 이야기가 있다. 한 살짜리 아기에게 귀 기울이면 한 살짜리 지혜를 얻을 수 있고, 100세 된 노인에게 귀 기울이면 100세를 산 지혜를 얻을 수 있다. 지혜를 얻는다는 것은 단순히 자기 인생에 대한 지식을 양적으로 늘리는 것이 아니다. 좋은 생각의 틀을 확장해 인간과 세상, 그리고 우주와 삼라만상을 바라보며 바르게 실행할 수 있는 자기 생각의 틀을 옳게 세우는 일이다. 쉽게 말하면 향후 자신에게 필요한 지식이 어디에 위치해 있는지 알고 쓸 수 있는 경험과 지식을 분류해 생각의 책장에 보관하고 활용하는 일을 지속해서 하는 것이다.

그렇다고 하더라도 매 순간 아주 좋은 진정한 지혜를 얻기는 어렵다. 또한 대단한 학식을 통해 스스로 묻고 답하는 시간을 보낸다고 해도, 그 내용을 통해 진정으로 참다운 지혜를 확장하는 일이 그리 간단히 이루어지는 것도 아니다.

삶은 쉽지 않다. 좋은 삶 안에서도 많은 시행착오와 실패를 이겨내야만 한다. 해야 될 일은 실행하고, 해서는 안 될 일은 하지 않는 마음의 힘도 가져야 한다. 부정적인 감정을 극복하게 하고, 삶을 더 풍성하게 하는 비결이다.

그렇게 존재하기에 피할 수 없는 고통 속에서 공부하고 익히며 순숙된 삶을 살아간다. 그러다가 간혹 뜻하지 않게 인생의 쓴맛을 보기도 한다. 하지만 괜찮다. 중요한 것은 그 추락의 원인을 알고 그다음부터는 그런 일을 반복하지 않으면 된다.

공자는 30세의 이립而立, 40세의 불혹不惑, 50세의 지천명知天命, 60세의 이순耳順이라고 말했다. 30세에는 흔들리지 않는 뜻을 세우고, 40세에는 혹하지 않으며, 50세에는 하늘의 뜻을 알아, 60세에는 남의 이야기를 잘 듣고 공감해야 된다는 뜻이다.

이러한 삶의 자세를 확고히 할 때 배운 모든 것을 실제 삶에 적용하며, 자기 마음에 압력을 가하는 원인들을 제거하는 일에도 집중할 수 있다. 자기 삶을 이롭게 하는 진정한 지혜를 얻는다. 어쩔 수 없는 일과 해야만 되는 일을 구분하고, 해야 할 일을 묵묵히 해 나가는 지혜의 힘을 가지는 것이다. 그것을 체화의 지혜라고 한다. 자기 스스로 평가하고, 결정을 내리고, 또 새로운 길을 따라가면서 삶의 방향을 옳게 하는 힘이 된다.

나무는 언제나 끝에서 시작한다. 새순에서 꽃과 열매에 이르기까지 나무는 전부 끝이 시작이다. 그런데 어찌 보면 삶의 지혜를 끌어올리는 것도 그렇다. 진정한 지혜의 수준을 높이려면 어떻게 해야 하는가? 어제까지 진행했던 자기 생각의 끝에서 시작해야 한다. 진정한 지혜를 얻으려면 어떻게 해야 하는가? 어제까지 실행했던 어떤 노력을 이어가는 시점에서 시작해야 한다. 때론 아주 고요한 느낌 속에서 자기의 앞길을 더 밝게 밝히는 지혜를 얻을 수 있다. 덜 만족스러운 때도 있지만 틀린 것을 피해 가는 지혜를 밝히게 된다. 그 과정에서 실패를 반복하지 않는 지혜를 얻을 수 있다. 어떤 어려움이 따르더라도 이렇게 지혜를 얻는 훈련이 될수록 어렵고 미묘한 문제와 마주해도 별로 힘들지 않게 된다.

많은 지혜는 자기를 찾는 삶의 여정, 그리고 자기만의 경험과 새로운 길로 나아가는 삶의 모색을 통해 얻어진다. 자신이 겪은 좋은 경험과 나쁜 경험, 그리고 특이한 경험 등은 지혜 발현의 시간을 응축시켜 주고, 평범한 두뇌를 지혜에 최적화된 두뇌로 활성화시켜 사고체계가 넓어진다.

자기가 어리석은 줄을 알면 어리석은 사람이라도 지혜를 얻을 것이요, 자기가 지혜 있는 줄만 알고 없는 것을 발견하지 못하면 지혜 있는 사람이라도 점점 어리석은 데로 떨어진다고 소태산 대종사가 가르침을 주셨듯이 지혜는 자기가 어리석은 줄을 알 때 발현된다. 어리석은 줄 안다는 것은 그만큼 자기를 성찰하고 겸양했다는 뜻이다. 자기를 성찰하고 겸양의 태도를 가질 때 지혜가 샘솟는다.

지혜는 자신의 운명을 한순간에 바꾸어 놓을 수 있는 중요한 보물과도 같다. 매 순간 스스로 자기 의사를 결정하면서 살아가는 이 세상에서 우리 삶의 지혜로운 의사 결정이 얼마나 중요한지 깨달아야만 한다. 그 지혜를 얻기 위한 고요하고 평화로운 마음 갖기가 얼마나 필요한 일인지 새삼 생각하게 된다. 지혜는 머리를 쥐어짜서 나오는 것이 아니다. 미세한 소리가 어느 틈으로든 새어 나오듯이, 마음을 맑고 밝고 훈훈하게 할 때 자기 마음 밖으로 살짝 나온다. 마음의 소음이 완전히 사라졌을 때 솟구친다. 번득이는 생각, 영감, 직관이 모두 고요할 때 찾아오는 뜻밖의 선물이다. 자기를 찾는 禪,

즉 명상과 모방과 최고로 어려운 일이 경험의 시간 속에서 응축되어 연결되었다가 좋은 마음, 좋은 관계, 좋은 소통 속에서 솟아나온다. 일단은 마음을 고요하게 하는 훈련을 해야 한다.

영국을 최강국으로 만든 사람은 엘리자베스 1세 여왕이다. 1533년에 태어나 1603년에 70세로 세상을 떴다. 25세에 즉위해 45년의 재위 기간 동안 영국은 황금기를 구가했다. 그러나 어려운 일도 많았다. 가난했던 국가경제를 부흥시켰고, 사촌언니인 매리여왕이 역모를 꾀해 처형했고, 스페인 펠리페국왕의 침략에 맞서 무적함대를 궤멸시키는 등 크고 작은 일이 끊이지 않았다. 여왕의 보석에 새겨진 좌우명인 '샘페르 에어댐Semper eadem'은 어떤 상황을 극복해 가는 방식과 황금기로 나아가는 방식으로서의 믿음은 '항상 같다'는 뜻이다.

반복되는 바쁘고 힘든 일상생활 중에서도 '언제나 같다'는 샘페르 에어댐을 상기하며, 항상 같은 고요하고 평화로운 마음을 갖도록 노력하면, 해야만 하는 일을 지혜롭게 풀어나가는 마음의 힘을 가질 수 있다. 지혜는 머리가 아니라, 밝은 미래로 나아갈 방향은 항상 같다는 믿음에서 솟는다는 사실을 다시 한번 일깨운다.

72
자기를 능히 이기는 사람

『대종경』 요훈품 15장

원기103.5.13.

자기를 능히 이기는 사람은 천하 사람이라도 능히 이길 힘이 생긴다. 그렇다면 자기 자신을 이긴 상황을 어떻게 이해하면 될까? 정신적으로나 육체적으로 자유로울 수 있는 건강과 은혜로운 상황을 지킨 것이다. 곧 극기복례위인克己復禮爲仁의 상황이다. 이를 자승자강自勝自强이라 한다.

그런데 자기를 이기기보다 자기에게 지는 사람들도 있다. 어느 재벌 3세가 회의 중 유리컵을 던지고 막말을 했던 동영상이 SNS를 달굴수록 그 자신의 소중한 품격까지도 인정받기 어려운 상황이 됐다. 경찰에 조사를 받으러 나가면서 고개를 푹 숙인 채 '진심으로 사과드립니다!' 그렇게 말했지만 아무 효과가 없었다. 그 어떤 순간이든지 자기 자신을 이겨낸 실력으로 성취하는 사람이 널리 인정받는 사람이요, 멋진 사람이다. 그렇게 능히 자신을 이긴 사람이 가장 큰 성공을 거둔 사람이다. 현재는 과거의 산물이요, 미래는 현재의 산물이다. 그 어느 것도 그냥 뚝 떨어지는 법이 없다. 반드시 그렇게 되려는 의지와 노력이 있어야 한다. 어려서 아무리 꿈과 희망을 가졌다한들, 성장하면서 의지가 식는다거나 노력하지 않는다면 그 꿈과 희망은 변질되거나 사라진다.

　미래로 향하는 새로운 시간 속에 자기의 새로운 마음을 담아야 한다. 사람은 마음의 작용을 할 수 있기에 10년 후나 50년 후의 모습을 상상할 수 있다. 이것은 매우 소중한 일이다. 왜냐하면 그렇게 되기를 소망함으로써 성공의 씨앗이 심어지고, 그 씨앗이 무럭무럭 자랄 수 있기 때문이다. 그 씨앗이 어떻게 자라는가에 따라 자기 가치가 오르는 사람과 자기 가치가 떨어지는 사람으로 나뉜다. 자기 가치를 높이는 사람이 되어 감정에 좌우되지 않으며, 자기 스스로를 이기고, 앞으로, 미래로 나아가는 사람이 되자. 뭔가 특별하게 가진 것이 없을 때도, 아무도 도움을 주는 사람이 없을 때도, 자기 내면의 거대한 상상력을 동원해 자기만의 희망의 기지개를 켜자. 지난 과거에 얽매이지 않고 희망차게 나아가야 무슨 일이든 잘 된다.

　그런데 감정을 처리하는 마음의 기술을 터득하지 못하면 성인이 되어서도 이런 감정 처리가 서툴다. 좋은 때는 표현도 안 하다가 억울한 일에만 반응하며 눈을 부라리고 목소리를 높인다. 이른바 분노중독을 보이는데, 이런 사람들은 화를 내면서 스스로 힘을 가지고 있다고 착각하며 점점 거친 말만 하는 사람으로 변한다.

　살면서 느끼는 다양한 감정에 마음을 열 수 있어야 한다. 감정을 골라서 편애하지 말고 감정의 창문을 활짝 열어두어야 한다. 감정이 나를 위협할까 봐 마음의 창을 꽁꽁 닫아도, 그것마저도 불안해서 사람들을 피해 숨어 있어도 감정은 어차피 자기를 찾아온다. 그러니 인생에서 겪게 되는 다양한 경험을 기꺼이 받아들이며 자기를 이길 수 있는 기운으로 바꾸는 게 좋다.

　감정은 정확한 것보다는 익숙한 것을 좋아한다. 그래서 자신의 감정과 어울려 살지 못하면 자신과 대화하는 것은 물론, 다른 사람들과 대화하고 어울리는 것에도 서툴 수밖에 없다. 자기 감정을 정확히 알지도 못하고 주체하지도 못하니, 엉뚱한 곳에서 그 감정이 넘치고 말이 샌다.

 감정은 무엇인가를 알려준다. 감정의 이면에는 전하고 싶은 속내, 간절히 바라는 욕구, 이루고 싶은 목표를 찾아야 한다. 어떤 감정의 문을 여는가에 따라 그 감정과 닮은 말이 따라온다. 복잡한 감정들 사이에서 진짜 감정을 인식하는 연습이 필요하다.

 그렇게 어떤 상황에서도 자기를 이기는 길로 나아가는 사람이 되어야 한다. 그것이 극기克己이다. 언제나 자기를 극복해 자기를 능히 이기는 사람으로 성취해야 한다. 자기의 욕망과 감정을 이겨내고, 사회적 법칙인 예를 따르는 사람으로써의 힘을 갖추고 성취의 길로 나아가는 것이다. 범부중생이 숙세의 업력에서 오는 고통까지도 이겨내는 경지에 우뚝 설 수 있다.

 경산 종사는 원기103년(2018) 신년법문에서 일원교법一圓教法을 표준으로 심신을 훈련하여 '내가 나를 이길 수 있는 힘을 길러 나가야 된다'고 하셨다. "마음을 더욱 가다듬어 이기적인 나, 욕심에 불타는 나, 게으르고 거만한 나, 방종에 흐르는 나를 이겨서 마음의 자유를 얻는 도원수都元帥가 되고, 마음을 치료하는 의사가 되어야 한다. 끝없는 정진 적공으로 욕심의 벽을 무너뜨리고, 마침내 유리벽과도 같은 사상의 벽을 넘어서 낙원세계의 대자유인이 되자"라고 하셨다.

 『논어』 안연顔淵편을 보면, 안연이 인仁에 대하여 묻는다. 공자가 답한다. "나를 이기고 예로 돌아감이 인이 된다[顏淵問仁 子曰克己復禮爲仁]. 하루라도 나를 이기고 예로 돌아가면 천하가 인으로 돌아간다[一日克己復禮 天下歸仁焉]. 인을 행함은 자기를 말미암은 것이니 다른 사람에게 말미암겠는가[爲仁由己而由人乎哉]."

 공자는 준엄하게 가르쳤다. "예禮가 아닌 것은 보지 말고, 예가 아닌 것은 듣지 말고, 예가 아닌 것은 말하지 말고, 예가 아니면 행동하지 말라."

삶은 변하기 때문에 아름답다. 살아있다는 자체만으로도 우리는 충분히 은혜를 받고 있다. 가장 중요한 문제에 집중해야 한다. 스스로 결심한 대로 실천하기가 어렵다 하더라도, 인생이 허망하지 않으려면 극기복례위인의 경험을 만드는 게 좋다. 그렇게 자기의 심신을 조복調伏 받으며 자기를 이기는 힘을 길러야 한다.

이 세상은 넓고도 넓지만 자기와 관계되어 있지 않은 것은 하나도 없다. 직접 혹은 간접으로, 서로 상호작용으로 존재하고 있다. 과거 어느 때보다도 우리의 활동 영역이 넓어졌고 상대하는 것들이 많아졌다. 그렇지만 아무리 복잡다단한 시대라 할지라도 결국 자기 마음이 세상의 중심이다.

73
화복의 근원

『대종경』요훈품 19장

원기103.5.20.

　소태산 대종사는 어리석은 사람은 복福을 받기는 좋아하나 복을 짓기는 싫어하고, 화禍를 받기는 싫어하나 죄를 짓기는 좋아하나니, 이것이 다 화복의 근원임을 알지 못함이요, 설사 안다 할지라도 실행이 없는 연고라 하셨다. 왜 이렇게 법문을 하셨을까?

　복을 받기는 좋아하나 복을 짓기는 싫어한다. 좋은 것을 받는 마음은 잘 내나 좋은 일을 하는 데에는 등한한다. 누구나 그렇지는 않겠지만 대체로 그렇다. 또 화를 받기는 싫어하나 죄를 짓기는 좋아한다. 아니 죄짓는 것을 좋아하는 사람이 있을까? 복은 짓지 아니하고 화를 피하려고만 하면 그리된다는 뜻으로 이해할 필요가 있다. 그렇다 하더라도 복 짓기에 등한한 것은 다 화복의 근원을 알지 못함이요, 설사 안다 할지라도 실행이 없는 연고라는 말씀이다. 마음에 새겨 더 철저한 자기 변화를 시도하는 게 좋다.

　화는 몸이나 마음, 일 등에 뜻밖의 변고를 당해 받는 괴로움이나 해害를 말하며, 복은 큰 행운과 오붓한 행복을 가리킨다. 화는 해마解魔의 길을 찾는 게 중요하고, 복 짓는 일은 실행하면 된다. 돈이 없어도 행할 수 있다. 베풂과 나눔을 위해 노력하면 된다.

　사실 인생은 자기 뜻이나 의지와 상관없이 흘러갈 때가 많다. 주변에서 끊임없이 무슨 일이 일어나고, 그중 많은 문제가 자기를 괴롭히기도 한다. 지혜가 발현된 생활이 이어지지 않으면 복보다 화를 먼저 겪을 수 있다. 우연히 당하는 화라도 잘 견디고 잘 받아넘기는 슬기로움을 지녀야 한다. 화가 다한 후 복을 받는 일이나, 복을 지속해서 누리기 위해서라면 해마를 시도하며 복마伏魔도 잘 받아넘겨야 한다.

　해마는 이미 드러난 마魔를 풀어내며 극복하는 것이고, 복마는 드러나지 않은 채 잠복하고 있는 마를 차서 있게 잘 극복하는 것이다. 그러나 고생을 극복하고 이겨내지 못해 더 많은 시간 속에서 고생을 이어가는 사람들도 많다.

　어떤 사람들은 복이 많아 무척 행복하게 잘 산다고 말한다. 복 받아 잘사는 사람은 척隻을 짓지 않은 사람이다. 척짓지 않아야 잘 산다. 근심할 일을 하지 않아야 한다. 어떤 일이든 실행의 배경을 자기 스스로 물어야 하는 이유이기도 하다. 도덕적 미덕이나 원한은 습관의 결과로 발생한다. 자기 행동으로 만드는 것이다. 미덕은 우선 미덕의 행위를 연습해야 얻을 수 있고, 원한은 자기를 정화淨化하는 힘에 그 순화가 좌우된다.

　남에게 억울한 원한을 짓지 않으려면 바른 마음의 힘이 있어야 한다. 그리되어야 척이 되어 되돌아오는 마에 보복당하지 않는다. 또 남을 미워하지 말아야 한다. 그리되어야 근심이 생기지 않는다. 척이 사라지는 것이다. 여기에서 척은 서로 원한을 품을만한 일이나, 상대가 나에게 가지는 원망, 그리고 앙심을 말한다. 이래서 원수의 원寃이라도 풀고, 복 많은 사람처럼 그 누구든지 은인恩人과 같이 사랑하고, 상생상화의 은혜가 발현되어 나오도록 일상의 일과를 실행해야 하는 것이다. 그러면 그 실행이 공덕功德이 되어서 시간이 흐를수록 복을 만들게 된다. 이런 이유로 남의 말을 좋게 하면 그것이

덕이 되어 자기가 잘 되는 복이 되고, 또 덕이 쌓여 마침내 큰 복이 된다. 반대로 남의 말을 나쁘게 하면 그것이 해가 되어 자신을 망가트리고, 타인의 악기惡氣가 해로 점점 밀려와서 자기의 미래에 큰 재앙이 된다.

사람 입속에도 생태계가 있다고 말한다. 바로 인성의 숲이다. 인성이 나쁜 이의 생태계는 황무지와 같아서 막말 가시로 무성한 가시나무만 번식한다. 말 폭탄을 터트리는 어리석음을 범하지 말아야 한다. 자신의 품격을 떨어트리는 주범일 뿐 아니라 화를 불러온다. 이런 사실을 너무 쉽사리 망각하면 인간 군상이 된다.

화복의 과정 역시 일상의 일을 처리해나가는 과정과 다르지 않다. 긴장만큼이나 이완이 중요하기 때문에 정말 필요한 순간에 절제된 에너지를 쏟아 부어야 한다. 그러자면 자기 스스로의 생체리듬을 조절할 힘이 있어야 한다. 그 과정 중에서 끊임없이 위로하고 격려할 줄도 알게 된다.

정산 종사도 "구시화복문口是禍福門이니 잘못 쓰면 입이 화문禍門이지마는 잘 쓰면 복문福門이 된다"라고 하였다. 그 누구든지 언덕言德부터 쌓아야 한다. 남이 잘되게 해주는 말을 해 쌓은 덕이다. 그 누구를 만나도 만나는 그 사람에게 덕이 되는 말을 하는 게 옳다. 운기運氣가 된다. 지극히 맑고 밝고 훈훈한 기운이, 상생의 기운이 되는 것이다.

운수運數가 좋다는 것은 상생의 기운으로만 서로에게 통하는 것이다. 이런 사람이 천운天運을 탄다고 말한다. 진심견수복선래眞心堅守福先來란 말이 있다. 진심을 굳게 지키면 복에 먼저 이른다는 뜻이다. 마음의 평온을 찾고, 진심으로 행복해지고, 화의 근원을 뛰어넘으려 한다면 마음에 담고 기쁘게 실행해 보기를 권한다. 행복은 일종의 감각이자 마음가짐인 자기 존재 상태가 미덕과 일치하는 활동에서 발현되어 나온다. 지금 누리는 것을 소중히 생각해야 한다. 깨끗한 눈으로 세상을 바라본다면 자신이 너무도 많은 행복을 가졌음을 알게 된다. 가진 것과 무관하며 오직 세상을 어떻게 바라보는가에 달려 있다. 주어진 행복의 맛을 누리고 즐겨야 한다. 괜히 물질만능주의에 휩쓸려 진정한 자아를 잃고 불행의 동굴 속으로 걸어 들어가서는 안 된다.

그러기 위해서라도 불만족스러운 과거를 용서하고 덜 충분한 현재라도 즐기는 게 좋다. 아픔을 견뎌야 심신의 병을 고칠 수 있다. 다가올 미래를 호기심과 기대감, 그리고 더 긍정적인 시각으로 바라보면 마음에 멍울로 맺힌 모두를 용서할 수 있다. 감사함 속에서 편안하게 숨을 쉴 수 있다. 현재 자기 생활에 만족하면 즐겁고 행복해진다. 진심眞心을 가꾸며 복을 짓고 받는 더 아름다운 인생을 살게 될 것이다. 이리도 간단한 일인데 행복해지는 일이 왜 그리도 어렵게 느껴질까?

분별하고 주착하기 때문이다. 18세기 프랑스의 계몽사상가이자 문학가인 퐁트넬은 행복의 가장 큰 장애물이 바로 너무 많은 행복을 기대하는 것이라고 말했다. 우리는 늘 타인이 자신보다 행복하다고 생각하고 부러운 눈빛으로 바라보며 그들보다 더 행복해지기를 바란다.

당신에게 아낌없이 사랑과 지지를 보내는 가족, 친구가 있다는 사실을 떠올리며 여유로운 마음으로 자기 행복을 만끽하는 게 좋다. 세상은 오늘도 생생한 기운으로 아름답게 약동하고 있다. 그 기운 속에서 행복을 찾아야 한다.

74
악한 기운과 독한 기운

『대종경』요훈품 30장

원기103.5.22.

악한 기운과 독한 기운이란 무엇인가? 마음의 기운이 흉악凶惡하거나 극악極惡한 것이다. 해독害毒이나 독기毒氣가 있는 독한 마음이 깃든 기운이다. 인생살이에 결코 도움이 되지 않는 것이 악한 기운과 독한 기운이다. 한 마디로 나쁜 기운이다. 이런 나쁜 기운을 떨어내야 한다. 자타 간의 악한 기운과 독한 기운을 풀어낼 때 원하는 일을 자연스럽게 성취할 수 있을 뿐만 아니라 더 건강하고 행복하게 살 길을 열 수 있다.

시간은 가장 훌륭한 재판관이다. 날마다 시간은 이어지고 계속 흘러간다. 언제나 행복이 자연스럽게 찾아드는 시간을 느낄 수 있고, 뭔가가 잘 풀리지 않아 불행의 그림자가 드리우는 시간을 느낄 수 있다.

어떻게 그런 일이 가능할까? 업을 바로 이해하고 선업을 지으면 된다. 업이란 무엇인가? 생명이 살아가는 일체의 행위를 말한다. 생명이 있는 모든 존재는 이런 업을 짓는다. 살아가기 위한 행위를 하고 이런 행위 때문에 모종의 에너지가 발생하게 된다. 파장은 소멸하는 것이 아니다. 자기 마음의 저장 창고에 차곡차곡 쌓인다. 이처럼 쌓인 것을 업력이라 한다. 이 업력에 따라 다음 시간의 업이 결정되어 나온다.

　일체 생령이 태어나는 유형이 있다. 태란습화胎卵濕化이다. 태생·난생·습생·화생의 사생을 말한다. 태생은 태를 통해 태어나는 것, 난생은 알로 태어나는 것, 습생은 습지에서 태어나는 것, 화생은 스스로의 업력에 의하여 갑자기 화성化成하는 것이다. 사람은 사람의 업을 지었기 때문에 사람으로 태어난 것이고, 닭은 닭의 업을 지었기 때문에 닭으로 태어난 것이고, 지렁이는 지렁이의 업을 지었기 때문에 지렁이로 태어난 것이고, 곰팡이는 곰팡이의 업을 지었기 때문에 곰팡이로 화성한다.

　사람은 세 가지 업을 짓는다. 몸으로 짓는 업, 입으로 짓는 업, 생각으로 짓는 업이 그것이다. 이를 신·구·의 삼업身·口·意 三業이라고 한다. 또 업은 그 질質에 있어서 좋은 업, 나쁜 업, 좋지도 나쁘지도 않은 업으로 따라 다닌다. 좋은 업은 선업이요, 나쁜 업은 악업이요, 좋지도 나쁘지도 않은 업이 무기업無記業이다.

　다시 사람으로 태어나려 한다면 선업을 지어야 한다. 몸으로는 좋은 일을 행하고, 입으로는 좋은 말을 하며, 생각으로는 좋은 마음을 가져야 한다. 인생이란 한 번 활시위를 떠나면 다시 돌아오지 않는 화살과 같다. 줄여야 할 것은 줄이고, 늘려야 할 것은 늘리는 것이 양생의 기본이다.

　악한 기운과 독한 기운을 풀기 위해 늘려야 할 실행의 목록이 있다. 마음을 챙기는 시간이 돌아다니는 시간보다 많아야 한다. 침묵의 시간이 말하는 시간보다 많아야 한다. 화려하게 꾸미는 날보다 질박하게 꾸미는 날이 많아야 한다. 은혜가 위엄보다 많아야 한다. 양보가 다툼보다 많아야 한다. 요란하게 들뜸보다 자기를 반조하는 시간이 많아야 한다. 마음의 문을 닫고 있는 것이 아니라 마음의 문을 열고 있는 시간이 많아야 한다. 기뻐함이 성냄보다 많아야 한다.

이렇게 엉덩이를 딱 붙이고 앉아 자기 안을 들여다볼 때 진기가 쌓인다. 입을 다물면 기운이 흩어지지 않는다. 화려하게 꾸미는 것은 질박함만 못하다. 따뜻하게 베푸는 은혜가 무게를 잡는 위엄보다 낫다. 당장 손해로 보여도 양보가 더 많은 것을 가져다준다. 설렁설렁 덜렁대는 것은 실속 없는 일이다. 마음의 문을 닫아걸고 자신과 마주하는 시간을 많이 갖는 것이 좋다. 안을 비운 사람이 결국 성취한다. 안으로 향하는 시간을 늘리면 밖으로 나돌던 정신이 수습된다. 사람이 차분해지고 내면이 충실해진다.

이제는 그 누구든지 나쁜 기운을 자기 스스로 풀어내고, 다른 사람의 나쁜 기운도 함께 풀어주는 사람이 되기를 소망한다. 스쳐 지나간 시간과 인연조차 법신불 사은님이 주신 은혜임을 알고 지난날의 어두운 그림자를 끌어안은 채 의심과 부정으로 일관하는 게 아니라, 환한 믿음으로 악한 기운과 독한 기운을 걷어내고 풀어내는 길을 가야 한다. 그렇게 마음을 먹고 의지를 강화하면 법신불 사은의 도움인 광명과 위력에 힘입는다. 더 새로운 마음으로, 더 새로운 자세로 흘러가는 시간 속에서 영생의 다짐을 크고 밝게 하는 서원도 세울 수 있다. 자기 자신이 이렇게 더 나은 사람이 될 수 있다면 결코 헛된 일이 아니다. 어둠 속에서 악한 기운과 독한 기운으로 움츠리는 사람들의 나쁜 기운을 걷어내고 풀어내는 일을 할 수 있는 것만으로도 사람으로 태어난 의미를 다 하는 것이다. 악한 기운과 독한 기운을 자기 마음과 자기 생활에서 걷어내면, 그런 변화만으로도 인생살이에 충분히 감사할 이유를 깨닫게 된다.

길을 가다 진흙탕에 발이 빠졌다면 발을 씻고 가던 길을 가면 된다. 그 길 위에서 새로이 마음을 부여잡으면 된다. 악한 기운과 독한 기운을 걷어내고 풀어내는 것도 마찬가지다. 자신에게 나쁜 기운이 어려있다면 믿음과 정성 어린 마음으로 풀어내면 된다. 다른 사람들의 나쁜 기운도 그렇게 풀어주는 사람이 되면 더 나아진, 더 밝아진 자신을 확인할 수 있다. 앞으로 다가올 일은 반드시 좋은 기운뿐만 아니라 나쁜 기운도 겪는다. 그렇더라도 내일에 대한 기대를 버리지 말고, 자타 간의 악한 기운과 독한 기운을 걷어내고 풀어내려는 노력을 지속할 필요가 있다.

자기 자신의 앞날을 더 밝게 함은 물론, 두려운 마음으로 움츠리고 있는 사람들에게 법신불 사은의 은혜를 가피하는 일이 된다. 하지만 자신의 유능함을 증명하는 데는 성공했다 하더라도, 자신의 나쁜 기운을 걷어내고 풀어내지 못하면 그 미래는 어두워진다. 이것이 콩 심은 데 콩 나고 팥 심은 데 팥 난다는 인과의 작용성이다.

인생의 어떤 길이든 자기 마음이 화평하고 순탄하면 천지의 기운도 화평하고 순탄한 기운으로 작용함을 알 수 있다. 이렇게 순화한 사람으로 자기 정점의 목표에 다가설 수 있는 사람이 된다. 더 행복해진 시간을 더 길게 가져갈 수 있다. 악한 기운과 독한 기운을 떨쳐낸 사람이 느끼는 행복이다.

75
은생어해와 해생어은

『대종경』 요훈품 33장

원기103.6.3.

은생어해 해생어은恩生於害 害生於恩은 『정전』의 일원상 서원문에 나오는 중요 개념 중 하나이다. 은생어해는 은혜가 해에서 나오며, 해생어은은 해가 은혜에서 생겨난다는 뜻이다. 은혜는 해로움으로부터 만들어지고, 해로움은 은혜로움에서 비롯된다는 뜻이다.

사람들은 누구나 은혜를 받기는 좋아하나 해를 입는 것은 싫어한다. 그러나 상대적 현상세계에 있어 모든 존재와 현상은 음양상승의 원리와 인과보응의 이치에 따라 한시도 쉬지 않고 변화한다. 영원한 은과 영원한 해란 있을 수 없다. 은과 해는 업인에 따라 자꾸만 변화한다. 그리하여 은생어해와 해생어은의 현상이 일어난다.

마음공부를 하지 않는 사람은 열 번 잘하다 한 번 잘못하면 원망으로 돌리므로, 은에서도 해만 발견하여 난리와 파괴를 불러온다. 그러나 마음공부를 하는 사람은 열 번 잘못하다 한 번 잘한 것에 감사하므로, 해에서도 은혜를 발견하여 평화와 안락을 불러들인다.

우리 속담에 옷깃만 스쳐도 인연이란 말이 있다. 시장길에서 옷깃만 스쳐도 인연이며, 부부는 5백 생을 통한 인연이라고 한다. 만남이란 간단히 이루어지는 것이 아니다. 만남이 이루어지기 위해서는 두 가지 필요충분조건, 즉 시간적 인연과 공간적 인연이 모두 충족해야 한다. 또한 직접적인 원인인 인과 간접적인 원인인 연이 낳는 결과이다.

간혹 젊을 때 가정도 불우하고 고생과 실패도 많이 한 사람이 어느 날 크게 성공하는 것을 보게 된다. 하나의 해로 어려움을 당할 때도 한갓 그 상황을 싫어하고 회피하려고만 한 것이 아니라, 전화위복의 자세로 생각하고 겪었던 해를 거울삼아 은혜를 장만하는 노력을 했기 때문이다. 마치 무서운 독성을 가진 양잿물도 필요한 곳에 잘 사용하면 세탁의 공효를 나타내는 것과 같다.

이렇게 상대적인 세계는 영원히 고정된 것이 아니다. 은이 해가 되기도 하고 해가 은이 되기도 한다는 이치를 깨달아, 해에서도 은혜를 발견하고 시련의 시간을 극복하면서, 해에서 나온 은혜를 더 기쁘게 느낄 수 있는 사람이 되어야 한다.

현재는 과거의 산물이요, 미래는 현재의 산물이다. 그 어느 것도 그냥 뚝 떨어지는 것은 없다. 반드시 그렇게 되려는 의지와 노력이 필수적이다. 어려서 아무리 큰 꿈과 희망을 품었더라도, 성장하면서 의지가 식는다거나 노력을 하지 않는다면 그 꿈과 희망은 변질하거나 사라질 수밖에 없다.

모든 것은 마음의 작용에 따라 여러 가지 세상일을 만든다. 그렇게 세월의 풍파는 제아무리 대단한 지위와 재산이라도 결국 한순간에 사라지게 한다. 그 속에서 끝까지 남는 것이 있다면 희망을 키워내는 은혜이다. 참된 은혜 속에서 영생의 복락을 추구한다면 언제나 상대적 은과 해를 초월한 지선至善과 지복至福의 자리에 이를 것이다. 동시에 현실적으로는 은혜의 순경順境은 물론 해독害毒의 역경逆境까지도 항상 감사하며 선업을 쌓고 공덕을 베풀기에 노력하며 한없는 복락을 장만하는 생활을 추구해야 한다.

그러므로 매일 일을 하거나 마음공부를 하면서, 자신의 마음을 비추어 그 마음속에 무엇이 일고 있는지 알아채기 위해 힘써야 한다. 이제 현실의 이로움과 해로움에서 자기가 무엇을 지각知覺하고 어떤 생각과 실행實行을 이어가고 있는지 더 밀밀히 성찰해 더 좋은 길로만 나아가자.

76
평범을 지키면서 꾸준한 공을 쌓는 사람

『대종경』 요훈품 40장

원기103.6.3.

평범은 뛰어나거나 색다른 점이 없는 마음이다. 그런데 평범을 지키면서 꾸준한 공功을 쌓는 사람이 큰 성공을 본다. 평범한 사람이라도 꾸준히 적공積功을 쌓으면 성공한다는 말이다. 바로 그렇게 오래오래 수행 정진하는 것이다. 삼학 수행을 병진하여 삼대력을 갖출 때까지 심고·기도·염불·좌선 등으로 심공心功을 쌓기 위해 용맹정진하는 것이다. 평범한 사람이라도 어떠한 일을 성취하기 위해 꾸준히 공을 들이는 것이 얼마나 중요한 일인지 알 수 있다.

『대산종사법어』 제4 적공편 12장을 살펴 봤다. "삼학 공부로 삼대력을 얻고 보면 정신의 안정과 진리의 밝은 눈을 얻어 영생을 정로正路로 살게 되며, 삼계의 자비 부모가 되고 일체 생령을 빠짐없이 제도할 수 있는 큰 능력을 갖게 될 것이니라. 수양 공부를 위해서는 절대 안정하고 흥분하지 말며 매일 만 보 이상 선보禪步를 하고, 연구 공부를 위해서는 심사묵조深思默照로 바른 지각을 얻고 성현의 경전을 매일 독서하며 심사心師·심우心友와 서로 의견 교환을 하여 진리를 단련하며, 취사 공부를 위해서는 그른 일은 죽기로써 끊고 옳은 일은 죽기로써 실행하며 매사에 신경 쓸 일을 처음부터 짓지 말 것이니, 정당한 목표와 계획을 세우고 1년, 10년, 30년, 대적공을 하는 중에 큰 공부가 이루어지느니라" 바로 이런 마음과 자세로 공을 들이면 된다.

그런데도 많은 사람은 공을 들이다가도 갈등과 고난을 마주하면 어찌할 바를 모르고 당황한다. 하지만 사실 우리는 외부의 공격에 무너지는 것이 아니라 자신에게 패한다. 그래서 자신의 능력과 의지를 저평가하는 사람은 더 나은 삶을 살기가 어렵다고도 말한다.

가장 중요한 일을 먼저 해야 한다. 살다 보면 목표가 명확하고, 방향 역시 틀린 것 같지 않으며, 매일 최선을 다해 열심히 사는데 이상하게도 막상 결실은 별로 없을 때가 있다. 반면 어떤 사람은 항상 여유롭고, 마치 기분 좋은 산책을 하듯 편안히 일하지만 많은 것을 쉽게 얻는 듯 보인다. 왜 그럴까? 중요한 일을 먼저 하느냐 뒤에 하느냐의 차이 때문이다.

일을 효율적으로 하는 사람은 중요한 일에만 에너지를 집중한다. 중요한 일과 중요하지 않은 일을 모두 잘하려고 애쓰는 사람은 둘 중 아무것도 잘 해내지 못한다. 일의 경중에 따라 완급을 조절하고 시간을 적절히 배치해야 한다. 효과를 어떻게 가져올지 정확히 파악하고 일을 추진하는 사람이 되어야 한다.

평범을 지키면서 꾸준한 공을 쌓는 것도 마찬가지다. 주어진 시간을 가장 중요한 일에 활용해야 한다. 이것은 매우 간단해 보이지만 의식적으로 노력해서 몸에 익혀야 하는 일이다. 특히 새로운 일을 시작할 때는 반드시 가장 중요한 일을 확정한 뒤 시간과 에너지를 투입하는 게 옳다. 가장 중요한 일이란 바로 목표와 밀접하게 관련된 일이다. 그런데 가장 중요한 일을 확정하는 게 어려울 때가 있다. 그럼에도 평범을 지키면서 꾸준한 공을 쌓는 사람이 결국 큰 성공을 이루어낸다.

77
참 자유와 큰 이익

『대종경』 요훈품 42장

원기103.5.22.

방종放縱은 아무 거리낌 없이 자기 마음대로 행동하는 것을 말한다. 이를테면 마음을 다잡지 못한 방심放心이나, 멋대로 거리낌 없이 무절제한 삶을 사는 것이다.

공심公心이란 공정하고 편벽되지 않는 마음으로 공익심의 준말이다. 신심과 아울러 가장 강조하는 마음이기도 하다. 개인이나 가족만을 위하는 마음이 아니라, 사회나 국가나 인류 전체를 위하는 공적인 마음이다.

소태산 대종사는 "참 자유는 방종을 절제하는 데서 오고, 큰 이익은 사욕을 버리는 데서 오고, 참 자유를 얻는 법은 계율을 잘 지키는 것이고, 큰 이익을 얻는 법은 먼저 공심을 양성하는 것"이라 하셨다.

이렇게 당당히 맞설 때 삶의 절정은 또다시 찾아지고 이어질 것이다. 계율과 공심에 대한 이해가 부족하더라도 참 자유를 원하는 사람은 먼저 계율을 잘 지키고, 큰 이익을 구하는 사람은 먼저 공심을 양성하려는 결단을 해야 한다. 삶이 위대하고 아름다운 이유도 바로 그렇게 매일매일 결단을 실천하는 용기로 인해서다.

참 자유를 위해 좋다고 느끼는 것을 선택하고, 나쁘다고 느끼는 것을 거부할 줄 알아야 한다. 큰 이익을 위해 좋다고 생각하는 것을 선택하고, 나쁘다고 생각하는 것을 거부할 줄 알아야 한다. 자기 삶을 유쾌하게 만들어줄 것을 선택하고, 반대로 우울하게 만드는 것을 거부할 줄 알아야 한다.

이렇게 선택하고 거부하기를 거듭하면 할수록 진정한 참 자유와 큰 이익의 참 의미를 일깨울 수 있다. 그렇게 참 의미를 일깨우면 행복이 외부로부터 오는 것이 아니라, 내부로부터의 충족이 더 큰 행복을 일구는 요인으로 작용함을 확연히 알 수 있다. 스스로 변화의 대열에 합류할 용기를 내게 된다.

누구나 이런 변화의 최전선에 서 있어야 한다. 참 자유와 큰 이익이 어떠한 과정을 통해 얻어지는지 깨우쳐야만 한다. 참 자유와 큰 이익을 얻기 위해 어떻게 다가가고 무엇을 선택해야 되는지 깨우쳐야 한다. 참 자유와 큰 이익을 얻기 위해 무엇을 거부해야 하는지 깨우쳐야 한다. 참 자유와 큰 이익이 어떠한 선택과 거부의 과정을 통해 잘 실행되는지 느껴야 한다.

모든 일의 성취는 열망에서 비롯된다고 했다. 어떠한 순간에도 자기의 잠재력이 최대한 발휘하며 할 필요가 있다. 꿈을 이루고, 성공하고, 행복을 키워내는 비결은 바로 이렇게 오늘을 온전히 사는 것에서부터 비롯된다. 미래에 대한 어설픈 기대나 불안한 희망보다는 확연한 기대나 편안한 희망을 자기 마음에 담아야 한다.

아일랜드 출신의 영국 극작가 조지 버나드 쇼는 말했다. 하나의 성공에는 여러 개의 실패가 포함되어 있다. 참 자유와 큰 이익을 일구는 일도 많은 실패가 뒤따른다. 기회는 새와 같다. 참 자유와 큰 이익을 일구는 기회도 빠르게 스쳐 지나간다. 다른 데로 날아가기 전에 꼭 잡아야 한다. 잘산다는 것은 바로 이렇게 참 자유와 큰 이익에 대해 꿈꾸고, 또 그 길로 나아가는 일을 실행하며 사는 것이다.

그러기 위해 지금 여기 있는 자신의 모습부터 시작하여 과거의 모습을 천천히 떠올릴 필요가 있다. 예를 들면 은혜에 충만한 모습, 기뻤던 모습, 겸연쩍었던 모습, 화났던 모습, 슬펐던 모습, 몸과 마음이 아팠던 모습 등등, 그런 모습이 수도 없이 주마등처럼 스쳐 지나갈 것이다. 참 자유와 큰 이익을 일구기 위해 노력했던 모습이 떠오른다면 참으로 세상을 열심히 살아온 사람이다.

그렇게 참 자유와 큰 이익을 일구기 위해 힘썼다면 자신의 언행을 돌아보고 잘못을 수정하며, 문제점을 개선하고 부족한 점을 메워 다시 나아가는 시간을 가질 수 있다. 자신을 보다 엄격하게 다스려 끊임없이 발전하고 성공으로 나아가는 데 많은 도움이 된다.

자신에게 이 세상에서 가장 중요한 시간은 언제인가? 거침없이 참 자유와 큰 이익의 근원을 탐구하는 바로 그 순간이다. 잠시 눈을 감고 자신의 현재 모습을 바라보라. 아주 천천히 선택과 실행의 힘을 키워서 강해져야 한다. 참 자유와 큰 이익을 일궈내는 사람이 되는 것이다. 이런 마음이 압도적인 우위를 점하는 날! 진정 강해졌음을 알 수 있다.

강해진 자격을 자신의 살갗을 통해 숨 쉬며 느낄 수 있다. 자신의 마음 깊은 곳에서부터 온갖 생각이 밤하늘의 반짝이는 별처럼 잠깐 보였다가 사라진다 하더라도 흔들리지 않게 된다. 무엇이든 계획대로 추진할 마음의 힘이 있기 때문이다. 이것이 참 자유와 큰 이익의 근원을 자기 마음에 관통시킨 사람의 매력이다.

78
잡초 뽑기를 통해 익힌 마음공부

『대종경』 실시품 15장

원기103.7.1.

우리는 예쁜 화분을 놓고 가꾸며 한가함을 즐긴다. 나무와 꽃에 때때로 물도 주고 거름도 주면서 예쁘게 자라기를 바란다. 이런 심경으로 산하대지의 나무와 꽃들을 바라다보면 사랑하는 마음이 일렁인다.

그런데 어느 날부터 잡초들이 하나둘 서서히 늘어나 퍼지면서 세력을 왕성히 한다. 보다보다 아니 되면 결국 잡초를 제거한다. 시간이 날 때마다 잡초의 종류에 따라 호미와 낫을 번갈아 사용한다. 어떤 잡초는 뿌리까지 뽑아야 되는 것도 있다.

예쁜 꽃이 피고 탐스러운 열매를 맺기 위해서는 매우 정성스러운 공력을 들여야 한다. 공력을 들이고 공덕을 쌓으면서 자기 자신도 점검한다. 더 알찬 삼대력을 가지기 위해서는 상응하는 축적의 시간이 필요함도 다시 인식한다. 이렇게 원력을 세워 더 크게 발현하는 일이 견성성불이다. 자기가 교법에 따라 응축한 마음공부에 따라 그 결과는 달라진다. 마음공부를 어떻게 해야 하는지 생각하는 시간이 길어진다. 그렇게 더 나은 깨달음에 다다른다. 자기의 불성을 확인한다. 법신불의 은혜에 충만해진다.

경계란 무엇일까? 자기 마음에 영향을 주는 어떤 일이나 힘이다. 인식의 주체인 마음이, 눈과 귀와 코와 입과 몸과 의식이 인식의 대상인 색과 소리와 맛과 냄새와 촉감을 통해 자기 마음을 자극하는 것이 경계다. 이 경계를 당해서 분별하는 마음과 주착하는 마음을 놓아버리고 있는 그대로 만나주고 받아주면 마음에 대립과 갈등이 없고 안정과 평화가 온다. 그러면 바르게 보고 바른 실행이 가능해진다. 상대를 배려하는 여유뿐 아니라 역지사지易地思之의 지혜가 자연스럽게 일어난다.

자기 마음을 닦는 마음공부는 힘들게 억지로 하는 공부가 아니다. 언제든지 상황에 끌려가지 않고 요란함, 어리석음, 그름의 생각을 일단 멈춰지게 하는 힘은 자기 마음에서부터 시작된다. 이런 힘을 증대하여 평화롭고 지혜롭게 자기를 바라볼 수준에 다다르려면 마음공부를 지속하며 교법을 체화해 가야 한다.

언제나 평화롭게 주하기 위해서는 어떤 경계 속에서라도 정定을 세우는 마음의 힘이 있어야 한다. 자기 마음을 바라보는 힘과 멈추는 힘을 얻은 후에라야 가능하다. 이런 단계에 다다를 때 어떤 경계라도 극복할 수 있는 사람이 된다.

어떤 상황에 끌리는지 안 끌리는지 자기 마음을 지켜봐야 한다. 언제든 차분하고 냉정한 마음을 낼 수 있는 청정한 마음이 이루어진다. 이렇게 일어난 마음을 바라보며 기쁘게 자기 마음을 멈추고, 기쁘게 자기 마음과 경계를 생각하고, 기쁘게 실행력을 발현할 수 있어야 된다. 더 나은 사람이 되기 위한 실행력을 응축해 가야 한다. 이것이 마음공부 3단계를 적용한 마음공부이다.

때에 따라서는 자기중심적인 아집에 빠진 나, 이기주의적 편견에 치우쳐 구겨지고 일그러진 얼굴이 보인다. 그런 경계에 계속 끌려가는지 안 끌리는지 지속해서 지켜봄으로써 확연히 정신을 차려야 한다. 이런 상태에서 분별

分別된 것이 자기 마음임도 알게 된다.

자기가 왜 화를 내고 있는지, 왜 어리석은 행동을 하고 있는지 냉정하게 성찰하게 된다. 자기만을 내세우고, 자기주장만을 거듭 반복해대는 자기 모습이 우스워진다. 자기 마음의 주인이 되어 자기 마음을 지켜보니 비로소 보이는 것이다. 차분하고 냉정한 마음으로 경계를 따라 요란한 마음 상황을 인정하고 수용할 수 있게 된다.

이렇게 마음공부가 진행되면 지혜롭게 있는 그대로 보는 일이 가능해진다. 어떤 사람이나 일을 평가하거나 간섭하지 않고 인식만 하면 된다. 객관적으로 보인다. 전체적으로 보인다. 경계를 있는 그대로 바라보게 되니 바르게 보인다. 상대자가 어떤 상황에까지 이르게 된 과정과 그 사실들과 주장의 당위성이 이해가 된다. 그럴 수밖에 없는 상대의 입장과 환경이 이해가 된다. 자기중심적 독단과 편견을 내려놓고 경계를 객관적으로, 전체적으로 봄으로써 경계에 왜곡되지 않고 사실 그대로를 볼 수 있다. 경계가 이미 일어난 사실임을 인정하고 자기의 판단과 해결의 과정을 알아 실행하게 된다.

즐거움을 가장假裝하면 감정을 빠르게 조절해서 진짜 즐거움을 얻을 수 있다. 가장한다는 것은 임시로 변장한다는 것인데, 문제의 본질을 해결할 수는 없어도 확실히 긍정적이고 효과적인 상황으로 처리할 수 있다. 연구에 따르면 사람의 몸과 마음은 서로 영향을 주고 작용한다. 모종의 감정은 그에 상응하는 신체 언어를 이끌어낸다. 예컨대 분노했을 때 자기도 모르게 주먹을 꽉 쥐고 호흡이 빨라지는 식이다. 즐거우면 입꼬리가 올라가고 얼굴근육이 풀어진다. 반대로 신체 언어가 감정의 변화를 이끌어내기도 한다. 감정을 조절하기 어려우면 신체 언어를 조정해서 필요한 감정을 끄집어낼 수 있다. 예컨대 스스로 미소를 지으라고 강박하면 실제로 기쁨의 감정이 생성된다.

따라서 즐거움을 가장하면 진짜로 즐거워진다. 몸과 마음이 상호작용을 하기 때문이다. 물론 완벽한 가장을 위해서는 많은 연습이 필요하다. 단순한 연습만으로도 기분이 훨씬 좋아진다.

　이리되면 항상 교법대로 실행하는 실행력이 어느 정도 응축되었다고 자부해도 된다. 언제든지 상대와 모두에게 공정하고 떳떳한 길을, 맑고 밝고 훈훈한 길을 갈 수 있는 것이다. 망설이지 않고, 갈등하지 않고, 자기 마음을 자기 마음대로 움직여도 교법에 어긋나지 않는 사람이 되어야 한다.

79
빈천보를 받지 않으려면

『대종경』 실시품 18장

원기103.7.8.

빈천貧賤의 의미를 알아본다. 빈천은 빈貧과 천賤의 두 용어가 합쳐진 것으로 경제적으로 가난한 경우를 빈, 신분상으로 낮은 경우를 천이라 한다.

우리는 누구나 빈천을 면하려는 본능을 가지고 부귀한 삶을 소망한다. 그러나 부귀한 삶을 살아가기는 쉽지 않다. 생존경쟁에서 이겨야 하기 때문이다. 그러기에 흔한 것도 아껴 쓰는 태도를 익혀야 한다.

현실에 존재하는 빈천은 극복의 대상이다. 그 빈천이 어디로부터 오는지 확연히 알아야 한다. 자행자지하며 지나치게 의뢰 생활을 하거나 사치를 일삼으면 빈천해진다. 그렇다고 하더라도 아름다운 미래를 추구하는 것은 인간의 본능이고 생존과 발전을 위한 동력이다. 더 큰 발전을 도모한다면 절약 생활을 지속하는 것이 큰 도움이 된다. 능동적이고 진취적인 마음가짐을 유지하며 어려운 현실이 보다 나아질 거라고 생각해야 한다. 그러면 정말로 아름다운 미래의 서광이 비친다. 살아온 경험을 통해 자신한다.

소태산 대종사는 도막 연필을 붓깍지에 끼여 쓰시고, 모기장 싸 놓았던 신문을 3년간 쓰셨다. 그리고서는 제자들에게 "이 회상 창립 당시에 엿밥으로

식량하고 엿장수하였던 것을 잊어서는 안 된다. 나는 영산에서 봉래정사에 다닐 때 점심밥은 누룽지를 싸가지고 다니며 먹었고 혹 사서 먹게 되면 10전짜리 밥을 사먹고 다녔다. 흘러가는 물도 다 휘젓지 말고 불결한 것은 떠서 씻어내고 물을 쓰며 모두를 한꺼번에 더럽게 쓰지 말라" 하셨다.

이렇게 소태산 대종사는 종이 한 장, 몽당연필 한 개도 아껴 쓰셨고, 흔한 것이라도 아껴 쓰며 근검절약의 화신으로 사셨다. 빈천보貧賤報를 받지 않으려면 실제 행위를 하는 주체로서 어떻게 실행해야 하는지를 가르쳐주셨다. 흐르는 시간 속에서 자기 생활의 관리는 좋은 삶을 사는 필수 조항이다. 빈천보를 받지 않으려면 혁신을 지속하는 능력을 길러 끊임없이 올바른 변화의 길로 나아가야 한다. 무엇이든 아껴 쓰며 상생의 은혜 나눔을 실행해야 한다. 평안한 인생, 행복한 인생을 살며 부귀한 존재를 시현해 가는 지혜와 기운이 응축된다.

생각하지 못 하는 일은 있어도 할 수 없는 일이란 없다. 마음가짐은 각종 문제를 해결하는 방법에 영향을 미친다. 과거에도 그랬고 현재와 미래에도 항상 그럴 것이다. 행복한 삶을 살며 부귀한 존재를 시현하는 데에는 반드시 지혜가 필요하다. 만약 스스로 지혜가 부족하다고 여긴다면 마음가짐이라도 바꾸어야 한다. 이렇게 하려면 기존의 사고방식 자체를 바꾸어야 하고, 호기심 어린 시선으로 타인의 내면세계를 탐구해야 한다. 아껴 쓰기와 상생의 은혜 나눔을 실행하는 자신을 인지하면 할수록 긍정적이고 개방적이며 따뜻한 마음으로 세상에 연결된 스스로를 돕게 된다.

빈천보를 받지 않으려면 이렇게라도 달라져야 한다. 아껴 쓰기와 상생의 은혜 나눔을 실행하며, 부귀한 존재로 변화한 사람들의 눈높이로 세상을 바라보아야 한다. 현실이 조금 힘들다 하더라도 가르침 따라 멈추지 않고 전진하다 보면 밝은 희망과 성공의 빛이 자기의 마음으로부터 솟구친다. 보다 더 밝은 미래로 나아가는 것이다.

80
좋은 인연과 낮은 인연

『대종경』 교단품 3장

원기103.8.19.

좋은 인연因緣은 선연善緣이고 낮은 인연은 악연惡緣이다. 세상을 살아가면서 좋은 인연인 선연을 만나게 되면 서로가 편안하고 유익하다. 선연의 표상表象이다. 낮은 인연을 만나게 되면 서로 간에 짜증과 분노가 치밀게 되고, 급기야는 서로가 파멸의 길로 치달을 수도 있다. 낮은 인연의 표상이다.

부부간에도 낮은 인연을 만나면 서로 싸우고 미워하고 원망하며 원수처럼 지내게 된다. 반면에 선한 인연으로 만나 부부 연을 맺으면 서로 이해하고 아껴주고 사랑하며 걱정해 주는 다정한 사이가 된다. 인생은 너와 나의 인연이다. 선연과 악연의 굴레를 돌고 돌며 만난다. 천생연분天生緣分이란 말이 있다. 하늘이 정하여 준 연분이란 뜻이다. 이 말처럼 사람은 인연에 의해 살다 간다. 좋은 인연으로 사는 것이 중요하다.

언제나 좋은 인연으로 살고 싶다면 자기의 마음속으로 지켜내야 할 금도襟度가 있어야 한다. 금도란 남을 포용할만한 도량을 이른다. 말 한마디에 천 냥 빚을 갚는다는 속담처럼 이런 도량 때문에 어쩌면 덕후德厚가 되고 바보도 된다. 인연은 칼끝보다도 무섭다. 그 영향 때문이다. 성공 또는 실패를 가져올 수도 있고, 사랑 또는 이별을 할 수도 있고, 좋은 인연 또는 나쁜 인연이 될 수도 있다.

그러기에 서로를 위해 배려하는 것이 그 무엇보다도 우선적으로 실행되어야 한다. 믿기 어려워도, 화가 치밀어도 한번 말하기 전에 조금만 참고 차분함을 회복한 후 말하는 게 좋다. 오랫동안 자기의 불찰을 생각하게 하는 말보다는 희망, 자존감, 사랑, 공감, 소통, 긍정, 감사, 용서, 용기, 기쁨, 꿈 등이 꿈틀대는 말을 하는 습관을 들여야 한다. 귀에 거슬리는 말보다는 아름다운 말로 남는 곱고 고운 말을 해야 한다. 서로서로 환한 미소 짓고 편안한 생활을 할 수 있다.

좋은 일이든 나쁜 일이든, 좋은 사람이든 싫은 사람이든 그 시기에 맞춰 있는 그대로 받아들이고 수용하는 삶의 여유를 가져야 한다. 인연작복因緣作福은 스스로 지은 정업定業의 결과물이기 때문이다. 혹독한 겨울의 아픔을 인내하고 봄이 왔을 때 향기를 내뿜는 매화처럼, 사람도 인생의 주기에서 찾아오는 고통을 이겨내고 수용하는 마음가짐이 필요하다.

가족 간의 인연이든 친구와의 인연이든 그냥 맺어졌다고 해서 좋은 인연으로 발전할 수 있는 것은 아니다. 좋은 관계가 지속하도록 노력하는 것이 철칙이다. 철칙은 변경되거나 어길 수 없는 굳은 규칙임을 알아야 한다. 이를 위해서는 용서라는 이름으로 상대방을 이해하는 일이 선행되어야 한다. 자신이 피해자라고만 생각하지 가해자라고 생각하지 못하기 때문에 상대적으로 악연이 더 많은 것이다. 상대방이 실수했을 때 자신의 관점으로 상대를 보지 말고 상대방의 처지에서 생각해보는 아량을 가져야 한다.

이제까지 세상을 살면서 참으로 많은 인연을 만났다. 좋은 인연을 만났을 땐 편안하고 유익했지만, 나쁜 인연을 만났을 땐 짜증과 분노가 치밀고, 급기야 강급降級의 길을 치닫기도 했을 것이다. 부부간에도 마찬가지다. 악연이 만나게 되면 서로 싸우고 미워하고 원망하며 원수처럼 지내는 것은 당연한 일이다. 반면에 선한 인연으로 만나 부부 연을 맺게 되면 서로 이해하고 아껴주고 사랑해주며 걱정해 주는 다정한 사이가 되는 것이다.

이렇게 인생은 너와 나의 인연이다. 선연이든 악연이든 만나고 헤어지는 자체가 인생이다. 산다는 것은 인연을 맺는 것이다. 세상의 많은 만남 중에서 좋은 만남은 그렇게 흔한 것이 아니다.

그러기에 낮은 일이 생기지 않고 영원히 좋은 인연으로 지낼 수 있는 소태산 대종사의 가르침을 마음속 깊이 새겨야 한다. 남의 원 없는 일을 과도히 권하지 말며, 스스로 높은 체하여 남을 이기려고만 하지 말며, 남의 시비를 알아서 나의 시비는 깨칠지언정 그 허물을 말하지 말며, 스승의 사랑을 자기만 받으려 하지 말며, 친해 갈수록 더욱 공경하여 모든 일에 예를 잃지 아니하는 노력을 실행하는 것이다.

참 좋은 인연이란 처음 좋았던 그 마음을 매몰차게 버리지 않는 인연이다. 뒤돌아 떠나버리는 인연들도 있지만 뒤돌아서지 않는 인연도 있다. 달면 삼키고 쓰면 뱉어버리는 가벼운 인연이 되어서는 안 된다. 한 번쯤 그 기억들을 떠올렸을 때 참 좋은 기억으로 남아, 안부가 궁금해지고 다시 한번 꼭 만나고 싶은 여운이 남는 그런 인연이 되게 해야 한다. 좋다고 금방 달려드는 인연이 아니라, 싫다고 금방 등 돌려 가버리는 인연이 아니라, 서로가 믿음과 신뢰로 맺어진 인연이 되게 해야 한다.

무언가 기대하기보다는 무언가 주어도 아깝지 않을 인연을 만들어야 한다. 그러자면 서로를 소중하게 여기며 서로의 영혼까지 감싸 안을 줄 아는 인연이 되고 편안한 인연이 되어야 한다. 먼 훗날 아주 먼 훗날, 그 인연이 새 희망이고 생명이었음을 깨우쳐 알게 된다.

81
위신의 가식

『대종경』 교단품 11장

원기103.9.2.

위신威信은 위엄과 신망을 아울러 이르는 말이고, 가식假飾은 말이나 행동을 거짓으로 꾸미는 것이다. 그런데 소태산 대종사는 서울교당 교무였던 이완철李完喆 선진에게 짐을 지고 역까지 가자고 하자 이완철 선진은 교무의 위신상 난처하다고 했다. 그러자 소태산 대종사는 그 짐을 오창건 선진에게 지우고 다녀오신 후 말씀하셨다.

"짐 하나 지기를 부끄러이 여겨 스승의 명을 어기고도 그 일을 크게 생각하지 아니한다면 이것이 어찌 전무출신의 본분이라 할 것이며, 또한 그러한 마음을 가지고 어찌 만생을 널리 건지는 큰 일꾼 되기를 기약하겠는가? 그러한 정신을 놓지 못하겠거든 차라리 사가로 돌아가라"

이에 이완철 선진은 잘못을 사죄하고 그 후로는 위신을 생각하여 허식 없는 공부를 계속했다. 이러한 일을 겪지 않으려면 위신을 생각하는 허식을 버려야 한다.

정산 종사 또한 "도량에서도 알뜰한 공부가 없이 억지로 체면에 끌리어 시일만 보내면 이생은 혹 그대로 지낼지 모르나 다음 생에는 자연히 회상을 등지고 타락하게 되며, 공가에서 짓는 죄는 사가에서 짓는 죄보다 훨씬 더 중한 보응을 받게 되나니, 크게 각성하여 영원한 길에 유감이 없도록 하라. 본원에 반조하는 한마음이 곧 부처와 가까워지는 마음이니, 수도인은 오직 도만을 생각하고 부처만을 부러워해야 한다"고 밝혔다.

위대한 사람은 되지 못하더라도 낯부끄러운 사람은 되지 말아야 한다. 끊임없는 변화와 성장을 추구하기 위해 멈추지 않고 노력해야 한다. 스스로 오지에 고립되어 있지 않은 바에야 누구나 반드시 사회라는 테두리 안에서 사람들과 만나고 함께 일하며 살아야 한다. 그렇게 하려면 입술과 혀를 움직여 말하지 않을 수 없다. 말을 통해 감정과 생각을 소통할 때마다 바람직한 변화를 선택하고 실행을 수용해야 한다.

위신의 가식을 떨어낸 사람이 되려면 어떻게 살아야 하는가? 자신의 참가치를 드러내는 선택과 일을 하는 것이다. 높은 사회적 지위나 위신을 문제 삼는 것이 아니라 최선을 다해 삶을 문제 삼아야 한다. 삶은 이런 과정에서 더 아름다워진다. 울림이 있는 삶이 되기 때문이다. 사람은 눈을 감는 순간까지 수많은 선택을 하며 살아간다. 한순간도 멈추지 않고 끊임없이 선택의 기로에 서게 되지만, 그 선택에 따라 우리의 삶과 미래는 결정되고 만다. 사람의 본질적 위대함은 무한하게 변화할 수 있는 능력 속에 있다. 위신의 가식을 극복해야 한다. 삶의 선택을 통해 행복한 삶의 기회를 지속해서 만들어야 한다. 그러기 위해서는 변화라는 기회를 통해 자존감을 확장하는 길로 나아가는 게 좋다.

타인의 평가 속에서 사람의 성장은 나무가 자라는 것과 같이 보인다. 육체적으로 커지는 만큼 정신적으로도 익어가야 한다. 성장한 만큼 성숙해야 어른이 된다. 키가 자란 만큼 고개를 숙여야 어른이 된다. 몸집이 커진 만큼 마음속이 알차야 어른이 된다. 이런 사람이 자기 자신을 실현하는 훌륭한 사람이다.

82
재색은 그물과 총알

『대종경』 교단품 19장

원기103.9.9.

소태산 대종사는 제자들에게 "우리는 기러기 떼와 같다"며 세 가지 경계의 말씀을 밝혔다. 기러기 떼처럼 시절 인연을 따라 동서남북에서 교화의 판을 벌인다. 기러기 대열에서 이탈하면 그물과 총알에 걸린 꼴이다. 수도인에게 있어 그물과 총알은 재財와 색色이다.

여기에서 수도하고 교화하는 사람들이란 자기 자신을 더 훌륭하게 실현하려는 사람들을 지칭한 것이다. 경계 거리가 생기면 교전의 내용과 대조해서 바른길을 찾고, 스스로 묻고 대조해 교법의 체화를 연마해 가면서 올바르게 쭉쭉 커 나가야 한다. 나라는 몸과 마음이 이런 자세로 실행해 갈 때 비로소 그 나아갈 길이 확 트이게 된다.

그러나 가르침에서 벗어나든지, 또는 가르침을 따라가면서도 스스로 조심을 하지 못하고 보면, 대열에서 이탈한 기러기처럼 그물에 걸리거나 총알에 맞아 목숨을 잃는 것과 같이 몸과 마음을 상하기 쉽다. 수행인의 그물과 총알이 되는 재와 색의 경계에서 벗어날 힘과 지혜를 갖춰야 한다. 재와 색의 욕심을 성불제중의 서원으로 돌리는 노력이 필요하다.

탐욕貪慾을 버려야 한다. 지나치게 탐하는 욕심이 대열에서 이탈한 기러기처럼 그물에 걸리거나 총알에 맞는 화禍를 자초한다. 몸과 마음을 상하기 쉽다. 우리가 버려야 할 재와 색의 욕심에 끌려가게 되면 괴로워지기 때문이다. 고통의 근본 원인인 집착에서 벗어나야 한다. 재와 색에 집착하면 마음의 청정한 자유를 누릴 수 없다. 마음이 자유로워지기 위해서는 어떻게든 욕심을 항복 받아야 한다. 욕심의 구름이 걷혀야 맑은 마음과 밝은 지혜의 기운이 솟는다. 하지만 이를 적의히 조절하고 항복 받지 못하면 도리어 어둠에 묻히는 상황이 초래된다.

우리가 살기 위해서는 건강, 돈, 자유, 즐거움, 사랑, 신앙, 권력, 명예, 지혜, 아름다움에 대한 개인의 가치가 필요하다. 이러한 것들이 실현되려면 먼저 살아있어야 한다. 살아있다는 것은 자기보존을 제1 원리로 삼는다는 것을 뜻한다. 우리는 살기 위해서 건강해야 하고 살기 위해서 돈이 있어야 한다.

맹자는 식색성야食色性也라 했다. 즉 식욕과 성욕은 인간이 선천적으로 가진 고유한 본성이라 했다. 먹는 문제가 중요하다는 말이다. 따라서 사람을 가리켜 인구, 식구라 한다. 모두 입 구口가 들어가 있다. 살기 위해서는 입으로 하루 세 끼를 먹기도 하지만, 자유롭게 말을 하기 위해서 입은 매우 중요하다. 또한 맹자는 생계수단이 든든해야 마음도 든든하다고 했다. 항유산 항유심恒有産 恒有心이라 말했다. 백성들에게 적당한 재산과 생계수단이 필요함을 역설했다. 먹고살 것이 풍족해야 마음에 근심 걱정이 없이 행복한 삶을 누릴 수 있고, 그래야만 태평한 세상이 된다고 가르친 것이다. 그러기에 나라의 지도자들은 백성들이 물질적으로 걱정하지 않고 살아갈 수 있도록 해야 된다. 산다는 것은 이런 생존력을 갖추는 것이므로 먹고살 것이 풍족해야 마음에 근심 걱정이 없이 행복한 삶을 누린다. 세상을 잘살려면 재와 색을 어떻게 관리해야 하는지 많은 생각을 하며 적의히 취해야 한다. 재로 표현된

물질적인 것이나 색으로 표현된 남녀의 관계를 통해 경계를 맞고 마음을 빼앗겨서는 안 된다. 자연스러운 욕구라 할지라도 자행자지한다면 세상의 지탄을 피할 수 없다. 그러기에 소태산 대종사는 수도하고 교화하는 사람들에게 본연의 일을 하지 못하게 하는 재와 색이 자신을 가두는 그물이 되고 자신을 추하게 하는 총알이 된다고 경계했다.

재와 색에 대한 초연함을 찾아야 한다. 유상有常과 무상無常이란 관법觀法을 유지하면 많은 도움이 된다. 그 뜻을 이해하고 인식의 단계를 높여갈수록 몸과 마음이 재와 색에서 차츰 초연해진다. 이렇게 변하는 나라는 것은 오온五蘊의 종합이다. 색수상행식色受想行識의 결합으로서의 나다. 복덕의 기운도 항상 자기 스스로에게 있다. 그러나 자기의 오온인 색수상행식을 통해 변화變化하다 인식까지 변화하면 이 세상에 어떤 것도 고정된 것이 없음을 알게 된다. 이것이 제법무아諸法無我이다.

중생이 고통을 겪는 원인인 탐진치貪瞋痴를 없애고 해탈解脫하여, 깨달음의 경지인 열반의 세계로 나아가기 위해서 실천하고 수행해야 하는 몇 가지 방법쯤은 늘 실행할 수 있어야 한다. 올바로 보는 것, 올바로 생각하는 것, 올바로 말하는 것, 올바로 행동하는 것이다. 언제나 선善이란 참을 지키고 도道를 행하는 신信을 세우고 뜻을 지켜나가는 사람이 복덕의 기운과 합일하는 사람이 됨을 잊지 말아야 한다.

그러나 이런 관심을 놓아버리면 날아다니는 새에게 날개를 묶어 놓는 것과 같다. 어떤 순간 날아가는 새처럼 훨훨 날아야 하는데, 돌에 묶인 새처럼 탐진치에 묶이어 자유롭게 자기의 앞길을 열어가지 못한다. 마음의 도를 행하지 못하게 재와 색이 자기 앞길을 가로막는 그물과 총알이 되기 때문이다.

83
상불경의 정신

『대종경』 교단품 25장

원기103.9.16.

소태산 대종사가 꿈 이야기를 하면서 대중에게 항상 상대방을 가볍게 생각하지 말라는 상불경常不輕의 정신으로 모든 경계를 처리하라고 밝혔다. "회상이 커짐에 따라 다른 사람을 업신여기게 될까 걱정이니, 누구를 대하거나 공경심을 놓지 말라. 아무리 미천한 사람이라도 회상의 발전에 도움을 줄 수도 있음을 각성하여 경계를 처리하라"

세상을 살다 보면 많은 사람을 만나야 한다. 삶의 일차적 존재들이다. 시간상으로 변화하고 공간적으로 거리끼는 것이라고 할 때, 무수한 타자들과 관계 맺음을 잘 풀어내야 한다.

그런데 업식業識의 주체자인 행위자가 공경의 마음을 놓고 분별하고 주착하면 연기적인 관계망 속에서 존경할 수 없는 행위를 하게 된다. 어떠한 대상을 보고, 듣고, 맡고, 맛보고, 부딪치고, 의식하는 삶의 영역에서 불협화음이 빈번해진다.

모든 생명을 평등하게 바라봐야 한다. 거기에는 카스트와 같은 4성姓의 구분이 없다. 빈부·귀천·노소 등의 어떠한 차별도 없다. 유정의 사물이나 무정의 사물이나 동등하게 인식해야 한다. 그뿐만 아니라 연기론은 시간상으로 변화하고 공간적으로 거리끼는 존재에 대한 인식 전환의 원리로 자리하고 있다.

살아있는 것들은 모두 다 부처가 될 가능성이 있다. 일체중생실유불성一切衆生悉有佛性이라고 말한다. 여기에서 중생은 목숨 가진 것들을 일컫는다. 중생이란 부처가 될 바탕, 즉 불성을 지닌 존재이다. 불성은 여래의 성품, 즉 부처가 될 원인 또는 부처가 될 요소이다. 때문에 중생의 범주를 어떻게 설정하느냐가 핵심이다.

모두가 여래如來의 옷을 입고, 여래의 자리에 앉아 일체 모든 현상에 대하여 집착이 없는 마음을 내야 한다. 모든 현실에 아무 집착이 없을 때 비로소 현실에서 벗어나 걸림이 없게 된다. 공空에 대한 이해만으로도 가능해진다.

자비慈悲로운 마음을 내야 한다. 다만 만나는 사람마다 '나는 당신을 가벼이 여기지 않는다' 이렇게 그들을 존중하면 된다. 자기에게 적대심을 품고 해치려는 사람들마저도 그들이 언젠가는 성불成佛할 것이라는 믿음과 사랑으로 그들을 만나야 한다. 무수한 부처님을 만나 설법을 듣고, 교화하여 깨달음에 머물도록 실행해 가는 것이다.

유연하게 참는 마음을 내야 한다. 늘 여래의 옷을 입지 않으면 안 된다. 여래의 옷이란 유화인욕柔和忍辱하는 마음이다. 절대 싸우지 않고, 철저하게 유화인욕의 행을 통하여 오직 참고 또 참는 사람이 결국엔 이긴다.

집착하지 않는 마음을 내야 한다. 여래의 자리인 일체법공一切法空의 경지에 들어가는 마음을 내는 것이다. 집착하지 않는 사람은 잘 흔들리지도 않고 물러나지도 않고 굴러지지도 않는다. 잘 걸리지도 않고 막히지도 않는다. 모든 것에 집착하지 않는 것, 이것이 일체법공이다. 모든 사물은 생겨나는 것도 아니고 존재하는 것도 아니라고 여실하게 관할 때 모든 집착은 끊어진다.

집착이 끊어지면 나라는 생각도 없어져 무아행無我行을 실천할 수 있으며, 나와 남을 구별하지 않을 때 비로소 진정한 보살행菩薩行이 이루어질 수 있다.

일체중생을 구원하는 서원誓願의 마음을 내야 한다. 처처불상 사사불공의 체화로 은혜와 복락을 얻는다. 이렇게 안·이·비·설·신·의 육근 작용을 청정히 하는 사람이 되도록 노력해야 한다. 상불경의 정신이 자기 마음을 떠나지 않을 때, 불보살의 길에 성큼 다가선다.

84
미륵불과 용화회상

『대종경』 전망품 16장

원기103.11.4.

　미륵불은 대승불교의 대표적 보살 가운데 하나로, 석가모니불에 이어 중생을 구제할 미래의 부처를 말한다. 이런 미륵불이 사바세계에 출현하면 세계는 낙원인 용화회상龍華會上이 된다고 했고, 사시의 기후가 화창하고 사람들은 병이 없으며, 탐하고 성내고 어리석은 사람이 없으며, 모두가 평등하고 사이좋게 사는 세상이 된다고 말한다.

　이 미륵불에 대한 관념은 미륵신앙으로 이어져 미륵보살이 주재하는 도솔천에 태어나기를 원하는 도솔천 상생 신앙과, 말세적인 세상을 구제하러 미륵이 하생하기를 바라는 미륵하생 신앙의 두 가지 흐름으로 나타난다. 하생 신앙은 특히 말세 사상과 결합하여 종말론적 메시아즘으로 나타나기도 한다. 소외된 민중들에게 사회모순을 해결 짓는 구세주로서의 미륵을 갈구하는 사회개혁과 민중운동의 이념 역할을 한 것이다. 이러한 특성 때문에 사회 혼란이 심할 경우 미륵불을 자칭하며 새로운 세상이 왔음을 선포하는 사람들이 출현했다.

　이는 미륵의 이상세계가 이루어지는 복지사회로의 염원이 담긴 불교적

이상 사회관으로 볼 수 있다. 그래서 한국신종교 창시자들도 미륵을 자처했는데, 예를 들면 강일순甑山 姜一淳은 자신이 하늘에서 내려온 상제上帝임과 동시에 미륵불이라 했고, 그가 활동했던 금산사 아래 동네 용화동을 용화회상의 기지라 하면서 민중 구제와 다양한 사회개혁 종교운동을 전개하기도 했다.

소태산 대종사는 오랜 구도 생활 끝에 자수자각을 얻고 불법佛法에 연원하여 불교를 주체로 한 교법과 사상을 제자들에게 가르쳤다. 그래서 불교와 원불교는 밀접한 관계가 있다. 기본 교리와 사상이 불법에 근원하고 있을 뿐 아니라, 불교가 민중 신앙 속에 깊이 뿌리내린 중요한 믿음 체계의 한 가닥인 미륵 세상이 소태산의 가르침 속에서 깊숙이 뿌리 내려져 있기 때문이다.

소태산 대종사는 한때 미륵은 어떠한 부처이며 용화회상은 어떠한 회상이냐고 묻는 제자에게 이렇게 답하였다. "미륵불이라 함은 법신불의 진리가 크게 드러나는 것이요, 용화회상이라 함은 크게 밝은 세상이 되는 것이니, 곧 처처불상處處佛像 사사불공事事佛供의 대의가 널리 행해지는 것이라"는 가르침이다. 또 미륵불의 세계가 언제 돌아오며 그 첫 주인은 누가 될 것이냐는 질문에 소태산은 "지금 차차 되어지고 있으며 하나하나 먼저 깨치는 사람이 주인이 된다"고 답하기도 했다.

우주는 성주괴공으로, 만물은 생로병사로 변화한다. 변화의 방법에 따라 미래에 대한 전망이 달라진다. 즉 윤회와 순환이라는 역사관을 유지하는 불교와, 천당과 지옥이라는 구원과 파멸의 생명관을 갖는 기독교의 미래관이 대조되는 모습으로 나타난다.

미륵불과 용화회상은 불교의 순환철학이 민간신앙 차원으로까지 보편화한 표본적 사례이다. 부처는 시대와 인지의 정도에 따라 진리를 가르치는 방법을 달리하여 출현한다. 즉 불불계세佛佛繼世의 사상이다.

석가모니 이전에는 일곱 분의 부처가 계시었고, 석가모니 부처의 법이 정법 시대를 지나 상법 시대가 되고 다시 말법 시대에 이르면 미륵 부처가 탄강하시어 중생을 교화한다고 한다. 미륵 부처가 오시어 설하실 법은 과학의 무한한 발전을 도덕적 완성을 이룬 인성으로 마음껏 활용하여 광대무량한 낙원을 이루어가는 미래 인류의 이상적 철학이다.

　'미륵彌勒'을 파자하면 '이爾 활弓로 힘力을 키워서 바꾸자革'가 된다. 처처불상 사사불공 즉, 이런 참믿음을 유지하는 것이 바로 미륵불과 용화회상을 바르게 알리는 삶이다.

85
정법을 가져다 쓰기

『대종경』 부촉품 4장

원기103.11.25.

소태산 대종사는 열반을 몇 달 앞두고 자주 대중과 개인에게 부촉하셨다. 하나는 '내가 깊은 곳으로 수양을 가려 하노니, 만일 내가 없더라도 퇴굴심이 나지 않겠는가 스스로 반성하여 마음을 추어 잡으라'는 것이다. 둘은 '지금은 정히 심판기라 믿음이 엷은 사람은 시들 것이요, 믿음이 굳은 사람은 좋은 결실을 보리라'는 것이다. 셋은 '나의 법은 신성 있고 공심 있는 사람이면 누구나 다 받아 가도록 전하였나니, 법을 받지 못하였다고 후일에 한탄하지 말고 하루속히 이 정법을 마음대로 가져다가 그대들의 피가 되고 살이 되게 하라'는 것이다.

퇴굴심 내지 않고 정법을 가져다 쓴다는 것은 육근을 동작할 때마다 정법을 활용하는 것이다. 일원상 법어―圓相法語에 밝혀진 것처럼 이해하고, 인식하고, 활용하는 것이다.

"이 원상圓相의 진리를 각覺하면 시방 삼계가 다 오가吾家의 소유인 줄을 알며, 또는 우주 만물이 이름은 각각 다르나 둘이 아닌 줄을 알며, 또는 제불·조사와 범부·중생의 성품인 줄을 알며, 또는 생·로·병·사의 이치가 춘·

하·추·동과 같이 되는 줄을 알며, 인과보응의 이치가 음양상승陰陽相勝과 같이 되는 줄을 알며, 또는 원만구족한 것이며 지공무사한 것인 줄을 알며 육근을 활용하는 것이다. 눈을 사용할 때에, 귀를 사용할 때에, 코를 사용할 때에, 입을 사용할 때에, 몸을 사용할 때에, 마음을 사용할 때에 쓰는 것이다. 그 활용은 원만구족하고 지공무사해야 한다"

이제부터라도 부촉의 말씀을 마음 깊이 생각하고 실행하기를 주저하지 말아야 한다. 언제든 퇴굴심이 나지 않게 하고, 믿음 굳은 사람으로서 결실을 보기 위해 정법을 활용하며, 피와 살이 되게 해야 한다는 세 가지 말씀을 마음 깊이 새겨 정법을 시시때때로 활용해야 한다. 지혜가 더 밝게 돋워지고, 더 좋은 실행을 하며, 더 아름답게 살게 된다.

이런 과정을 통해 동물적인 습관과 자기모순을 찾아 고치려고 노력하면 할수록 활력이 샘솟고 막혔던 기운도 탁탁 터진다. 정법 활용의 어려움을 털어 버릴 아이디어도 떠오른다. 정법에 대한 지식의 양이 뭉쳐 질로 바뀔 때 밝은 지혜가 솟기 때문이다. 이렇게 얻는 지혜의 힘이 인생 최고의 지혜로 남는다. 재물을 많이 쌓아 놓는 것보다 바르게 사는 것이 참 인생의 디딤돌이 된다.

아무도 잘못된 인생을 책임져 주지 않는다. 자기 인생은 자신의 판단과 선택, 그리고 실행의 결과에서 나온다. 오늘 주어진 시간을 정법 활용에 남김없이 잘 써서 오늘 할 일을 100% 완수해 낼 때 더 밝은 내일이 열린다. 자기 몫의 밑그림이 되는 정법을 잘 활용해 한 폭의 멋진 그림같이 아름다운 인생을 그려 내야 한다.

많은 사람은 일생을 마칠 때 얼마나 존경을 받고 가느냐가 성공한 인생의 척도임을 안다. 자기 인생의 늦은 시기에 공수래공수거라 말만 하는 인생이라면 실패한 인생이 된다. 늘 알차게, 좀 더 아름답게 살 수 있도록 자기를 깨우치는 정법을 가져다 쓸 필요가 있다.

꽃은 향으로 말하고, 사람은 그 사람의 말에서 품격의 향기가 나온다고 한다. 그런데 그 향기는 정법을 이해할 수 있는 마음, 정법을 소화할 수 있는 능력에서부터 만들어진다. 항상 정법을 얼마만큼 생각하고 실행하느냐가 관건이다.

정법 실행에 대한 생각을 더 많이 키워야 한다. 그 생각의 크기만큼 성장한다. 늘 정법을 가져다 쓰고, 세상에 어떤 도움을 줄 것인가를 생각하고 활용하면 자연스럽게 정법을 가져다 쓴 만큼 훌륭한 사람이 된다.

마음에 불평불만이 일어나지 않고 일상 생활도 그다지 어려워지지 않는 것은 만인을 끌어안을 줄 아는 넓고 큰마음이 길러졌기에 그렇다. 오늘의 자리에 최대한 행복할 수 있고, 더 감사하며 바르게 사는 상생 활력의 지혜가 된다.

정법을 활용해야 한다. 정법을 활용하면 할수록 밝은 미래가 열린다. 주는 사람이 받는 사람보다 훨씬 더 행복하다는 것을 알게 된다. 누구나 소중한 인연이 되고, 미워할 게 없다. 서로 존중하고 존중받는 사람으로 변한다.

이렇게 정법으로 아름답게 변화하는 것보다 더 큰 보람은 없다. 정법을 가져다 쓰기를 반복하면서 자기 모습을 더 아름답게 변화시켜야 한다.

오랫동안 자기의 꿈을 그리는 사람은 마침내 그 꿈을 닮아간다. 어린아이부터 아빠와 엄마, 할아버지와 할머니까지 가족 모두가 가슴속에 품은 꿈, 정법을 가져다 쓰는 꿈, 그 꿈 하나쯤 틈틈이 꺼내어 어루만지다 보면 적어도 그 꿈을 닮아가는 사람이 되지 않을까 조용히 웃으며 생각하게 된다.

정법을 가져다 마음쓰기를 거듭할수록 부끄럽지 않은 인생을 살 수 있는 지혜가 솟는다. 경청득심傾聽得心, 이청득심以聽得心의 묘미도 느낀다. 함께 하는 사람들의 마음을 얻는 법도 자연스럽게 익힐 수 있다. 인생은 노력하는 사람만이 훌륭한 결과를 얻을 수 있다. 정법을 가져다 쓰며 항상 타인의 관점에서 자신을 점검하고 다듬어야 한다.

86
마음의 유감 세 가지

『대종경』부촉품 11장

원기103.12.9.

소태산 대종사는 제자들을 오랫동안 가르쳤으나 마음에 유감되는바 셋이 있다 했다. 그 하나는 입으로는 현묘한 진리를 말하나 그 행실과 증득한 것이 진경에 이른 사람이 귀함이요, 그 둘은 육안으로는 보나 심안心眼으로 보는 사람이 귀함이며, 그 셋은 화신불은 보았으나 법신불을 확실히 본 사람이 귀함이다.

마음이란 무엇인가? 인간의 마음이 우주에서 가장 위대하고 신비로운 힘이다. 그렇지만 마음의 실체는 무엇이며 어떤 식으로 작동하는지 바르게 인식해야 유감되는 바를 풀어낼 수 있다. 자기의 의식세계에 대한 집중 탐구가 필요하다. 사람들은 영령英靈한 기운氣運이 있다. 그 기운을 성품性品이나 정신精神이라고 표현한다. 또 정신에서 분별分別이 나타날 때를 마음이라 하고, 마음을 심지心地라고도 말한다. 마음이 동動하여 가는 것을 뜻이라 한다.

이런 마음이 없는 사람은 없다. 그러나 자기 마음을 자기 마음대로 사용하는 데도 힘들어한다. 왜 그럴까? 경계 때문이다. 그래서 마음공부를 해야 한다. 마음공부를 하면 누구나 자기 마음을 자기 뜻대로 사용할 수 있는 사람이 된다. 자기 마음을 잘 부려 쓰는 훌륭한 사람이 되어 더 가치 있는 실행을 한다. 스스로 훌륭한 사람이라고 자부하려면 무엇보다도 맑고, 밝고, 훈훈한 마음을 발현하며 살아야 한다. 이런 실행이 되게 하는 것이 마음 챙김이다.

언제나 '나는 늘 훌륭한 사람'이라고 생각할 필요가 있다. 본래 훌륭한 마음인 맑은 마음, 밝은 마음, 따뜻한 마음을 놓지 않아야 한다. 마음은 잡으면 있어지고 놓으면 없어진다 했다. 맑은 속성은 본래 마음에 집중해 습관적인 작용을 멈추며 얻은 마음의 평화를 통해 발현한다. 부정적인 마음 작용을 정지시킴으로써 정서적 측면에서 안정을 가져다준다.

밝은 속성은 평안해진 마음으로 스스로를 더 밝게 비추어 발현하는 마음이다. 경계와 마음 작용을 있는 그대로 알게 함으로써 인지적 측면에서 긍정적인 변화를 줄 수 있다.

따뜻한 속성은 마음의 원리를 잘 알아서 마음을 사용하며, 상생의 은혜가 나타나게 하는 과정에서 발현된다. 행동적 측면에서 따뜻한 실행의 힘을 가져다준다. 이렇게 아름답게 빛내는 일을 지속한다면 그 누구나 훌륭한 사람이 될 수 있다.

이렇게 훌륭함을 좌우하는 마음을 서양에서는 마인드하트Mindheart라 했다. 생각Mind과 영혼Heart의 뜻이 합해진 말이다. 다시 말해서 생각과 영혼이 결합한 것이 마음이라고 봤다. 이처럼 마음을 지각知覺하고, 사유思惟하고, 새롭게 실행實行하면서 본래의 마음 그대로를 자신의 마음대로 실행하면 더 기쁘고 행복한 아름다운 삶을 살 힘을 갖는다.

87
삼위일체의 의의와 우리의 사명

『대종경』 부촉품 19장

원기103.12.16.

원불교의 삼위일체三位一體는 스승이 법을 새로 내는 일과, 제자들이 그 법을 받아서 후래 대중에게 전하는 일과, 또 후래 대중이 그 법을 반가이 받들어 실행하는 일의 공덕이 같다는 가르침이다.

우리는 공부를, 또는 삶에서의 과정을 반드시 해결해야 할 대상으로 접근하곤 한다. 이때 원하는 답을 도출하지 못하거나 해결 방안을 찾지 못하면 극심한 좌절감과 함께 실패했다는 생각에 사로잡혀 괴로워한다. 우리가 살아가면서 정답을 찾을 수 있는 일들이 무엇일까?

그 정답을 찾아가는 과정 자체를 즐기며 밝은 부분은 더 밝게 하며 어두운 단면도 밝게 해야 한다. 교법을 체 받아서 전하는 일이나, 그 체 받은 법을 반가이 받들어 더 기쁘게 실행하는 이런 일들이 삼위일체의 의의를 오늘에 살려내는 일이다.

공자는 출신에 대한 콤플렉스가 많았다. 공자의 아버지는 몰락한 귀족 출신의 하급 군인이었다. 딸만 아홉을 두고 있었는데, 두 번째 부인에게서 아들을 얻었지만 다리가 불편한 장애인이었다고 한다. 그는 64세의 나이에 대를 이을 욕심으로 열여섯 살짜리 셋째 부인을 맞았다. 공자의 아버지는 그토록 기다리던 아들을 얻었지만, 집안사람들의 반대로 부인과 아들을 집으로 들일 수 없었다.

태어나면서 축복받지 못했던 공자는 5세 때 아버지가 세상을 떠나자 홀어머니와 함께 세상을 살아야 했다. 가난한 환경과 아버지 없는 서러움 속에서도 공자는 방황하지 않았다. 그의 마음을 다잡아준 이는 어머니였다. 어머니 안 씨는 재혼도 하지 않고 오직 공자를 키우는 데만 열중했다. 공자가 4세 되던 해부터 안 씨는 매일 집에서 제를 올리게 했다. 그러나 공자의 버팀목이 되어주었던 어머니도 그가 17세 되던 해에 세상을 등졌다.

부모를 일찍 여읜 불우한 환경 속에서 자란 공자였지만, 다행히 암기력이 뛰어나 배움에 탁월한 재능을 보였다. 한 번 듣고 배운 것은 절대로 잊지 않았으며, 지식인들에게 질문하면서 스스로 해답을 구했다. 예법을 익히기 위해 제사를 지내는 장소까지 찾아가 이것저것을 묻기도 하면서 갖은 노력 끝에 예법과 학문에 정통하게 됐다. 공자는 이렇게 역경을 이겨낸 표상이 됐다.

우리도 나름 숱한 역경을 이겨내며 살아왔다. 전무후무한 교법을 전해주신 스승님의 은혜를 분에 넘치게 입고 있다. 그 가르침 따라 복잡한 선택에도 편안해질 수 있다.

이 가르침은 자신을 더 행복하게 하는데 강력한 역할이 된다. 언제나 감사할 확실한 기회를 누릴 수 있다. 그러나 부촉의 말씀을 받들어야 할 사명도 있다. 더 좋은 세상을 만들기 위하여 세상을 더 밝게 하는 실행을 더 의미 있게 지속해 가야만 한다.

제4부

원기104년

88
최초 교당의 상량문

『대종경』 서품 12장

원기104.1.20.

소태산 대종사 대각 후 신도들의 집회 장소가 일정치 못하여 처음에는 돛드레미에 있는 이씨제각을 빌려 썼고, 간척사업을 시작하면서 강변 주막을 '방언관리소'로 사용했다. 강변 주막이 너무 협소하여 조합실 건축이 절실히 요구됐다. 방언조합은 원기3년(1918) 11월에 옥녀봉 아래 터를 정하고 조합실 건축에 착수했다. 소태산 대종사는 조합실의 상량에 한시 네 귀를 썼다.

사원기일월 직춘추법려 송수만목여춘립 계합천봉세우명 梭圓機日月 織春秋法呂 松收萬木餘春立 溪合千峯細雨鳴. 해석하면 두렷한 기틀을 해와 달이 북질해서 봄가을의 법을 짜며, 솔은 일만 나무의 남은 봄을 거두어 서 있고, 개울물은 일천 봉우리의 가랑비를 합하여 소리치며 흐른다는 의미다.

두렷한 기틀에 일월이 북질하여 춘추법려를 짜낸다는 것인데 여기 두렷한 기틀은 천지 우주요, 일월은 해와 달이다. 춘추법려는 우주의 봄, 여름, 가을, 겨울이다. 이 우주에 일월이 왕래하여 사시가 짜여 간다는 의미와 아울러 그를 본받아 성현이 인간의 법도를 짠다는 의미도 포함되어 있다. 송수만목여춘립은 진리는 상주불멸이라는 뜻이요, 계합천봉세우명은 진리의 만법귀일을 의미한 것이다.

　장차 건설해 나갈 회상이 모든 봄을 거둬들인 소나무의 절개와 일천 봉우리의 비를 합친 시냇물의 위력을 지닐 것을 염원한 것으로 보인다.

　원기4년(1919) 1월에 준공한 5간 겹집 조합실을 통칭 '구간 도실'이라고는 하나, 별로 크지도 않은 초가집에 방을 아홉 간씩이나 들여놓아 장정 하나 빠듯이 드러누울 정도의 방으로 밀창을 터면 한 방이 되었다.

　그래서 아홉 단원의 모임방이라서 회집실會集室 또는 회실會室이라 했고, 소태산 대종사가 공부를 가르치는 곳이라서 '교실'이라고도 했다. 또 도 공부를 하고 기도하는 집이라 하여 '도실'이라고도 했다. 소태산 대종사는 이 조합실 기둥에 '대명국영성소 좌우통달 만물건판양생소大明局靈性巢左右通達萬物建判養生所'라는 글귀를 써 붙여 이 집의 옥호屋號로 삼았다. 17자의 기다란 이 옥호에는 소태산 대종사가 앞으로 어떻게 제자들을 가르칠 것인가 하는 장래 회상 건설의 포부와 방향을 찾아볼 수 있다.

　'크고 밝은 영성의 보금자리에서 모든 주의와 사상을 막힘없이 통하게 하며 천지 만물을 새롭게 살려내는 곳', 이것이 최초로 건축한 회실의 의미이다. 조합실은 단지 조합원들의 모임방으로서의 회실로만 그치지 않고, 상량문과 옥호에서 뜻하듯이 회상 창립을 위한 인재양성의 교실 또는 도실로서의 구실이 더 컸다. 방언조합실은 낮에는 일하고 밤에는 공부하는 주작야선晝作夜禪 교실로서, 열흘마다 모여 계문 대조하고 단장의 법설을 듣는 예회실과, 삼순예회三旬例會와 단원 기도실로서의 활용이 많았다.

　방조제 공사가 거의 마무리 단계에 들어섰을 무렵 전국에 만세운동이 요원의 불꽃처럼 번질 때 소태산 대종사는 말씀하셨다.

　"개벽을 재촉하는 상두소리니, 바쁘다 어서 방언 마치고 기도드리자"

　방언 공사가 끝나자마자 구인 단원은 조합실을 본부로 하고 노루목 뒷산인 중앙봉을 축으로 옥녀봉을 제1 방위로 시작하여 각자의 방위를 따라 산상에 올라가 시방세계 인천人天을 책임질 천력天力을 기원하는 간곡한 기도를 드리기 시작했다. 방언조합실은 원기8년(1923) 8월 소태산 대종사의 모친상을 계기로 각지의 회원들이 모여들자 장소가 습하고 협소하여, 돛드레미 기슭 현재의 영산출장소인 영산원으로 옮겨져 보존되고 있다.

소태산 대종사의 행적을 거슬러 살펴보면 초기 교단은 치열한 서원과 기도, 그리고 함께하는 인연들에 대한 불공으로 만들어진 공동체였음을 알게 된다. 성자가 있어 진리의 빛을 드러내고, 따르는 제자들이 그 빛을 받아 지키게 된다. 이미 소태산은 진리의 세계를 펼쳐 지도로 보여주었으니 우리는 그 지도를 들고 따라가기만 하면 되는 것이다.

소태산 대종사가 그린 지도 속, 도실에서 이뤄진 사건들도 퍽 인상적이다. 도실은 소태산 대종사의 첫 제자들이 모여 공부하고, 장래 회상 건설에 대한 포부와 경륜을 짠 교실이었다. 그리고 영산방언 공사의 현장사무소였다. 또한 소태산과 9인 제자의 서원을 올린 법인성사가 이뤄진 곳이다.

우리는 인생의 목표를 찾아서 원불교 교당에 모였다. 이제 각자의 마음속에 최초 교당의 상량문을 다시 자기 마음속 깊이 새기고 그 당시 선진들의 심경으로 돌아가, 세상 속에서 소나무처럼 늘 푸른 절개를 펴는 전법의 상징을 가지라는 소태산 대종사의 기도 소리를 들을 때이다. 세계의 곳곳에 소나무 숲을 만들려는 염원으로 세상에 어떤 영향력을 줄 것인가를 더 고민하며 전법의 의지를 다져야 한다.

교단 최초 교당의 상량문은 소태산 대종사의 기원이며, 우리가 받들어야 할 염원이다. 이처럼 뚜렷한 목적이 있는 삶을 살아야 한다. 각자의 눈앞에 무한한 기회가 열린다. 전법의 푸른 절개를 펴기 위해 효과적인 방법을 찾는 의지를 불태워야 한다. 신앙인에게 전법은 가장 큰 축복이다.

89
일원상 수행

『대종경』 교의품 5장

원기104.2.10.

수행修行은 종교적으로나 도덕적으로 큰 인격을 이루기 위해 취해지는 특별한 훈련 방법을 말한다. 수도修道 또는 수신修身이라고도 한다. 일원상의 수행은 어떻게 하느냐며 가르침을 청하는 제자들의 질문에 소태산 대종사는 일원상을 수행의 표본으로 하고, 그 진리를 체 받아서 자기의 인격을 양성하는 것이라 답했다. 바로 삼학 수행을 통해서이다.

삼학은 정신수양·사리연구·작업취사의 세 가지 공부 길이다. 삼학 공부의 강령을 들어 말하면 온전한 생각으로 취사를 잘하자는 공부법인바, 스승님들은 이 공부법이 마음에 요란함이 없게 하고, 마음에 어리석음이 없게 하고, 마음에 그름이 없게 한다고 했다.

바로 일원상의 진리를 깨달아 천지 만물의 시종 본말과, 인간의 생로병사와, 인과보응의 이치에 걸림 없이 아는 것이다. 일원과 같이 마음 가운데 아무 사심私心이 없고 애욕과 탐착에 기울고 굽히는 바가 없이 항상 두렷한 성품 자리를 양성하는 것이다. 일원과 같이 모든 경계에 대하여 마음을 쓸 때 희로애락과 원근친소에 끌리지 아니하고 모든 일을 오직 바르고 공변되게 처리하는 것이다.

그렇게 일원의 원리를 깨닫는 것이 견성見性이다. 일원의 체성을 지키는 것이 양성養性이다. 일원과 같이 원만한 실행을 하는 것은 솔성率性이다. 곧 정신수양과 사리연구와 작업취사의 결과다. 그래서 수양은 정이며 양성이요, 연구는 혜며 견성이요, 취사는 계며 솔성이라 한다. 이렇게 공부하면 남녀노소를 막론하고 다 성불함을 얻는다고 하셨다. 그리고 자기 몸 안에 있는 불성을 얻는 법이 삼학이고, 이 삼학을 만드는 것이 신분의성이라 밝혔다.

원불교의 수행은 일원상의 수행이자 삼학병진三學竝進 수행이다. 일원의 체성에 합하고 일원의 위력을 얻어나가는 공부요, 동정일여의 무시선으로 혜복을 증진시키고 공부로 일과 사업을 병행하는 과정에서도 지속할 수 있는 수행이다. 정성스럽게 노력해야 하는 수행이다. 확연히 믿고 정성스럽게 열정을 다하면 자기 변화의 기쁨이 배가 된다. 일원의 위력을 얻는 기쁨과 혜복의 증진을 흐뭇한 마음으로 바라볼 수 있다. 자신의 변화를 위해 노력한 만큼 뿌듯한 성취의 기쁨과 경이로운 자기 변화의 경지를 느낄 수 있다. 결심하고 시작하는 사람들은 처음엔 고통이 밀려오다가 서서히 기쁨이 찾아오는 변화를 체화로 증명할 수 있다.

이 세상에 살아가면서 자신의 정체성을 일원상 수행으로 바르게 지각할 필요가 있다. 습관 따라 욕심 따라 경계 따라 이미 갖추어져 있는 불성이 바뀌기 때문이다. 수많은 경계를 초월해 현실을 응용해서 살아가려면 수행의 태도는 당연히 갖춰야 한다.

심외무불心外無佛이라 했다. 수행에서는 그 지식을 먼저 배워 아는 것이 중요하다. 염불하더라도 그 의미나 방법을 알고 해야 한다. 마음밖에 부처가 없다는 것을 알고 염불하는 것과 그런 사실도 모르는 상태에서 염불하는 것은 그 실행의 결과가 다르다.

일원의 위력을 얻도록까지 서원하고, 일원의 체성에 합하도록까지 서원함의 공부를 통해 수행의 자세와 핵심을 확실히 지각할 수 있다. 일원의 위력을 얻는 구체적 실행 방법을 지속해서 하는 데 정성을 다해야 한다.

가끔 떠올리는 글이 있다. '수행이란 안으로 가난을 배우고, 밖으로는 모든 사람을 공경하는 것이다. 어려움 가운데 가장 어려운 것은 알고도 모르는 척하는 것이다. 용맹 가운데 가장 큰 용맹은 옳고도 지는 것이다. 공부 가운데 가장 큰 공부는 남의 허물을 뒤집어쓰는 것이다' 성철 스님의 글이다.

낮은 자세로 손해 볼 준비와 결단 없이는 원만한 수행을 할 수 없다. 왜냐하면 모든 사람을 차별 없이 공경하는 일과, 다른 이의 실수를 알고도 모른 척하는 일과, 내가 옳다고 생각하는 일도 상대가 우기면 일단은 져주고 보는 일과, 그리고 마침내 남의 허물까지 뒤집어쓸 수 있는 일은 사랑과 용기가 필요하기 때문이다. 수행의 마음을 일러주는 지혜의 말씀으로 마음 깊이 새기는 게 좋다.

이런 내용을 지각할수록 수행에 있어서 가장 핵심적인 공부가 동動할 때와 정靜할 때의 공부임을 알 수 있다. 평상심平常心을 지키며 수기안인修己安人할 수 있다. 동할 때의 공부는 심신 작용에서 사사邪私가 끊어지게 하는 것이 중요하다. 사사가 끊어진 공부가 지공무사의 공부라고 하는데 일원의 위력을 얻는 으뜸가는 공부다.

일원의 위력을 얻는 방법에 대해서, 대산 종사는 『정전대의』에서 "사사가 끊어지면 일원의 위력을 얻는다"고 밝혔다. 우리의 심신 작용에서 사사가 끊어지게 하면 진리의 위력에 합하게 되는 것이다. 이렇게 사사가 끊어진 지공무사의 자리가 심중心中에 나타나면 일원의 위력을 얻을 수 있다. 이것이 바로 동할 때 공부법의 요체다.

진리의 위력과 내가 하나가 되면 자기의 모든 행과 실천이 일원의 위력이 된다. 일원의 위력威力을 얻는다는 것은 바로 유와 무를 초월해 생과 사를 갈라내는 체體 자리에 합일하는 것을 말한다. 유와 무를 초월해서 늘 일원의 체 자리로 돌아가는 삶을 지향해야 한다.

다음은 정靜할 때의 공부다. 일원의 체성에 합하는 구체적 방법으로 망념妄念을 쉬는 것이다. 조금은 긴장된 마음으로 자기를 바라보며, 마음의 포장을 풀고, 더 새롭게 정할 때의 공부에 집중하며 망념을 쉬는 것이다. 이것은 정할 때 공부로 바로 체성에 합한다는 것이며, 정하여도 분별이 절도에 맞는 경지이다. 망념을 쉴 힘을 배가시킬수록 분별이 절도에 맞는 실행을 할 수 있다. 이렇게 원하는 실행을 통해 얼마간의 자유라도 느끼는 시간을 가질 수 있다면 일원의 위력을 그만큼 얻은 것이다.

동정 간의 공부에는 새로운 실행을 준비하는 기쁨과, 진급하는 적공을 더 새롭게 시작하는 기쁨이 있다. 시간은 적공에 정성을 들이는 자기의 안내자가 된다.

일원상 수행이 곧 삼학 수행이다. 정할 때는 수양·연구를 주체 삼아 공부하고, 동할 때는 취사를 주체 삼아 공부해야 한다. 심신을 원만하게 수호하고, 사리를 원만하게 알고, 심신을 원만하게 사용하는 공부를 지성으로 하는 것이다. 사사가 끊어진 취사와 망념을 쉰 실행이 자연스럽게 가능해질 때, 일원의 위력을 얻어 체성에 합일했다고 말한다. 비로소 지공무사의 자리에 들어선 순간이다.

대각여래위 승급 조항에 보면 '동하여도 분별에 착着이 없고, 정하여도 분별이 절도에 맞는다'고 했다. 일원의 위력을 얻는다는 것은 동하여도 분별에 착이 없는 경지이고, 일원의 체성에 합한다는 것은 정하여도 분별이 절도에 맞는 경지이다.

그래서 스승님들은 정할 때의 공부가 구경究竟의 공부법이 된다고 하셨다.

사리事理를 끝까지 추구하는 공부법이다. 마지막 최고 구경의 공부로 일원의 체성에 합하는 공부다. 일원의 체성에 합하는 것이 심신을 원만하게 수호하는 방법이다. 그래서 동 공부보다도 정 공부가 더 어렵다고 말한다. 하지만 일원의 체성에 합일하는 생활을 지속할 필요가 있다.

집심執心 관심觀心 무심無心 능심能心의 과정을 거쳐 끊임없이 수행 정진하는 적공으로 체성에 합하게 된다. 관심과 무심은 공부 순서상 입정의 경지이다. 이렇게 일원의 체성에 합하는 순간이 무심의 경지이다.

새 마음, 새 몸, 새 생활을 하면, 다시 새 사람으로 태어남을 제대로 느낄 수 있다. 그래서 원불교 교당의 울타리에 들어서서 적공에 정성을 들이면 모두 아름다운 사람이 된다.

90
일원상의 활용

『대종경』 교의품 8장

원기104.2.17.

 일원상—圓相은 1916년 4월 소태산 대종사가 깨달은 우주와 인생의 궁극적 진리를 상징한다. 그러기에 원불교는 일원상의 진리를 신앙의 대상과 수행의 표본으로 삼아 사은 사요四恩四要의 신앙과 삼학 팔조三學八條의 수행으로 원만한 인격과 광대무량한 낙원 세계 건설을 최고 이상理想으로 하는 기본 교리를 가르치고 배운다.

 사은四恩이란 일원상의 진리를 구체적으로 현실화한 은의 4가지 존재 분류이다. 이 세상과 나와의 관계를 은혜라고 파악한 긍정적이고 희망적인 세계관과 인생관으로서 천지은·부모은·동포은·법률은을 말한다. 사요란 사은의 정신에 근거하여 평등의 윤리로 세상을 구제하고 인류사회를 향상, 발전시켜가는 4가지 행동강령이다. 곧 자력양성·지자본위·타자녀교육·공도자 숭배를 말한다.

 삼학이란 일원의 진리에 바탕을 두고 원만한 인격을 양성해가는 3가지 공부 길이다. 곧 정신수양·사리연구·작업취사를 말한다. 8조란 삼학 수행의 촉진제가 되는 신분의성信忿疑誠과 삼학 수행을 방해하는 불신·탐욕·나태·

어리석음을 말한다. 인간은 누구나 사은 사요의 신앙과 삼학 팔조의 수행으로 일원상의 진리와 합일되는 인격자가 될 수 있고, 일원상의 진리가 지배하는 낙원 세계를 건설할 수 있다는 것이 교리의 핵심이다.

이런 근본 교리를 종합하여 사대강령四大綱領이라고도 하는데, 사대강령이 실현되는 사회가 곧 원불교가 목적하는 최고의 이상사회이다. 바로 정각정행正覺正行·지은보은知恩報恩·불법활용佛法活用·무아봉공無我奉公으로 낙원 세계를 지향한다는 사실에 주목할 필요가 있다.

이렇게 실행하기 위해서는 일원상을 일상의 생활에 활용해야 한다. 일상생활 중에도 일원상을 표본으로 삼고, 어떤 결과를 추구하는 과정에서든지 실행하는 것이다. 일원상 법어—圓相法語에 밝혀진 것처럼, 안·이·비·설·신·의 육근을 사용할 때마다 원만구족하고 지공무사하게 하는 것이다.

좋은 변화는 그냥 되는 것이 아니다. 선택에서 시작한다. 의식적으로 깨어 있는 사람에게만 가능해진다. 새벽은 새벽에 눈을 뜬 사람만이 보고 느낄 수 있다. 새벽이 와도 눈을 뜨지 않으면 여전히 깜깜한 밤이다. 그러므로 일상생활의 과정마다 일원상 법어처럼 눈을 사용할 때에 쓰고, 귀를 사용할 때에 쓰고, 코를 사용할 때에 쓰고, 입을 사용할 때에 쓰고, 몸을 사용할 때에 쓰고, 마음을 사용할 때에 써야 한다. 원만구족하며 지공무사한 선택과 실행이 가능해진다. 이런 선택과 실행이 자기 삶에서 좋은 결과를 가져다준다.

자기 성장과 성숙 그리고 완성에는 은퇴가 없다. 오히려 은퇴 후에 비로소 자기답게 살 수 있는 자유를 갖게 된다. 평생에 걸쳐 우리가 해야 할 일은 바로 그런 일이다. 일원상 신앙과 수행을 통해 마음의 힘을 돋우고 키워 일원상 법어의 내용인 일원상을 활용하는 일이다.

그러나 마음의 눈, 심안을 뜨고 외부로 향해있던 시선을 돌려 자기의 내면을 바라보지 못한다면 일원상의 활용도 어렵다. 지금 이 순간마저도 평화롭게 보낼 수 있는 마음의 힘을 잃었기 때문이다. 아직도 마음속에 분란이 태산처럼 버티며 자리 잡고 있다.

지금까지 자기 스스로가 교법을 체화한 힘의 수준을 확연히 인식할 필요가 있다. 마음가짐, 생활 태도, 인간관계도 자기가 교법을 체화한 힘의 수준까지만 새롭게 할 수 있다. 자기 안에서의 뿌듯한 느낌과 함께 '그래 잘했어!'라는 칭찬도 자기 자신에게 할 수 있다.

삶을 반추하다 보면 집착과 탐욕, 피해의식과 죄의식 같은 감정이 의식의 수면 위로 떠오르는 것을 경험한다. 그러한 의식들이 자신을 힘들게 하고 일을 꼬이게 했던 원인임을 알 수 있다. 하지만 자기 마음을 특별한 의지로 챙기지 않는다면 새로운 변화에 눈을 감은 채 세월만 보낼 수 있다.

우리는 스스로 선택해야 한다. 그러한 감정으로 인해 계속 괴롭게 살 것이 아니라, 그러한 감정을 해소하고 더 자유롭고 평화로워질 수 있는 선택을 해야 한다. 정말로 후회하지 않기를 바란다면 진정한 자유와 평화를 찾을 수 있는 길로 나아가 그 방법을 적극적으로 선택하고 더 좋은 실행을 모색해야 한다.

원불교인이라면 교법대로 살아가면서 법락을 즐길 줄 알아야 한다. 그렇게 살면 몸과 마음이 넘치는 활기와 다른 사람을 품는 사랑과 덕을 더 크게 발현하며 진정으로 원하는 삶을 살아갈 수 있다.

신분의성이 지극하면 남녀노소 유·무식에 상관없이 공부의 깊은 경지를 빨리 터득한다. 일원상의 활용은 허공에 뜬구름 잡는 것이 아니다. 최고의 실용적 가치를 담은 실천이다. 이렇게 원만과 구족의 경지에서 지공무사함에 이르는 공부를 끈기 있게 추구해야 한다.

완성이라는 것은 보이는 세계만이 아니다. 그것은 내면에서 스스로 느낄 수 있는 감각이며 의식의 세계이다. 자긍심 만족감 합일감을 통해 마음의 평화를 이룰 수 있다. 이렇게 시간 활용의 개념을 바꾸면 생각이 달라지고 인생이 달라진다.

그에 앞서 진정한 자기를 찾아야 한다. '이것이 진정한 나다'라고 말할 수 있는 참 나를 찾아가야 한다. 매 순간 참 나를 찾기 위해 힘쓰는 것이다. 그것이 완성을 향한 삶으로 방향을 트는 데 필요한 첫 번째 과제이다. 다양한 삶의 경험을 반조하며, 이 목적을 실현하는 일이 우선되어야 한다. 인생의 새로운 길, 완숙의 길을 향해 가는 우리가 꼭 반추해야 할 중요한 지표가 된다.

애벌레는 열심히 나뭇잎을 먹으며 성장한다. 그러나 어느 시기에 이르면 더는 나뭇잎을 먹지 않고 자신의 몸에서 실을 뽑아 고치를 만들기 시작한다. 그 고치 안에서 긴 인고와 변화의 시간을 보낸 애벌레는 어느 날 눈부신 날개를 펼치며 아름다운 나비가 되어 날아오른다. 이런 인내와 변화를 수행의 과정에서도 생각할 수 있다.

엉금엉금 기어 다니기만 하는 기다란 애벌레의 외형은 아무리 훑어봐도 날개를 가진 나비로 변신하리라는 상상이 안 된다. 그런데 애벌레 속에는 나비가 될 수 있는 인자가 원래부터 숨어 있다. 이것이 바로 생명의 신비다. 자연의 순리처럼 사람들도 수행을 통해 변신을 꾀할 수 있다. 원래 수행이란 자기 안에서 지혜의 눈을 뜨는 것이다. 심안이 떠지면 자연과 인생에 숨겨진 이치를 꿰뚫어 볼 수 있다. 이렇게 자기가 깨우치는 것을 실천할 때 완숙한 사람으로 성장해 간다. 원만구족하고 지공무사한 일을 하는 사람이 되는 것이다.

이런 사람들은 사람 몸에 있는 세 개의 단전을 잘 활용한다. 아랫배 중앙에 있는 하단전, 가슴 중앙에 있는 중단전, 뇌 속에 있는 상단전을 연결하고 소통시키는 일상을 산다. 이 세 개의 에너지 센터는 각각 고유한 성질의 에너지와 이름을 가지고 있다. 하단전의 에너지는 정精 에너지라 부르고 육체적인 힘을 관장한다. 정충精充이라 한다. 중단전의 에너지는 기氣 에너지라 부르고 사랑의 힘을 관장한다. 기장氣壯이라 한다. 상단전의 에너지는 신神 에너지라 부르고 정신적인 힘을 관장한다. 신명神明이라 한다.

 이 세 가지 에너지의 질은 고정 불변하는 것이 아니라 자기의 생각, 감정, 의식 주변의 상황에 따라 끊임없이 변화하며, 노력에 따라 얼마든지 업그레이드할 수 있다. 수행의 힘으로 좌우된다. 일상의 생활에 일원상 법어를 활용하며 정기신精氣神의 에너지를 응축해야 한다.

사람들은 허무·고통·절망·죄악·번뇌로
신음하고 방황하는 삶을 살기도 한다.
하지만 법신불 사은의
큰 은혜와 축복 속에 태어났음을 알았으니,
감사 보은 생활로 즐겁고 행복한 상생 상화의 삶을 살아야 한다.

탁명철 합장

행복 프레임

설교집

2022년 5월 26일 초판 1쇄 인쇄
2022년 6월 1일 초판 1쇄 발행

지은이	탁명철
교정교열	탁대환

펴낸이	주영삼
펴낸곳	원불교출판사
출판등록	1980년 4월 25일(제1980-000001호)
주소	54536 전라북도 익산시 익산대로 501
전화	063)854-0784
팩스	063)852-0784
홈페이지	www.wonbook.co.kr
인쇄	문덕인쇄

ISBN 978-89-8076-020-6(03200)
값 23,000원

* 잘못 만들어진 책은 구입처에서 교환해 드립니다.